A invenção da celebridade

Antoine Lilti

A invenção da celebridade (1750-1850)

Tradução de
Raquel Campos

Revisão técnica de
Andrea Daher

1ª edição

Rio de Janeiro
2018

Copyright © Librairie Arthème Fayard, 2014
Copyright da tradução © Civilização Brasileira, 2018

Título original: *Figures Publiques: L'invention de la célébrité (1750-1850)*

Imagem de capa: Élisabeth-Louise Vigée Le-Brun. Timken Collection, National Gallery of Art. (após 1783). *Marie-Antoinette.* Adaptada. Disponível em <https://www.nga.gov/collection/art-object-page.46065 html>. Cortesia da National Gallery of Art, Washington.

CIP-BRASIL. CATALOGAÇÃO NA PUBLICAÇÃO
SINDICATO NACIONAL DOS EDITORES DE LIVROS, RJ

Lilti, Antoine

L695i   A invenção da celebridade (1750-1850) / Antoine Lilti; tradução Raquel Campos; revisão técnica Andrea Daher. – 1ª ed. – Rio de Janeiro: Civilização Brasileira, 2018.
448 p.: il.; 23cm.

Tradução de: Figures publiques: l'invention de la célébrité 1750-1850
Inclui bibliografia
ISBN 978-85-200-1368-7

1. Celebridades – História – Séc. XVIII. 2. Celebridades – História – Séc. XIX. 3. Celebridades – Aspectos sociais – História. I. Campos, Raquel. II. Daher, Andrea. III. Título.

18-50045   CDD: 302.09
                                            CDU: 316.7(09)

Meri Gleice Rodrigues de Souza – Bibliotecária – CRB-7/6439

Direitos de edição da obra em língua portuguesa no Brasil adquiridos pela EDITORA CIVILIZAÇÃO BRASILEIRA. Todos os direitos reservados. Nenhuma parte desta obra pode ser apropriada e estocada em sistema de bancos de dados ou processo similar, em qualquer forma ou meio, seja eletrônico, de fotocópia, gravação etc., sem a permissão do detentor do copyright.

EDITORA CIVILIZAÇÃO BRASILEIRA
Um selo da
EDITORA JOSÉ OLYMPIO LTDA.
Rua Argentina, 171 – Rio de Janeiro, RJ – 20921-380 – Tel.: (21) 2585-2000.

Seja um leitor preferencial Record.
Cadastre-se no site www.record.com.br e receba informações sobre nossos lançamentos e nossas promoções.

Atendimento e venda direta ao leitor:
mdireto@record.com.br ou (21) 2585-2002.

Texto revisado segundo o novo Acordo Ortográfico da Língua Portuguesa.

Impresso no Brasil
2018

Para Charlotte, Juliette e Zoé

Sumário

Introdução – Celebridade e modernidade   9

1. Voltaire em Paris   29
   "O homem mais célebre da Europa"   31
   Voltaire e Janot   36

2. A sociedade do espetáculo   45
   Nascimento das estrelas: a economia da celebridade   47
   Escândalo na ópera   56
   "Um quê de idolatria"   62
   Uma celebridade europeia   66
   A invenção do fã   71

3. Uma primeira revolução midiática   87
   A cultura visual da celebridade   90
   Estatuetas públicas   96
   Ídolos e marionetes   103
   Os "heróis do momento"   110
   Vidas privadas, figuras públicas   118

4. Da glória à celebridade   145
   Trombetas da fama   146
   Pensar a novidade   153
   Celebridade   166
   O "castigo do mérito"   170

5. Solidão do homem célebre	181
"A celebridade das desgraças"	181
O amigo Jean-Jacques	192
Singularidade, exemplaridade, celebridade	206
O fardo da celebridade	213
Rousseau, juiz de Jean-Jacques	226
A desfiguração	235
6. Poderes da celebridade	259
Vítima da moda?	264
A popularidade revolucionária	281
O presidente é um grande homem	303
Sunset Island	320
7. Romantismo e celebridade	345
Byromania	347
Beneficium cum cura	353
Mulheres seduzidas e mulheres públicas	360
Virtuoses	366
Da celebridade na América	377
Popularidade democrática e soberania vulgar	382
As celebridades do momento	394
Em direção a uma nova era da celebridade	399
Conclusão	421
Agradecimentos	435
Créditos do caderno de imagens	437
Índice onomástico	439

Introdução

Celebridade e modernidade

"Maria Antonieta é Lady Di!" Quando esteve no set de filmagem de sua filha Sofia, que dedicou uma produção cinematográfica à rainha da França, Francis Ford Coppola ficou impressionado com o paralelo entre os dois destinos.[1] A comparação é fortemente sugerida pela perspectiva anacrônica do filme: Sofia Coppola apresenta Maria Antonieta como uma jovem de hoje, dividida entre a sede de liberdade e as obrigações impostas por seu estatuto monárquico. A música do filme, que mistura composições barrocas, grupos de rock dos anos 1980 e trechos eletrônicos mais recentes, reforça essa leitura. Depois das jovens enigmáticas e melancólicas de *As virgens suicidas* e de *Encontros e desencontros*, Maria Antonieta aparece como a nova encarnação da eterna adolescência. Depois, surge outro tema, que Sofia Coppola aborda abertamente em seus filmes posteriores: o modo de vida das celebridades. Como o cantor de *Um lugar qualquer*, recluso em seu hotel de luxo, onde morre de tédio, sem jamais pensar em abandoná-lo, Maria Antonieta é confrontada com as obrigações ligadas à sua condição de personalidade pública. Ela pode conseguir tudo o que quiser, menos aquilo que talvez realmente deseja: livrar-se das exigências da sociedade de corte, que aparece como uma prefiguração da sociedade do espetáculo.

Uma cena do filme mostra a surpresa e o embaraço da jovem herdeira do trono, instalada havia pouco em Versalhes, quando descobre, ao acordar, que os olhares dos cortesãos estão concentrados nela, como os *paparazzi* contemporâneos, que investigam a vida privada das celebridades. Recusando-se a escolher entre a condenação ou a reabilitação da rainha, Sofia Coppola põe em cena uma jovem fútil, cujo papel histórico parece se resumir a comparecer a uma longa sucessão de festas luxuosas. Filmando a vida de Maria Antonieta em Versalhes como se se tratasse das diversões de uma estrela de Hollywood, a diretora antecipa um mundo em que a vida da família real não é diferente daquela das vedetes do cinema e da música.

Os historiadores, em geral, não gostam muito de anacronismos. Vale a pena, entretanto, levar em consideração essa imagem de Maria Antonieta como celebridade *avant la lettre*, obrigada a viver constantemente sob o olhar dos outros, sem qualquer intimidade, barrada na busca por uma comunicação autêntica com seus contemporâneos. É verdade que esse paralelo negligencia um elemento essencial: o cerimonial da corte, que colocava os soberanos sob o olhar permanente dos cortesãos, era bem diferente dos mecanismos modernos da celebridade. Ele não era fruto da curiosidade de um vasto público pela vida privada de pessoas célebres, mas preenchia uma função política decorrente da teoria da representação monárquica. Enquanto a cultura da celebridade repousa na distinção e na inversão do privado e do público – a vida privada é tornada pública pela imprensa –, a representação monárquica supunha a identidade dessas pessoas. O despertar do rei, na época de Luís XIV, não era o de um indivíduo privado, e sim o de uma pessoa integralmente pública, que encarnava o Estado. Entre os rituais políticos da representação monárquica e os dispositivos midiáticos e comerciais da celebridade, uma modificação profunda tornou os primeiros obsoletos e os segundos possíveis: a invenção conjunta da vida privada e da publicidade.

Há, no entanto, algo de singularmente verdadeiro no olhar de Sofia Coppola sobre a condição da rainha. Versalhes, no fim do século XVIII, não é o lugar fechado da representação monárquica. A corte vive na órbita de Paris e é profundamente afetada pelas mutações do espaço público, a multiplicação dos jornais e das imagens, o desenvolvimento da moda, os espetáculos, a comercialização de formas de entretenimento. No reinado de Luís XIV, a etiqueta situava toda a existência do monarca sob o olhar do público e tornava manifesta a separação radical entre a grandeza do soberano e o restante dos súditos, mas essa etiqueta era inteiramente controlada pelo rei. Ao longo do século XVIII, seu significado se esvaziou progressivamente; os cortesãos reduziram ao mínimo suas estadas em Versalhes, preferindo as diversões da capital;

INTRODUÇÃO

os próprios soberanos deixaram de desempenhar um papel no qual já quase não acreditavam e desenvolveram uma vida íntima distanciada do cerimonial. Por fim, essa intimidade foi intensamente examinada e denunciada. Luís XIV era atacado em relação à sua política, ao passo que Luís XVI e Maria Antonieta o foram quanto à sua vida sexual, suposta ou real.

Projetando seus temas prediletos e parte de sua experiência pessoal em Maria Antonieta, Sofia Coppola não pretende se passar por historiadora, é claro, mas torna sensíveis as mudanças que afetaram a sociedade de corte e o estatuto da soberania, sob o efeito da cultura da celebridade então nascente. Ao longo do século XVIII, aconteceu algo de que é preciso dar conta. É aqui que o historiador reencontra os seus direitos.

Mas é preciso ainda que ele os exerça. Embora a celebridade seja hoje um traço característico de nossas sociedades, os historiadores hesitam em se interessar por ela. As estrelas estão em todos os lugares, nos tabloides dedicados a elas e na imprensa em geral, nas telas do cinema e da televisão, na rádio e na internet. Os especialistas em meios de comunicação e em cultura popular produziram inúmeros estudos que tratam de seu público, de seu destino, das significações do entusiasmo que elas suscitam. Existe uma semiologia e uma sociologia da celebridade e até mesmo, mais recentemente, uma economia da celebridade – sinal de que o tema começa a ganhar legitimidade.[2] Contudo, os historiadores pouco se interessaram pelas origens do fenômeno. De onde vêm essas estrelas que colonizam nossas telas e nossos imaginários?

Na ausência de verdadeiros trabalhos históricos sobre a celebridade, duas interpretações opostas dividem o mercado das ideias preconcebidas. A primeira afirma que a celebridade é um fenômeno universal, encontrado em todas as sociedades e em todas as épocas. Leo Braudy ilustra essa interpretação de forma bastante sedutora, em uma síntese densa, com o livro *The Frenzy of Renown* [*O frenesi da fama*], que retraça a história da celebridade e do desejo de fama, desde Alexandre, o Grande, até nossos dias.[3] Como ocorre frequentemente em relação a trabalhos como esse, podemos tanto admirar o esforço de síntese ou a correção de algumas análises, quanto permanecer céticos diante do resultado: para que serve uma concepção tão ampla da celebridade, que reúne sob o mesmo vocábulo fenômenos tão díspares quanto a glória dos imperadores romanos e a celebridade das atrizes contemporâneas? No sentido contrário, uma segunda interpretação vê na celebridade um fenômeno muito recente, ligado ao desenvolvimento da cultura de massa, à sociedade do espetáculo e à onipresença dos meios de comunicação audiovisuais.[4] A celebridade é então definida por suas manifestações mais extremas: a histeria dos fãs, a multiplicação interminável de suas imagens, os rendimentos exponenciais das vedetes, suas excentricidades, os *reality shows* ou ainda o sucesso dos tabloides. Essas duas leituras são estranhamente compatíveis. Sua aproximação alimenta um discurso crítico, conservador e muito convencional na atualidade, que se enuncia mais ou menos do seguinte modo: sempre existiram pessoas muito conhecidas, mas antes elas deviam a notoriedade a suas façanhas, seus talentos e suas obras, ao passo que hoje são célebres unicamente em razão da exposição midiática, sem fazer jus a qualquer outro título. A celebridade seria apenas uma degenerescência da glória, um fenômeno midiático e tautológico, cuja fórmula foi dada pelo historiador americano Daniel Boorstin: ela designaria as pessoas conhecidas por serem conhecidas (*well-known for their well-knowness*), indivíduos sem talento e sem obra, cujo único mérito seria aparecer na televisão.[5]

Essas interpretações não são satisfatórias. Elas se apoiam em definições muito amplas ou muito redutoras da celebridade, que não permitem compreender nem suas origens, nem seu significado. Quando a estendem a todas as formas de fama, impedem de pensar a especificidade dos mecanismos contemporâneos do fenômeno. Em sentido contrário, quando reduzem a celebridade aos excessos atuais do *star-system*, ignoram que o fenômeno encontra suas raízes no próprio coração da modernidade, em formas de reconhecimento surgidas, como veremos, no século das Luzes. Não surpreende, então, que os trabalhos sobre a celebridade contemporânea dificilmente escapam à confusão. A celebridade é apresentada ora como o fundamento de uma nova elite, dotada de um capital de visibilidade e que se beneficia de privilégios, ora como um mecanismo de alienação que submete as pessoas célebres ao desejo de um público

INTRODUÇÃO

todo-poderoso. Ela aparece em alguns autores como um substituto moderno das crenças religiosas e dos mitos: o "culto das estrelas" seria uma variação antropológica do culto dos santos e dos heróis, uma idolatria moderna. "Heroicizadas, divinizadas, as estrelas são mais do que objeto de admiração. São também objetos de culto. Um embrião de religião constitui-se ao redor delas", já escrevia Edgar Morin em 1957, em um dos primeiros ensaios dedicados às estrelas de cinema.[6] Essa hipótese, que tinha então o mérito da novidade, tornou-se atualmente um lugar-comum. Para outros, a celebridade é, pelo contrário, uma consequência perfeitamente secularizada da economia do espetáculo e da indústria cultural, cuja lógica própria consiste em concentrar o prestígio e os rendimentos em alguns indivíduos. A celebridade, uma vez desencantada, não é mais que uma questão de marketing.

Acontece até mesmo de todos esses elementos se confundirem em um conjunto desconcertante, como no livro de Chris Rojek, *Celebrity* [*Celebridade*], publicado em 2001 nos Estados Unidos, frequentemente citado, que ganhou uma edição em francês em 2003, com um posfácio assinado por Frédéric Beigbeder.[7] Ao mesmo tempo protagonista e observador da cultura da celebridade – e, por isso, em posição ideal para falar dela –, Beigbeder consegue a proeza de justapor em duas páginas todos os clichês aparentemente incompatíveis. As celebridades são uma casta de privilegiados, ricos e arrogantes que conseguem as melhores mesas nos restaurantes e vivem em palácios, mas são também vítimas de admiradores fanáticos, que os submetem a uma vigilância permanente e tornam a própria vida impossível. Essa contradição desemboca na revelação previsível de um caráter todo-poderoso da mercadoria, que é a chave para a crítica inofensiva: "A celebridade, assim como a publicidade, é um sonho que serve apenas para uma coisa: vender." Sejamos honestos: essas contradições têm uma longa história. Elas nos dirigem para uma questão difícil: por que a celebridade é, a tal ponto, uma realidade ambivalente e um valor contestado?

Proponho partir de uma definição de celebridade que não se reduza ao simples fato de alguém ser muito conhecido. Há modos bastante diferentes de sê-lo. Se quisermos dar à noção uma eficácia analítica, em um plano sociológico e histórico, é preciso distingui-la das outras formas de notoriedade: a glória e a reputação. A glória designa a notoriedade adquirida por alguém julgado fora do comum por suas façanhas, quer se trate de atos de bravura, de obras artísticas ou literárias. Ela é essencialmente póstuma e desenvolve-se por meio da comemoração do herói na memória coletiva. A reputação, por sua vez, corresponde ao julgamento que os membros de um grupo, de uma comunidade, fazem coletivamente sobre um dentre eles: é bom esposo, bom cidadão, competente e honesto? Ela resulta da socialização de opiniões, por intermédio de conversas e de boatos. Pode ser totalmente informal ou mais formalizada. Se a glória é reservada a alguns indivíduos, tidos por excepcionais, todo indivíduo, pelo simples fato de viver em sociedade, é objeto do julgamento dos outros e possui, assim, uma reputação, que varia segundo os lugares e os grupos de referência.

A oposição entre essas duas formas de notoriedade, a glória e a reputação, é um traço de longa duração da história europeia, por vezes ocultada pela grande diversidade do vocabulário disponível para denominar esses fenômenos. Em francês [tal como em português], seria preciso acrescentar os termos: *renom* [renome], *renomée* [fama], *estime* [estima], *reconnaissance* [reconhecimento]. Cada língua comporta um grande número de termos. Em inglês, *fame* possui, como veremos, múltiplos sentidos, que recobrem os de *reputation* ou de *glory*. Portanto, o uso que faço das noções de glória e de reputação é, antes de tudo, analítico: permite que se lance mão de ferramentas para discernir configurações sociais e culturais diferentes. A glória diz respeito aos heróis, aos santos, aos homens ilustres, todas essas figuras cuja glorificação desempenhou um papel tão importante na cultura ocidental, e até a seu avatar moderno, o "grande homem", caro aos filósofos do Iluminismo; a reputação depende dos mecanismos locais do julgamento social, da fama e da honra. Por não distinguir entre essas duas formas de notoriedade, a maioria dos historiadores, traídos pela imprecisão do vocabulário, confundem-nas, embora elas estejam baseadas em mecanismos sociais muito diferentes. Ainda hoje, manifestam-se de maneira distinta. De um lado, a glória dos grandes chefes de Estado, de artistas, eruditos e até mesmo de campeões

INTRODUÇÃO

esportivos: citemos Charles de Gaulle, Pablo Picasso, Marcel Proust, Marie Curie, Pelé. De outro, a reputação de cada um na condição de indivíduo cujas qualidades, privadas ou profissionais, são avaliadas por aqueles que o conhecem ou frequentam sua casa. Pode ser o caso de um médico reputado em sua cidade ou de um erudito muito conhecido por seus pares, que não pretenda alcançar a glória. E quem ignora que Vincent Van Gogh – cuja glória póstuma foi tão grande – não era conhecido, em vida, senão por algumas pessoas?

Mas a especificidade das sociedades modernas relaciona-se ao aparecimento de uma terceira forma de notoriedade: a *celebridade*. À primeira vista, ela se traduz em uma reputação muito ampla. O indivíduo célebre não é conhecido somente por sua família, seus colegas, seus vizinhos, seus pares ou seus clientes, mas por um vasto conjunto de pessoas com as quais não tem nenhum contato direto, que nunca o encontraram e jamais o encontrarão, mas que são frequentemente confrontadas à sua figura pública, isto é, ao conjunto de imagens e discursos associados ao seu nome.[8] Em outras palavras, um indivíduo célebre é conhecido por pessoas que não têm nenhuma razão para ter uma opinião sobre ele, que não estão diretamente interessadas em fazer um julgamento sobre sua personalidade ou suas competências. A celebridade de um cantor começa quando seu nome e seu rosto são conhecidos por aqueles que não ouvem suas canções; a de um jogador de futebol, quando ele é reconhecido por aqueles que nunca assistem a um jogo. A pessoa célebre não lida mais, no quadro de sua celebridade, com colegas, admiradores, clientes, vizinhos, e sim com um público.

Ela se aproximaria, então, da glória? Seria a celebridade apenas uma etapa em uma sequência de notoriedades, que iria da reputação (local) à glória (universal), passando pela celebridade (ampla)? Essa hipótese avançou sob a forma de "círculos de reconhecimento" concêntricos, que conduziriam – nos mundos da cultura, por exemplo – do julgamento dos pares ao dos amadores e dos críticos e, depois, até o grande público.[9] O inconveniente desse modelo é que ele subestima as diferenças de natureza existentes entre a reputação, a glória e a celebridade. A glória é essencialmente póstuma (ainda que possa ser buscada por antecipa-

A INVENÇÃO DA CELEBRIDADE

ção) e diz respeito à posteridade, ao passo que a celebridade se baseia na contemporaneidade existente entre uma pessoa e um público. Não é comemorativa, mas assume o ritmo rápido da atualidade. A glória designa a admiração unânime, alimentada por uma comunidade em relação a um indivíduo julgado exemplar, a um herói morto que encarnava determinadas virtudes intelectuais, físicas ou morais, ao passo que o alcance da celebridade é diferente: trata-se da curiosidade suscitada, nos contemporâneos, por uma personalidade singular. Essa curiosidade não tem sempre o viés de admiração e raramente é unânime: existem criminosos célebres e celebridades escandalosas ou controversas.

Na outra extremidade, a celebridade tampouco é, apesar das aparências, uma simples reputação ampliada. Estendendo ao extremo os círculos de reconhecimento, os mecanismos da publicidade operam em uma realidade específica. Em primeiro lugar, a celebridade autonomiza-se em relação aos critérios que regem as reputações. Quando um escritor, um ator, um assaltante tornam-se célebres, a curiosidade por eles gerada deixa de ser avaliada à luz dos critérios próprios à sua atividade original. Eles se tornam figuras públicas, que não são mais julgadas quanto às suas competências, e sim quanto à sua capacidade de captar e manter essa curiosidade do público. Desse modo se explica esse traço saliente da cultura da celebridade, que iguala o estatuto de personalidades oriundas de esferas de atividades muito diferentes. Durante o tempo por vezes curto de sua notoriedade, atores e políticos, escritores e protagonistas de *faits divers* são tratados em um mesmo plano, como as vedetes de um espetáculo midiático.

Uma segunda característica distingue a celebridade da reputação: a curiosidade por ela gerada volta-se, com uma intensidade particular, para a vida privada das pessoas célebres, convertida em objeto da atenção coletiva. A extensão da notoriedade muito além dos mais próximos e dos pares não se traduz, como se poderia acreditar, em uma relação distante, mais solta, vagamente curiosa, e sim, pelo contrário, em uma ligação afetiva às vezes muito poderosa, cuja encarnação é a figura do *fã*. Essa ligação é indissociável de um laço pessoal, de ordem íntima, ainda que se trate com mais frequência de uma intimidade a distância, fantasiada

INTRODUÇÃO

e unilateral, cujo alcance será preciso compreender. Entre a reputação e a celebridade, assim como entre a glória e a celebridade, a distinção não é somente quantitativa, ela não se deixa deduzir da quantidade de gente que conhece uma pessoa.

Entretanto, seria absurdo defender uma impermeabilidade absoluta entre reputação, glória e celebridade. O essencial está, antes, em identificar um conjunto de problemas: por que determinadas pessoas, que podem ser tanto atores, escritores, políticos quanto "celebridades do momento", heróis involuntários de *faits divers*, provocam uma curiosidade tão grande, em parte independente de seus méritos ou de suas ações? Como essa curiosidade muda as formas de reconhecimento estabelecidas em universos específicos, como os mundos da cultura ou da vida política? Por que ela foi sempre tratada com suspeição e desprezo, até entre aqueles que a buscam com voracidade? Qualquer investigação sobre a celebridade deve começar por esta questão: qual é a natureza da curiosidade que nos leva a nos interessar pela vida de alguns de nossos contemporâneos que nunca antes encontramos?

Para responder a ela, é necessário apreender as primeiras manifestações dessa curiosidade. A celebridade apareceu ao longo do século XVIII, no contexto de uma profunda transformação do espaço público e dos primeiros desenvolvimentos do comércio de entretenimentos. A cultura da celebridade conheceu, desde então, um desenvolvimento considerável, proporcional à expansão da esfera midiática. Mas os principais mecanismos que a caracterizam eram perfeitamente identificáveis já no fim do século XVIII. Vários autores descreveram esses mecanismos com precisão, buscando compreender este novo personagem social, o homem célebre. Percebiam muito bem que não era possível reduzi-lo a nada de conhecido: nem ao herói, que renascia então sob as feições do grande homem e do gênio; nem ao *honnête homme*, o fidalgo que gozava de excelente reputação; nem mesmo ao artista reconhecido por seus pares. O desenvolvimento dos mecanismos específicos da celebridade foi acompanhado, portanto, por uma *tópica da celebridade*. Por esse termo, designo um conjunto de discursos, anedotas, narrativas, que, sem tomar a forma de um saber coerente, demonstra um esforço coletivo para pensar um fenômeno novo e fornece as fontes, narrativas ou linguísticas, com as quais os indivíduos tentam se orientar na estranheza do mundo social. Não somente a própria palavra *celebridade*, em seu sentido atual, aparece no século XVIII, como também as práticas por ela designadas suscitaram uma grande quantidade de comentários, que visavam a descrevê-la e conferir-lhe sentido.

Estudar a celebridade quando suas manifestações ainda não estão naturalizadas em um conjunto de instituições culturais (revistas, programas de televisão, fã-clubes etc.) permite revelar melhor as ambivalências que a caracterizam: símbolo de sucesso social, desejada em razão das vantagens que lhe parecem estar associadas, a celebridade nunca foi realmente legítima. Considerada sempre suspeita de ser efêmera, superficial e mesmo indevida, ela é objeto de todas as críticas, de todas as ironias. Esse paradoxo da celebridade, buscada como a forma especificamente moderna de prestígio social e, ao mesmo tempo, desacreditada como simulacro midiático, não corresponderia à própria ambivalência do valor das opiniões coletivas nas sociedades democráticas? Para compreendê-lo, é necessário empenhar-se em descrever as práticas e os comportamentos que dão forma à cultura da celebridade, como também os discursos que, de modo incansável, tomam-na por objeto.

Em contrapartida, é a própria imagem do espaço público do Iluminismo que acaba, assim, sendo transformada. Desde os trabalhos de Jürgen Habermas, ele tem sido pensado como uma esfera de discussão crítica e racional em que indivíduos privados fazem uso público de sua razão. Para Habermas, o espaço público burguês, esclarecido e liberal, constitui-se, no século XVIII, por sobre as ruínas do espaço público da representação, em que cada indivíduo era definido por um estatuto social e a comunicação política se dirigia, em sentido único, desde o poder até os súditos. Mas esse espaço público crítico, identificado com a herança do Iluminismo, teria entrado em crise ao longo do século XIX e desaparecido no século XX, sob o efeito conjugado dos meios de comunicação de massa e da mercantilização da sociedade, para dar lugar a um espaço público dominado pela propaganda política, a indústria cultural e o marketing. Desde então, a opinião pública não é mais o tri-

INTRODUÇÃO

bunal crítico portador de um ideal de emancipação, mas o receptáculo passivo de manipulações. O próprio princípio da *publicidade* é totalmente subvertido. Ele não mais corresponde à exigência de submeter os segredos do poder à discussão crítica coletiva; tornou-se o outro nome do "reclame", um empreendimento para condicionar os espíritos em favor de produtos comerciais ou de figuras políticas.[10] Aderindo ou não aos pormenores da demonstração, vários autores compartilham essa ideia de uma idade de ouro do espaço público. É verdade que ela se presta admiravelmente bem à denúncia da suposta vulgaridade e vacuidade de nossa época, dominada pelo espetáculo e pela mercadoria, pelo *storytelling* político e pela fabricação de estrelas efêmeras. Ora, essa oposição entre a publicidade, pensada como exigência de um uso crítico da razão, e a publicidade, entendida como manipulação midiática e comercial, não é histórica, e sim normativa. Ela está completamente fundada em um ideal político – o da deliberação pública –, projetado na idade de ouro do Iluminismo para melhor criticar tudo aquilo que, em nosso mundo contemporâneo, se distancia dele.[11] Ela idealiza o século XVIII, mas, sobretudo, de modo mais grave, cria um obstáculo à nossa compreensão do que é um público.

O estudo dos mecanismos da celebridade revela, em contrapartida, que o público não é somente uma instância de julgamento literário, artístico ou político; ele é, antes, um conjunto de leitores anônimos que têm em comum o fato de ler os mesmos livros e, cada vez mais ao longo do século XVIII, os mesmos jornais. O público não é constituído pelo intercâmbio de argumentos racionais, mas pelo compartilhamento das mesmas curiosidades e das mesmas crenças, pelo fato de se interessar pelas mesmas coisas ao mesmo tempo e pela consciência dessa simultaneidade. Daí a ambiguidade do público, que se interessa tanto pelos debates políticos quanto pela vida privada das celebridades e que raramente está à altura das expectativas dos filósofos políticos e dos moralistas. A maior parte dos autores que encontraremos adiante estava, aliás, convencida disso.

O sucesso da releitura da definição kantiana do público por parte de Habermas oculta-nos um fato importante: ao longo de todo esse período, várias outras definições de público vieram à luz, frequentemente mais sensíveis às suas ambiguidades. Em muitos aspectos, desde a segunda metade do século XVIII, a questão do público sempre foi colocada como um problema, do qual a opinião pública é apenas uma variação. Ora, essa questão do público é indissociável de uma teoria da comunicação, como entendeu, um século depois de Immanuel Kant, o sociólogo Gabriel Tarde, teórico da imitação social. É a "sensação da atualidade" – a consciência e o prazer de se interessar pelos mesmos objetos que seus contemporâneos – o que faz a unidade e a força de um público, concebido como "uma disseminação de indivíduos fisicamente separados e cuja coesão é inteiramente mental".[12] Essa coesão, que se deve sobretudo à imprensa periódica mas também aos fenômenos de moda ou aos sucessos literários, se baseia em um efeito de imitação coletiva, em que os indivíduos se influenciam a distância por meio da própria consciência que têm de constituírem um público, isto é, de se interessar pela mesma coisa, no mesmo momento.

Desse modo, compreende-se que a *publicidade* – entendida como produção contínua de públicos, pela difusão de discursos e de imagens, graças aos impressos e, mais tarde, a outras mídias – é, de saída, ambivalente. Ela surge como fundamentalmente democrática, no sentido de que se opõe ao segredo, ao controle da informação por pequenos círculos, e parece ser, portanto, propícia a uma difusão mais ampla, mais igualitária, da discussão política e das obras culturais. No entanto, aos olhos das elites, ela está, muitas vezes, manchada pela vulgaridade, pois se choca frontalmente com suas estratégias de distinção cultural e com sua convicção de ser dotada de uma competência política. A publicidade acarreta entusiasmos coletivos bruscos e às vezes efêmeros, que parecem irracionais (sucesso dos best-sellers, popularidade autoalimentada pelas pesquisas, culto das celebridades), ao passo que dependem justamente desse mecanismo de imitação a distância, de autossugestão coletiva, que respeita a própria essência do público. Este não é somente uma instância do discurso, mas é também atravessado por emoções, a tal ponto que a publicidade é, ao mesmo tempo, a condição do exercício coletivo da crítica, um instrumento do capitalismo mercantil e o motor da cultura

INTRODUÇÃO

de massa. Essa concepção plural, alternativa à construção racionalista de Habermas, permite escapar à narrativa do extravio, motivo demasiado fácil de uma crítica convencional, para insistir, pelo contrário, na ambivalência constitutiva da publicidade como prática.

Considerar a celebridade sob o ângulo da publicidade permite dar conta de suas mais importantes características, que com frequência permanecem inexplicadas ou parecem contraditórias. É o caso do apego a pessoas célebres, que é vivido de um modo mais pessoal e subjetivo na medida em que é compartilhado por um grande número de contemporâneos. Quanto mais célebre é uma estrela, mais seus fãs se convencem facilmente de que mantêm com ela uma relação íntima e única. Essa estranheza explica-se pelos laços que a publicidade cria com os mecanismos de individualização, encorajados e, ao mesmo tempo, negados por ela: o indivíduo descobre-se singular no momento em que se funde a um público. É o motor paradoxal da cultura de massas. Mas ela deve-se também à inversão entre o público e o privado, operada pela cultura da celebridade. Aquilo que uma pessoa possui de mais privado, de mais íntimo, é submetido à curiosidade do público. A própria dinâmica de sua celebridade emancipa-se dos fatos que, originalmente, revelaram-na e a expõe como indivíduo singular, falível, frágil. Trata-se de um dos motores profundos da curiosidade provocada pelas estrelas, mas também da empatia que elas suscitam. Uma figura pública é grande por sua celebridade e, ao mesmo tempo, semelhante ao mais comum dos mortais, por suas fraquezas e baixezas.

Essa mistura de curiosidade e de empatia é veiculada, no século XVIII, por um gênero literário em plena expansão, o romance, em particular o romance sentimental, cujo sucesso acompanha a nascente cultura da celebridade. Os leitores aprendem, em *Pamela* ou em *A nova Heloísa*, a se entusiasmar com a vida de personagens que se parecem com eles e cujo cotidiano e peripécias sentimentais lhes são contados em detalhes. Paralelamente, os mais célebres indivíduos da época tornam-se verdadeiras pessoas públicas, cuja vida é narrada como se fosse uma novela. Nos dois casos, a admiração e a piedade, essas paixões tradicionais são suplantadas pela curiosidade e pela simpatia, dois motores profundos de identificação nos momentos em que as condições sociais tendem a se aproximar suficientemente para permitir que cada um possa, tanto para o bem quanto para o mal, identificar-se com os outros. O eu moderno é curioso e sensível. Ele reconhece nos outros, apesar da distância social, um semelhante. Além disso, a expansão da celebridade, no século XVIII, é ligada a esses dois fenômenos: o desenvolvimento da publicidade e uma nova concepção do eu. Longe de se opor, essas duas evoluções constituem as duas faces da modernidade.

Seria ainda possível, seriamente, lançar mão da noção de modernidade? Após ter sido considerada central pelas ciências sociais do século XX, ela é hoje objeto das maiores suspeitas. É acusada, de modo indistinto, de acarretar uma concepção teleológica da história, totalmente orientada para o presente, de promover uma visão ocidental da história, de ser ingenuamente progressista ou cinicamente polissêmica, de ter apenas um conteúdo vago e normativo, em suma, de ser uma herança de outro tempo, quando os historiadores ou os sociólogos acreditavam-se autorizados a opor os modernos, isto é, eles próprios, a todos os outros: antigos, medievais, primitivos, presos em suas tradições e crenças. No entanto, é muito difícil dispensar essa noção, sendo conveniente, por outro lado, precisar seus termos de uso. Por modernidade, entendo aqui duas coisas. Em primeiro lugar, um conjunto de transformações profundas que afetaram as sociedades europeias, segundo ritmos e modalidades variadas, e cujo epicentro se situa, ao menos para a Europa ocidental, entre meados do século XVIII e o início do século XX. Seus principais traços são conhecidos e podem ser hierarquizados por cada um, como bem entender: a urbanização e a industrialização, a divisão do trabalho social, a ampliação dos atores legítimos da vida política e o apagamento das desigualdades jurídicas – em prol, aliás, de outras formas de desigualdade –, a afirmação da racionalidade instrumental e o "desencantamento do mundo". Essas evoluções com frequência tornaram-se objeto de grandes narrativas, denominadas "a democratização", "a Revolução Industrial", "o fim das sociedades de ordens", "a secularização". Pode-se discuti-las e nuançá-las quanto se quiser. É difícil refutá-las por completo. Nos quadros deste livro, dois elementos

INTRODUÇÃO

menos frequentemente mencionados merecerão nossa atenção de modo prioritário: o desenvolvimento de técnicas de comunicação a distância, desde os impressos até o rádio e a televisão, e o ideal de autenticidade individual que atinge seu auge com o romantismo. O desenvolvimento da "comunicação midiatizada" teve profundas consequências sociais e culturais, ao favorecer novas formas de interação social, bem diferentes das situações face a face das sociedades tradicionais, e uma circulação inédita de bens culturais, também convertidos em objetos mercantis.[13] Se, mais tarde, as telecomunicações do século XX aceleraram essa mutação, sua origem remonta à invenção dos impressos e, posteriormente, à sua intensificação no século XVIII. Informações, narrativas, imagens circularam cada vez mais amplamente em direção a um público indeterminado, potencialmente ilimitado, transformando de modo profundo a maneira como um indivíduo podia ser conhecido por seus contemporâneos. O ideal de um eu autêntico, oposto a todas as representações sociais que constituem a figura pública de um indivíduo, foi, em grande parte, como veremos no caso de Jean-Jacques Rousseau, uma reação a essa nova ordem midiática.

Mas a modernidade é também uma relação com o tempo, uma narrativa que os modernos sustentam sobre si mesmos, a afirmação de uma especificidade, a convicção de ter rompido com o passado, uma preocupação sempre crescente de reflexão. A historiografia, tal como a conhecemos há dois séculos, é inteiramente dependente dessa relação moderna com o tempo, que permite ao presente apreender o passado como um objeto de conhecimento, seja para mantê-lo a distância, seja para afirmar aquilo que lhe devemos e o que, nele, nos diz respeito. Quanto a mim, concebo o passado não como um mundo estranho e desconcertante, habitado por personagens surpreendentes, e que permitiria insistir em tudo o que nos afasta, a nós modernos, dele. Nele descubro práticas e crenças familiares, mesmo quando ordenadas de modo diferente; reconheço ali o lugar em que se estabeleceram as contradições no interior das quais continuamos a nos debater. Prefiro um princípio genealógico – não para reivindicar uma origem tranquilizadora nem para traçar uma continuidade linear, mas para apreender as

A INVENÇÃO DA CELEBRIDADE

questões da modernidade no momento preciso de seu surgimento – a um princípio etnográfico, que redobra a distância.

O argumento deste livro é, portanto, o seguinte: a celebridade não é uma novidade de nosso mundo contemporâneo, que ofereceria um testemunho do declínio da cultura e da esfera pública, e até mesmo do esquecimento das promessas emancipadoras da modernidade; ela é um traço característico das sociedades modernas, a forma de grandeza que lhes corresponde, uma grandeza quase impossível, sempre ameaçada de ilegitimidade. Para demonstrar isso, procuro descrever uma primeira idade da celebridade – cujas premissas aparecem em Paris e em Londres, em meados do século XVIII –, que toma forma ao longo do século e desenvolve-se na Europa ocidental e nos Estados Unidos na primeira metade do século XIX. Essa cronologia, que reúne o Iluminismo e o Romantismo, não é familiar aos historiadores, pois transpõe alegremente a sacrossanta barreira da Revolução Francesa. Ela corresponde, no entanto, a uma lenta e coerente transformação das sociedades da Europa ocidental. Crise da sociedade de ordens; primeiros desenvolvimentos de uma economia comercial da cultura; expansão maciça dos impressos e, em especial, da imprensa periódica; afirmação, ao menos em teoria, do princípio da soberania popular: estabelecem-se os principais traços da modernidade. De importância particular para a história da celebridade é o aparecimento conjunto da opinião pública, como realidade e como princípio, e de um novo ideal do eu, fundado na reivindicação de autenticidade individual. Evidentemente, uma tal história não se deixa encerrar em datas estritas. Contudo, o aparecimento de Jean-Jacques Rousseau na cena pública, em 1751, e as turnês espetaculares de Franz Liszt, que alimentam, por volta de 1844, uma verdadeira *lisztomania* de Paris a Berlim, oferecem pontos de referência cômodos. De um a outro, os fios que se cruzam são mais numerosos do que normalmente se pensa.[14]

Rousseau, justamente, ocupa neste livro um lugar importante e já se encontrava na origem do desejo de escrevê-lo. Em certos aspectos, *A invenção da celebridade* foi pensado, a princípio, como um longo desvio para resolver certas contradições da obra desse filósofo e teórico suíço – contradições que parecem insolúveis enquanto não se decidir

INTRODUÇÃO

fazer da celebridade um verdadeiro objeto histórico, restituindo-lhe sua espessura e suas ambiguidades. Primeira verdadeira celebridade europeia, Rousseau é também, e sobretudo, o primeiro a descrever a experiência da celebridade como um fardo e uma alienação. Um capítulo exclusivo lhe é dedicado neste livro. Antes, daremos um mergulho no âmago dos mecanismos da celebridade. Descobriremos aí que muitas das características de nossa sociedade hipermidiática vieram à luz no século XVIII: a concentração de rendimentos em algumas vedetes, os mecanismos publicitários, o comércio dos retratos de celebridades, a imprensa sensacionalista, a correspondência dos fãs. Iniciaremos o percurso por um acontecimento de alto valor simbólico: a coroação de Voltaire, na Comédie-Française, em 1778, cujas questões foram muito mais ambíguas do que os historiadores relatam normalmente. Longe de ser a apoteose do grande homem, a cerimônia evidenciou, aos olhos dos contemporâneos, as ambivalências da celebridade (Capítulo 1). Prevenidos, desse modo, contra as interpretações unívocas, partiremos à descoberta do mundo do espetáculo, do qual saíram as primeiras figuras públicas, atrizes, cantores ou dançarinos (Capítulo 2) e observaremos os grandes vetores da celebridade, a multiplicação das imagens, os novos usos biográficos e o papel dos escândalos. É a questão do público que estará, então, no centro da análise (Capítulo 3). Será necessário compreender como esses novos mecanismos foram descritos e comentados, suscitando uma verdadeira interrogação sobre as novas formas da publicidade (Capítulo 4).

Após as páginas dedicadas a Rousseau (Capítulo 5), retornaremos às consequências dessa nova cultura da celebridade no domínio político. Reencontraremos Maria Antonieta, mas veremos também como as novas figuras democráticas do poder, como George Washington e Mirabeau, tiveram de se acomodar aos imperativos da *popularidade*, e como o prestígio de Napoleão fundiu os mecanismos tradicionais da glória e aqueles, novos, da celebridade. E se a "vedetização" da vida política, como se vê hoje em dia, longe de ser um signo da despolitização contemporânea e da vulgaridade reinante fosse, desde a origem, a concessão do carisma à modernidade (Capítulo 6)? Enfim, um último capítulo mostrará o desenvolvimento dos mecanismos da celebridade na época romântica, encarnados na figura de Lord Byron, mas também em outras figuras hoje menos conhecidas, como Jenny Lind, que percorreu os Estados Unidos em uma jornada triunfal (Capítulo 7). Isso nos conduzirá ao limiar de uma nova fase da história da celebridade, marcada pela fotografia, pelo cinema e pela imprensa de massa, quando os instrumentos de reprodução maciça das imagens passam a desempenhar um papel cada vez mais importante.[15]

Notas

1. Citado por Martial Poirson, "Marie-Antoinette, héroïne paradoxale d'une fiction patrimoniale contrariée", in Laurence SCHIFFANO e Martial POIRSON (orgs.), *Filmer ledix-huitième siècle*, Paris, Desjonquère, 2009, pp. 229-252. Ver também Yves Citton, "Du bon usage de l'anachronisme (Marie-Antoinette, Sofia Coppola et Gang of Four)", *L'Écran des Lumières. Regards cinématographiques sur le XVIIIe siècle*, Oxford: Voltaire Foundation, 2009, pp. 231-247.

2. Nos Estados Unidos, os *celebrity studies* têm até mesmo sua antologia: Peter David Marshall, *The Celebrity Culture Reader*, Nova York/Londres: Routledge, 2006. A bibliografia, sobretudo anglófona, é atualmente considerável. Para uma apresentação em francês, ver Nathalie Heinich, "La culture de la célébrité en France et dans les pays anglophones. Une étude comparative", *Revue française de sociologie*, n. 52-2, 2011, pp. 353-372.

3. Leo Braudy, *The Frenzy of Renown. Fame and its History*, Nova York: Oxford University Press, 1986.

4. Em meio a uma bibliografia abundante, destaca-se o livro de Joshua Gamson, *Claims To Fame: Celebrity in Contemporary America*, Berkeley: University of California Press, 1994.

5. Daniel J. Boorstin, *The Image: A Guide to Pseudo-Events in America*, Nova York: Vintage Books, 1961.

6. Edgar Morin, *Les Stars*, Paris: Éd. du Seuil, 1957, reedição Galilée, 1984, p. 85. Nesse livro pioneiro, Morin associava três temas: uma leitura semiótica das estrelas como mito, uma leitura antropológica do "culto" que lhes seria prestado e uma leitura econômica do *star-system* capitalista, ao mesmo tempo que priorizava uma leitura das estrelas como mitologia moderna.

7. Chris Rojek, *Celebrity*, Londres: Reaktion Book, 2001, trad. fr., *Cette soif de célébrité!*, Paris: Autrement, 2003.

INTRODUÇÃO

8. Sobre a noção de "figura" como conjunto de características que definem a aparência social de um indivíduo – não somente seu rosto, mas também o conjunto de elementos por meio dos quais sua identidade manifesta-se àqueles que têm contato, direto ou indireto, com ele, ver Barbara Carnevali, *Le Apparenze sociali. Una filosofia del prestigio*, Bolonha: Il Mulino, 2012.

9. Alan Bowness, *The Conditions of Success. How the Modern Artist Rises to Fame*, Londres: Thames and Hudson, 1989; Alessandro Pizzorno, *Il Velo della diversità. Studi su razionalità e riconoscimento*, Feltrinelli, 2007. Para uma apresentação das diferentes abordagens atuais da reputação como fato social, ver Gloria Origgi (org.), "La réputation", *Communications*, n. 93-2, 2013.

10. Jürgen Habermas, *L'Espace public. Archéologie de la publicité comme dimension constitutive de la société bourgeoise*, Paris: Payot, [1962] 1992. [Tradução brasileira: *Mudança estrutural da esfera pública*: investigações quanto a uma categoria da sociedade burguesa. Tradução: Flávio R. Kothe. Rio de Janeiro: Tempo Brasileiro, 2003.]

11. A ambição propriamente crítica do livro de Habermas, que idealiza o século XVIII para melhor denunciar o estado cultural e sobretudo político das sociedades contemporâneas (aquelas do início dos anos 1960), fica evidente na primeira parte do livro, que propõe uma visão extremamente negativa das sociedades ocidentais, à luz de seu próprio ideal democrático. Sobre as motivações teóricas e históricas do livro, ver Stéphane Haber, "Pour historiciser L'Espace public de Habermas", in Patrick Boucheron e Nicolas Offenstadt (orgs.), *L'Espace public au Moyen Âge, débats autour de Jürgen Habermas*, Paris: PUF, 2011, pp. 25-41. No mesmo volume, Stéphane Van Damme, "Farewell Habermas?", dá conta da importância assumida nos últimos vinte anos pelo conceito de espaço público nos estudos sobre o século XVIII (pp. 43-61).

12. Gabriel Tarde, *L'Opinion et la Foule*, Paris, 1901, reeditado com uma introdução de Dominique Reynié, Paris, PUF, 1989, p. 33. [Tradução brasileira: *A opinião e as massas*. São Paulo: WMF Martins Fontes, 2005.]

13. John B. Thompson, *The Media and Modernity. A Social Theory of the Media*, Stanford: Stanford University Press, 1995.

14. Essa cronologia está próxima daquela explorada na obra coletiva organizada por Tom Mole (*Romanticism and Celebrity Culture*, 1750-1850, Cambridge: Cambridge University Press, 2009), que contém alguns estudos de caso bastante úteis, mas limita-se ao mundo britânico. Ver também Fred Inglis, *A Short History of Celebrity*, Princeton: Princeton University Press, 2010, que levanta a hipótese de um nascimento da celebridade no século XVIII, mas dedica apenas algumas páginas a esse período, e aqui também apenas a respeito da Inglaterra.

15. Nathalie Heinich, *De la visibilité. Excellence et singularité en régime médiatique*, Paris: Gallimard, 2012.

1. Voltaire em Paris

Em fevereiro de 1778, Voltaire, então com 85 anos, decidiu ir a Paris, depois de trinta anos de ausência. Essa estada suscitou espetaculares manifestações de entusiasmo. Todos os escritores que se encontravam então em Paris se precipitaram para festejar o patriarca de Ferney, enquanto as elites disputavam suas habilidades para ter a chance de ver o homem cujo nome era, desde então, célebre em toda a Europa. As visitas multiplicaram-se na casa do Marquês de Villette, onde ele estava hospedado. A Academia Francesa recebeu-o com grande pompa. Benjamin Franklin pediu-lhe solenemente que abençoasse seu neto. Essas homenagens culminaram em uma cerimônia improvisada na Comédie-Française, onde Voltaire assistia à representação de sua tragédia *Irène*. Diante de um público alvoraçado, seu busto foi coroado no palco, enquanto uma atriz recitava versos em sua honra. Esse episódio costuma ser apresentado como a encenação emblemática da "coroação do escritor", momento em que os filósofos do Iluminismo teriam alcançado um prestígio social e cultural inédito, emancipando-se de potências tradicionais para encarnar um poder espiritual laico, que deveria triunfar com o Romantismo.[1] A coroação do busto de Voltaire parece, assim, prefigurar a cerimônia oficial que, em 1791, acompanhou sua transferência ao Panteão: uma primeira celebração, a homenagem do grande público ao grande homem. E é exatamente assim que os historiadores da literatura interpretam o episódio, como um "triunfo" e uma "apoteose".[2]

Mas isso é, assim, algo tão evidente? A cena é quase bela demais para ser verdade. E, com efeito, a narrativa canônica, repetida há dois séculos e meio, inspira-se essencialmente em escritos redigidos pelos partidários de Voltaire, para dar ao episódio uma imagem lisonjeira.[3] No entanto, algumas testemunhas não deixaram de ironizar. Os adversários dos filósofos, ressentidos com o sucesso de seu velho inimigo, ficaram profundamente ofendidos.[4] Outros atores da vida cultural, que não tinham motivações religiosas ou políticas, permaneceram céticos e irônicos e até mesmo francamente hostis. Louis Sébastien Mercier, fino conhecedor da vida teatral, escreveu em seu *Tableau de Paris* [*Panorama de Paris*]: "Essa famosa coroação não passou de uma farsa, aos olhos das pessoas sensatas."[5] Longe de ficar impressionado com o espetáculo, viu ali nada mais que uma "facécia" articulada por discípulos entusiastas, porém nociva ao prestígio de Voltaire, submetido sem reservas aos olhares do público: "Uma curiosidade epidêmica precipitava-se para contemplar sua cara, como se a alma de um escritor não estivesse muito mais em seus escritos que em sua fisionomia." No lugar de uma apoteose ou de um triunfo, Mercier vê apenas uma farsa, vagamente grotesca, durante a qual encheram o grande escritor de aplausos e de sinais impróprios de familiaridade. O que desagrada Mercier não é a homenagem a Voltaire, e sim a forma que ela tomou, reduzindo o autor de *Édipo* ao estatuto de curiosidade pública, festejado como um ator, com mais entusiasmo que com verdadeira admiração.

O teatro podia parecer, é bem verdade, um espaço ambivalente para uma apoteose. Se era o lugar por excelência em que a glória dos heróis era representada, nessas tragédias de que Voltaire fora o mestre incontestável durante várias décadas, era também onde se fazia e se desfazia a reputação dos autores e dos atores, submetida ao veredito do público, à eficácia das cabalas e à derrisão das vaias; era, enfim, a arena principal da nova cultura da celebridade, de que os atores e as atrizes foram, apesar de sua falta de estatuto social, os primeiros protagonistas. Longe de ser uma cerimônia oficial e solene, a sessão de 30 de março de 1778 tinha tudo de uma festa exuberante, semelhante a uma mascarada, e não é certo que Voltaire tenha gostado disso. Ao que parece, ele se deu conta do caráter potencialmente ridículo da situação: a despeito dos aplausos, Voltaire retirou imediatamente a coroa de louros que o Marquês de Villette acabara de colocar em sua cabeça.[6] Seria realmente conveniente ser celebrado desse modo, e ainda em vida?

VOLTAIRE EM PARIS

A coroa de louros relembrava um episódio famoso da história literária, bem presente no espírito dos homens do Iluminismo: a coroação de Petrarca no Capitólio, em 1341.[7] Mas Petrarca fora coroado pelo representante do rei Roberto de Nápoles, um dos mais poderosos mecenas de seu tempo, em uma cerimônia solene. Essa aliança entre a glória do soberano e a fama do poeta, que foi tão poderosamente ilustrada em toda a Europa das cortes, até o reino de Luís XIV, já estava então em crise, e Voltaire sabia disso melhor do que ninguém. O público exaltado da Comédie-Française poderia, por isso, substituir o príncipe? Pelo contrário, ele não corria o risco com isso de desacreditar o autor? Essa coroação paródica não se assemelhava mais às homenagens recebidas por atrizes e cantoras do que à consagração de um grande poeta?

O que estava em jogo naquele dia era a difícil conjunção, na pessoa de Voltaire, de uma reputação – a do autor de *Henriada* e de *Édipo* –, de uma celebridade – a do exilado de Ferney, cujos feitos e gestos eram conhecidos em toda a Europa – e, finalmente, de uma glória em potência – a do grande homem que ele já era então para seus partidários, a do autor clássico que ele se tornaria. Porque Voltaire encarna, para nós, o grande escritor do Iluminismo, o primeiro autor admitido no Panteão, vemos nesse episódio somente uma primeira etapa de sua glória póstuma. Mas, para os contemporâneos e para o próprio Voltaire, as questões eram mais ambíguas. Seria possível transformar a intensa curiosidade pública concentrada em sua pessoa em uma antecipação de sua glória? Essa operação era menos simples do que parece *a posteriori*, pois supunha resolvido o espinhoso problema da continuidade entre a celebridade de que um indivíduo pode gozar em vida e a imagem que a posterioridade guardará dele, a única passível de assegurar uma glória perene.

"O homem mais célebre da Europa"

A celebridade de Voltaire, em 1778, era incontestável. Ela tinha ultrapassado o estreito quadro do mundo literário, do reconhecimento pelos pares e pelos críticos. Mesmo aqueles que nunca haviam lido seus livros

A INVENÇÃO DA CELEBRIDADE

tinham ouvido falar de seu nome. Os jornais relatavam seus feitos e gestos. Em *Mémoires secrets de la République des Lettres* [*Memoriais secretos da República das Letras*], uma crônica da vida cultural de muito sucesso, seu nome aparecia sem parar. Voltaire sabia, como nenhum outro, ocupar a atualidade, com suas polêmicas literárias e seus combates políticos, com suas tiradas e sua vivacidade de espírito. Já havia um bom tempo que ele deixara de ser apenas o escritor admirado e se tornara um personagem público que provocava curiosidade. Autores estreantes ou menos reputados procuravam tirar proveito de sua celebridade. Já em 1759, um jovem romancista irlandês, Oliver Goldsmith, publicara falso *Mémoires de M. de Voltaire* [*Memórias de M. de Voltaire*], aproveitando a curiosidade do público para alavancar a própria carreira, lançando mão de anedotas mais ou menos verídicas e episódios inventados.[8] O advogado Jean-Henri Marchand divertiu-se durante mais de trinta anos com a publicação de obras paródicas, como *Testament politique de M. de V**** [*Testamento político de M. de V****] (1770) e *Confession publique de M. de Voltaire* [*Confissão pública de M. de Voltaire*] (1771).[9]

Voltaire não precisava de ninguém para orquestrar sua celebridade. Refugiado em Ferney, fez do lugar uma passagem obrigatória para todos os viajantes. Não bastava ler suas obras, era preciso ter visto uma figura da Europa contemporânea em pessoa. Essas visitas eram um dos grandes prazeres de Voltaire, que sustentava alegremente um pequeno cerimonial, que emanava tanto do teatro quanto da corte, e encorajava seus visitantes a fazer circular, ao retornarem, anedotas pitorescas sobre a vida do grande escritor.[10] Elas eram também uma fonte constante de embaraço, uma perda de tempo e de energia, a tal ponto que ele não hesitava em mandar embora os inoportunos ou os que vinham vê-lo por mera curiosidade, sem que tivesse nada a ganhar em troca. Charles Burney narra assim o mau tratamento recebido por visitantes ingleses, indagados violentamente: "Então, muito bem, agora que me vistes, *Messieurs*, digam-me, terei eu o ar de uma besta selvagem ou de um monstro, perfeito para ser exibido em um palco?"[11] Não há uma grande distância entre o homem célebre e o animal de circo. Trata-se de uma comparação que reencontraremos com frequência, em outros textos, e

VOLTAIRE EM PARIS

que terminará se tornando um lugar-comum, mas que, por ora, destaca as ambivalências da curiosidade pública. Motor essencial da celebridade, a curiosidade é tanto um recurso quanto uma ameaça: será que ela não corre o risco de transformar, a qualquer momento, o homem célebre em simples objeto de espetáculo?

Essa curiosidade não se reduzia ao mundo das elites, nem mesmo aos leitores de jornais. O nome de Voltaire era um argumento publicitário que alimentava a cobiça dos livreiros e encorajava as falsificações. O filósofo estava bem consciente disso e jogava, com o mundo da edição, um jogo complexo e tortuoso, denunciando os "piratas" e, ao mesmo tempo, utilizando seus serviços. Evocava prontamente as consequências de sua "infeliz celebridade" para queixar-se, por exemplo, de que acabava de ser publicada uma falsa coletânea de cartas "indignamente falsificadas", com seu nome: "Escaparão, contudo, sempre alguns exemplares. O que quereis? É o tributo que devo pagar a uma infeliz celebridade, que seria agradável trocar por uma obscuridade tranquila."[12] Há certamente um quê de vaidade nesse desdém alardeado por Voltaire, em relação a uma celebridade que sustenta ativamente, como grande publicitário que é. Falta dizer que o tema se impõe e que seus correspondentes se adequam a essas circunstâncias. Quando François Marin propõe a Voltaire preparar um volume com suas cartas familiares e com isso surpreender os "malditos livreiros" da Holanda, que publicam tudo o que leva o seu nome, ele acrescenta imediatamente, dando à fórmula um ar de lugar--comum: "Trata-se de uma das desgraças ligadas à celebridade."[13] Não se trata de um simples fato de reputação, mas uma condição social com suas imposições, entre as quais está a impossibilidade de escapar à curiosidade dos observadores, ao interesse dos impressores, às manobras de editores pouco escrupulosos. Em 1753, quando Voltaire ainda não era o patriarca das letras coroado na Comédie-Française, mas já era o mais célebre escritor de seu tempo, cujas relações complexas com Frederico II ganhavam as páginas dos jornais, sua sobrinha, Madame Denis, escrevia a Georges Keith: "É uma desgraça própria à celebridade de meu tio que ele não possa torcer o pé, sem ter toda a Europa por confidente. Ele está decidido a escolher um retiro tão profundo e ignorado que talvez nesse lugar deixem que ele morra em paz."[14] A celebridade é, ao mesmo tempo, uma grandeza e uma sujeição, porque faz do homem célebre uma figura pública. Assim, ela lhe impõe obrigações, sobretudo de exemplaridade e de justificação pública. Segundo Jean Robert Tronchin, Voltaire devia se defender das acusações de impiedade com um rigor particular: "Quanto mais célebre um homem é, mais deve mostrar delicadeza quando é atacado por uma via tão sensível."[15]

Voltaire não era somente um nome, e era sem dúvida isso que o distinguia dos grandes escritores do passado: era também um rosto. Seus retratos eram muitos, assim como os bustos ou as gravuras que o representavam, e haviam se multiplicado desde os anos 1760.[16] Um artista, em particular, especializara-se nas imagens de Voltaire: Jean Huber, virtuose dos "recortes", uma técnica que consistia em representar uma silhueta ou um rosto por meio de um recorte de tecido.[17] Após ter pintado diversos retratos de Voltaire e tê-lo representado na forma de vários recortes, Huber realizou, em 1772, uma série de pequenos quadros em que era mostrado em sua intimidade, bebendo café, jogando xadrez, passeando pelos arredores de Ferney. *Correspondance littéraire* [*Correspondência literária*], que menciona o sucesso desses quadros "que representam as diversas cenas da vida doméstica do homem mais célebre da Europa", conta que Voltaire censurava Huber por ter se aventurado próximo demais da caricatura.[18] Quando um quadro que o representava logo após acordar, vestindo culotes em uma posição acrobática, ao mesmo tempo que ditava algo para seu secretário, foi copiado, gravado e depois colocado à venda em todas as lojas de estampas, em Paris e em Londres, Voltaire se enfureceu. Huber retorquiu-lhe muito finamente que o motor da celebridade convidava a jogar com sua imagem pública, introduzindo uma "dose de ridículo" para estimular o interesse do público, sem ferir seu prestígio: "O entusiasmo do público, alma condenada, por tudo o que o representa, bem ou mal, força-me a ofendê-lo sem cessar. Sustento sua idolatria com minhas imagens, e meu voltairismo é incurável."[19]

Trata-se de uma observação preciosa, pois feita por um artista particularmente sensível às transformações da cultura visual. A imagética do homem célebre, que responde à curiosidade do público pelos aspectos

VOLTAIRE EM PARIS

privados de sua vida cotidiana, até pelos mais prosaicos, destacava-se da grandiosidade das representações mais hieráticas dos soberanos gloriosos ou mesmo dos célebres autores. Voltaire não é representado na condição de escritor, com os símbolos de sua atividade intelectual, tal como nos retratos tradicionais de escritores, em suas escrivaninhas, cercados de livros, de papéis, da pena e do tinteiro. O que é dado a ver é uma "cena doméstica", cujo atrativo supõe, no espectador, a vontade de ver em que consiste a vida de Voltaire quando não está escrevendo, quando é um indivíduo como outro qualquer. A motivação é menos a distância admiradora do que um desejo de intimidade ao longe, uma curiosidade pelo homem célebre como indivíduo singular, diferente por sua celebridade e, ao mesmo tempo, semelhante aos outros. Uma leve camada de ridículo não prejudica, muito pelo contrário, ela humaniza o homem público, torna-o mais próximo.

O "entusiasmo do público" pelas imagens que mostram Voltaire em sua vida cotidiana em Ferney era ainda mais impressionante na medida em que essa série de quadros fora encomendada, originalmente, por Catarina II. Mas o entusiasmo foi tal que os comerciantes de estampas, farejando o lucro, mandaram gravar as imagens. Outras cenas pintadas por Huber foram, assim, amplamente reproduzidas, em especial *Voltaire jogando xadrez, Voltaire recebendo um visitante* ou *Voltaire corrigindo um cavalo que corcoveia,* contribuindo para fazer do rosto descarnado do patriarca de Ferney, entre sorriso e careta, uma imagem familiar.[20] Nem retrato clássico, nem verdadeira caricatura, o ciclo de Huber alimentava o sentimento de paradoxal intimidade que o público podia manter com Voltaire: ao mesmo tempo distante, por seu prestígio, sua idade e seu exílio, e próximo, já que se podia vê-lo entregando-se a ocupações tão ordinárias quanto se levantar, se vestir, comer e passear. O sucesso de *Lever de Voltaire* [*O acordar de Voltaire*] devia-se em grande parte a seu aspecto de croquis produzido ao vivo, de surpresa, como se o espectador, ao olhar a gravura, tivesse o poder de se introduzir por um instante, furtivamente, no quarto do grande escritor.

Imagens da intimidade de um homem célebre, furtadas e depois reproduzidas por comerciantes pouco escrupulosos para um público curioso e entusiasta, cuja idolatria se funde ao voyeurismo: não há nenhuma necessidade de forçar a descrição para reconhecer, sob uma forma ainda artesanal, mecanismos que até hoje nos são familiares. A cólera de Voltaire – tanto quanto a reação de Huber – prova que seus efeitos intrigavam: a circulação de tais imagens serviria ao prestígio do filósofo de Ferney ou prejudicaria sua reputação? Duas das gravuras conhecidas de *Lever de Voltaire*, uma francesa e outra inglesa, traziam versos irônicos, fazendo a interpretação aproximar-se da caricatura.[21] As mesmas imagens eram procuradas pelos admiradores de Voltaire e por aqueles que desejavam zombar dele. Seu interesse estava antes de tudo na ilusão, por elas proporcionadas, de penetrar na intimidade do filósofo e de observar a fidelidade do retrato. Huber, que tinha claramente a intenção de lucrar com essa demanda, encorajava seus correspondentes ingleses a anunciar as gravuras como "o único meio de obter a verdadeira aparência de Voltaire, em todos os sentidos possíveis".[22] O público já não desejava imagens estereotipadas e intercambiáveis, mas retratos fiéis, que lhe permitissem o acesso a um indivíduo singular.

Voltaire e Janot

Foi essa celebridade de dupla face, calcada tanto na curiosidade quanto na admiração, que se manifestou quando da viagem de Voltaire a Paris, reconhecido na barreira da cidade, desde sua chegada: "Trata-se, por Deus!, de Monsieur de Voltaire!" – teria exclamado um dos guardas.[23] Uma vez conhecida, sua presença em Paris causou sensação. "Não, o aparecimento de alguém que regressa, de um profeta, de um apóstolo, não teria causado mais surpresa e admiração que a chegada de M. de Voltaire. Esse novo prodígio suspendeu, por alguns momentos, qualquer outro interesse", escrevia *Correspondance littéraire*, totalmente adepta de sua causa.[24] *Journal de Paris*, o primeiro jornal diário francês, criado no ano anterior, descrevia a seus leitores a "sensação" provocada pela presença de Voltaire na capital: "Nos cafés, nos espetáculos, nas sociedades, só se fala nele. Ele foi visto? Foi ouvido?" Os jornais de província

VOLTAIRE EM PARIS

relatavam com voracidade os mínimos detalhes e os ditos de sua estada parisiense.[25] Atestando essa curiosidade geral, François de Neufchâteau gabava-se publicamente de ter passado uma hora maravilhosa com Voltaire e se recusava, ao mesmo tempo, a revelar seus segredos, em nome de um imperativo de discrição muitas vezes questionável: "A celebridade tem sobretudo o inconveniente de fazer nascer em torno do homem célebre um tipo de espionagem de suas ações, de suas falas, de seus pensamentos",[26] escrevia ele, com um tom pretensamente reprovador, aos editores de *Journal de Paris*, provando assim que a celebridade tornara-se um tema de reflexão. Madame Du Deffand, mais sarcástica, notava com ironia que "todo o Parnaso, desde o pântano até o cume", precipitava-se à casa de Voltaire.[27] De resto, nem ela própria resistiu ao desejo de revê-lo.

Voltaire suscitava assim uma curiosidade unânime, senão unívoca. Mas a sessão de coroação, na Comédie-Française, seguia outro modelo, o da glória do grande homem. O objetivo da cerimônia era produzir, por antecipação, uma imagem póstuma consensual, como se seus contemporâneos o observassem já através do olhar da posteridade, como se, em suma, ele já estivesse morto. "Querem, portanto, me fazer morrer",[28] teria observado oportunamente Voltaire, em uma formulação ambígua que visava ao excesso de alegria e de homenagens, mas assinalava também a proximidade perigosa com o triunfo póstumo. Com mais solenidade, Jean-François Ducis não disse outra coisa em seu discurso na Académie Française quando foi recebido, no ano seguinte, na cadeira antes ocupada por Voltaire: "Em vida, ele assistira, por assim dizer, à sua imortalidade. Seu século quitou antecipadamente a dívida dos séculos por vir."[29] Essa era também, em certo sentido, a significação da estátua esculpida por Pigalle alguns anos antes e que representava Voltaire nu. O ponto de vista escolhido pelo artista havia chocado, mas essa nudez exprimia claramente uma mensagem: o corpo descarnado do escritor antecipava sua morte e autorizava uma representação na condição de herói antigo. Voltaire já era um grande homem, era permitido adiantar-se em relação às homenagens que lhe seriam prestadas pela posteridade.

A ocasião na Comédie-Française, pelo contrário, era mais equívoca, marcada mais pela exuberância que pela solenidade. Isso transparece até mesmo nas resenhas mais favoráveis, como a de *Correspondance littéraire*, que insiste na empolgação, na desordem, no alvoroço. "A sala toda estava obscurecida pela poeira provocada pelo fluxo e refluxo da multidão agitada. Essa emoção viva, essa espécie de delírio universal, durou mais de vinte minutos, e não foi sem dificuldade que os atores conseguiram, enfim, começar a peça."[30] Com tanto mais razão, as testemunhas mais críticas não deixaram de ironizar o caráter teatral e desordenado dessa pretensa apoteose. Que essa coroação tenha ocorrido no próprio palco do teatro não podia senão concorrer para o caráter quase paródico do evento. Algumas semanas mais tarde, o enterro quase clandestino de Voltaire provou que o momento do reconhecimento oficial ainda não chegara, e que a celebridade não conduzia diretamente à glória. "As honras indiscretas que lhe foram prestadas em vida o privaram das honras fúnebres", observa perfidamente Mercier.

Podemos nos deixar guiar um pouco mais por sua leitura iconoclasta. Depois de disparar sua carga contra essa "facécia" desrespeitosa, Mercier propõe uma comparação mais desiludida, confrontando o sucesso de Voltaire com aquele, muito maior, do ator cômico Volange em Variétés Amusantes, um dos novos teatros de *boulevard*. A repercussão da visita parisiense de Voltaire, com efeito, fora rapidamente ofuscada pelo sucesso prodigioso de Volange e de seu personagem fetiche, Janot, em uma farsa popular. Essa peça, *Janot ou Les battus paient l'amende* [*Janot ou Os perdedores pagam a multa*], estava bem distante das tragédias de Voltaire. Em sua cena emblemática, Janot recebia o conteúdo de um penico na cabeça e interrogava-se sobre a natureza do líquido. "Será que é aquilo? Será que não é?": a réplica fez a capital rir por vários meses e foi repetida em todas as conversas. A comédia conheceu várias centenas de representações e o ator principal tornou-se o homem da moda: "Ele diverte o público não somente em cena, mas também na sociedade. Não há uma boa festa a que não seja chamado e em que não provoque prazeres intensos. Ultimamente, ele pegou um leve resfriado; no dia seguinte, a porta de sua casa ficou inacessível para as carruagens; as mulheres da nobreza mandavam pedir notícias suas e os mais importantes senhores vinham eles próprios buscá-las. Não se sabe até quando durará esse

VOLTAIRE EM PARIS

delírio",[31] escreveu o redator de *Mémoires secrets*, perplexo diante desse arrebatamento coletivo. *Correspondance littéraire*, que também assinala o "sucesso prodigioso" do espetáculo de Janot – que se tornara, em um segundo, o "homem da nação" –, propõe, para deplorá-lo, uma oposição entre o entusiasmo do público e o desinteresse pelas tragédias de Voltaire, apenas algumas semanas após o episódio da coroação. "Ao mesmo tempo que se via uma afluência tão grande à centésima décima segunda representação de *Battus paient l'amende*, não havia dois camarotes reservados para a primeira representação de *Rome sauvée* [*Roma salva*], de M. de Voltaire, e, quando da terceira, a sala estava deserta."[32] A atenção pública é um recurso raro: uma celebridade expulsa a outra. Mercier leva a comparação ainda mais longe no âmago da cultura material da celebridade: "Enfim, um modelo de Janot foi feito em porcelana, assim como um de Voltaire. Hoje se pode encontrar um ator de teatro itinerante enfeitando todas as chaminés."[33]

Essa observação desencantada toca em um ponto essencial: os motores da celebridade colocam em um mesmo plano o grande escritor e o comediante popular, uma tragédia e uma farsa de *boulevard*. Com um "aplaudímetro", como é possível distinguir o grande homem cujo talento é indiscutível e o comediante, o histrião cujas respostas burlescas suscitam o entusiasmo do público; aquele cujas obras serão admiradas pela posteridade e aquele cujo sucesso durará apenas certo tempo? A ironia de Mercier é amarga. Ao mesmo tempo que zomba do gosto excessivo pelas "novidades", que torna equivalentes grandezas que não têm medida em comum, ela aponta para uma leitura política, surpreendentemente moderna, dessa inconsequência do público: "Está provado, portanto, que não há necessidade alguma de perseguir uma pessoa viva, e nem mesmo morta. Sempre que se levantar algum Voltaire, haverá também algum Janot para se lhe opor." O que está em jogo é a própria capacidade de uma fala pública de ser realmente ouvida. Pois a celebridade de Voltaire não se funda unicamente em suas tragédias, mas, sobretudo, nos incessantes combates conduzidos por ele, ao longo de um quarto de século e por meio de panfletos e polêmicas, contra o fanatismo religioso e os preconceitos – que lhe permitiram encarnar, aos olhos da Europa, a filosofia nova, militante e crítica do Iluminismo. Essa ocupação do espaço público é uma estratégia filosófica, um combate pela verdade, uma vontade de transformar os espíritos e os costumes.[34] O que acontece com ela se a fala pública é um espetáculo, se o filósofo não passa de um animador público facilmente suplantado por um ator cômico de teatro itinerante?

Relido sob essa perspectiva, o episódio da coroação de Voltaire assume outra significação, muito mais complexa do que aquela que lhe é tradicionalmente atribuída. Ele já não é uma etapa no caminho inexorável que conduziria de Ferney ao Panteão, mas a manifestação espetacular e ambivalente da celebridade de Voltaire. Celebridade controversa: seria ela o signo de seu gênio, como querem fazer crer seus partidários e todos aqueles que se aliaram a seus combates? Ou seria um simples efeito de moda, um testemunho da decadência dos costumes, como pretendem seus adversários? Ou seria ainda, conforme sugere Mercier, a prova de que os desejos versáteis do público se impõem doravante, que sua "curiosidade epidêmica" transforma os maiores escritores em simples objeto de espetáculo e de diversão, à custa de sua obra e de seu engajamento? Um outro observador, Simon Linguet, antigo advogado convertido em jornalista e panfletário, faz a mesma constatação e censura o público por ter transformado um escritor em "herói de teatro". A seus olhos, a cerimônia de coroação não passou de uma farsa, uma "pantomima pueril", da qual o público teria se envergonhado, se conseguisse refletir quando está em bando. Não teria sido ela uma representação de marionetes, muito abaixo daquelas oferecidas à populaça nos *boulevards*?"[35] Do público à populaça, o resvalamento é notável. Se as manifestações da celebridade são tão facilmente submetidas à crítica, no século XVIII como em nossos dias, isso se explica porque o próprio público é uma figura contestada, cujo julgamento é prontamente desqualificado.

Os historiadores insistiram, com razão, na valorização do "público" e da "opinião pública" no século XVIII. É certo que, hoje, reivindica-se o público, quer se trate de avaliar o mérito de uma peça de teatro ou de denunciar uma injustiça política. Não obstante, essa promoção do público a autoridade razoável permanece inacabada, incompleta.

VOLTAIRE EM PARIS

O público é facilmente considerado suspeito de ser manipulado, de se entusiasmar sem razão, por causas efêmeras, de julgar com base em seu prazer e não em sua razão, de ceder à curiosidade e à simplicidade. Os jornais que denunciam o entusiasmo do público por Voltaire opõem--lhe o julgamento mais sereno da posteridade: "Uma cabala poderosa levantou-se entre nós. O que não imagina ela para seduzir o vulgar, para impô-lo à multidão infinita de tolos, e para alcançar plenamente seus fins? [...] Desprovida de qualquer interesse, de qualquer paixão, de qualquer espírito de partido, somente a posteridade pode colocá-lo no lugar que merece."[36] São duas temporalidades e duas sociologias que se opõem. A contemporaneidade, própria à celebridade, favorece o espírito de partido e a "multidão de tolos", ao passo que a glória não pode provir senão do julgamento apaziguado da posteridade, encarnada pelas "pessoas de gosto" e as instituições culturais.

Entre a reputação do escritor, no âmago da República das Letras, e a glória póstuma do grande homem, a celebridade não é, portanto, uma simples etapa. Ela abre um espaço novo de práticas e de discursos, alimentado pelas indiscrições dos jornais, pela circulação crescente de imagens e pela curiosidade do público, de que os contemporâneos intrigados procuram compreender as questões. A comparação inesperada (aos nossos olhos) entre Voltaire e Volange-Janot, entre o grande escritor e o cômico público, indica que a celebridade não diz respeito unicamente aos homens de letras ou aos artistas. O mundo do teatro e dos espetáculos é seu lugar por excelência, constitui a arena privilegiada dessa nova cultura da celebridade. É por ali que é preciso começar nossa investigação.

Notas

1. Paul Bénichou, *Le Sacre de l'écrivain*, Paris: José Corti, 1973.
2. Na grande biografia organizada por René Pomeau, o capítulo correspondente intitula-se "O triunfo". Após ter evocado o triunfo dos imperadores romanos, Pomeau acrescenta: "Consagrado rei pelos próprios poetas, promovido por seus contemporâneos à imortalidade, Voltaire assiste à própria apoteose", *Voltaire*

A INVENÇÃO DA CELEBRIDADE

en son temps, vol. V, *On a voulu l'enterrer, 1770-1791*, Oxford: Voltaire Foundation, 1997, pp. 283-298, citação p. 298. Jean-Claude Bonnet, em *Naissance du Panthéon, essai sur le culte des grands hommes*, Paris: Fayard, 1989, pp. 236-238, também menciona um triunfo e uma "apoteose em vida". Sobre a entrada para o Panteão, em 1791, ver Antoine de Baecque, "Voltaire ou le corps du souverain philosophe", *La Gloire et l'Effroi. Sept morts sous la Terreur*, Paris: Grasset, 1997, pp. 49-75.

3. A *Correspondance littéraire* de Grimm e Meister fez um longo relato dela, frequentemente retomado; e Wagnère, o secretário de Voltaire, deu também sua versão.

4. Darrin McMahon, *Ennemies of the Enlightenment: The French Counter – Enlightenment and the Making of Modernity*, Nova York: Oxford University Press, 2001, p. 5.

5. Louis Sébastien Mercier, *Tableau de Paris*, Paris: Mercure de France, [1783] 1994, "Triomphe de Voltaire. Janot", pp. 264-269, citação p. 266.

6. "O senhor Brizard veio trazer uma coroa de louros que Madame de Villette colocou na cabeça do grande homem, mas que ele logo retirou, apesar de o público tê-lo instado a mantê-la, com palmas e gritos que repercutiam de todos os cantos da sala com um estrondo inaudito", *Correspondance littéraire, philosophique et critique par Grimm, Diderot, Raynal, Mesiter, etc.*, éd. M. Tourneux, Paris: Garnier, 1880, t. XII, p. 70.

7. A lembrança desse episódio estava sempre presente. Titon du Tillet evoca-o em 1734, em seu *Essai sur les honneurs et sur les monuments accordés aux illustres savants*. Mercier dedica-lhe um capítulo de *Mon bonnet de nuit*, e o triunfo de Corinne no Panteão, no romance epônimo de Madame de Stæl, em 1807, recorda implicitamente o episódio. Ver J.-C. Bonnet, *Naissance du Panthéon...*, op. cit., p. 330.

8. Graham Gargett, "Oliver Goldsmith et ses Mémoires de M. de Voltaire", in Christophe Cave e Simon Davies (orgs.), *Les Vies de Voltaire: discours et représentations biographiques*, XVIIIe-XXIe siècle, Oxford: Voltaire Foundation, 2008, pp. 203-222.

9. Anne-Sophie Barrovecchio, *Voltairomania*, Saint-Étienne: Presses universitaires de Saint-Étienne, 2004.

10. Nicholas Cronk, "Le pet de Voltaire", in Alexis Tadié (org.), *La Figure du philosophe dans les lettres anglaises et françaises*, Nanterre: Presses universitaires de Paris X, pp. 123-136.

11. Charles Burney, *Voyage musical dans l'Europe des Lumières*, éd. M. Noiray: Paris, Flammarion, 1992, p. 85. O texto original evoca "wild beast or monster that was fit only to be stared at as a show" (*The Present State of Music in France and Italy*, Londres, 1773, p. 56).

VOLTAIRE EM PARIS

12. Voltaire a Étienne Noël Damilaville, *Correspondance, œuvres complètes de Voltaire*, Oxford: Voltaire Foundation, 1968-1977, t. CXV, pp. 23-24.
13. François Louis Claude Marin a Voltaire, em 3 de março 1766, *ibid.*, t. CXIV, pp. 125-127.
14. *Correspondance littéraire, op. cit.*, fevereiro de 1778, t. XII, pp. 53-54.
15. Lettre de Jean Robert Tronchin a Jean Jacob Vernet, 21 de setembro de 1757, *ibid.*, t. CII, pp. 170-174.
16. Gustave Desnoirettere, *Iconographie voltairienne*, Paris, 1879; Garry Apgar, "Sage comme une image". Trois siècles d'iconographie voltairienne, *Nouvelles de l'estampe*, julho 1994, pp. 4-44.
17. Garry Apgar, *L'Art singulier de Jean Huber*, Paris: Adam Biro, 1995.
18. *Correspondance littéraire, op. cit.*, t. X, p. 96.
19. *Ibid.*, p. 98.
20. A ponto de Huber divertir-se com a reprodução, em uma mesma folha, de trinta versões do rosto de Voltaire. Apesar das variações de suas expressões, a figura de Voltaire permanecia perfeitamente reconhecível. Houdon inspirou-se nelas para seu Voltaire sentado.
21. <http://gallica.bnf.fr/ark:/12148/btv1b6947967d.r=voltaire+huber+lever.langfr>
22. G. Apgar, *L'Art singulier..., op. cit.*, p. 92.
23. *Mémoires sur M. de Voltaire et sur ses ouvrages par Longchamp et Wagnère, ses secrétaires*, Paris: Aimé André, 1826, t. I, p. 121.
24. *Correspondance littéraire, op. cit.*, fevereiro de 1778, t. XII, pp. 53-54.
25. *Journal de Paris*, 16 de fevereiro de 1778, p. 187. Nos jornais de província, inicialmente entusiastas e depois cada vez mais críticos, ver James A. Leith, "Les trois apothéoses de Voltaire", *Annales historiques de la Révolution française*, n. 51 (236), 1979, pp. 161-209.
26. "Aux auteurs du Journal de Paris", *Journal de Paris*, 20 de fevereiro de 1778, p. 204.
27. Carta de Madame Du Deffand a Horace Walpole, 12 de fevereiro de 1778, Horace Walpole's Correspondence, New Haven: Yale University, 1939, vol. VII, p. 18. Alguns dias mais tarde, ele acrescenta: "O que ele inspira atualmente não é consideração; é um culto que acreditam ser-lhe devido" (8 de março de 1778, p. 25).
28. Segundo o testemunho do marquês de Saint-Marc, citado por William Marx, "Le couronnement de Voltaire ou Pétrarque perverti", *Histoire, économie et société*, n. 20-2, 2001, pp. 199-210. Mercier propõe uma leitura mais irônica e literal desse assassinato simbólico: "As visitas e os elogios, aos quais seu amor--próprio quis retrucar, logo desgastaram suas forças; sua carreira foi abreviada pelos seus melhores amigos e a apoteose matou o poeta" (L. S. Mercier, *Tableau de Paris, op. cit.*, p. 266).

A INVENÇÃO DA CELEBRIDADE

29. Choix de discours de réception à l'Académie française, Paris: Demonville, 1808, p. 209, cité par J.-C. Bonnet, *Naissance du Panthéon, op. cit.*, p. 373.

30. *Correspondance littéraire, op. cit.*, t. XII, pp. 68-73.

31. *Mémoires secrets pour servir l'histoire de la République des lettres en France depuis MDCCLXII jusqu'à nos jours*, Londres: John Adamson, 1780, t. XIV, p. 330, 30 de dezembro de 1779.

32. *Correspondance littéraire, op. cit.*, t. XII, p. 254.

33. L. S. Mercier, *Tableau de Paris, op. cit.*, vol. IV, p. 268.

34. Stéphane Van Damme, *À toutes voiles vers la vérité. Une autre histoire de la philosophie au temps des Lumières*, Paris: Le Seuil, 2014, pp. 81-84.

35. *Annales politiques, civiles et littéraires*, t. IV, 1779, p. 34-35.

36. *Affiches, annonces et avis divers*, 1779, p. 40 (folha de 10 de março de 1779).

2. A sociedade do espetáculo

As sociedades urbanas do Antigo Regime eram regidas pela exigência de representação. O exercício do poder necessitava de espetáculos e rituais, de encenações complexas, desde as entradas reais às festas da corte. A cultura aristocrática, ainda hegemônica, supunha que o valor de um indivíduo fosse indissociável de seu estatuto público: o homem honrado, assim como o cortesão, tinha consciência de desempenhar um papel, de encarnar um estatuto, e ninguém teria sonhado em opor à sua aparência pública uma realidade interior, mais verdadeira ou mais autêntica. Dessa concepção do jogo social, a velha metáfora do *theatrum mundi* correspondia à formulação: a vida é uma representação, um espetáculo permanente em que cada um deve figurar segundo o lugar que lhe foi atribuído. O crescimento urbano no século XVIII, a emergência de metrópoles densamente povoadas como Paris e Londres, mas também Nápoles ou Viena, em que os habitantes deviam incessantemente interagir com desconhecidos, só fizeram reforçar, em um primeiro momento, essa evolução: a teoria do homem social como ator, preocupado antes de tudo com o efeito produzido nos espectadores, foi resgatada. O *theatrum mundi* já não era uma peça encenada diante dos olhos longínquos de Deus, mas um espetáculo que os homens ofereciam uns aos outros.[1]

Se todos eram atores, alguns eram mais que outros e faziam disso seu ofício. As representações teatrais não estavam mais circunscritas aos espetáculos da Paixão, interpretados pelos fiéis no adro das igrejas, quando das festas religiosas, ou reservadas a uma pequena elite de cortesãos reunidos em volta do rei, mas tornavam-se a diversão urbana por excelência. Desde meados do século XVIII, em todas as grandes capitais europeias, e, cada vez mais, nas grandes cidades de província, as salas permanentes haviam se multiplicado. A ópera, a comédia, a ópera-cômica, mas também os espetáculos em feiras abertas atraíam um público denso e por vezes heterogêneo, composto por nobres, burgueses e mesmo por pessoas do povo, que se amontoavam, em Paris, no *parterre* da Comédie-Française. Na Europa do século XVIII, os espetáculos haviam se tornado um traço essencial da cultura urbana.

Em reação a essa teatralidade generalizada, duas críticas fizeram-se ouvir: a primeira colocava em questão o caráter artificial e nada autêntico de uma vida social em que cada um representava um papel; a segunda denunciava a corrupção provocada pelo sucesso dos teatros. Embora dissessem respeito a objetos distintos, as duas críticas convergiam na denúncia dos efeitos deletérios das grandes cidades. O novo ideal da autenticidade pessoal, fundado na sensibilidade e na sinceridade, permitia atacar o princípio de separação que, nos espetáculos urbanos, colocava face a face atores profissionais, pagos para representar sentimentos que não vivenciavam, e espectadores passivos, fascinados pelos simulacros de ação. O mais eloquente crítico desses espetáculos, Jean-Jacques Rousseau, opunha-lhes o modelo da festa da aldeia, em que todos participavam ativamente da efusão coletiva.[2]

Como se sabe, essa crítica da teatralidade e do espetáculo, em nome de um ideal de autenticidade, conheceu uma longa posteridade e pôde ser reencontrada na época romântica. Mais tarde, o desenvolvimento dos meios de comunicação audiovisuais, no século XX, lhe dará um novo vigor, ao reforçar ainda mais o princípio de separação entre o espectador e as imagens que lhe são propostas. Sua formulação mais radical impôs-se com a obra de Guy Debord, misto fulgurante de neomarxismo e de romantismo *noir*. Em uma prosa clássica que muitas vezes parece parodiar os moralistas do século XVII e assumir, por vezes, acentos rousseaunianos, a crítica da "sociedade do espetáculo" recicla a denúncia marxista do fetiche da mercadoria, ao aplicá-la às imagens midiáticas. A celebridade, situada no coração dos mecanismos modernos do espetáculo, é um de seus traços característicos. As "vedetes" são a "representação espetacular do homem vivo", a própria negação do indivíduo; elas encarnam estilos de vida, tipos de personalidade, formas do desabrochar humano, que se tornaram justamente inacessíveis ao espectador alienado, reduzido a uma vida pobre e fragmentada.[3]

Hoje, diante da amplitude tomada pela cultura da celebridade, essa crítica da sociedade do espetáculo, frequentemente separada de seu substrato anticapitalista e reduzida a um slogan, tornou-se um lugar-comum bastante empobrecido. A formulação possui, no entanto, o mérito de recordar que a economia midiática que povoa o espaço público de figuras célebres tem sua origem no mundo dos espetáculos urbanos do século XVIII, quando apareceram as primeiras vedetes. Atores, cantores, dançarinos eram permanentemente produzidos sob o olhar do público e fundamentavam sua existência social nessas performances. Os mais expostos tornaram-se verdadeiras figuras públicas, até mesmo fora da sala de espetáculos: seu nome era conhecido; seu rosto, reproduzido; sua vida privada, um objeto de curiosidade. Compreender as transformações sociais e culturais que permitiram essa emergência de "vedetes" é o objeto deste capítulo.

Nascimento das estrelas: a economia da celebridade

O próprio termo "vedete", que passou a ser utilizado no teatro um pouco depois, indica muito bem as evoluções da economia do espetáculo. A palavra designava, em linguagem militar, uma sentinela em posição elevada, mas também, no século XVIII, as palavras impressas em grandes caracteres, em um cartaz. Mais tarde, no início do século XIX, ela foi utilizada, por metonímia, para designar o artista mais importante de um espetáculo, cujo nome estava em "vedete". Essa prática impôs-se de maneira progressiva, contra o uso tradicional que enfatizava a trupe como entidade coletiva. Essa modificação aparentemente menor revela, na realidade, uma transformação importante: a partir do início do século XVIII, em Londres, em meados do século, em seguida, em Paris, e mais tardiamente em Nápoles, Viena ou Berlim e em outras cidades europeias, a economia do teatro conhece uma profunda reviravolta, em razão da emergência de um público urbano e de novas práticas comerciais. O teatro, a música e a dança emancipam-se do modelo de espetáculos de corte ou dos teatros chancelados por privilégio, inteiramente controlados pelo poder. Tornam-se espetáculos urbanos, frequentados por um público mais diversificado, que vai das elites da alta sociedade às novas classes médias. Em alguns grandes centros urbanos, a cultura não é mais somente o atributo das elites curiais, reunidas em torno do rei ou do soberano, mas torna-se um objeto de consumo. O teatro de Drury Lane, em Londres, podia receber 2.360 espectadores (depois das reformas realizadas em 1792, passou a comportar mais de 3 mil pessoas). Essa era praticamente a mesma situação de seu concorrente do Covent Garden. Os novos espetáculos urbanos mobilizam as energias e os capitais dos empreendedores privados, que não hesitam em recorrer, para rentabilizar seus investimentos, a inúmeras técnicas publicitárias.[4]

Os diretores de teatro tinham todo o interesse em destacar intérpretes de sucesso. Para além de estratégias comerciais, é o conjunto de novos mecanismos associados a essa comercialização dos entretenimentos o que encoraja a cultura da celebridade, em particular o rápido desenvolvimento de uma imprensa especializada em espetáculos e em anúncios culturais, a venda de retratos dos atores e cantores, a existência de lugares mistos, simultaneamente espaços de espetáculo, de diversão e de comércio, segundo o modelo do Vauxhall de Londres, criado nos anos 1730, e no qual os visitantes podiam dançar, comer, assistir a concertos e a espetáculos, passear. Alguns anos mais tarde, os jardins do Ranelagh, no bairro de Chelsea, inaugurados em 1742, tornam-se imediatamente lugares na moda.[5] Em Paris, o papel dos teatros sob privilégio, institucionalmente ligados à corte (Comédie-Française, Opéra) permanece importante, mas teatros privados desenvolvem-se, especialmente nos *boulevards*, esses novos lugares de passeio e de diversão criados na década de 1750. Neles, os parisienses encontraram espetáculos de marionetes e de adestradores de animais, bem como o teatro de Jean-Baptiste Nicolet, uma trupe de saltimbancos vinda da feira Saint-Laurent, cujo sucesso permaneceu incontestado até a Revolução. Foi também neles que Nicolas Audinot instalou seu teatro do Ambigu-Comique em 1769, e em que, mais tarde, em 1788, Louis Lécluse fundou as Variétés-Amusantes, em que Volange triunfou com a série dos *Janot*.[6]

Essa transformação da economia dos espetáculos acentua a hierarquia no seio das companhias de teatro. Torna-se muito importante a diferença salarial entre os atores comuns e aqueles que são considerados insubstituíveis, pelo público ou pelos diretores de teatro. Eles obtêm não somente condições salariais mais favoráveis, mas também outras vantagens não negligenciáveis. Em Londres aparece, no início do século, a prática das *benefit nights*, cujas receitas são inteiramente destinadas a um ator ou uma atriz, aquele cujo nome é suficientemente conhecido para atrair o público. A primeira atriz a se beneficiar disso foi Elizabeth Barry, em 1708. No fim do século, o contrato da grande trágica Sarah Siddons garantia-lhe duas *benefit nights* por temporada, o que lhe assegurava rendimentos consideráveis. David Garrick, seguramente a grande vedete dos palcos ingleses em meados do século, conseguiu fazer uma fortuna considerável, estimada, quando de sua morte, em 100 mil libras.[7] Na França, o sucesso comercial dos teatros de *boulevard* está calcado no talento de atores vedetes, que atraem o público graças a personagens recorrentes. Foi o caso de Toussaint Gaspard Taconet, em meados do século, no teatro de Nicolet, e, depois, o de Volange. Após seu sucesso no papel de Janot, os autores designados, ditos *attitrés* (Dorvigny, Beaunoir), escreveram para ele peças sob medida – não somente um conjunto de continuações de Janot (*Janot chez le dégraisseur* [*Janot na lavanderia*]; *Ça n'en est pas* [*Não é nada disso*]; *Le Mariage de Janot* [*O casamento de Janot*]), mas também a série dos Pointu (*Jérôme Pointu, Boniface Pointu, Les Bonnes gens* [*A boa gente*]): colocando em cena uma família de burgueses, essas peças permitem a Volange dar livre curso ao seu talento para se travestir. Muitas vezes, aconteceu de representar vários personagens, para grande alegria do público, encantado com essa performance do ator vedete.[8]

Na Comédie-Française, a companhia é organizada de modo mais coletivo e teoricamente igualitário. Não obstante, os novos mecanismos da celebridade acentuam as diferenças. Lekain, que foi uma das primeiras grandes vedetes masculinas, mantinha sua celebridade por meio de turnês nas províncias e obtinha vantagens financeiras disso.[9] Entre as atrizes trágicas, Hippolyte Clairon suscitou, no início dos anos 1760, um entusiasmo tão grande que sua presença bastava para lotar a sala. "Mademoiselle Clairon é sempre sua heroína. Impossível que ela seja anunciada e a lotação não se esgote. Assim que aparece, é aplaudida estrondosamente. Seus entusiastas nunca viram, jamais verão nada de parecido."[10] Ao longo do século, estabelece-se um verdadeiro mercado europeu de atores, mas também de cantores e de dançarinos. Essa circulação dos atores mais reputados deve-se, em primeiro lugar, à concorrência feroz entre as cortes e aristocracias europeias, que procuram atrair os serviços dos melhores artistas. Os músicos italianos são procurados em toda a Europa, enquanto os melhores atores franceses, para grande prejuízo da monarquia, são frequentemente solicitados a exibir seu talento no exterior.[11] Além disso, os teatros londrinos, emancipados da tutela real mas preocupados em atrair um público sempre maior, cada vez mais enviam emissários ao restante da Europa e propõem contratos vantajosos aos artistas que desejam atrair.

Augustin Vestris era um deles. Seu pai, Gaétan, um dos dançarinos mais reputados de seu tempo, autoproclamado "deus da dança", exercia seu talento entre as diferentes cortes europeias. Na geração de seu filho, as condições de exercício do ofício começam a mudar e os teatros londrinos oferecem uma alternativa aos espetáculos de corte, e até mesmo aos teatros parisienses. Em 1779, depois de ter sido contratado para a Opéra de Paris com apenas 20 anos, Vestris obtém imediatamente um compromisso de seis meses no King's Theatre, em Londres, onde alcançou um verdadeiro triunfo. Londres é submergida por uma onda de "Vestris-mania", segundo os termos da historiadora Judith Milhous, que enxerga ali o começo do entusiasmo britânico pela dança, que permanecera até então à sombra do teatro e da ópera.[12] Esse entusiasmo deve-se menos às novidades formais do balé de ação, de que Vestris e seu pai são os embaixadores, do que à própria pessoa do jovem dançarino – ao mesmo tempo, talentoso e bonito – que suscita o entusiasmo do público londrino.[13] Os jornais, lacônicos quando se trata dos balés, são prolixos nas anedotas sobre sua estada e não hesitam em difundir boatos sobre suas conquistas femininas. Seu salário foi revelado pela imprensa logo quando de sua chegada, suscitando uma controvérsia: é justo que uma vedete dos palcos seja tão bem paga? Como um saltimbanco pode ganhar mais em uma noite do que um trabalhador honesto ao longo de toda uma vida de trabalho?[14] Isso não impede, muito pelo contrário, o público de se precipitar à sua *benefit night*, que lhe proporciona, segundo Horace Walpole, a soma considerável de 1.600 libras, mas que se encerra com um tumulto, com o teatro tomado de assalto por uma multidão numerosa, obrigando as autoridades a fechar o acesso ao bairro de Haymarket.

A controvérsia que cerca os rendimentos de Vestris é apenas o início, evidentemente, de uma longa série de debates sobre a economia da celebridade, sobre as remunerações exageradas que ela permite, sobre a impressionante diferença de ganhos que favorece. Em nossos dias, as transferências de jogadores de futebol e os rendimentos dos atores de cinema alimentam regularmente a polêmica sobre os "salários das estrelas". Economistas e sociólogos interrogam-se quanto às razões que explicam que diferenças de talento às vezes incertas, muitas vezes difíceis de medir de maneira objetiva, produzam tais disparidades salariais, graças a mecanismos cumulativos de notoriedade e de reconhecimento, mas também graças às lógicas propriamente comerciais do show-business.[15] Ora, esses debates têm suas origens no século XVIII, quando novos jornais especializados na atualidade dos espetáculos começaram a comparar as receitas de diferentes performances e a medir o prestígio dos atores segundo sua capacidade de encher os caixas do teatro – não sem criticar cachês que lhes pareciam excessivos.

A resposta a isso foi o desenvolvimento de noites filantrópicas, em que os atores mais célebres atuavam não em favor de si mesmos, mas do *Theatrical Fund*, encarregado de ajudar os atores necessitados, pobres ou muito velhos. Uma vedete tão reputada quanto Garrick podia assim, ao mesmo tempo, zelar por sua popularidade junto ao público, aparecer como o protetor do teatro inglês e propagandear sua ação desinteressada. Graças a essa postura filantrópica, ele corrigia as crescentes desigualdades no interior do mundo do espetáculo, ao mesmo tempo que reafirmava sua superioridade, já que era justamente sua celebridade que assegurava o sucesso dessas representações. Ironicamente, a generosidade filantrópica tornou-se, em alguns anos, uma espécie de obrigação moral que

A INVENÇÃO DA CELEBRIDADE

as vedetes não podiam evitar sem risco. Por não ter feito muitas dessas representações, após seus primeiros sucessos, Sarah Siddons angariou uma sólida reputação de avareza, que a perseguiu por muito tempo e quase colocou sua carreira em risco.[16]

Essa nova celebridade dos atores, cantores e dançarinos não deixa de ter suas contradições. Por mais que lhes oferecesse vantagens, especialmente financeiras, ela não lhes garantiu, de forma alguma, um estatuto honroso na sociedade de Antigo Regime. Neste caso, mais ainda do que com os escritores, percebe-se a que ponto a celebridade pode entrar em contradição com a ordem social. A tensão é particularmente forte na França, onde os atores estão teoricamente reduzidos a um estatuto infamante, embora alguns deles sejam objeto de uma enorme popularidade. Mesmo na Inglaterra, em que os atores não sofrem com a mesma indignidade, a celebridade das atrizes permanece ambivalente. Ao mesmo tempo que fica atestado seu talento, as atrizes célebres são transformadas em objeto de desejo oferecido ao público. A proximidade com a figura da cortesã é evidente, e a celebridade de certas atrizes, desde o fim do século XVII, assenta-se na perturbadora curiosidade do público por suas supostas extravagâncias. A celebridade – muito distante, nesse caso, da admiração suposta pela glória – depende em parte da fascinação erótica pelas atrizes libertinas, cuja vida privada gera boatos e fofocas. A atriz, na condição de mulher pública, parece confundida, sob o olhar de um público masculino, com a cortesã ou a prostituta. Do mesmo modo, na França, as dançarinas da Opéra têm a reputação de serem todas sustentadas por amantes ricos e de levar uma vida dissoluta. Marie-Madeleine Guimard, sempre apresentada na imprensa ou nos libelos da época como a "célebre Guimard", é sua perfeita encarnação: comenta-se mais sobre a litania de seus amantes e protetores do que sobre suas façanhas nos palcos. Sua identidade pública é problemática: seus primeiros sucessos se devem à sua qualidade de dançarina; sua ascensão social fulgurante relaciona-se, sobretudo, com seus talentos de cortesã, com a generosidade do arrecadador de impostos Laborde e do príncipe de Soubise, assim como com as festas libertinas que organiza, cujos ecos, deformados e talvez fantasiosos, alimentam a crônica escandalosa.[17]

A SOCIEDADE DO ESPETÁCULO

A historiografia recente insistiu bastante nesse ponto, às vezes de maneira excessiva.[18] Na realidade, é preciso abrir mão de fazer da atriz célebre a projeção do desejo do espectador. A nova cultura da celebridade oferece também às atrizes, como aos atores, grande capacidade de ação para administrar sua carreira, provocar a curiosidade do público, fazer render sua notoriedade. Esse é o caso, em particular, das atrizes que praticam aquilo que os ingleses chamam de *puffing*, que consiste em solicitar aos jornais a inserção de artigos elogiosos a seu respeito. Essa situação equívoca permite ascensões sociais espetaculares. Na Inglaterra, o modelo da atriz transformada em cortesã é encarnado de maneira exemplar, desde a Restauração, por Nell Gwyn, amante do rei Charles II, a quem ela deu dois filhos.[19] Com menos alarde, o papel será assumido inúmeras vezes ao longo do século seguinte. Depois de ter começado como comerciante de flores e cantora de rua, Frances Abington alcança um grande sucesso nos palcos, em especial durante sua estada em Dublin entre 1759 e 1765, quando se torna uma vedete da vida local. Em seu retorno a Londres, acumula papéis de sucesso em Drury Lane. Joshua Reynolds pinta vários retratos dela, sobretudo aquele, famoso, que a representa no papel de Miss Prue e causa escândalo pelo erotismo latente. Reputada por dominar perfeitamente todas as artimanhas do *puffing*, ela é também conhecida por seus inúmeros relacionamentos, em particular com lorde Shelburne, futuro primeiro-ministro.

O sucesso teatral não conduz unicamente aos quartos das elites aristocráticas. Outras trajetórias são possíveis, como a de Kitty Clive, considerada a melhor atriz cômica de sua época, que triunfa como cantora no papel de Polly em *Beggar's Opera* de John Gay, que foi um dos grandes sucessos dos palcos ingleses ao longo de todo o século XVIII. Ela diversifica progressivamente seu repertório (cantando baladas populares tão bem quanto árias de Haendel), mas também suas atividades: associa-se com Garrick para criar o teatro de Drury Lane, escreve comédias, associa-se a Samuel Johnson e Walpole e, no fim da vida, parece muito bem integrada à boa sociedade londrina. Outros percursos são ainda mais complexos, como o de Mary Robinson. Após ter conhecido um grande sucesso no fim dos anos 1770, no papel de

A INVENÇÃO DA CELEBRIDADE

Perdita, que lhe ficaria marcado para sempre, ela tornou-se amante do príncipe de Gales, o futuro Georges IV, que vivia luxuosamente e cuja vida dissoluta alimentava as gazetas.[20] Depois de ter ganhado as páginas da crônica de espetáculos e as dos mexericos com seus sucessos nos palcos e seus inúmeros amantes – tendo obtido uma pensão por se comprometer a não publicar as cartas recebidas do herdeiro do trono –, Mary Robinson recolheu-se e iniciou uma segunda carreira dedicada à literatura, publicando romances e poemas. Vários de seus biógrafos quiseram ver nela uma ambiciosa sedenta de celebridade, buscando a notoriedade por todos os meios possíveis.[21] Na realidade, mergulhada desde muito cedo no âmago dos mecanismos do sucesso e do reconhecimento público, Mary Robinson tinha uma visão muito ambivalente deles, consciente tanto de seus efeitos desejáveis quanto dos riscos a eles associados.[22] Em seu *Mémoires* [*Memórias*], ela reconhece que seu primeiro romance, *Vancenza*, "devia sua popularidade à celebridade do nome de sua autora".[23] Mas, em outros textos, assume uma posição mais complexa, criticando a busca desenfreada pela celebridade. Ela é uma das primeiras a se queixar explicitamente de ser reconhecida na rua e dos incômodos provocados pela curiosidade dos passantes. Quando sai para fazer compras, não pode entrar em uma loja sem que esta seja cercada por uma multidão que procura vê-la e impede o acesso à sua carruagem.[24] *Mémoires* oferece, não obstante, um testemunho da extrema atenção que ela nunca deixou de conferir à sua aparência pública: dezenas de anos mais tarde, podia ainda se lembrar das roupas que vestira em cada ocasião.

A celebridade dos atores e das atrizes assenta-se em uma confusão entre suas pessoas e os personagens que encarnam no palco. Mary Robinson manteve por toda a sua vida o apelido de "Perdita", em razão do papel que a tornou célebre. Os atores e atrizes são frequentemente representados em seus papéis emblemáticos.[25] Na boa sociedade, a celebridade de certos atores, que os torna solicitados, não lhes oferece necessariamente um reconhecimento pessoal. Esse é um fenômeno muitas vezes enfatizado, em nossos dias, pelos atores de cinema, que observam, com um misto de satisfação e de despeito, que os espectadores os confundem com os personagens que encarnam. A situação não era desconhecida no século XVIII – e Volange passou por essa amarga experiência. Embora o sucesso de seu personagem Janot tivesse aberto as portas para convites na boa sociedade, em que brindava a audiência com suas famosas réplicas burlescas, ele resolveu diversificar seu repertório e se emancipar do personagem ao qual devia sua celebridade. Recebido na casa do marquês de Bracas, ao ser anunciado como "Janot", se considerou autorizado a corrigir: "De agora em diante, sou M. Volange" – o que provocou uma réplica mordaz: "Que seja, mas, como nós só queríamos Jeannot [*sic*], que ponham para fora M. Volange." *Mémoires secrets pour servir à l'histoire de la République des Lettres*, que conta essa anedota, qualifica de insolência não a grosseria de Bracas, mas a arrogância de Volange, esse "histrião" presunçoso que pretendia ser recebido nas boas casas como um homem da alta sociedade.[26]

Trata-se de um caso extremo, em que a celebridade do ator foi inteiramente fagocitada pela de seu personagem, ao menos aos olhos da boa sociedade, satisfeita de se rebaixar nos teatros de feira, mas pouco desejosa de reconhecer um cômico de teatro itinerante como um dos seus. Em geral, a relação entre o ator e seus personagens é mais complexa. Enquanto a imagem pública dos atores confunde-se com os personagens que encarnam, a curiosidade do público por sua vida privada aumenta. Essa distância entre, de um lado, um personagem público que se autonomiza em relação à pessoa real e, de outro lado, uma pessoa privada cuja vida íntima não pode permanecer dissimulada está no cerne dos mecanismos da celebridade. Ela é exacerbada no caso de atores, pois o público dos teatros diverte-se com os contrastes possíveis entre o personagem e aquele que o encarna. Assim, os primeiros passos de Mademoiselle Raucourt nos palcos estimularam a curiosidade do público, na medida em que essa jovem proclamara sua recusa de qualquer relação amorosa e representava com talento as emoções vivas da paixão, suscitando a admiração intrigada dos espectadores. Mais tarde, ao se tornar célebre por sua interpretação dos grandes papéis trágicos, Mademoiselle Raucourt alimentou a crônica escandalosa da capital por conta de suas dívidas, de seu modo de vida e de suas preferências sexuais. Seu gosto pelas mulheres, o que à época se chamava de "tribadismo", atraiu-lhe todas as espécies de sátira, e isso a um ponto tal que Maria Antonieta, que a apreciava, teve de tomar partido publicamente em seu favor. Essa intervenção da rainha não é sem significado, pois, para as atrizes trágicas, a diferença de grandeza com as rainhas que representavam no palco era um elemento importante e ambíguo de suas figuras públicas. Qual era a natureza exata do prestígio dessas atrizes cujo talento atraía o público ao teatro, que podiam representar publicamente os maiores personagens, mas que gozavam apenas de um estatuto social subalterno?

Três exemplos de trajetórias bem diferentes permitem compreender melhor os mecanismos da celebridade que transformaram o mundo do espetáculo em toda a Europa do século XVIII: um *castrato* italiano que fez carreira e causou escândalo em Londres; uma atriz trágica inglesa que se tornou um verdadeiro objeto de culto; um ator francês cuja celebridade adquiriu uma tonalidade altamente política, no contexto revolucionário.

Escândalo na ópera

O sucesso internacional dos *castrati*, no século XVIII, fundava-se em suas performances vocais excepcionais, mas também na fascinação exercida por sua singularidade física, principalmente porque a castração, praticada de modo clandestino na Itália, era oficialmente condenada em toda a Europa.[27] Os melhores *castrati* italianos eram muito requisitados pelas cortes europeias e pelos empresários de espetáculos londrinos, que não hesitavam em mandar emissários à Itália, para recrutar talentos promissores. É conhecido o extraordinário percurso de Farinelli, que chama atenção desde seus primeiros concertos em Nápoles, no início dos anos 1720, e depois canta em Bolonha, Milão, Veneza, onde suscita o entusiasmo dos viajantes ingleses.[28] Ao retornar à Inglaterra, apressam-se a atrair o prodígio, que alcança um enorme sucesso em Londres em 1734 e durante outras três temporadas. As *benefit nights,* a que tinha direito, são divulgadas por meio de anúncios na imprensa (em *The Daily Advertiser, The London Daily Post* ou ainda em *The General Adverti-*

ser) e atraem toda a boa sociedade londrina, rendendo a Farinelli vários milhares de libras.

No entanto, seus sucessos londrinos foram acompanhados de um cheiro de escândalo que aguçava a curiosidade do público, valendo--lhe a mesma medida em ultrajes e em elogios. O entusiasmo dos espectadores por essa voz fora do comum, consequência de uma prática frequentemente qualificada como "bárbara", parecia, para inúmeros críticos, excessivo e perigoso, ameaçador para a ordem social, moral e sexual. A contestação dizia respeito, em primeiro lugar, à presença da ópera e dos cantores italianos em um país, a Inglaterra, em que a ruptura com o papado era um elemento identitário importante. Mas era sobretudo a ambiguidade sexual o que atiçava o escândalo. Aos olhos dos moralistas e dos satiristas, os *castrati* corrompiam o gosto inglês, confundiam as identidades sociais, suscitavam reações inesperadas, com fortes conotações eróticas, em meio tanto ao público masculino, quanto ao feminino. Como contrapartida de sua exposição pública, os panfletos contra Farinelli multiplicaram-se, atribuindo-lhe relações com as mais famosas cortesãs londrinas, insistindo na sedução não natural que exercia e acusando-o de corromper a juventude. Um poema satírico acusa-o de ter "arruinado as famílias" e "colocado chifres em metade da Nação".[29]

Diante desse preço, os charmes da celebridade deviam parecer menos doces. Sem dúvida farto das críticas incessantes que se abatiam sobre ele, talvez consciente de que o entusiasmo do público não duraria muito tempo, Farinelli deixou Londres ao fim de três anos e, depois de um verão em Paris, foi exercer sua arte na corte de Madri. Lá, construiu uma carreira clássica de artista de corte, tornando-se o favorito de Filipe V, que se reservava o monopólio de seu talento e lhe concedeu o privilégio de um acesso direto a seus apartamentos privados.[30] Assim, Farinelli soubera utilizar sua celebridade para assegurar uma posição curial mais tranquilizadora e pacífica, longe das expectativas do público londrino e das exigências da vida pública.[31] Optara por uma forma clássica de honra, ligada ao serviço doméstico do soberano, preferindo-a aos prestígios mais ambivalentes da visibilidade pública. Após a morte do rei, em 1759, retornou à Itália e se estabeleceu em Bolonha. Sua reputação,

A INVENÇÃO DA CELEBRIDADE

entre os amantes da música, permanecia considerável – como demonstra Charles Burney ao visitá-lo, de maneira emocionada, em 1770 –, mas Farinelli mantivera-se longe da cena pública por tempo demais.[32] Sua celebridade não terá durado verdadeiramente senão alguns anos.

É possível ter uma medida das transformações da vida cultural quando se constata que, na geração seguinte, as seduções do mercado prevaleceram definitivamente sobre o conforto da vida na corte. Vários *castrati* conduzem desde então sua carreira jogando com os recursos e os perigos da celebridade. Um dos mais célebres é Giusto Fernandino Tenducci, que chega a Londres em 1758 e conhece rapidamente um sucesso estrondoso. Torna-se em poucos anos um dos cantores mais populares da cena londrina e um dos mais bem pagos. Canta regularmente nos quatro principais teatros (Haymarket, Covent Garden, Drury Lane, King's Theatre), mas também nos jardins do Ranelagh, onde alcança um enorme sucesso fazendo recitais de canções populares inglesas. As canções são colocadas à venda em seguida, na forma de libretos baratos, e reproduzidas em *The London Magazine*. Tenducci atua, assim, habilmente em diferentes registros: é o grande intérprete da ópera italiana, tão apreciado pelas elites mundanas, mas, graças às árias inglesas, torna-se também muito popular junto ao novo público, socialmente mais heterogêneo, que frequenta os jardins do Ranelagh. O músico cosmopolita desdobra-se em intérprete associado à cultura patriótica inglesa em plena expansão. Cúmulo da celebridade, Tenducci faz sua aparição nos romances contemporâneos, por exemplo em *L'Expédition de Humphry Clinker* [*A expedição de Humphry Clinker*], de Thomas Smollett, cuja heroína diz ter se apaixonado por ele após tê-lo ouvido cantar no Ranelagh.[33]

Assim como Farinelli antes dele, Tenducci é objeto tanto de elogios inflamados quanto de sátiras mordazes. O sucesso e a celebridade não se traduzem em um julgamento unânime, mas na expressão simultânea do entusiasmo e da reprovação. O cantor provoca reações apaixonadas de seu público, que não se limitam de forma alguma à admiração dos melomaníacos. Essa sedução, ao mesmo tempo musical e erótica, torna-se, ela mesma, objeto de interrogações intrigadas ou preocupadas. A

A SOCIEDADE DO ESPETÁCULO

carreira de Tenducci é marcada por polêmicas, que reforçam sua visibilidade pública. Desde o início, ele é acusado de corromper os costumes e o gosto inglês, ao se revelar que uma dama da boa sociedade endereçou-lhe uma série de cartas de amor. Alguns anos mais tarde, ele foge com uma jovem irlandesa, com quem se casa, para grande prejuízo da família. É um grande escândalo relacionado tanto ao casamento não autorizado, que lesa os interesses familiares quanto à própria natureza do vínculo que um *castrato* pode manter com sua esposa, quanto às ambiguidades do fascínio exercido pelo cantor sobre seu público, fator de desordem social e moral. Tenducci é preso, julgado e depois liberado. No fim, o casal volta para Londres, onde vive pública e maritalmente, suscitando comentários maliciosos por parte de toda a imprensa europeia.[34] O nascimento de um filho estimula a curiosidade e gera uma onda de piadas e paródias, em meio à boa sociedade e ao populacho de Londres, e até mesmo entre os viajantes mais aguerridos.[35] Quando Casanova – que, no entanto, não é um principiante, em questões de mistificação – encontra Tenducci, este lhe impinge uma estranha história de terceiro testículo poupado da castração – que o veneziano, subjugado, se precipita para contar em seu *Mémoires* [*Memórias*].[36] Os mistérios da virilidade de Tenducci tornam-se uma questão pública, abertamente debatida por ocasião do processo para anulação do casamento, movido contra ele, no final das contas, por sua mulher.

Não se pode ter uma imagem mais impressionante da dinâmica da celebridade, que termina por tornar a vida privada das pessoas célebres, até no que ela tem de mais íntimo, objeto da curiosidade pública. O procedimento judiciário, aqui, é apenas um adjuvante, pois acelera a publicação da controvérsia sobre a natureza sexuada de Tenducci, conferindo-lhe a forma característica do *affaire*.[37] Pode-se pensar nas causas célebres, em que a vida conjugal de indivíduos até então desconhecidos é às vezes debatida em praça pública, em razão de um processo que provoca reações apaixonadas. Mas a diferença é que a intimidade de Tenducci era já, havia vários anos, objeto público de discussão e de debate, elemento essencial de sua figura pública. Uma tal fascinação pela sexualidade das celebridades do mundo do espetáculo não é reservada aos *castrati*, como já se viu, mas ela é muito mais intensa no seu caso, na medida em que sua sexualidade parece misteriosa e, portanto, perturbadora. Sua particularidade seria uma falta ou um trunfo, uma enfermidade ou uma graça, uma deficiência ou um poder? Essa ambivalência, que faz da fragilidade uma força, é um traço característico da curiosidade provocada pelas celebridades, na qual a admiração nunca é pura e unívoca, diferentemente do que acontece com heróis ou grandes homens, mas com frequência mesclada com a compaixão ou, ao contrário, com uma forma de desdém ou repulsa. Assim se explica que a celebridade tenha uma ligação tão constante com o escândalo, instrumento extremamente eficaz para se tornar célebre ou permanecer assim, mas também consequência quase inerente da celebridade. Como em nossos dias, acontecia, no século XVIII, de alguns artistas em busca de celebridade fazerem da provocação e do escândalo instrumentos eficazes de promoção pública, mas é preciso abrir mão de reduzir o laço entre celebridade e escândalo a esse uso estratégico, já que ele é mais substancial.

Os escândalos, como os antropólogos mostraram há muito tempo, têm uma função importante nas sociedades locais ou pouco diferenciadas, na medida em que reafirmam as normas e os valores compartilhados e dão coesão à comunidade em que sobrevêm, muitas vezes por meio da exclusão do fator perturbador.[38] No caso dos escândalos envolvendo personalidades públicas nas sociedades modernas, os efeitos são mais complexos. Restam poucas dúvidas de que a amplitude tomada pelos debates em torno da sexualidade de Tenducci era um sinal de crispação conservadora diante da evolução dos costumes na sociedade londrina da segunda metade do século XVIII, confrontada a uma redefinição da masculinidade. Mas o essencial, para o que nos interessa, não está nisso. O escândalo é, por natureza, um acontecimento público, cuja dinâmica está ligada à configuração de um público. Um dos primeiros pesquisadores a se interessar pela sociologia dos escândalos afirmava: "Não há escândalo sem um público que ele contribui a formar, sem *mass communication*."[39] O que significa que o escândalo não depende somente da dimensão do público, mas participa de sua formação. É por meio dos debates sobre personagens ao mesmo tempo fascinantes e escandalosos que o público toma consciência de si mesmo – não na condição de tribunal, segundo a metáfora já gasta, mas como um conjunto de espectadores curiosos, empolgados ou chocados, entusiasmados ou reprovadores, convencidos ou incrédulos, porém todos interessados em saber mais sobre um de seus contemporâneos. Diferentemente dos escândalos locais, que terminam em geral com a sanção do culpado, às vezes até mesmo com sua exclusão, os escândalos midiáticos amplificam a celebridade daqueles que são seu objeto, a ponto de poderem perfeitamente sair deles ao mesmo tempo desonrados e engrandecidos.[40] Como o demonstra o caso de Tenducci, esse tipo de escândalo tende a se concentrar na ligação que o público estabelece com a vedete. Daí o caráter paradoxal dessas tempestades midiáticas, que conservam e aguçam a curiosidade malsã cujos efeitos denunciam. O que causa escândalo, na verdade, é menos a vida sexual do *castrato* do que a própria celebridade.

É difícil saber em que medida Tenducci sustentou voluntariamente a dimensão escandalosa de sua vida sexual e familiar ou se sofreu a publicidade em torno de sua intimidade como sendo o preço inevitável da celebridade. Em todo caso, é certo que sua carreira não padeceu muito por conta disso. É mesmo possível que sua exposição pública lhe tenha sido benéfica, aguçando a curiosidade e o interesse coletivos. Após o processo e a anulação de seu casamento, o fim de sua trajetória é extremamente brilhante. Considerado em toda a Europa um dos maiores cantores vivos, ele continua a fazer recitais em Londres, porém viaja cada vez mais, passando temporadas, por exemplo, em Paris, onde Mozart compõe para ele. Sua celebridade é tão grande que ele não hesita em mandar publicar retificações nos jornais, quando os artigos a seu respeito o desagradam. Quando, nos anos 1780, sua voz começa a enfraquecer, não lhe permitindo mais as mesmas proezas, ele habilmente se aproveita de sua celebridade, propondo cursos de música para a boa sociedade londrina. Utiliza-se então de seu nome e dos mecanismos publicitários que sustentaram sua carreira, especialmente ao publicar anúncios no *Public Advertiser*.[41]

Nesses mesmos anos 1780, enquanto a estrela de Tenducci começa a empalidecer, uma jovem atriz conhece seus primeiros sucessos nos palcos

A INVENÇÃO DA CELEBRIDADE

londrinos. Após passar alguns anos desempenhando papéis secundários em trupes de província, Sarah Siddons alcança um imenso sucesso no papel de Isabella em *The Fatal Marriage*, uma peça de Garrick representada em Drury Lane. Três anos mais tarde, ela triunfa como Lady Macbeth, papel que retomará ao longo de toda a carreira e em que, ao que parece, fascinou o público, em particular na famosa cena em que Lady Macbeth, sonâmbula, procura desesperadamente lavar suas mãos manchadas de sangue.[42] Siddons tem então 30 anos e, durante três décadas, vai reinar no teatro inglês.

"Um quê de idolatria"

Enquanto Tenducci, apesar de todo o seu talento, aparecia como uma vedete estranha e estrangeira, demoníaca e escandalosa, Sarah Siddons encarna, pelo contrário, uma figura altamente legítima da cultura britânica. Especializada muito rapidamente nos papéis trágicos, e em especial nos grandes papéis shakespearianos, representa com frequência o papel de rainha – em particular a rainha Catarina em *Henrique VIII* –, leva uma vida familiar tranquila, ritmada por inúmeras gestações, e alcança rapidamente o estatuto de ícone cultural, em razão não somente de seus sucessos, mas também da multidão de retratos seus que podem ser admirados pelos ingleses do fim do século. Desde seu primeiro grande papel, para o qual encarna Isabella, ela posa para William Hamilton, e as carruagens fazem fila diante do ateliê do pintor para ver o quadro.[43] Entre 1780 e 1797, dezoito retratos dela são expostos na Academia real, dos quais o mais célebre foi pintado por Reynolds em 1783. Neste ela é representada como musa da tragédia. O sucesso foi tão considerável que Reynolds preferiu guardá-lo para si e fazer cópias dele. Quando Siddons fazia leituras públicas, com frequência assumia a pose melancólica do quadro, como se ele representasse, no fim das contas, sua verdadeira imagem e ela devesse se conformar a ele. Essas múltiplas representações favorecem uma associação frequente, ainda que implícita, entre Sarah Siddons e a esposa de Georges III. Em 1789, Thomas Lawrence teria

A SOCIEDADE DO ESPETÁCULO

se inspirado no retrato de Siddons por Reynolds para realizar o da rainha Charlotte. Com a idade, o paralelo entre as duas mulheres pôde alimentar a celebridade de Siddons, fazendo dela uma espécie de rainha substituta, no momento em que a família real inglesa escolhia o recolhimento da vida doméstica e uma gestão parcimoniosa de suas aparições públicas. A celebridade de Siddons atravessa as categorias sociais como a de uma rainha: é imensa entre a população londrina, que se precipita a cada representação, mas também entre as elites. Amiga de Garrick, de Burke, de Johnson e de Reynolds, Siddons está perfeitamente integrada ao mundinho que rege a vida cultural da capital.

Mais ainda do que essa figura quase real, o que impressiona nos discursos sobre Siddons é o aparecimento, sobretudo no fim de sua carreira, de uma reflexão sobre a paixão provocada por ela. Um de seus admiradores mais fervorosos, o grande crítico literário William Hazlitt, dedica-lhe assim, em 1816, um longo artigo, no qual compara o culto de Siddons a uma forma de idolatria. A passagem a seguir, frequentemente citada, merece destaque:

> A homenagem por ela recebida é maior do que a que se presta às rainhas. O entusiasmo por ela suscitado tinha um quê de idolatria; olhava-se para ela menos com admiração do que com maravilhamento, como se um ser de ordem superior tivesse descido de outra esfera para estupefazer o mundo com a majestade de sua aparição. Ela elevou a tragédia aos céus, ou a fez descer de lá. Era algo acima da natureza: não se pode conceber nada maior. Ela encarnava em nossa imaginação as fábulas da mitologia, dos mortais heroicos e divinizados dos tempos antigos. Era nada menos do que uma deusa, ou uma profetisa inspirada pelos deuses.[44]

Esse texto enfático, muitas vezes mal compreendido, deve ser lido sem que se perca de vista a data de sua redação. No momento em que Hazlitt escreve, Sarah Siddons, que se despedira do teatro quatro anos antes, acaba de decidir retornar aos palcos, oficialmente a pedido da princesa real. Ora, Hazlitt contesta essa decisão, que lhe parece insensata e que voltará a criticar alguns meses depois, em uma resenha do desempenho da atriz em seu papel fetiche de Lady Macbeth.[45] Ele censura Siddons por não ter sabido manter sua primeira decisão, embora não estivesse mais em posse da plenitude de seu talento, pois quisera que ela permanecesse fixada para sempre, para seu público, tal como na lembrança de suas maiores atuações. Lembra-se de tê-la visto representar Lady Macbeth vinte anos antes, e não somente a nova apresentação parece-lhe menos impressionante, como também enfraquece a lembrança da primeira, com o risco de destruir a imagem ideal conservada por ele. Pode-se notar que Hazlitt menciona, nesses dois artigos, a "reputação" [*reputation*] de Siddons e sua "glória" [*glory*], mas não utiliza nem *fame* nem *celebrity*. Hazlitt não apreciava muito os mecanismos da celebridade, excessivamente ligada ao humor do público, preferindo, em vez disso, os motores clássicos da glória. O que censura em Sarah Siddons é o fato de não se contentar com sua glória passada, em virtude da qual ela passa a pertencer ao seu público. Não ao público contemporâneo, essas "multidões enormes" que vêm aclamá-la em Covent Garden por seu retorno aos palcos e de que mais da metade não pode entrar na sala; mas ao público de seus anos de perfeição, para quem ela "personificou a tragédia". Assim se explica o uso do passado no texto em que Hazlitt evoca a idolatria com que foram acolhidos os triunfos de Siddons. Trata-se de dar maior destaque ao fato de que esse culto não deve se referir à pessoa privada e física de Siddons, a partir de então, nada mais que uma grande atriz aposentada, mas à maneira como suas aparições, no passado, marcaram de maneira indelével o espírito dos espectadores. "Ter visto Miss Siddons era um acontecimento na vida de alguém. Pensará ela que nós a esquecemos?"[46] Mais explícito ainda, Hazlitt deixa claro que Siddons foi idolatrada não apenas por uma multidão de espectadores, mas também pelo "trabalhador solitário", cuja vida interior se alimentava da lembrança dessa emoção estética.

No fundo, Hazlitt percebe muito bem em que consiste a natureza própria da celebridade teatral e em particular da prodigiosa ligação do público inglês com Siddons: a emoção, ao mesmo tempo coletiva e individual, sentida por aqueles que tiveram a chance de assistir, pessoalmente, a uma de suas atuações. Siddons não é um herói mítico de que se contam as façanhas lendárias, nem mesmo uma mulher ilustre do passado, cuja vida exemplar pôde inspirar a virtude: ela é uma presença contemporânea que transformou a vida daqueles que a viram no palco. Mas Hazlitt gostaria de que essa ligação permanecesse pura, quase abstrata, recolhida na lembrança da emoção original, dirigida não para Siddons como indivíduo, mas como encarnação da arte do ator. Para isso, teria sido necessário que Siddons fosse imortal, não submetida aos acasos do tempo, sempre capaz de repetir as mesmas atuações, ou que ela tivesse aceitado deixar sua glória póstuma expandir-se em vida e, portanto, ocultado aos olhos do mundo que não era mais do que a sombra da atriz que fora. "Os atores deveriam ser imortais [...] mas não o são. Não somente morrem, como os demais, mas também, como os demais, deixam de ser jovens e não são mais eles mesmos, ainda que sempre vivos."[47]

No entanto, uma tal posição, tão marcada por uma melancolia esteta, é cega àquilo que é justamente o próprio da celebridade: a admiração pelos talentos da atriz conduz a uma curiosidade intensa por sua pessoa, tanto por sua vida pública de atriz quanto por sua vida privada. Após Siddons, a história do espetáculo, do teatro e, depois, do cinema, mas também do esporte, será marcada por inúmeras tentativas de retorno ao primeiro plano por parte de antigas vedetes. Pode-se enxergar nisso a impossibilidade, para aqueles que conheceram o sucesso público, de se contentar com uma vida obscura e recolhida, a necessidade de provar para si mesmos que continuam vivos e são desejados. Mas, se esses *comeback* são tão voluntariamente articulados pela indústria cultural, isso se explica porque o público é sedento deles, e é possível levantar a hipótese de que o prazer que ele sente não se deve tanto a uma falta, quanto a uma curiosidade. Diferentemente de Hazlitt, o público deseja menos reencontrar a vedete inalterada, tal como ela foi, do que tem curiosidade quanto ao que ela se tornou. A prova ao mesmo tempo pessoal e artística (ou esportiva) implicada por toda tentativa de *comeback* está no princípio da atração fascinada, e por vezes mórbida, que ela provoca. O peso dos anos, mas também a confusão entre o público e o privado, a indistinção entre a atriz que Siddons foi e a pessoa privada que se tornou, mas que não quer mais se contentar em ser, tudo isso que parece quase sacrílego para Hazlitt é justamente aquilo que atrai as multidões a Covent Garden com o intuito de assistir ao seu retorno aos palcos.

Disso Hazlitt sabe de maneira confusa, mesmo que não tenha, como nós, o benefício de dois séculos de cultura triunfante da celebridade para identificar os motores ambivalentes dessa ligação. Comparando longamente o triunfo passado de Siddons com o culto dos ídolos e das deusas, ele não procura, como farão depois dele vários ensaístas, interpretar o culto das estrelas como uma forma de religiosidade moderna e secular. Ele opõe, pelo contrário, a grandeza própria dos heróis e das deusas – que é da ordem do maravilhoso e da glória, e que pode ser alcançada por certos artistas excepcionais –, e a paixão popular pelos acasos biográficos da vida das pessoas célebres, em que se atenua qualquer grandeza sob os holofotes demasiado crus das luzes da ribalta, da publicidade e do espetáculo.

Uma celebridade europeia

A carreira de François Joseph Talma oferece um paralelo interessante com a de Siddons. Seu primeiro grande sucesso ocorre no outono de 1789, em *Charles IX*, de Marie-Joseph Chénier, quando Talma, jovem ator de 26 anos, entrara apenas alguns meses antes na Comédie-Française. A peça, que fora aceita antes da Revolução, mas ainda não havia sido representada, torna-se um acontecimento ao mesmo tempo teatral e político, pois aparece como uma denúncia conjunta do absolutismo monárquico e da intolerância religiosa. Após essa façanha, Talma encarnará o teatro revolucionário.

Sua popularidade entra rapidamente em conflito com a lógica coletiva da trupe. Já em 1790, os atores suspendem-no: eles o censuram por sua atitude individualista, sua rejeição da disciplina coletiva. Ele replica insistindo em seu zelo revolucionário e em sua preocupação com o público, mas também jogando com sua proximidade com atores políticos de primeiro plano, como Mirabeau, ao mesmo tempo que acusa os colegas

A SOCIEDADE DO ESPETÁCULO

de agir como um corpo do Antigo Regime, que recorre à autoridade do rei. Sem dúvida de acordo com suas expectativas, a querela muito rapidamente torna-se pública, na forma de uma série de publicações e depois de uma petição em favor de Talma.[48] A partir de então, ele se torna um dos mais célebres atores da Europa, consciente do laço ao mesmo tempo político e comercial que instituiu com o público: "Quando sou anunciado nos cartazes de divulgação, sou eu quem o público quer ver, é minha voz que ele deve e quer ouvir."[49]

A celebridade de Talma alcança seu apogeu durante o Consulado e o Império, em razão do laço muito particular que se estabelece, aos olhos do público, entre ele e Bonaparte. No palco, os heróis encarnados pelo ator frequentemente parecem evocar o cônsul e, depois, o imperador. Quando, durante o Consulado, em uma representação de *Iphigénie en Aulide* [*Ifigênia em Áulis*], é anunciada uma vitória de Bonaparte, depois de Talma ter entrado em cena, introduzido pelos versos "Aquiles vai combater e triunfa correndo", o entusiasmo é geral.[50] Napoleão não perde uma ocasião de dar a conhecer sua estima por Talma. A relação que os dois homens mantêm, para além dessa popularidade comum, é misteriosa. Fascinou os contemporâneos e, mais tarde, os historiadores, alguns deles chegando a imaginar que Talma tenha dado cursos de dicção e de postura ao imperador, embora o próprio Napoleão, depois de Santa Helena, tivesse se empenhado em destruir essa interpretação pouco lisonjeira.

A celebridade de Talma não se reduz a essa dimensão política e sobrevive ao Império. Em 1822, o anúncio de sua aposentadoria gera uma forte controvérsia, pois o governo é acusado de não empregar todos os meios disponíveis para conseguir que o ator continue a atuar. *Courrier des Spectacles* [*Correio dos espetáculos*] incentiva a se fazer de tudo para impedi-lo, quaisquer que sejam as condições. Um primeiro artigo recorda a fama internacional do ator: "Chegado a esse grau de celebridade que torna seu nome europeu, assim como a essa eminência de mérito que não permite compará-lo a ninguém, Talma ainda pode brilhar no emprego que teve até hoje." No dia seguinte, um segundo artigo insiste na dimensão econômica: a celebridade do grande ator atrai viajantes de toda a Europa e mantém, sozinha, as receitas da Comédie-Française. Independentemente do que se possa pensar de suas últimas performances ou de seu engajamento político, não há dúvida da "utilidade de um ator tão célebre".[51]

Essa celebridade é, ao mesmo tempo, nacional e internacional. Figura maior da Comédie-Française, intérprete dos grandes papéis da tragédia clássica, de Racine e Corneille a Voltaire, associado no espírito do público a Napoleão, Talma pertence profundamente à cultura e à vida política francesas. Não obstante, como o apogeu de sua carreira sobreveio em um momento de forte difusão do teatro francês em toda a Europa, não era possível que não tivesse um eco no estrangeiro. Tendo passado sua infância na Inglaterra, ele admirava o teatro inglês. Partilhava dessa admiração com seu amigo e cúmplice, o escritor Ducis, principal importador de Shakespeare para a França, que adaptou várias peças, das quais Talma foi o ator principal. A tal ponto que, para a Europa dos primeiros anos do século XIX, o ator aparecia como a encarnação do teatro francês aberto às influências europeias, tendo se distanciado do caráter engessado da tradição clássica. Essa imagem foi um dos motores de seu prestígio na Alemanha e na Inglaterra. Assim, uma carta entusiasmada de Humboldt a Goethe contribuiu para assentar a reputação internacional do ator. Madame de Staël encarregou-se de lhe dar um eco poderoso, em *De l'Allemagne* [*Da Alemanha*], fazendo de Talma o arquétipo do ator genial, mas também o renovador da cena europeia, capaz de combinar, em sua maneira de declamar, Racine e Shakespeare.[52] Stendhal, que não gostava de Talma, comenta perfidamente: "Essa mulher eloquente encarregou-se de ensinar aos tolos em que termos eles deviam falar de Talma. Pode-se pensar que ela não economizou na ênfase. O nome de Talma tornou-se europeu."[53]

Na Inglaterra, sua celebridade foi precoce e não parece ter sofrido com a hostilidade inglesa à Revolução Francesa. O pai de Talma, que vive em Londres, com frequência queixa-se, na correspondência a seu filho, de ficar sabendo mais sobre ele pelos jornais do que por suas cartas: até mesmo o anúncio de seu casamento chega-lhe pela imprensa. Em 1796, ele escreve que, apesar da guerra, "nossos papéis ingleses" continuam a

A SOCIEDADE DO ESPETÁCULO

falar de Talma e de elogiá-lo. É assim que ele vive a experiência do olhar do público sobre seu filho e da distância, que parece incomensurável, entre uma pessoa comum e uma pessoa célebre: "Perguntam-me frequentemente se tenho um parente que atua no teatro. E ficam muito surpresos quando digo que é meu filho."[54] Após a queda de Napoleão, Talma faz inúmeras turnês além do Canal da Mancha, sobretudo nos primeiros anos da Restauração, e depois novamente em 1824. Seu sucesso inglês relaciona-se às tensões entre a dimensão internacional de sua celebridade e as formas de patriotismo cultural. Em 1817, quando de seu retorno a Londres, Talma é obrigado a se justificar pela imprensa das censuras que os jornais "endereçaram-lhe publicamente".[55] O objeto da controvérsia é uma festa em homenagem ao grande ator inglês John Kemble, que se despedia dos palcos, e na qual Talma fez o elogio do teatro inglês. Os jornais relataram o discurso, impondo-lhe uma dimensão pública, e Talma viu-se obrigado a manifestar seu patriotismo. Ele justifica-se afirmando que só fez responder a um brinde em honra de "Talma e do teatro francês".

Um passo suplementar foi dado, do lado inglês, quando da segunda turnê de Talma, em 1824. Um artigo publicado nos jornais ingleses relembra a relação pessoal entre Talma e Napoleão e, ao mesmo tempo, empenha-se em nacionalizar o ator, afirmando, de modo equivocado, que ele nasceu em Londres, e louvando sua pronúncia perfeita do inglês. "Ignora-se geralmente que esse grande trágico, que foi contratado por Mr. Kemble para atuar em Covent Garden por 12 noites, é um inglês."[56] A partir de então, a ambiguidade é total. Talma, cuja carreira foi tão fortemente associada ao momento revolucionário francês – a ponto de encarnar uma espécie de *alter ego* teatral de Bonaparte –, encontra-se de algum modo despojado de sua nacionalidade. Essa capacidade das pessoas célebres, apesar de sua forte inscrição nacional, de ser desterritorializadas e de ver suas imagens circularem largamente em espaços transnacionais é uma consequência dessa extensão extrema das cadeias de notoriedade e de mediações que distingue a celebridade da reputação. A glória póstuma encarrega-se frequentemente de renacionalizá-las.

A morte de Talma, em 19 de outubro de 1826, é, portanto, logicamente, um acontecimento considerável, ao mesmo tempo cultural e político, sobretudo porque o ator expressara o desejo de ser enterrado sem cerimônia religiosa, a despeito dos esforços do arcebispo de Paris, que lhe fez uma visita antes de sua morte. Enquanto os amigos de Voltaire, meio século mais tarde, tiveram de renunciar a fazê-lo enterrar em Paris, o enterro de Talma deu lugar a uma verdadeira manifestação pública, com 80 mil pessoas seguindo o cortejo fúnebre de sua casa ao cemitério. É necessário, evidentemente, ressituá-lo no contexto de intensa politização das cerimônias fúnebres que marca a Revolução,[57] mas é de fato a celebridade de Talma que provoca tal emoção. *Mercure de Londres* [*Mercúrio de Londres*] declara-se "em luto" e decide circular com uma moldura preta durante três meses. Os jornais especializados na atualidade literária ou teatral consagram sua primeira página, mas às vezes até mesmo números inteiros, ao falecimento do ator. Assim, um número de *La Pandora, Journal des spectacles, des lettres, des arts, des moeurs et des modes* [*A Pandora, Jornal dos espetáculos, das letras, das artes, dos costumes e das modas*], é inteiramente reservado ao acontecimento, trazendo, na primeira página, o seguinte título em letras capitais e em uma moldura preta: "MORTE DE TALMA."[58] A imprensa em geral não lhes ficou devendo nada. *Courrier de Paris* [*Correio de Paris*] consagra longos artigos, número após número, à doença e depois à morte do ator trágico. Já em 18 de outubro, pode-se ler que "o público" ocupa-se, "com um interesse doloroso, da doença do grande ator que está sob ameaça de perder".[59] Dois dias mais tarde, em 20 de outubro: "Talma não existe mais!!! A morte, que não é desarmada nem pelas grandes virtudes, nem pelos mais admiráveis talentos, atingiu, em seu sexagésimo ano de vida, o grande ator que renovou sob nossos olhos os prodígios com os quais Roscius outrora impressionou os romanos." Depois, em 22 de outubro, um artigo muito longo, que ocupa quase a metade do jornal, relata os funerais em detalhes. A insistência na dignidade dos discursos pronunciados deu ao acontecimento uma dimensão política evidente, com esse cortejo fúnebre laico oferecendo "um grande exemplo dos progressos da razão pública e da tolerância". Mas o jornal descreve também uma verdadeira apoteose, a passagem, por meio da morte e do cortejo popular, da celebridade à glória. "Talma, cuja vida foi marcada por tantos sucessos brilhantes, obteve hoje o maior triunfo que um povo pode oferecer a quem possui uma grande fama."[60]

Journal de Débats [*Jornal de Debates*] e *Journal de Paris* [*Jornal de Paris*], que anunciam, em primeira página, a morte de Talma, são uníssonos. O sério e liberal *Constitucionnel* [*Constitucional*], primeiro diário francês de então, dedica-lhe uma longa notícia cronológica, em que se afirma sem rodeios o caráter europeu, quase universal, de sua celebridade: "A fama de Talma percorreu toda a Europa; atravessou os mares; seu nome tornou-se uma das maiores celebridades da época."[61]

A invenção do fã

Que aguilhão levou milhares de parisienses a seguir o cortejo fúnebre de Talma, leitores de toda a Europa a ler, nos jornais, o relato de seus últimos dias e a retrospectiva de sua carreira? A maioria deles nunca o viu nos palcos, mas conhece seu nome, partes de sua biografia, e sabe, principalmente através da imprensa, que sua morte é um acontecimento. Essa morte, sobre a qual é difícil saber em que medida os afeta, é notícia: ao interessar-se por ela, ao participar do cortejo ou ser simplesmente seu espectador, eles afirmam seu pertencimento a um coletivo, a um público. A celebridade é indissociável da existência dessa massa indistinta de leitores e de espectadores que ficam sabendo das mesmas notícias, no mesmo momento, através dos mesmos jornais, interessam-se pelos mesmos acontecimentos e experimentam as mesmas emoções na leitura dos mesmos livros. Mas ela distingue-se do simples sucesso, na medida em que vai além das obras ou das performances para visar diretamente ao autor ou ao artista – aqui, ao ator. O público não se contenta em apreciar a voz de Tenducci, a atuação de Siddons ou a de Talma, interessa-se pela vida, pelos detalhes e pelas particularidades, inclusive as mais íntimas da existência deles. Esse interesse toma formas diversas, desde a curiosidade um pouco superficial dos leitores de jornais até o entusiasmo de admiradores mais apaixonados que querem ver as vedetes, possuir seus retratos, talvez encontrá-los. O interesse do público pela vida das celebridades muitas vezes é ambíguo: nele, entra uma parte de brincadeira e de futilidade assumida, e até mesmo um profundo desejo de intimidade e de empatia.

O caráter às vezes superficial das manifestações da celebridade, já percebido e denunciado no século XVIII, não deve ocultar que uma parte do público mantém com as pessoas célebres uma relação afetiva baseada no desejo, e às vezes na convicção, de alcançar uma intimidade a distância.[62] Esse desejo de intimidade, por meio do qual um desconhecido faz da pessoa célebre um amigo imaginário, um membro da família, pode evoluir para uma ficção amorosa que é, de certo modo, sua forma extrema. Ele permanece, na maioria das vezes, virtual, fantasiado, ou partilhado com alguns próximos, mas às vezes conduz a escrever diretamente ao indivíduo célebre ou a fazer-lhe uma visita. Possui, assim, uma face mais obscura, quando se manifesta uma curiosidade extrema, um desejo de saber tudo sobre o homem ou a mulher célebre. A partir daí, às vezes torna-se difícil dizer em que sentido a alienação funciona: será o fã vítima das miragens midiáticas da celebridade, fascinado por uma imagem artificial, acometido por uma relação ilusória que pode se tornar uma mania, ou, pelo contrário, será a pessoa célebre a vítima do assédio de seus admiradores indiscretos, reduzida a ser apenas objeto de desejos midiatizados?

Esse desejo de intimidade revela um paradoxo no âmago dos mecanismos modernos da celebridade: são os fenômenos midiáticos mais massivos os que mais suscitam a ilusão de intimidade a distância. Esse paradoxo, bem conhecido pelos especialistas da cultura de massa contemporânea, funda-se em dois fatores. O primeiro é a capacidade das mídias de apagar, de modo fictício, a distância entre indivíduos geográfica e socialmente muito distanciados. Essa potência é particularmente evidente com as mídias modernas, em especial a televisão, que fazem com que a imagem e a voz das vedetes penetrem na intimidade doméstica de indivíduos ordinários. Ora, ela já o era então, em menor grau, quando as gazetas do século XVIII contavam anedotas sobre a vida privada dos escritores, dos atores ou das celebridades da alta sociedade, cujos retratos podiam-se comprar por alguns centavos. É, com efeito,

A SOCIEDADE DO ESPETÁCULO

próprio da comunicação midiatizada permitir aquilo que certos autores denominaram de "quase-interações", às vezes intensas, entre indivíduos que não se encontram diretamente.[63] O segundo fator é uma propriedade bastante impressionante da cultura de massa, segundo a qual certos bens de consumo cultural de ampla difusão produzem, naqueles que os consomem, reações vividas de um modo muito pessoal, alimentando um processo de subjetivação singular, muito embora essas reações sejam partilhadas por milhares de outros leitores ou espectadores. Aqui ainda, trata-se de um fenômeno bem conhecido dos sociólogos da cultura, mas que se observa já no século XVIII. Basta mencionar dois dos best-sellers do século, entre os romances mais vendidos e mais lidos, que provocaram em inúmeros leitores uma experiência altamente subjetiva no desenvolvimento de suas sensibilidades: *Júlia ou A nova Heloísa* e *Os sofrimentos do jovem Werther*.[64]

A conjunção desses dois mecanismos permite compreender que a celebridade não difere da reputação somente em grau, mas que ela designa o momento em que a notoriedade deixa de ser um simples fato de conhecimento. Quanto mais um ator, um escritor ou um músico é conhecido por um grande número de pessoas, mais ele provoca reações afetivas poderosas nesse vasto público de curiosos e de admiradores. Indivíduos que não conhece estão convencidos de manter com ele uma relação singular e se tornam, nesse sentido, *fãs*. O termo, decerto, é anacrônico. Aparece somente na segunda metade do século XX, para designar, originalmente, torcedores esportivos (*fanáticos*). E, se o século XVIII não conheceu os inúmeros e às vezes espetaculares desenvolvimentos da cultura fã, com suas instituições e seu folclore,[65] por outro lado ele oferece inúmeros testemunhos de leitores ou espectadores que não se contentam em admirar ou manifestar sua curiosidade, mas desenvolvem uma ligação afetiva com uma pessoa célebre que os ajuda a se definir e a se orientar.

Uma das práticas de longa duração que caracteriza o fã é a carta. A correspondência dos fãs é um fenômeno bem conhecido das celebridades do século XX. Os historiadores muitas vezes situam sua origem nas cartas de leitores enviadas a Rousseau e insistem em seu desenvolvimento na primeira metade do século XIX. Eles fazem dela uma característica do momento romântico, assim como uma reação específica ao poder da ficção, às "promessas da literatura", que incitam os leitores a construir suas representações do mundo social em um intercâmbio com os autores.[66] Essa análise talvez favoreça demasiadamente a especificidade da literatura, em detrimento dos mecanismos da celebridade. Desde meados do século XVIII, não somente autores como Rousseau e Bernardin de Saint-Pierre, mas também atores e atrizes, como Garrick ou Siddons, recebem uma correspondência abundante: anônimos sentem-se autorizados, e mesmo encorajados, a pegar da pena para escrever a pessoas célebres, seja para comentar sua obra ou sua vida, solicitar uma relação amigável e contínua, pedir subsídios ou conselhos ou mesmo para declarar-lhes sua paixão. Uma admiradora anônima de Garrick, que veio de Londres para vê-lo no papel de rei Lear, escreveu-lhe para pedir bilhetes de entrada.[67]

Escrever a uma pessoa célebre, sentir-se autorizado por sua celebridade a entrar em contato com ela, é para um fã a maneira de restabelecer a reciprocidade. A comunicação midiatizada, que está no fundamento da celebridade, é unilateral, diferentemente da comunicação face a face, própria da conversação. Ela desdobra-se em direção a um público indeterminado e não convoca resposta. Não obstante, esse público não é passivo, cada leitor produz um intenso trabalho de apropriação e de interpretação dos textos e das imagens, elaborando sua própria representação da pessoa pública e uma relação imaginária com ela. Esse trabalho não é necessariamente solitário, muitas vezes ele é socializado com amigos, com outros admiradores. Pegar da pena para dirigir-se a uma vedete é ultrapassar uma nova etapa, estabelecer reciprocidade, tentar entrar em uma comunicação direta. Inscrita de maneira latente na comunicação midiatizada, essa resposta pode culminar com uma visita. A curiosidade do fã não tem, então, mais nada de passiva.

Retomemos o caso de Talma. Os arquivos da Comédie-Française conservam um conjunto de cartas recebidas pelo ator trágico. Em algumas delas, encontram-se versos de circunstância e elogios, frequentemente pomposos, dirigidos a Talma por admiradores. O ator as conservava e às vezes as recopiava, o que prova o interesse, aos seus olhos, desses testemunhos. Uma jovem inglesa de 14 anos enviou-lhe um "fraco tributo e testemunho de sua admiração", reclamando sua indulgência.[68] Um outro pôs em verso a lista de todos os papéis representados por Talma.[69] Alguns correspondentes não se contentam em exprimir, muito sem jeito, sua admiração. Eles constroem pequenas narrativas, destinadas a atrair o interesse de Talma, mas também a conferir-lhe um papel ativo. Um admirador da província levou um de seus amigos, prevenido contra Talma pelos artigos do crítico Geoffroy, para ver o ator em *Britannicus*. A narrativa, muito circunstanciada, torna-se a história de uma conversão, em que a admiração, uma vez mais, transforma-se em "voracidade", em fascinação estupefata e quase uma paixão à primeira vista: "'Que traços! Que talento! Que voz!', clamava ele a cada instante, animado pela admiração. A boca aberta, os olhos fixados em Talma com uma espécie de voracidade, temia que uma só palavra lhe escapasse." A palavra final é a de um novo converso e soa como uma definição do caráter passional da relação do público com um ator célebre: "Sinto que, tendo-se visto Talma uma vez, o primeiro desejo que se forma é ainda o de revê-lo, de revê-lo sempre, pois não se pode jamais cansar-se de admirá-lo."[70]

O admirador que escreve ao ator célebre apresenta-se como um proselitista, que faz com que seu entusiasmo seja partilhado em torno de si. Outros procuram, antes, instituir uma relação dialógica. Entre 1799 e 1802, Talma recebe uma correspondência abundante de um indivíduo que se define como o "desconhecido do *parterre*", que ele não encontrará jamais e que não revelará sua identidade senão tardiamente (Monsieur de Charmois). Este comenta suas performances cênicas em longas cartas em que domina o elogio, porém algumas críticas aparecem. O "desconhecido do *parterre*" é um amador instruído, cuja paixão pelo teatro concentra-se em Talma, e se faz o porta-voz do público, evocando, por exemplo, em junho de 1800, "o entusiasmo unânime e universal com o qual o público acolheu sua entrada em cena".[71]

Se o "desconhecido do *parterre*" gosta de argumentar e de comentar as apresentações de Talma, outros escrevem, em primeiro lugar, para exprimir sua admiração e seu apego. Assim, um correspondente toma por pretexto uma discussão com os amigos sobre a pronúncia de Talma do termo "respeito" em *Athalie* [*Atália*], para escrever-lhe uma carta entusiasmada, repleta de fórmulas ditirâmbicas sobre a atuação do ator e a paixão que ele provoca. A carta joga habilmente com a obrigação do anonimato e o desejo de uma relação pessoal: embora afirmando preferir permanecer anônimo na "multidão de seus admiradores", ele menciona seu "forte desejo de romper esse anonimato" e solicita uma resposta (dá o endereço de um amigo, que talvez seja seu próprio endereço). Já o modo de se dirigir a ele, "Monsieur ou Talma", joga com esse intervalo entre a distância objetiva que separa, segundo as convenções sociais, dois indivíduos que nunca se encontraram e o laço pessoal que une o público ao célebre ator trágico, que é chamado pelo nome, entre o respeito e a familiaridade. O restante da carta oscila entre a admiração expressa pelo amador de teatro e o registro mais afetivo que conduz ao primeiro plano a sensibilidade do fã: "Preciso contar-lhe uma pequena parte das emoções profundas que o senhor tão frequentemente provocou em minha alma." A emoção sentida ultrapassa a avaliação do talento e mesmo o domínio da admiração hiperbólica, criando um laço afetivo entre o autor da carta e Talma, laço que a carta tem a função de exprimir e de transformar, se possível, em relação efetiva.[72]

Outros correspondentes, ainda, não se dirigem mais tanto ao grande ator, e sim ao homem célebre ao qual se podem solicitar favores e, em geral, subsídios, diretamente. Alguns pedidos conservam uma relação com o teatro. Um certo Beauval, de Limoges, recomenda seu sobrinho, autor de uma tragédia, e endereça sua carta a "Monsieur Talma, célebre artista e pensionário de S. M., em Paris". Beurtez-Dalancourt, que se diz "homem de letras", manda imprimir e envia a Talma uma "Reflexão sobre a urgente necessidade em que me encontro de reclamar ajuda". Alguém chamado Delhorme, de Grenoble, conta ter se apresentado na casa de Talma para explicar-lhe um obscuro caso judicial e pedir-lhe sua ajuda, pressionando-o, carta após carta, a cumprir sua promessa. Ou ainda, um certo Lagache escreve-lhe de Clermont, no Oise, para propor-lhe um "método sobre o jogo da roleta", baseado em cálculos matemáticos, e declara-se pronto a "voar" até Paris, em caso de uma resposta interessada de Talma.[73] A celebridade de Talma já não é, aqui, a fonte de uma relação afetiva e pessoal, mas a condição de um indivíduo público, sobre o qual se imagina ser rico e poderoso, e que atrai toda espécie de solicitante, de todas as regiões da França. Mais frequentemente, os dois elementos conjugam-se, ao menos na retórica dessas correspondências. Ouvrard, professor de escrita em Bordeaux, solicita de Talma uma ajuda para se instalar em Paris, onde poderá se dedicar à sua paixão pelas belas-artes, sem sacrificar seus quatro filhos: "Felizes serão seus filhos, se lhes restar ainda levantar suas mãos suplicantes ao Deus Dramático, a quem a França homenageia em vida, sobre o qual se diz que sua assistência nunca foi implorada em vão."[74]

Escrever ao homem célebre é uma coisa. Encontrá-lo é uma etapa ainda mais fascinante. Temos poucos testemunhos diretos para Talma, mas uma das cartas oferece uma expressão muito significativa do desejo de ver o homem célebre como uma obrigação, ao mesmo tempo turística e ritual. Uma correspondência de Rouen anuncia a Talma a visita de amigos que vão passar alguns dias em Paris e sonham encontrar o célebre ator. Seu pedido começa assim, sem temer a ênfase: "Sabeis muito bem, Monsieur, que ir a Paris sem ver Talma é bem pior do que ir a Roma sem ver o Papa."[75]

É de se lamentar que não tenhamos nenhum traço dessa visita. Ignora-se, aliás, se Talma ficava lisonjeado com esse desejo de ser visto ou incomodado pela perspectiva de uma visita inoportuna. Por outro lado, Sarah Siddons deixou um testemunho da indiscrição de seus admiradores. Em suas memórias, redigidas quando sabia estar à beira da morte, ela reconhece, de bom grado, ter buscado a fama. Mas a celebridade é apresentada por ela em uma perspectiva bastante sombria, em razão das obrigações sociais que implica, das solicitações permanentes que deixam pouco tempo livre para seu trabalho de atriz e sua vida doméstica. E isso a um ponto tal que sua ambição artística assim como seu equilíbrio pessoal encontram-se ameaçados pela "voracidade" com a qual toda nova pessoa célebre é buscada para ser dada em espetáculo (*was pursued for exhibition*). Certa noite, tendo aceitado o convite para um evento sob a promessa de que não haveria nem mesmo uma dúzia de pessoas presentes, ela se vê presa em uma verdadeira "armadilha", cercada até o amanhecer por dezenas de convidados prontos a subir nas cadeiras para melhor enxergá-la por cima dos ombros de seus vizinhos.[76] A anfitriã a teria encorajado, até mesmo, a vir com seu filho, para tornar a cena mais interessante, "mais pelo efeito do que por seus belos olhos", comenta Siddons com amargura.

Essa imagem da jovem atriz cercada por uma multidão de desconhecidos que sobem nas cadeiras para vê-la, a ela e a seu filho, é incrível. Siddons acrescenta uma outra, ainda mais impressionante. Embora tivesse se habituado a fechar a porta da casa aos desconhecidos atraídos unicamente pela curiosidade, alguns não hesitavam em forçar a entrada. Ela conta ter recebido um dia a visita de uma pessoa de altíssima posição, que não conhecia e que se introduziu em sua casa sem ter sido convidada.

> Era uma pessoa de altíssima posição. Sua curiosidade fora, entretanto, mais poderosa do que sua boa educação. "Deveis achar estranho, disse ela, ver uma pessoa totalmente desconhecida introduzir-se dessa maneira em seu espaço privado (*privacy*); mas deveis saber que minha saúde é muito delicada e que meu médico não me deixaria ir vê-la no teatro, daí ter eu vindo vos observar aqui." Assim, *ela* sentou-se para olhar e *eu* para ser olhada, durante alguns momentos penosos, até que ela se levantasse e se desculpasse.[77]

Quer seja autêntica ou parcialmente romanceada, essa anedota funciona como uma metáfora da violência que o público pode exercer, por seu desejo de manter a pessoa célebre sob seu olhar, a ponto de privá-la de intimidade. Essa pessoa desconhecida é tomada de uma espécie de pulsão escópica que a impele irresistivelmente a observar a célebre atriz. Mas como interpretá-la? Se se quisesse fazer da celebridade uma nova forma de prestígio social, poder-se-ia insistir na inversão dos estatutos. A pessoa de altíssima posição esquece os sinais exteriores associados à sua condição, em especial sua boa educação, e reduz-se a não ser mais do que uma admiradora muda, fascinada a ponto de observar em silêncio a atriz trágica imóvel. Mas Siddons, quanto a ela, insiste no caráter penoso,

A SOCIEDADE DO ESPETÁCULO

quase agressivo, dessa intrusão. Ela se reduz, assim, a ser não mais do que um objeto do desejo dessa espectadora incapaz de distinguir o lugar e o momento do teatro, em que a atriz atua publicamente, e o restante da vida social, em que Sarah Siddons tem uma vida, uma família e filhos. Como na cena precedente, Siddons, fora do teatro, é privada de sua vontade, obrigada a se submeter à lei do olhar dos outros. É significativo que uma grande aristocrata personifique o público. Anônima e desconhecida de Siddons, trata-se da figura pura da admiradora indiscreta, sem individualidade biográfica. Mas sua qualificação social sugere que a dominação social e simbólica que os aristocratas exerciam sobre os atores, mesmo quando os admiravam e protegiam, foi transmitida ao público, sem mudar completamente de sentido. Longe de se confundir com a emancipação social dos atores, a celebridade os submeteria a outros constrangimentos, não menos imperiosos.

O fã distingue-se do admirador ou do discípulo, as duas figuras mais clássicas da relação tradicional com os grandes personagens. Ele apresenta uma dupla face, que ilustra a ambivalência da celebridade. O interesse apaixonado que tem por essa figura pública pode dizer respeito a um sincero desejo de intimidade, provocado originalmente pela admiração artística ou intelectual, ou ainda a uma forma de empatia pelos infortúnios de indivíduos (tanto escritores quanto criminosos), tal como são narrados na imprensa. Mas pode também afundar-se na curiosidade excessiva, quase maníaca, no voyeurismo, em um desejo de possessão, exercido em relação a pessoas célebres, que lhes denega qualquer existência autônoma, para além de sua vida pública. O fã, encarnação exacerbada da relação que o público mantém com as celebridades, não é o ministro de um culto, nem tampouco um simples espectador; ele é um personagem mais perturbador, cujas motivações intrigam. Ele não adquire sentido a não ser que se considerem as novas configurações da publicidade, que transformam profundamente as próprias condições da notoriedade e fazem de um indivíduo conhecido, seja ele ator, artista ou escritor, uma figura pública.

A INVENÇÃO DA CELEBRIDADE

Notas

1. Jean-Marie Apostolides, *Le Roi-machine. Politique et spectacle*, Paris: Éd. de Minuit, 1981, p. 136; Louis Marin, *Le Portrait du roi*, Paris: Éd. de Minuit, 1981; Richard Sennett, *The Fall of Public Man*, Nova York: Alfred A. *Knopf*, 1974, trad. fr., *Les Tyrannies de l'intimité*, Paris: Éd. du Seuil, 1979 [Tradução brasileira: *O declínio do homem público: as tiranias da intimidade*. São Paulo: Companhia das Letras, 1993.]; J. Habermas, L'Espace public..., *op. cit.*

2. *Jean-Jacques Rousseau, citoyen de Genève à M. d'Alembert, de l'Académie française, de l'Académie des Sciences de Paris, de celle de Prusse, de la Société Royale de Londres, de l'Académie Royale des Belles-Lettres de Suède et de l'Institut de Bologne*, Amsterdã, Marc Michel Rey, 1758. [Tradução brasileira: *Carta a d'Alembert*. Tradução de Roberto Leal Ferreira; apresentação e introdução de L. F. Franklin de Matos. Campinas: Editora da Unicamp, 2003.] Dentre os comentários mais recentes, ver Blaise Baschofen e Bruno Bernardi (orgs.), *Rousseau, politique et esthétique: sur la "lettre à d'Alembert"*, Lyon: ENS éditions, 2011.

3. Guy Debord, *La Société du spectacle* [1967], in *Œuvres*, Paris: Gallimard, 2006, p. 785. [Tradução brasileira: *A sociedade do espetáculo*. Rio de Janeiro: Contraponto, 1997.]

4. Neil McKendrick, John Brewer e John H. Plumb, *The Birth of a Consumer Society: The Commercialization of Eighteenth-Century England*, Bloomington: Indiana University Press, 1982; James Van Horn Melton, *The Rise of the Public in Enlightenment Europe*, Cambridge: Cambridge University Press, 2001, p. 160; John Brewer, *The Pleasures of the Imagination. English Culture in the Eighteenth-century*, Londres: Harper Collins, 1997.

5. J. Brrewer, *The Pleasures of the Imagination...*, *op. cit.*

6. Louis Henry Lecomte, *Histoire des théâtres de Paris – Les variétés amusantes*, Paris: Daragon, 1908; Robert Ishwerwood, *Farce and Fantasy: Popular Entertainment in Eighteenth-Century Paris*, Oxford: Oxford University Press, 1989; Michele Rootberstein, *Boulevard Theater and Revolution in Eighteenth--Century Paris*, Ann Arbor: UMI Research, 1984; Laurent Turcot, "Directeurs, comédiens et police: relations de travail dans les spectacles populaires à Paris", *Histoire, économie et société*, n. 23-1, 2004, pp. 97-119.

7. Felicity Nussbaum, "Actresses and the Economics of Celebrity, 1700-1800", *Theatre and Celebrity*, in Mary Luckhurst e Jane Moody (orgs.), *Celebrity and British Theatre, 1660-2000*, Nova York, Palgrave, 2005, pp. 148-168; Danielle Spratt, "Genius thus Munificently Employed!!!: Philanthropy and Celebrity in the Theaters of Garrick and Siddons", *Eighteenth-Century Life*, n. 37-3, 2013, pp. 55-84.

A SOCIEDADE DO ESPETÁCULO

8. Dominique Quéro, "Le triomphe des Pointu", *Cahiers de l'Association internationale des études françaises*, n. 43, 1991, pp. 153-167. Ver também Henri Lavedan, *Volange, comédien de la Foire (1756-1803)*, Paris: J. Tallandier, 1933.

9. Lauren Clay, "Provincial Actors, the Comédie-Française, and the Business of Performing in 18th-Century France", *Eighteenth-Century Studies*, no. 38-4, 2005, pp. 651-679.

10. *Mémoires secrets*, t. I, p. 19.

11. Rahul Markovits, *Civiliser l'Europe. Politiques du théâtre français au XVIIIe siècle*, Paris: Fayard, 2014; "L'Europe française, une domination culturelle? Kaunitz et le théâtre français à Vienne au XVIIIe siècle", *Annales HSS*, n. 67-3, 2012, pp. 717-751. *Ver também* Mélanie Traversier, "Costruire la fama: la diplomazia al servizio della musica durante il Regno di Carlo di Borbone", a ser lançado pela Analecta Musicologica, 2014.

12. Judith Milhous, "Vestris-mania and the Construction of Celebrity: Auguste Vestris in London, 1780-1781", *Harvard Library Bulletin*, n. 5-4, 1994, pp. 30-64.

13. Por outro lado, a celebridade de Vestris conduzirá os diretores do teatro a contratar, no ano seguinte, o mestre de balé Noverre, inventor do balé de ação, para aproveitar a voga provocada pela estada do jovem dançarino.

14. Depois da noite em seu benefício, o *Public Advertiser* de 28 de fevereiro de 1781 escreve: "A dancer makes sixteen hundred pounds a night! An honest tradesman labours twice sixteen years and thinks himsef happy to retire with such a sum. Those in low life work hard from the cradle to the grave and perhaps never possess sixteen shillings that they can call their own. How chequered is the Book of fate!" (citado in J. Milhous, "Vestrismania and the Construction of Celebrity... ", *art. cit.*, p. 41).

15. Ver especialmente o artigo do fundador de Sherwin Rosen, "The Economy of the Superstars", *The American Economic Review*, n. 71-5, 1981, pp. 845-858, e as reflexões sintéticas de Pierre-Michel Menger, "Talent et réputation. Les inégalités de réussite et leurs explications dans les sciences sociales", *Le Travail créateur*, Paris: Gallimard-Seuil, 2009, capítulo 6.

16. D. Spratt, "Genius Thus Munificently Employed!!!...", *art. cit.*

17. *Les Mémoires secrets* mencionam repetidas vezes a extravagância da "célebre Guimard", por exemplo em 31 de dezembro de 1770, t. III, p. 247, no qual é descrita uma gravura que alude aos seus múltiplos relacionamentos.

18. O livro pioneiro nessa abordagem, em uma perspectiva feminista, é o de Kristina Straub, *Sexual Suspects: Eighteenth-Century Players and Sexual Ideology*, Oxford/Princeton: Princeton University Press, 1992. A bibliografia que aborda as atrizes inglesas sob esse ângulo, e, mais amplamente, aquela sobre a cons-

A INVENÇÃO DA CELEBRIDADE

trução de sua imagem pública, é atualmente bastante vasta. Ver em especial Robyn Asleson (org.), *Notorious Muse. The Actress in British Art and Culture, 1776-1812,* New Haven/Londres: Yale University Press, 2003; Gill Perry, *Spectacular Flirtations: Viewing the Actress in British Art, 1768-1820,* New Haven: Yale University Press, 2007; Felicity Nussbaum, *Rival Queens: Actresses, Performance, and the Eighteenth-Century British Theater,* Filadélfia: University of Pennsylvania Press, 2010; Laura Engel, *Fashioning Celebrity. Eighteenth--Century British Actresses and Strategies for Image Making,* Columbus: Ohio State University, 2011. Sobre a França, ver Lenard Berlanstein, *Daughters of Eve. A Cultural History of French Theater Women from the Old Regime to the Fin-de-Siecle,* Cambridge: Harvard University Press, 2001.

19. Joseph ROACH, "Nell Gwyn and Covent Garden Goddesses", in Gill Perry (org.), *The First Actresses: Nell Gwyn to Sarah Siddons,* Londres: National Portrait Gallery, 2011, pp. 63-75.

20. Steven Parissien, *George IV: The Grand Entertainment,* Londres: John Murray, 2001; Christopher Hibbert, *George IV, Prince of Wales, 1762-1811,* Londres: Longman, 1972.

21. Claire Brook, *The Feminization of Fame,* 1750-1830, Basingstoke: Palgrave McMillan, 2006.

22. Paula Byrne, *Perdita. The Life of Mary Robinson,* Londres: Harper Collins, 2004, e sobretudo Tom Mole, "Mary Robinson's conflicted celebrity", in T. Mole (org.), *Romanticism and Celebrity Culture...,* op. cit.

23. *Memoirs of the late Mrs. Robinson,* Londres, 1801, t. II, p. 127.

24. "I scarcely ventured to enter a shop without experiencing the greatest inconvenience. Many hours have I waited till the crowd disperse, which surrounded my carriage, in expectation of my quitting the shop", *ibid.,* p. 68.

25. Olivia Voisin, "Le portrait de comédien ou la fabrique d'une aura", *La Comédie-Française s'expose, catalogue de l'exposition du Petit Palais,* Paris: Les Musées de la Ville de Paris, 2011, pp. 93-148; G. Perry (org.), *The First Actresses: Nell Gwyn to Sarah Siddons, op. cit.*

26. *Mémoires secrets,* março de 1780, t. XV, p. 82. Todo o tom dessa passagem é muito hostil a Volange, ou antes a "Jeannot", já que o próprio redator emprega o nome do personagem para designar o ator.

27. Patrick Barbier, *Histoire des castrats,* Paris: Grasset, 1989. Se os *castrati* eram muitas vezes originários de Nápoles, eles praticavam sua arte em toda a Europa. Ver, por exemplo, Elizabeth Krimmer, "Eviva Il Coltello?" The Castrato Singer in Eighteenth Century German Literature and Culture", *PMLA,* n. 120-5, 2005, pp. 1.543-1.549. No plano musical, seu sucesso foi preparado pela valorização de vozes muito agudas na música italiana do século XVII, o que permitiu a

A SOCIEDADE DO ESPETÁCULO

notoriedade das primeiras cantoras profissionais, procuradas por sua expressividade: Susan McClary, "Soprano as Fetish: Professional Singers in Early Modern Italy", *Desire and Pleasure in Seventeenth-Century Music*, Oakland: University of California Press, 2012.

28. Thomas McGeary, "Farinelli and the English: 'One God' or the Devil ?", *Revue LISA/LISA e-journal*, vol. II, n. 3, 2004, http://lisa.revues.org/2956, acesso em 2 de julho de 2012.

29. Thomas Gilbert, The World Unmask, 1738, citado in T. McGeary, "Farinelli and the English...", *art. cit.*

30. Nicolas Morales, *L'artiste de cour dans l'Espagne du XVIIIe siècle. Étude de la communauté des musiciens au service de Philippe V, 1700-1746*, Madri: Casa de Velazquez, 2007, pp. 238-250; Thomas McGeary, "Farinelli in Madrid: Opera, Politics, and the War of Jenkins' Ear", *Musical Quarterly*, n. 82, 1998, pp. 383-421.

31. Ver sua correspondência (Carlo Broschi Farinelli, *La Solitudine Amica: Lettere al conte Sicinio Pepoli*, Carlo Vitali e Francesca Boris (org.), Palermo: Sellerio, 2000), que demonstra certa preocupação diante das reações do público londrino.

32. C. Burney, *The Present State of Music in France and Italy*, *op. cit.*, p. 221, trad. fr., *Voyage musical dans l'Europe des Lumières*, p. 145.

33. Helen Berry, *The Castrato and his Wife*, Oxford: Oxford University Press, 2011.

34. *La Gazette littéraire de l'Europe*, por exemplo, debocha de Madame Tenducci, que, "na verdade, não se casou senão com uma voz muito bonita" e convida seus leitores a julgar se ela tem razão de permanecer fiel a ele (maio de 1768, vol. XXV, p. 170), ao passo que o *Mercure de France* lamenta que se tenha "caçoado muito de sua aventura", em vez de se lastimá-la (Paris: Lacombe, vol. 2, julho de 1768, p. 117).

35. Pelo menos, a se acreditar em *L'Année littéraire* de Fréron, que dedica um longo artigo ao acontecimento, na forma de uma suposta carta de um negociante italiano residente em Londres, dirigida a um correspondente neerlandês, na qual ele ridiculariza o casamento de Tenducci e as "gargalhadas" provocadas pelo nascimento de um filho (Paris: Delalain, 1771, t. III, pp. 275-288).

36. Giacomo Casanova, *Histoire de ma vie*, Paris: Robert Laffont, 1993, t. III, p. 304: "Ele zombava daqueles que diziam que, enquanto *castrato*, ele não podia ter uma. Ele dizia que uma terceira glândula testicular que lhe haviam deixado bastava para constatar sua virilidade, e que seus filhos só podiam ser legítimos, já que ele reconhecia-os como tais."

37. Luc Boltanski et al., *Scandales, affaires et grandes causes: de Socrate à Pinochet*, Paris: Plon, 2007.

A INVENÇÃO DA CELEBRIDADE

38. Max Gluckman, "Gossip and Scandal", *Current Anthropology*, n. 3-4, 1963, pp. 307-316; Damien De Blic e Cyril Lemieux, "Le scandale comme épreuve. Éléments de sociologie pragmatique", *Politix*, vol. 18, n. 71, 2005, pp. 9-38.

39. Éric De Dampierre, "Thèmes pour l'étude du scandale", *Annales ESC*, n. 9-3, 1954, pp. 328-336, citação p. 331.

40. Para um termo de comparação mais tardio, o processo de Oscar Wilde, ver Ari Adut, *On Scandal: Moral Disturbances in Society, Politics and Art*, Cambridge: Cambridge University Press, 2008, pp. 38-72. James B. Thompson propôs uma reflexão geral sobre os escândalos contemporâneos, baseada em sua concepção das interações midiáticas a distância e na nova visibilidade política que elas produzem: *Power and Visibility in the Media Age*, Cambridge, Polity Press, 2000.

41. H. Berry, *The Castrato...*, op. cit., p. 203 e 205.

42. Shearer West, "Siddons, Celebrity and Regality: Portraiture and the Body of the Ageing Actress", in Mary Luckhurst e Jane Moddy (orgs.), *Theatre and Celebrity*, York, University of York Press, pp. 191-213; Heater McPherson, "Picturing Tragedy: Mrs. Siddons as the Tragic Muse Revisited", *Eighteenth-Century Studies*, n. 33-3, 2000, pp. 401-430, e "Siddons rediviva", in T. Mole (orgs.), *Romanticism and Celebrity Culture...*, op. cit.

43. H. McPherson, "Picturing Tragedy...", *art. cit.*, p. 406.

44. "The homage she has received is greater than that which is paid to Queens. The enthusiasm she excited had something idolatrous about it; she was regarded less with admiration than with wonder, as if a being of a superior order had dropped from another sphere to awe the world with the majesty of her appearance. She raised tragedy to the skies, or brought it downfrot thence. It was something above nature. We can conceive of nothing grander. She embodied to our imagination the fables of mythologies; of the heroic and deified mortals of elder time. She was not less than a goddess, or than a prophetess inspired by the gods", William Hazlitt, "Mrs. Siddons", *The Examiner*, 16 de julho de 1816, in *A View of the English Stage*, Londres: Stedart, 1818, p. 103.

45. William Hazlitt, "Mrs. Siddons's Lady Macbeth, June 8, 1817", *ibid.*, p. 133.

46. *Ibid.*, p. 104.

47. *Ibid.* Compreende-se, então, que, no artigo em que Hazlitt dá conta da nova atuação de Siddons como Lady Macbeth, ele insista, apesar da qualidade do espetáculo, na dupla distância que o afasta, enquanto espectador, da atriz: distância espacial, em razão da multidão que o relegou ao fundo da sala, mas também, e sobretudo, distância temporal, que o separa da recordação da primeira atuação (pp. 134-135).

48. *Exposé de la conduite et des torts du Sieur Talma envers les comédiens français*, Paris: Prault, 1790; *Réponse de François Talma au mémoire de la comédie*

A SOCIEDADE DO ESPETÁCULO

française, Garnéry, l'an second de la liberté; *Réflexions de M. Talma et pièces justificatives*, Paris: Bossange, 1790; *Pétition relative aux comédiens français, adressée au conseil de ville, par un très grand nombre de citoyens*, archives de la Comédie-Française, fonds Talma, carton 3 (ci-après: ACF, Talma 3).

49. Carta de Talma a Louis Ducis, em 1811, citada por Mara Fazio, *François-Joseph Talma*, Paris: CNRS éditions, 2011, p. 147.

50. M. Fazio, *François-Joseph Talma, op. cit.*, p. 117.

51. *Courrier des spectacles*, 23 e 24 de setembro de 1822, ACF, Talma 2.

52. Germaine De Stael, *De l'Allemagne*, Londres, 1813, capítulo XXVII.

53. Stendhal, *Souvenirs d'égotisme*, éd. B. Didier, Paris: Gallimard, 1983, p. 128. Ver Florence Filippi, "L'artiste en vedette: François-Joseph Talma (1763-1826)", tese de doutorado, Nanterre, 2008.

54. Carta de Michel François Talma a seu filho, 6 de outubro de 1796, ACF, Talma 7.

55. Carta de Talma ao "redator dos *Annales*", 21 de agosto de 1817, ACF, Talma 7.

56. O artigo foi publicado no *The Globe and Traveller* (25 de setembro) e, em seguida, "republicado em todos os jornais ingleses", segundo seu autor, que o envia a Talma (ACF, Talma 2).

57. Emmanuel Fureix, *La France des larmes. Deuils politiques à l'âge romantique, 1814-1840*, Paris: Champ Vallon, 2009.

58. *La Pandore*, n. 1250, 20 de outubro de 1826.

59. *Courrier de Paris*, n. 291, 18 de outubro de 1826.

60. *Courrier de Paris*, n. 295, 22 de outubro de 1826.

61. *Le Constitutionnel*, n. 293, 20 de outubro de 1826.

62. Os sociólogos da celebridade contemporânea que evidenciaram muito bem esse fenômeno são Richard Schickle, *Intimate Strangers. The Culture of Celebrity in America*, Nova York, Ivan R. Dee, 1985; Joshua Gamson, *Claims To Fame: Celebrity in Contemporary America*, Berkeley, University of California Press, 1994; N. Heinich, *De la visibilité..., op. cit.*

63. J. B. Thompson, *The Media and Modernity..., op. cit.*, desenvolve extensamente esse ponto, a partir dos trabalhos pioneiros dos psicólogos sociais Donald Horton e R. Richard Wohl, que, por sua vez, falam de "relações parassociais" ("Mass Communication and Para-Social Interactions: Observations on Intimacy at a Distance", *Psychiatry*, n. 19, 1956, pp. 215-229).

64. Hans-Robert JAUSS, *Pour une herméneutique littéraire*, Paris: Gallimard, 1982.

65. Philippe Le Guern (orgs.), *Les Cultes médiatiques. Culture fan et œuvres cultes*, Rennes: Presses universitaires de Rennes, 2002.

66. Robert Darnton, "Le courrier des lecteurs de Rousseau: la construction de la sensibilité romantique", *Le Grand Massacre des chats. Attitudes et croyances dans l'ancienne France*, Paris: Robert Laffont, 1984, pp. 201-239 [Tradução

A INVENÇÃO DA CELEBRIDADE

brasileira: "Os leitores respondem a Rousseau: a fabricação da sensibilidade romântica." In: _____ . *O grande massacre de gatos, e outros episódios da história cultural francesa*. Tradução de Sonia Coutinho. Rio de Janeiro: Graal, 1986. pp. 277-322.]; Jean-Marie Goulemot e Didier Masseau, "Naissance des lettres adressées à l'écrivain", *Textuel*, "Écrire à l'écrivain", n. 27, fevereiro de 1994, pp. 1-12; Judith Lyon-Caen, *La Lecture et la Vie. Les usages du roman au temps de Balzac*, Paris: Tallandier, 2006.

67. Carta de 8 de junho de 1775, citada por Cheryl Wanko, "Patron or Patronized? "Fans" and the Eighteenth-Century English Stage", in T. Mole (org.), *Romanticism and Celebrity...*, pp. 209-226, citação p. 221.

68. Carta de uma anônima, 10 de setembro de 1825, ACF, Talma 2.

69. Carta de uma anônima, s. d., ACF, Talma 1.

70. "Talma admiré par une personne pleine de prévention contre lui", ACF, Talma 2.

71. Carta de 3 de junho de 1800, ACF, Talma 2.

72. Carta de uma anônima, ACF, Talma 2.

73. ACF, Talma 1.

74. Carta de Ouvrard, 14 de novembro de 1824, ACF, Talma 1.

75. Carta de Madame Bavoist-Hauguet, 1817, ACF, Talma 6.

76. *The Reminiscences of Sarah Kemble Siddons, 1773-1785*, éd. William Van Lennep, Cambridge: Wineder Library, 1942, pp. 15-16.

77. "She was a person of very high rank. Her curiosity had been, however, too powerful for her good breeding. "You must think it strange" said she "to see a person entirely unknown to you intrude in this manner upon your privacy; but you must know I am in a very delicate state of health, and my physician won't let me go to the Theatre to see you, so I am come to look at you her." So she sat down to look, and I to be looked at, for a few painful moments, when she arose and apologised" (*ibid.*, p. 22).

3. Uma primeira revolução midiática

Em meio à correspondência recebida por Talma, encontra-se uma carta de um correspondente anônimo, acompanhada de um retrato de Garrick. Na carta, que louva a qualidade do retrato, o grande ator é oposto às imagens medíocres que haviam proliferado durante sua carreira: "Pintaram-se infinitos Garricks. Qualquer escritorzinho da Academia pretendia ter o concurso do Roscius da Inglaterra!"[1] A formulação não é excessiva, pois Garrick tornou-se, em vida, um verdadeiro ícone popular, sobretudo na Inglaterra, mas também na França. Existiam mais de 250 retratos diferentes dele, pintados ou gravados, às vezes reproduzidos em um grande número de exemplares. Garrick se fez representar em seus papéis favoritos, como diretor de teatro, como homem da alta sociedade, em conversação familiar com seus amigos, em cara a cara com sua mulher. Havia Garricks para todos os gostos e para todos os bolsos, e essa intensa ofensiva iconográfica revela a importância que o ator atribuía à sua imagem pública. Falou-se, a seu respeito, em "primeira personalidade midiática",[2] de tal modo ele soube impor-se como figura pública, imediatamente reconhecível, e colocou essa estratégia visual a serviço de sua ambição artística, assim como de seu intenso desejo de reconhecimento. Assim, ele marcou profundamente os espíritos, em toda a Europa, e Denis Diderot, que praticamente não o vira atuar, pensava nele ao escrever seu *Paradoxe du comédien* [*Paraxodo do ator*]. Talma, por sua vez, teve direito a inúmeros retratos ao longo de toda a carreira, e sua imagem foi amplamente difundida. Que os rostos dos atores célebres sejam frequentemente reproduzidos pode parecer algo anódino. Na verdade, trata-se de um fenômeno novo que traduzia o lugar que o teatro assumia na vida urbana do século XVIII, que se inscrevia também em uma transformação mais ampla da cultura visual.

A INVENÇÃO DA CELEBRIDADE

Com frequência imagina-se que a celebridade moderna esteja ligada à reprodução maciça das imagens, característica do século XX. As novas tecnologias de produção e de reprodução da figura humana, a partir da fotografia, e sobretudo com o cinema e a televisão, teriam transformado a história da celebridade, para fazer da "visibilidade" a forma dominante da notoriedade.[3] É incontestável que essas tecnologias tenham transformado de maneira considerável o universo midiático, bem como nossa relação com as imagens. Os retratos das estrelas estão, hoje, disponíveis profusamente, fixos ou móveis, em close ou com teleobjetiva. No entanto, uma transformação da cultura visual já acontecera ao longo do século XVIII, fundada em inovações técnicas, como a gravura em couro a buril e a água-forte, que permitiam tiragens bastante importantes, outrora inacessíveis para a gravura em madeira, e imagens mais fiéis. A mutação, no entanto, era sobretudo social e cultural. Nos grandes centros urbanos, os retratos eram cada vez mais visíveis, em todas as formas de suporte – dos retratos pintados, expostos nos salões da Academia, até as figuras de porcelana que se tornaram presentes na moda, passando pelas inúmeras gravuras vendidas nas bancas dos comerciantes.

A celebridade não se reduz à visibilidade e à presença de imagens: ela se alimenta, na mesma medida, de narrativas, de discursos, de textos, como demonstra ainda hoje o jornalismo de fofoca, infinitamente tagarela. Ora, também no âmbito do impresso, as mutações foram decisivas ao longo do século XVIII. O público alfabetizado conheceu um crescimento considerável, e a relação com o livro, com a leitura, transformou-se largamente. Atividade erudita nos séculos precedentes, a leitura muda doravante de estatuto, conforme demonstrado pelo sucesso dos romances, dos impressos baratos e, sobretudo, dos jornais, que se multiplicam, a partir do fim do século XVII, por toda a Europa. Os jornais literários e as gazetas políticas, sobretudo, chamaram a atenção dos historiadores. Os primeiros asseguram a comunicação intelectual entre meios eruditos, ao lado das correspondências pessoais, que haviam estruturado a primeira República das Letras. Os segundos inauguram uma nova era da informação política, que não circula mais unicamente sob a forma de correspondências manuscritas ou rumores orais, mas por

UMA PRIMEIRA REVOLUÇÃO MIDIÁTICA

meio dos organismos de imprensa.[4] Para os teóricos do espaço público, foi por meio dos jornais, e nos lugares de sociabilidade reservados à sua leitura coletiva e ao seu comentário, que o uso público da razão forjou-se no século das Luzes. Quando Kant, em *O que é o Iluminismo?*, descreve a *Aufklärung* como um processo de emancipação individual e coletivo permitido pelo uso que cada um faz da razão "diante do público que lê", refere-se, evidentemente, aos leitores de jornais. E foi, aliás, em um deles, *Berlinische Monatsschrift*, que esse texto famoso apareceu em 1784, no quadro de um debate sobre as questões do casamento religioso. Alguns anos mais tarde, Hegel poderá chegar a escrever que a leitura do jornal da manhã tornou-se a prece do homem moderno.

Entretanto, ao lado dos jornais eruditos e políticos que relatam as notícias diplomáticas e políticas, recenseiam as novidades científicas e literárias ou acolhem debates intelectuais, existem, no século XVIII, outros jornais, cada vez mais numerosos, muitos deles mais interessados na atualidade da alta sociedade e na cultural, no sentido amplo. Eles oferecem a seus leitores as notícias dos espetáculos e dos lançamentos literários, dos principais acontecimentos literários e políticos, mas também os *faits divers* mais notórios e, cada vez mais, anedotas sobre a vida, pública e privada, das pessoas célebres. Por mais que esses periódicos tenham chamado menos a atenção dos historiadores, eles contribuíram de maneira decisiva para moldar a consciência das camadas médias urbanas de que elas constituíam um público. A atualidade era alimentada tanto por *faits divers* e escândalos quanto por tratados e batalhas.

O conjunto dessas transformações marca a entrada em uma nova era midiática, que, espirituosamente, um historiador propôs chamar de Print 2.0, para indicar que se trata de uma verdadeira guinada na história do impresso, de seus usos e de seus efeitos.[5] A comunicação midiatizada, que difunde textos e imagens para um público indefinido, potencialmente ilimitado, torna-se uma condição ordinária da comunicação social e concorre com as formas tradicionais fundadas na oralidade, na copresença e na reciprocidade. As próprias condições da celebridade são profundamente transformadas por ela: as cadeias da reputação estendem-se, e ser confrontado com o nome ou a imagem de pessoas que jamais se encontrará em carne e osso torna-se cada vez mais frequente. A notoriedade de alguns indivíduos muito conhecidos emancipa-se dos círculos tradicionais em que circulava o reconhecimento (a corte, os salões, os espectadores de teatro, as academias e as redes eruditas), e projeta no espaço público um conjunto de representações – de discursos e de imagens – destinadas a um público indefinido e anônimo de leitores e de consumidores, de curiosos e de admiradores. Essa circulação potencialmente ilimitada e incontrolável de representações os constitui como figuras públicas.

A cultura visual da celebridade

Onde se viam retratos de pessoas vivas, antes do século XVIII? Nas moedas em que figurava o rosto do soberano; nos palácios, em que os cortesãos podiam admirar os retratos do rei; nos palacetes aristocráticos, em que os donos da casa faziam-se voluntariamente retratar ao lado da galeria de seus ancestrais. Tratava-se, antes de tudo, de uma representação do poder, político ou social. O retrato do rei era um simulacro do poder, no sentido de que tinha uma eficácia própria para representar o poder, e de ser, de algum modo, o próprio poder, em sua força e em seu prestígio, o mesmo podendo ser dito da força sociopolítica que emanava dos retratos aristocráticos.[6]

Seria possível objetar que havia, no século XVII, retratos de alguns escritores, como Corneille ou Molière. Inversamente, pode-se lembrar que não existe nenhum retrato, em vida, de Rabelais.[7] O reinado de Luís XIV já marcara uma clara ascensão do retrato, com a criação da Academia de pintura e de escultura, na qual os retratistas eram admitidos, e o sucesso de Pierre Mignard e, depois, de Hyacinthe Rigaud. No entanto, os retratos permaneciam essencialmente ligados ao universo da corte e da alta nobreza, no qual tinham uma função política e sentimental. Dificilmente deixava-se que fossem copiados.[8] Até o início do século XVIII, a existência de retratos sinalizava o acesso de algumas raras figuras culturais a um estatuto social excepcional, sobretudo no quadro de instituições acadêmicas. Eles circulavam unicamente em espaços restritos e estavam quase sempre integrados em uma relação interpessoal. Possuir o retrato de alguém era uma honra calcada na dignidade do modelo, mas também na exibição de um laço direto, familiar ou de amizade. Quando Samuel Sorbière, que admirava Thomas Hobbes e muito contribuiu para a difusão de sua obra na Europa, quis obter seu retrato, teve de lhe pedir autorização pessoalmente para mandar copiar um retrato já existente, que pertencia a Thomas de Martel: "Peço-lhe do modo mais sério do mundo, certo de que examinareis com benevolência meu pedido e desconsiderará obrigatoriamente minha ousadia."[9] Em 1658, escreve-lhe que seu maior prazer é poder falar dele e de sua obra com seus amigos e contemplar "o retrato na minha coleção". O retrato substitui o amigo ausente, inscreve-se em um regime de familiaridade, de afeição e de admiração. Sua presença honra Sorbière, pois demonstra que ele mantém laços diretos e de amizade com o modelo. Em 1661, Hobbes aceita posar no ateliê de Samuel Cooper para seu grande amigo John Aubrey, a fim de agradecer-lhe por tê-lo permitido cair nas graças de Charles II. Aubrey fica extremamente agradecido, qualificando esse gesto de "grande honra".

Alguns anos mais tarde, Isaac Newton utiliza ainda seus retratos como uma recompensa em troca de uma afirmação de lealdade. Pierre Varignon, um matemático francês a quem é muito ligado, pede-lhe por vários anos seu retrato. Newton só aceita no fim da vida, por ocasião das negociações de uma edição de luxo de *Optics*, para a qual espera a ajuda de Varignon. Do mesmo modo, quando Varignon lhe transmite o desejo de Johann Bernoulli de possuir seu retrato, Newton, que toma este último como um aliado de Leibniz, coloca como condição que Bernoulli reconheça publicamente a anterioridade de seus trabalhos sobre o cálculo infinitesimal.[10]

Por vezes, o retrato de um autor se encontrava na abertura do seu próprio livro, mas esse retrato era um indicador de autoria, muito mais do que da singularidade da pessoa.[11] Até o século XVI, aliás, ele não tinha por objetivo a semelhança, e sim o estereótipo.

A INVENÇÃO DA CELEBRIDADE

Os retratos eram, portanto, antes raros e raramente públicos. Um episódio narrado por Saint-Simon mostra que não era fácil obter a imagem de um outro homem. É verdade que o caso é excepcional, já que se trata do abade de Rancé, o famoso fundador da Ordem da Trapa, que Saint-Simon admirava profundamente e cujo retrato gostaria de possuir. Sabendo que Rancé, por humildade, se recusaria a se deixar pintar, Saint-Simon inventa um estratagema: visita-o com o pintor Hyacinthe Rigaud, que se passa por um de seus parentes e que deve observar o abade para, em seguida, pintá-lo de memória. O retrato foi tão exitoso que Rigaud não pôde deixar de se gabar dele. A partir daí, muitas pessoas pediram-lhe cópias, o que convinha ao pintor, e o segredo, tão prezado por Saint-Simon, foi descoberto. "Fiquei muito irritado com o rumor que isso gerou no mundo, mas me consolei por ter conservado para mim, para sempre, uma semelhança tão cara e tão ilustre e por ter feito passar para a posteridade o retrato de um homem tão grande, tão realizado e tão célebre. Nunca ousei confessar-lhe meu furto, mas, partindo de Trapa, deixei-lhe toda a narrativa em uma carta por meio da qual lhe pedia perdão. Ele ficou extremamente penalizado, tocado e aflito."[12] Esse episódio é muito revelador dos usos sociais do retrato no começo do século XVIII. O desejo de mandar pintar um retrato do grande contemporâneo, tanto para possuí-lo quanto para transmiti-lo, choca-se com um regime raro da imagem e obriga Saint-Simon a lançar mão da artimanha e da mentira. Mas, já aí, existe uma demanda que leva o pintor a produzir cópias e a mandar gravar o retrato, tornando a imagem pública. Mesmo um homem tão secreto e retraído quanto o abade de Rancé tornou-se "célebre" demais, como diz Saint-Simon, para que seus admiradores não procurassem obter, por todos os meios possíveis, seu retrato.

Ao longo do século XVIII, os retratos dos homens célebres multiplicam-se e autonomizam-se. Constata-se, em primeiro lugar, a difusão de imagens pintadas, que são muito mais frequentes e que, sobretudo, são expostas publicamente. As exposições anuais de obras dos artistas da Academia, em Paris (desde 1699) e em Londres (a partir de 1761), tornam-se acontecimentos importantes, que atraem uma multidão considerável. Em Paris, o número de espectadores não para de crescer, com o salão de 1787 acolhendo até 60 mil visitantes, enquanto manifestações concorrentes desenvolvem-se, tentando contornar o monopólio acadêmico.[13] Em Londres, as exposições têm lugar na Grande Câmara de Spring Gardens, e depois, a partir de 1769, no Pall Mall e finalmente, a partir de 1789, na grande sala de Sommerset House, que recebem várias dezenas de milhares de visitantes. Em paralelo, acontecem exposições pagas nos espaços de diversão urbana, como o Vauxhall.[14] Todas essas exposições, e em particular as das Academias, são acontecimentos públicos de grande importância, que transformam profundamente o mundo da arte, sob o controle contestado das normas acadêmicas na França, no cerne de uma cultura mais comercial na Inglaterra.[15]

Os retratos ocupam um lugar preponderante nas exposições. Na França, em que os ideais da pintura de história permanecem poderosos entre os críticos e a Academia é dominada pelo modelo do retrato real, essa profusão de retratos privados é criticada, às vezes com virulência. À crítica clássica, já formulada no Renascimento, que censura os retratistas por uma preocupação grande demais com a fidelidade, em detrimento da imaginação e da idealização do real, acrescenta-se uma crítica política da democratização do retrato. Em suas resenhas dos salões de 1747 e 1753, Étienne La Font de Saint-Yenne fustiga os retratos de seres "obscuros" e "indiferentes para o público". Denunciando essa "multidão de homens obscuros, sem nome, sem talentos, sem reputação, e até mesmo sem fisionomia, todos esses seres que não têm outro mérito além de existir [...] todos esses personagens gigantes aos seus olhos e átomos aos do público", opõem-lhes aqueles que merecem ser representados, entre os quais estavam os homens célebres: "Não há pessoa que não deseje ardentemente ver os traços e a fisionomia de um cidadão excelente, de um grande escritor ou de um personagem célebre por seus feitos."[16] Mérito político, talento literário e celebridade são os três elementos que legitimam, aos olhos do crítico, e em nome do interesse do público, um retrato. Mas a celebridade ainda precisava ser justificada por "feitos", isto é, corresponder ao ideal político e moral veiculado pela Academia. Vinte anos mais tarde, o redator de *Mémoires secrets* utiliza a mesma ironia ao evocar "a multidão de retratos que se apresentam, de todos os cantos, aos meus olhos" e que constituem mais de um terço das peças expostas. "Gradativamente, o salão será apenas uma galeria de retratos", deplora o autor, que prossegue: "Se ainda nos fossem oferecidos tão somente homens importantes por seu estado ou por sua celebridade, ou pelo menos mulheres belas, ou essas cabeças notáveis pela grandeza de seus caracteres, mas de que nos importa conhecer Madame Guesnon de Ponneuil, Madame Journu, a mãe, Monsieur Darcy, Monsieur Le Normand du Coudray... etc.?"[17] A crítica da democratização do retrato, que permite a camadas mais importantes da população fazer-se representar, funda-se, inversamente, em três princípios que parecem legítimos para o autor: um princípio sociopolítico ("homens importantes por seu estado"), um princípio estético (as mulheres belas e as cabeças medalhadas) e um princípio de "celebridade". Como se pode notar, ela se autonomizou dos "feitos".

Em Londres, o sucesso dos retratos é ainda mais intenso e menos contestado: ele contribui para alimentar a nova cultura da celebridade.[18] Joshua Reynolds, o pintor mais importante da época, aproveitava-se disso maravilhosamente bem. Ao expor um grande número de retratos de celebridades literárias ou da alta sociedade, associa a própria reputação de pintor à notoriedade de seus modelos, já que a maioria dos retratos fica, em seguida, disponível em seu ateliê, que se torna um dos mais importantes lugares artísticos da capital inglesa. Reynolds tirava partido, muito conscientemente, da celebridade de seus modelos e das narrativas que circulavam a respeito deles na imprensa, de modo a estimular a curiosidade do público e a construir a própria celebridade de pintor na moda.[19] As questões eram também comerciais, pois os preços dessas obras podiam ser muito elevados e o rumor que as acompanhava rendia-lhe novos clientes.

Os retratos que Reynolds expõe relacionam-se, frequentemente, à atualidade. Em 1761, ele pinta o retrato de Laurence Sterne, cujo *Tristam Shandy* acaba de sair com um sucesso estrondoso. Ainda no ano anterior, Sterne era um desconhecido, reverendo de província sem contatos em Londres. Tendo tido seu livro recusado pelos editores londrinos, publica-o em York, à própria custa, envia vários exemplares a Londres

UMA PRIMEIRA REVOLUÇÃO MIDIÁTICA

e consegue obter o apoio de Garrick, graças à ajuda de uma atriz. O livro tem sucesso imediato e, algumas semanas mais tarde, Sterne chega, em pessoa, à capital, assina um contrato vantajoso e demonstra um talento evidente para a autopromoção, proclamando descaradamente: "Não escrevi para obter sustento, mas para ser célebre." Posa, então, ao longo de oito sessões, para Reynolds, e em seguida, uma vez terminado o quadro, leva-o a um gravador, a quem escreve: "Vou entrar na moda e vender [minha cara] no interior e no exterior."[20]

Reynolds não expõe somente retratos de escritores na moda (Samuel Johnson, Oliver Goldsmith), mas também de outras figuras públicas: personagens eminentes da boa sociedade, atores ou mulheres jovens que suscitam a curiosidade do público. No ano seguinte, 1762, expõe não somente um retrato de Garrick, com quem tem relações, tendo pintado retratos seus em inúmeras ocasiões, mas também o da célebre cortesã Nelly O'Brien, que é a nova amante de lorde Bolingbroke – informação que *Saint James Chronicle* tornara pública alguns meses antes. Expor lado a lado, nas mesmas paredes, retratos de escritores, de homens políticos, de grandes aristocratas e de cortesãs não deixa de ter consequências: essas figuras socialmente tão diferentes são postas em equivalência ao olhar do público. E isso especialmente porque Reynolds, por seu gosto pelos quadros de cortesãs, aceita ser associado ao mundo da libertinagem, de uma celebridade mundana e sexual um pouco escandalosa, que serve à sua própria promoção.[21] O que não o impede de ser também, conjuntamente, o retratista da aristocracia e mesmo da família real, sobretudo a partir dos anos 1780. Quer se trate de Samuel Johnson, de Frances Abington ou de Georgiana Cavendish, a duquesa de Devonshire, os retratos que propõe são unicamente de celebridades.[22]

Quando Reynolds expõe, no salão de 1785, um retrato do príncipe de Gales – jovem herdeiro do trono, que deu o que falar durante todo o inverno, por conta de sua vida tumultuada, festiva, de suas relações, de sua paixão pelas corridas e pelas mulheres –, pendura na parede da frente o retrato de Laetitia Derby, "Mrs. Smith", uma célebre cortesã conhecida, sobretudo, como amante de lorde Lade, o grande amigo do príncipe de Gales. Ora, alguns dias antes da abertura da exposição,

Morning Post havia publicado um boato de que o príncipe teria tido uma relação sexual com Mrs. Smith na própria carruagem de lorde Lade.[23] Pode-se imaginar que o dispositivo visual de confrontação dos dois retratos tenha estimulado a curiosidade dos visitantes e gerado muitos comentários.

Estatuetas públicas

As exposições duravam apenas algumas semanas, mas a reprodução das obras pelas gravuras permitia uma difusão maciça dos retratos de celebridades e assegurava sua presença permanente no espaço público. O retrato de Garrick que Reynolds expôs na Academia em 1762 foi gravado por Edward Fisher, um dos gravadores chancelados de Reynolds, e depois copiado 13 vezes por outros gravadores. Ele circulou amplamente na Inglaterra, mas também no continente. Graças aos progressos dessa técnica, as estampas podiam reproduzir fielmente a imagem do modelo e ser objeto de tiragens importantes, permitindo reduzir o preço de venda, que variava segundo a qualidade e o tamanho. Os retratos ditos *posture size*, de 25,4 × 35,5 centímetros, podiam ser vendidos por um xelim.[24] Eles representavam bens de consumo correntes, que os admiradores ou curiosos podiam adquirir com muita facilidade, quer fossem atraídos pela qualidade do quadro original ou pela figura célebre representada. Esse desenvolvimento espetacular do mercado da gravura multiplicava a presença e a disponibilidade dos retratos, mas também seus usos publicitários. A celebridade de Garrick rendeu lucros para comerciantes hábeis, vendedores de tabaco ou livreiros, que utilizaram seu retrato para ornamentar seus cartões comerciais.[25]

Também na França, os retratos de pessoas célebres começavam a tornar-se objeto de consumo popular. A estampa emancipara-se do livro impresso desde o século anterior, mas foi somente ao longo do século XVIII que ela se tornou um verdadeiro objeto de consumo, em razão de uma expansão comercial sem precedentes:[26] 60% dos inventários *post mortem* parisienses, considerando-se todas as categorias sociais, mencionavam estampas. Alguns autores, como Louis Sébastien Mercier, insurgiram-se contra essa profusão de estampas em termos que parecem anunciar a banalização das imagens e sua excessiva reprodução: "Faz--se em nossos dias um ridículo abuso da gravura. [...]. Essa tradução perpétua e miserável de todos os quadros e de todos os rostos espalha uma monotonia entediante nas casas, pois se encontra em uma o que já se viu em outra."[27]

Os jornais anunciavam permanentemente novos lançamentos: cerca de 72 por ano entre 1764 e 1782, geralmente editados, cada um, com uma tiragem de mil exemplares. Nos últimos anos do Antigo Regime, mais de cem novidades apareciam a cada ano. Entre essas gravuras, os retratos ocupavam o segundo lugar, depois das cenas de gênero. O retrato de aparato em fólio, gravado a buril, tendia a desaparecer em favor de pequenos retratos em medalha, tratados em água-forte. O feito marcante era a multiplicação de gravuras que não reproduziam diretamente quadros, mas eram executadas a partir de desenhos, portanto diretamente para o mercado da gravura. Esse mercado apresentava, com efeito, a vantagem de ser livre. A venda das estampas podia ser feita pelo próprio gravador, por um impressor-comerciante que possuísse uma loja ou ainda por revendedores que expunham suas gravuras nos cais e que eram chamados de "expositores" [*étaleurs*]. Em geral, os preços não eram muitos elevados, mas havia uma grande diferença entre as belas estampas, realizadas por gravadores bem reputados, a partir de quadros de mestres, que podiam alcançar 16 libras, e as gravuras ordinárias, que eram vendidas por entre 1 libra e 4 libras, às vezes menos.[28]

A demanda era tanta que alguns comerciantes de estampas especializaram-se na produção e na venda de pequenos retratos baratos para um público popular. Os comerciantes Jacques Esnault e Michel Rapilly impuseram-se como os especialistas desses pequenos retratos. Vindos da Normandia, eles haviam começado como expositores em 1768, vendendo suas mercadorias nos cais do Sena, depois instalaram-se, em 1770, em uma loja da rua Saint-Jacques, com a marca da La Ville de Coutances, e começaram a publicar inúmeros retratos de personalidades célebres em pequeno formato, que vendiam por 12 soldos. O inventário de seu

A INVENÇÃO DA CELEBRIDADE

fundo, realizado em 1790, comporta 150 "retratos pequenos gravados pelos mais célebres gravadores desse gênero". Nele encontravam-se, ao lado da família real, do papa e dos principais soberanos europeus (José II, Catarina da Rússia), alguns raros escritores do passado (Montaigne, Molière e Bossuet) e uma profusão de celebridades culturais ou políticas do Século das Luzes, entre os quais Beaumarchais, Buffon, d'Alembert, Linguet, Rousseau, Voltaire, Necker, ou ainda o cavaleiro d'Éon, Madame de Saint-Hubertin, vedete da Ópera, e sua rival, Rosalie Duthé, que se tornara uma das mais famosas cortesãs parisienses. Os estrangeiros não estavam ausentes, principalmente os militares, os políticos e os exploradores, como o "célebre almirante Kepel", herói inglês da Guerra dos Sete Anos, o capitão Cook ou ainda George Washington.[29]

Essa explosão do mercado do retrato gravado gerava cobiças e encorajava práticas comerciais duvidosas, em um mercado pouco regulado. Esnault e Rapilly, como seus concorrentes, recorriam às vezes a gravadores encarregados de produzir retratos mais ou menos fiéis, mas acontecia-lhes também de reproduzir retratos existentes, sem autorização, contentando-se em modificar alguns detalhes. Essas formas de contrafação geravam problemas jurídicos complexos, que foram levantados quando de processos em que se bateram os comerciantes e gravadores parisienses. Quem podia se dizer proprietário do rosto de um homem célebre? Uma vez transformada a fidelidade, muito mais do que a qualidade artística do retrato, em principal argumento comercial, como assegurar a propriedade intelectual sobre essas imagens, como proibir sua imitação?[30]

Entre os 380 retratos anunciados entre 1764 e 1788 por *Journal de la Librairie*, 84% representam contemporâneos, ligados à atualidade: soberanos e personagens da corte, mas também muitos escritores, eruditos e artistas (25%), atores (9%) e várias figuras do momento: Mesmer, Montgolfier, Cagliostro, Bergasse.[31] Encontram-se entre eles até mesmo celebridades muito efêmeras, como um certo "J. Rullier", cujo título à atenção pública consistia em ter morrido aos 113 anos. Infelizmente, é difícil saber quais eram os usos, e mesmo quem eram os compradores, desses retratos. Dispomos, no entanto, do diário de vendas de Vallée,

UMA PRIMEIRA REVOLUÇÃO MIDIÁTICA

um comerciante de estampas, para o período de 1787-1788. De 216 clientes, 97 dos que puderam ser identificados não eram, eles próprios, comerciantes. Trata-se de uma clientela variada, em meio à qual havia aristocratas, a elite do terceiro estado [deputados da burguesia], médicos, artistas, mas também uma população mais diversa. Vallée vende retratos, tanto um de Luís XVI por Benoît Louis Henriquez, saído em 1786, quanto os de Voltaire e de Rousseau, sempre procurados, e os de personagens políticos do momento: Bergasse, de novo, particularmente em razão do processo Kornmann, que o tornou célebre; Necker ou o duque de Orléans. Assim, a estampa de Bergasse, colocada à venda em dezembro de 1788, é comprada por um comerciante de vinho e por um marceneiro. A de Necker, por um relojoeiro, um livreiro, um bispo, um operário marceneiro e um jornalista.[32]

Para além das gravuras, os rostos de homens e mulheres célebres são oferecidos, por volta do fim do século, em todas as formas de suporte, indo da escultura tradicional aos novos objetos da cultura material: medalhões, estatuetas, xícaras. Embora as estátuas estivessem reservadas, até então, aos soberanos, vários escultores especializam-se na produção de bustos, como Augustin Pajou ou Jean-Baptiste Lemoyne, e sobretudo Jean-Antoine Houdon, que é verdadeiramente o escultor das celebridades culturais e políticas da época. Contudo, o começo de sua carreira não foi fácil. Nascido em 1741, ele é mantido afastado das grandes encomendas reais dos anos 1770 por Angiviller, que não gosta dele e não lhe confia nenhum busto, em seu programa de grandes homens. Ele também tem de se adaptar ao sucesso já bem estabelecido de Pajou e Jean-Baptiste Pigalle, e à hostilidade de Jean-Jacques Caffieri, seu grande rival. Houdon opta, então, por uma estratégia de esquivamento, apostando no sucesso comercial. Envia ao salão, a cada ano, bustos de pessoas célebres (Sophie Arnould, Voltaire, Franklin) e expõe ao longo de todo ano suas esculturas em seu ateliê, que um suíço encarrega-se de fazer visitar, em sua ausência. Essa atitude atrai a hostilidade de seus concorrentes, mas suscita o interesse dos amadores e lhe vale inúmeras encomendas privadas. No auge de sua carreira, durante o Consulado, o próprio ateliê de Houdon será, aliás, imortalizado por um quadro de

A INVENÇÃO DA CELEBRIDADE

Boilly, que mostra o escultor trabalhando, cercado por dezenas de bustos de celebridades culturais e políticas, entre as quais se reconhecem facilmente Voltaire, Sophie Arnould, Buffon, Franklin, Washington, Gluck, Cagliostro, Jefferson, Rousseau, La Fayette, Mirabeau...[33]

Houdon tem perfeita consciência do que está em jogo, do ponto de vista comercial, no que diz respeito à produção de inúmeras cópias em gesso, por modelagem, de seus bustos em mármore ou em terracota, e esforça-se para reservar o direito de cópia ao seu ateliê. Assim, expõe, no salão de 1775, um busto em mármore de Sophie Arnould, então no ápice de sua carreira, após grandes sucessos em duas óperas de Gluck (cujo busto Houdon expõe nesse mesmo ano), *Orfeu* e *Ifigênia em Áulis*. Sophie Arnould, cujo triunfo fora aclamado, no ano anterior, pela delfina Maria Antonieta em pessoa, é representada em seu papel de Ifigênia, com o diadema de Diana e flores nos cabelos. Houdon não se rendeu aos constrangimentos alegóricos, que muitas vezes eram de rigor nas representações de atrizes: o busto é, antes de tudo, expressivo, fiel à fisionomia da cantora, mas também relembra aos espectadores os traços do papel no qual, alguns meses antes, ela entusiasmara o público. Não se trata, portanto, de engessar a lembrança de uma grande artista ou de representar, por meio dela, a grandeza da música, mas sim de se colar à atualidade, de dar a ver ao público o rosto da mais célebre cantora da época, que, depois de ter virado notícia por conta de seus casos amorosos com o duque de Lauragais e de suas tiradas, consegue alcançar um sucesso mais legítimo.[34] Enfim, trata-se de permitir a Sophie Arnould que fizesse render essa celebridade junto a seus inúmeros pretendentes; e a Houdon, que se associasse a esse sucesso. Por contrato, Houdon compromete-se a entregar de trezentas a quinhentas cópias em gesso para os admiradores da cantora.[35]

Três anos mais tarde, quando da estada de Voltaire em Paris, Houdon realiza seu busto de Voltaire com a cabeça desnuda, o que exige três sessões de pose e alcança grande sucesso: "Toda Paris vai ao ateliê de M. Houdon para ver o busto de Voltaire, que é sem dúvida o mais fiel de todos os retratos realizados desse patriarca."[36] Essa figura de Voltaire foi, por sua vez, reproduzida em bronze, em gesso, mas também

UMA PRIMEIRA REVOLUÇÃO MIDIÁTICA

pela gravura, para grande prejuízo de Houdon, que se queixava das falsificações.[37] As efígies das celebridades foram também integradas às diversões populares, especialmente com o aparecimento dos primeiros museus de cera. A prática da escultura em cera era conhecida desde a Antiguidade e servira, na Idade Média e depois no Renascimento, às efígies funerárias dos reis.[38] Na época moderna, seu realismo fez com que fosse utilizada tanto em retratos reais quanto em cursos de anatomia. Sua utilização em espetáculos comerciais data de 1688, quando Antoine Benoist recebeu cartas patentes que o autorizavam a mostrar, em seu gabinete da rua des Saints-Pères, seu "círculo real", uma representação da corte da França e de vários embaixadores.[39] É, portanto, ainda a corte que é representada, e o gabinete é frequentado, essencialmente, por aristocratas. Aliás, Benoist é recebido na Academia Real de Pintura e Escultura e produz, em 1705, um retrato em cera colorida de Luís XIV. Não obstante, seu gabinete marca o começo de uma evolução da escultura de cera em direção aos espetáculos urbanos, jogando com o hiper-realismo da representação. La Bruyère não se engana ao tratar Benoist como "apresentador de marionetes".[40]

O uso comercial das estátuas de cera data da chegada a Paris de Philippe Curtius. Ele funda o primeiro teatro de estátuas de cera, em 1770, no *boulevard* Saint-Martin. Depois, instala-se no Palais-Royal e, em 1782, no *boulevard* du Temple, ao lado do teatro de Nicolet, no coração desse novo espaço das diversões urbanas. Curtius tinha também uma sala representando a família real à mesa, mas apresentava ao público várias outras celebridades – Voltaire, Franklin, Necker, Mesmer, Linguet ou ainda Janot, assim como uma "caverna de grandes ladrões", que expunha retratos de criminosos e acrescentava novidades, em função da atualidade, com regularidade. A entrada custava dois soldos, o que fazia desta uma diversão barata e sem dúvida extremamente popular, já que Curtius, segundo Mercier, chegava a ganhar até cem escudos por dia, o que supõe 3 mil visitantes por dia, estimativa sem dúvida excessiva.[41] Após a morte de Curtius, em 1794, sua aluna Marie Grosholtz casa-se com François Tussaud e, em 1802, parte para a Inglaterra, onde acabará instalando definitivamente, em Baker Street, em 1835, seu famoso museu.[42] A voga das estátuas de cera era europeia. Em Viena, em fins do século XVIII, o escultor da corte, Müller-Deym, montara um museu de estátuas de cera, em que figurava toda a família imperial, assim como os principais soberanos europeus.[43] Em Nápoles, era no bairro dos teatros populares e das barracas de feirantes, bem ao lado do pequeno teatro San Carlino, em que se encontravam expostas essas estátuas. Em 1783, ao lado do papa, do imperador e de algumas cabeças coroadas, os napolitanos podiam admirar a efígie de Métastase, cuja música era tão popular, mas também as de Voltaire, Washington e Rousseau.[44]

Uma das inovações tecnológicas e comerciais importantes do fim do século XVIII é o desenvolvimento de estatuetas em cerâmica, que já existiam, mas tratava-se de objetos luxuosos, envernizados, e que eram então pouco difundidos. Nos anos 1750-1770, várias inovações modificam sua fabricação. O acabamento em "biscuit", sem cor nem verniz, oferece maior fidelidade a um custo menos elevado e, depois, o desenvolvimento da porcelana em "massa dura" permite aos ateliês produzir inúmeras cópias fiéis de esculturas e, em especial, de bustos. Na França, se a manufatura de Sèvres continua a se dedicar, antes de tudo, à porcelana decorativa e, sobretudo, à louça de mesa, ela comercializa, não obstante, bustos de "homens ilustres", encomendados pela monarquia, e produz uma série de bustos originais de contemporâneos, entre os quais os de escritores e artistas (Voltaire, a partir de 1767, e depois Rameau, Diderot, Rousseau), de atores (Préville após seu triunfo no papel de Figaro, Dazincourt e mesmo Janot, ainda ele, cujo busto, para o ano-novo de 1780, é a "prenda da moda"),[45] de eruditos e de políticos (Franklin, Washington). Mas parece que essa prática permaneceu bastante limitada.[46]

Na Inglaterra, pelo contrário, a revolução da cerâmica é conduzida por um empresário, Josiah Wedgwood, figura emblemática da revolução comercial de fins do século XVIII.[47] Nos anos 1760, ele aprimorou um modelo de cerâmicas em basalto preto, e mais tarde seu *famous jasper body*. Com a ajuda do escultor John Flaxman, Wedgwood desenvolve um verdadeiro catálogo de estátuas e estabelece o gosto pelas coleções de retratos em cerâmica. À diferença da Manufatura real de Sèvres, ele prefere, de saída, se voltar para as expectativas do público, adaptando-

-se à curiosidade pela fisionomia das pessoas célebres e difundindo amplamente seus catálogos e suas coleções, com preços atraentes. Os autores estrangeiros, sobretudo os franceses, também têm direito às suas estatuetas, tais como os irmãos inimigos Rousseau e Voltaire, disponíveis em diferentes tamanhos e preços. Para cada pessoa representada, a cerâmica deve adaptar-se à notoriedade e às expectativas do público inglês. Quando Wedgwood obtém, em 1788, a cópia de um desenho representando Rousseau colhendo exemplares de plantas nos jardins de Ermenonville, decide fazer uma estátua a partir dela, mas teme que essa representação do escritor como botânico desconcerte o público.[48]

Ao lado dos bustos e das estatuetas, cujos preços podem ser às vezes relativamente elevados e que visam a um público burguês ou aristocrático, Wedgwood aproveita-se da ascensão da cultura da celebridade para desenvolver uma série de camafeus em porcelana, através de sua série "Heads of Illustrious Moderns", presente já desde o catálogo de 1773.[49] Nessa data, os contemporâneos são ainda poucos e convivem com Shakespeare, Milton e Newton. Mas, em 1787, a coleção desenvolveu-se fortemente, classificada a partir de então em categorias, e nela podem-se encontrar celebridades europeias, tanto Joseph Priestley e Franklin quanto Rousseau, Voltaire e Sarah Siddons.[50] O catálogo é, aliás, traduzido em várias línguas, especialmente em francês, demonstrando que o mercado das imagens de celebridade é doravante europeu.[51] Esses camafeus, segundo o formato, podem ser colecionados, mas também montados em anéis, pulseiras ou pingentes.

Ídolos e marionetes

Ao lado de Voltaire e Rousseau, outro homem figura tanto no catálogo de Wedgwood quanto no da Manufatura de Sèvres: Benjamin Franklin, cuja estátua de cera é também uma das atrações do salão de Curtius. Franklin é, com efeito, um dos homens mais frequentemente representados no último quartel do século XVIII. Quando se instala em Paris, em 1776, é já célebre em toda a Europa, por seus trabalhos sobre a ele-

A INVENÇÃO DA CELEBRIDADE

tricidade, mas também como o autor de *Poor Richard*, um almanaque de sucesso.[52] Na França, onde já passara duas temporadas e tem amigos (é membro associado da Academia de Ciências), uma edição de suas obras fora publicada três anos antes. Sua chegada ao porto de Nantes é anunciada pelos jornais e "causa sensação", segundo a expressão de Beaumarchais. Ora, essa celebridade de Franklin, que não parará de se acentuar, é acompanhada por uma intensa difusão de seu retrato.

Franklin é extremamente atento à sua imagem pública. Sem demora, manda pintar, por Duplessis, um retrato que se tornará famoso – representando-o com a cabeça desnuda, vestido de maneira muito simples, com o colete negligentemente aberto – e que utiliza para mandar gravar inúmeras estampas, mas que é também retomado em outros suportes: medalhas, estatuetas de cerâmica, medalhões em terracota, estatuetas de cera. Em 1783, Duplessis pintará uma nova versão do retrato, desta vez com um terno cinza e gravata, que será também muito reproduzido.[53] Do mesmo modo, Franklin manda esculpir, por Caffieri e depois por Houdon, dois bustos de mármore, de que existem inúmeras cópias em gesso. Essas representações são, em alguma medida, retratos oficiais, autorizados, cuja difusão é desejada por Franklin, pois correspondem à imagem que quer dar de si enquanto representante dos americanos insurgentes: um homem simples, vestido sem ostentação, longe dos hábitos das cortes europeias. Essas imagens rompem com os retratos de Franklin datados de sua longa temporada inglesa, nos quais posava vestido de terno de veludo, segundo os códigos da aristocracia britânica. Demarcam-se também das modas francesas, às quais Franklin, por outro lado, sabia perfeitamente se curvar, quando era recebido na corte ou na boa sociedade.

Franklin compreendeu perfeitamente o uso político que podia fazer de sua celebridade a serviço da causa americana, aproveitando-se do entusiasmo provocado por sua pessoa. Mas é impressionante ver seu rosto tornar-se um verdadeiro motivo iconográfico na moda, que se encontra em inúmeros suportes. Jacques Donatien Le Ray de Chaumont, intendente do Palácio dos Inválidos, que instalara no palácio de Chaumont uma manufatura de cerâmica, encomendou a Jean-Baptiste Nini vários medalhões em terracota representando Franklin, com algumas variações (com ou sem óculos, com ou sem chapéu de pele), que foram produzidos em grande quantidade e conheceram um belo sucesso, e subsistem hoje em dia em inúmeras coleções. Estavam disponíveis também objetos mais preciosos, como miniaturas em esmalte que serviram para decorar caixas de rapé ou bomboneiras, como aquela realizada por François Dumont em 1779, a partir do retrato de Duplessis. Manufaturas de faiança e de porcelana utilizaram o tema de Franklin não somente em estatuetas e camafeus, mas também em louças. O Victoria and Albert Museum conserva, por exemplo, uma xícara da Manufatura de Sèvres decorada com um retrato de Franklin. Esses objetos são testemunhos da popularidade do tema iconográfico que o rosto de Franklin se tornara, já que desde então era possível beber chá em uma xícara ou tigela decoradas com a figura do grande cientista.

Não obstante, foram sem dúvida as estampas as que mais contribuíram para difundir sua imagem junto a amplas camadas da população. O gabinete de estampas da Biblioteca Nacional conserva mais de cinquenta gravuras do século XVIII que representam Franklin, algumas de bela fatura, às vezes até mesmo em cores, outras bem pouco fiéis, impressas a baixo custo para um mercado em plena expansão. Identificam-se aí os nomes da maioria dos gravadores especializados em retratos de celebridade com forte potencial comercial. Assim, Pierre Adrien Le Beau, autor de uma centena de retratos gravados para Esnault e Rapilly, e vários, em especial, de Maria Antonieta, como também de escritores, de artistas e de atores, gravou desde o primeiro ano da estada de Franklin um pequeno retrato, anunciado em *Gazette de France* de 22 de setembro de 1777 e colocado à venda por 12 soldos, com esta simples legenda: "Benjamin Franklin, nascido em Boston, na Nova Inglaterra, em 17 de janeiro de 1706", e o endereço dos comerciantes, "na Ville de Coutances".[54]

Essa multiplicação de sua imagem impressiona até mesmo o próprio Franklin, que escreve à filha, em junho de 1779, enviando-lhe um medalhão gravado por Nini e dizendo que seu rosto tornou-se mais célebre que a face da Lua:

A INVENÇÃO DA CELEBRIDADE

O medalhão de terracota me representando, que dizeis ter dado a M. Hopkinson, era o primeiro dessa espécie fabricado na França. Uma variedade de outros foram feitos desde então e de diferentes tamanhos; alguns para serem inseridos em tabaqueiras e outros pequenos o bastante para serem carregados em anéis: e as quantidades vendidas são inacreditáveis. Essas, assim como as pinturas, os bustos e as gravuras (dos quais cópias de cópias são difundidas por todo lado), tornaram o rosto de vosso pai tão conhecido quanto a face da Lua, a tal ponto que ele não ousaria fazer qualquer coisa que o obrigasse a fugir, pois sua fisionomia o faria conhecido em qualquer lugar, assim que se aventurasse a aparecer. Os etimologistas eruditos dizem que a palavra boneca (*Doll*) provém da palavra ídolo (*Idol*); foi feito agora um número tão grande de bonecas dele que se pode realmente dizer, nesse sentido, que ele é "i-doll-atrado" nesse país.[55]

Franklin diverte-se, sem dúvida, mas seu comentário lúcido e irônico é de grande interesse. A consequência mais imediata dessa difusão maciça dos retratos e de suas cópias é que ela escapa ao seu modelo. Não se trata mais – ou somente – de propaganda política pela imagem, como com os retratos reais, mas de uma nova cultura urbana, na qual as imagens das pessoas célebres são vorazmente procuradas e tornam-se objetos de consumo. Propondo sua etimologia fantasista, que associa o ídolo a um brinquedo de criança com forma humana (*doll*), Franklin diverte-se, mas põe em evidência o desejo do público, que transforma a imagem de um indivíduo em objeto multiplicável, e até mesmo em brinquedo. Ele deixa pairar uma ambiguidade: a multiplicação de sua imagem é uma honra que o lisonjeia ou uma ameaça que o inquieta? A afirmação não é isolada. Ela faz eco a determinadas críticas de figuras daquela época, preocupadas com o rebaixamento dos retratos de contemporâneos à categoria de brinquedos ou bibelôs. Alguns meses antes, em *Mémoires secrets* podia-se ler: "A moda hoje é ter uma gravura de M. Franklin sobre a chaminé", ao que se acrescentava imediatamente: "... como se tinha outrora um fantoche: e o retrato desse grave personagem é transformado em objeto de zombaria – quase como o do bibelô fútil

UMA PRIMEIRA REVOLUÇÃO MIDIÁTICA

que servia de brinquedinho trinta anos atrás."[56] A maioria dos estudos sobre a iconografia de Franklin vê na difusão de seus retratos um sinal de sua popularidade e de um domínio perfeito da comunicação política. Entretanto, os contemporâneos, assim como o próprio Franklin, tinham clara consciência da fragilidade da fronteira que separa a imagem na moda e o brinquedinho, assim como o ídolo do público e a boneca das crianças. A celebridade é, ao mesmo tempo, objeto de fascínio e de zombaria.

Essa nova cultura urbana da imagem tem, aliás, seu reverso, que leva a derrisão muito mais longe: o desenvolvimento intenso da caricatura, ao longo de todo o século XVIII. Ela não visa somente a indivíduos célebres. Coloca em cena, de bom grado, tipos sociais ou religiosos, como em William Hogarth ou nas caricaturas antijesuíticas, mas não poupa, naturalmente, as figuras célebres da vida cultural e política. A Inglaterra, ainda aqui, conhece um desenvolvimento mais rápido dessas imagens. Hogarth conferiu títulos de nobreza à caricatura satírica, embora se trate de um verdadeiro dilúvio de imagens satíricas, frequentemente cruas e carnavalescas, que se abate sobre Londres na segunda metade do século.[57] Políticos, aristocratas, celebridades da vida cultural são abertamente ridicularizados, seus defeitos físicos, escarnecidos, seus caprichos sexuais, reais ou supostos, objeto de zombarias mais ou menos obscenas. James Gillray e George Cruikshank são apenas os mais célebres desses caricaturistas, cujas produções fazem as delícias do público inglês.

Emma Hamilton, nascida Emma Lyon, ilustra essa dupla face da cultura visual da celebridade. Nada predispunha essa jovem, originária de família pobre, que começou sua carreira como prostituta em um bordel londrino, a se tornar uma das mulheres mais representadas da Inglaterra do fim do século. Após ter servido de modelo para James Graham, um charlatão que organizava espetáculos e conferências sobre a sexualidade, ela se tornou amante de vários *gentlemen* da boa sociedade. Em 1782, seu amante do momento, Charles Gréville, faz com que ela seja pintada por George Romney, o grande rival de Reynolds. O retrato, então intitulado *Sensibility*, obtém um enorme sucesso, assim como a reprodução gravada. A partir de então, ela posa mais de duzentas vezes

A INVENÇÃO DA CELEBRIDADE

para Romney, que realiza, nos anos que se seguem, inúmeros outros quadros famosos, representado-a como Circe ou como fiandeira.[58] Diferentemente das atrizes, Emma não foi pintada porque era célebre, mas tornou-se célebre porque fora pintada. Sua celebridade foi primeiro a de um rosto, antes de ser a de um nome.

A segunda fase de sua notoriedade data de sua relação com lorde Nelson. Após ter se casado, em 1791, com lorde Hamilton, embaixador em Nápoles, Emma frequenta a corte dos Bourbons, depois se torna amante de Nelson, que ela encontra em Nápoles em 1793. As caricaturas multiplicam-se então, zombando do estranho *ménage à trois* formado entre ela, seu marido, o velho embaixador, e seu amante, o herói nacional. Após a morte de Nelson e a progressiva decadência de lady Hamilton, vários caricaturistas ridicularizam seu excesso de peso. Friedrich Rehberg publicara, em 1794, um conjunto de retratos de Emma Hamilton em diferentes atitudes, representando estátuas antigas que evidenciavam sua beleza e sua graça, ao passo que 13 anos mais tarde James Gillray publica 12 pranchas que parodiam essas imagens e nas quais ela aparece obesa, totalmente disforme.[59]

A caricatura tradicional – aquela, por exemplo, dos adversários políticos de Luís XIV – era fundamentalmente antagônica aos programas iconográficos oficiais, enquanto as caricaturas que visavam às celebridades mantinham com suas outras representações visuais uma relação mais complexa. Às vezes, como em Gillray, são brutalmente satíricas. Mas podem também contentar-se em radicalizar a significação das representações positivas, por exemplo no caso das atrizes e das cortesãs, cujos retratos jogam com sua beleza e o desejo que provocam e cujas caricaturas revelam, às vezes de forma grosseira, a carga erótica implícita. Pelo contrário, quando, aos olhos dos códigos clássicos do retrato, a transgressão é menor, é às vezes difícil discernir entre uma imagética valorizadora e uma satírica. Esse era o caso, como o vimos, da série de retratos ao natural de Voltaire, pintados por Huber, que não foi bem aceita pelo patriarca de Ferney, que via nela uma sátira depreciativa, ao passo que Huber pensava estar humanizando seu modelo e alimentando sua celebridade. A multiplicação de efígies de homens célebres,

UMA PRIMEIRA REVOLUÇÃO MIDIÁTICA

especialmente em suportes pouco nobres, estátuas de cera ou objetos do cotidiano a todo momento ameaçava convertê-los em objetos de derrisão.

A caricatura mantém, assim, relações ambivalentes com a celebridade. Ainda hoje, na França, para um personagem público ter sua marionete no programa *Les Guignols* é, ao mesmo tempo, um tormento e uma consagração. Ora, os espetáculos de marionetes representando personagens célebres surgiram, justamente, em meados do século XVIII, sob a batuta de Samuel Foote. Ele próprio tornou-se famoso por suas imitações, em seus espetáculos de Haymarket, a partir do fim dos anos 1740. Seu sucesso baseava-se na celebridade das pessoas que imitava: tirava partido do estatuto dessas pessoas, particularmente quando mandava anunciar seus espetáculos nos jornais, acompanhados por piadas, e não hesitava em zombar de seus modelos, divertindo-se, por exemplo, com a baixa estatura de Garrick e seu gosto bem conhecido pela celebridade.[60] Alguns não prezavam muito essa nova consequência de sua notoriedade: Samuel Johnson o teria ameaçado com golpes de bastão, caso ele o introduzisse em seu espetáculo, como manifestara a intenção de fazer. Em 1773, Foote montou um espetáculo de marionetes representando as celebridades do momento, o que suscitou um grande entusiasmo público, relatado por *Gentleman's Magazine*.[61] Segundo uma carta de Horace Walpole, Garrick teria pago a Foote para não aparecer no *puppet show*, o que não o impediu de responder a uma senhora, que lhe perguntava se as marionetes seriam em tamanho natural: "Oh, não, senhora, não muito maior do que Garrick."[62] Foote afronta também as celebridades da aristocracia londrina, colocando em cena a duquesa de Kingson, cujo processo por bigamia era notícia em Londres.

As caricaturas de pessoas célebres adquiriam sentido unicamente a partir do conjunto das representações, visuais ou textuais, que circulavam no espaço público para constituir suas figuras públicas. Kitty Fisher, uma das mais célebres cortesãs inglesas do século XVIII, retratada repetidas vezes por Reynolds entre 1759 e 1765 e cujo rosto era tão procurado que decorava até mesmo pequenas rodelas de papéis que podiam ser inseridas nos relógios de pulso (*watchpaper*), foi também objeto de mais de uma dúzia de panfletos satíricos, nos mesmos anos:

The Juvenile Adventures of Miss Kitty F...R, The Adventures of the Celebrated Miss Kitty F...R, ou ainda *Miss Kitty F...R's Miscellany.* Neles, eram veiculados, às vezes, por mero jogo e até mesmo por sem--vergonhice, os subentendidos sexuais que os retratos de Reynolds sugeriam e que haviam feito dela uma figura da cultura popular, cujo nome subsistiu em cantigas de roda.[63] Ela mesma mandara publicar, em março de 1759, quando os quadros de Reynolds ainda não haviam sido expostos publicamente, um anúncio denunciando a exposição pública de que era objeto na imprensa e nas lojas de gravura. "Ela foi maltratada nos jornais públicos, exposta nas lojas dos comerciantes de gravura e, para coroar tudo, alguns miseráveis, maldosos, ignorantes e venais, gostariam de abusar do público, ousando publicar suas memórias."[64] Pode-se perguntar se esse protesto era realmente sincero ou se, nessa data precoce, não passava de um instrumento publicitário, alimentando uma celebridade nascente e potencialmente escandalosa.

Os "heróis do momento"

Na Inglaterra, vários jornais dedicavam-se amplamente às notícias de pessoas eminentes da boa sociedade e do mundo cultural. Seu protótipo é *Gentleman's Magazine,* publicada a partir de 1731, que compreendia, ao mesmo tempo, a republicação de artigos de imprensa, de notícias literárias e políticas e de boatos sobre as pessoas que estavam na moda. Seu título completo, *Gentleman's Magazine, or the Tradesman's Monthly Intelligence,* indica claramente a vontade de atingir um público híbrido, tanto o das elites da alta sociedade quanto o dos comerciantes e negociantes que formavam uma parte importante da nova burguesia londrina.[65] Seguindo o mesmo modelo, foi publicada, a partir de 1769, *Town and Country Magazine,* uma extensa revista mensal, na qual os leitores podiam encontrar, desordenadamente, rápidos panoramas do estado político da Europa, alguns artigos com vocação histórica ou cultural consagrados a grandes figuras históricas, o anúncio de espetáculos futuros e livros lançados, cartas de leitores e inúmeras anedotas sobre

UMA PRIMEIRA REVOLUÇÃO MIDIÁTICA

a vida londrina. Uma das especialidades bem definidas de *Town and Country Magazine* era revelar os amores clandestinos dos membros da boa sociedade. Cada número comportava o que o jornal chamava de um "cara a cara", os retratos frente a frente de um homem e de uma mulher, cuja relação era, em seguida, contada em detalhes. Os nomes eram parcialmente dissimulados, graças ao procedimento que consistia em suprimir várias letras, mas de modo que a maioria dos leitores pudesse identificá-los. O jornal jogava assim com a associação entre a imagem e o texto, com a notoriedade dessas figuras da boa sociedade e do mundo do espetáculo, assim como com o caráter demoníaco das narrativas. Em janeiro de 1780, o volume anual da revista saiu mesmo com um frontispício representando uma mulher, furiosa, segurando *Town and Country Magazine* que acabava de revelar sua vida sentimental, sob o olhar zombeteiro de Mercúrio e de Momo, portanto da associação entre a informação e a sátira.[66]

A imprensa política ou de informação geral não escapava a essa evolução e conferia um lugar cada vez mais importante aos boatos sobre a vida pessoal de indivíduos eminentes. Os jornais da época, que contavam com muito poucos jornalistas, no sentido moderno do termo, baseavam-se em informações fornecidas pelos leitores, por colaboradores pagos por parágrafo ou por pessoas interessadas em dar sua opinião sobre os escândalos do momento e anunciar o sucesso da hora. A maioria dos jornais fornecia, portanto, um misto de anúncios publicitários, de boatos, de opiniões diversificadas e de tentativas de manipulação da opinião. Longe de difundir um discurso produzido por profissionais e especialistas da informação destinado aos leitores, a imprensa era antes caixa de ressonância, à escala do grande público, das inúmeras conversações que alimentavam a sociedade londrina.[67] Desse modo, contribuía para lhes dar uma consistência e uma aparente objetividade, isto é, publicidade. A circulação oral de notícias, de indiscrições e de boatos, no seio das redes da alta roda, assegurava a coerência da boa sociedade, ao passo que sua publicação na imprensa contribuía para erigir o leitorado em público: ator e, ao mesmo tempo, espectador dessa atualidade.

A INVENÇÃO DA CELEBRIDADE

A situação inglesa pode parecer específica, na medida em que sua imprensa era mais desenvolvida do que a do restante da Europa e se beneficiava de maior liberdade editorial. Na França, em razão da censura, a principal revista cultural, *Mercure de France*, contentava-se, sensatamente, com o anúncio dos acontecimentos oficiais, a publicação de poemas e de excertos de obras novas. Inúmeros jornais eram publicados fora do reino, para contornar a censura, mas tratavam prioritariamente da informação política. Em 1777, o nascimento do primeiro diário francês, *Journal de Paris*, não modificou de fato a questão, apesar de seu sucesso (ele teve de imediato 2.500 e, depois, 5 mil assinantes, que recebiam a cada manhã uma folha impressa na noite anterior). Ligado aos meios governamentais e reformadores, destinado tanto à boa sociedade quanto à burguesia dos comerciantes e das profissões liberais, o jornal pretendia ser uma "correspondência familiar" entre os habitantes de Paris e ambicionava cobrir amplamente a atualidade. No prospecto, saído em outubro de 1776, os editores anunciavam sua vontade de oferecer aos leitores notícias sobre pessoas célebres. Mas, após um começo tumultuado (ao fim de algumas semanas, o jornal foi suspenso e só reapareceu ao se submeter a uma censura mais reforçada), *Jornal de Paris* retornou a uma fórmula mais clássica e mais prudente, feita de notícias literárias, de publicidades para as novidades comerciais, de anúncios de espetáculos e de anedotas edificantes.

Nessas condições, a crônica das pessoas célebres passou a ser expressa em outro lugar, em especial na forma de gazetas impressas que circulavam clandestinamente em Paris, chamadas *nouvelles à la main*. A expectativa do público era forte, como demonstrado pelo sucesso notável de *Mémoires secrets pour servir à l'histoire de la République des lettres*. Esses boletins de notícias, publicados a partir de 1777 e até a Revolução, durante muito tempo intrigaram os historiadores, que desencavavam inúmeras anedotas nos 36 volumes que recobrem o período entre os anos 1762 e 1787. Eles tornaram-se objeto de estudos mais sistemáticos há muito pouco tempo.[68] As condições de sua publicação permanecem bastante misteriosas. Atribuídas falsamente a Louis Petit de Bachaumont, que na realidade não participou disso, parece que foram redigidas, na verdade, por dois polígrafos, Pidansat de Mairobert

UMA PRIMEIRA REVOLUÇÃO MIDIÁTICA

e, depois, Mouffle d'Angerville, a partir de *nouvelles à la main*. Um de seus traços mais curiosos é que os primeiros volumes publicados saíram com 15 anos de atraso em relação aos acontecimentos que relatavam. Impressos em 1777, abrangiam os anos 1762-1775. Os leitores, que compraram prontamente os primeiros volumes, liam, portanto, notícias e mexericos singularmente velhos. A distância reduziu-se e os volumes seguintes apareceram, em média, um ano após os fatos descritos. Ainda assim, essa defasagem é surpreendente para uma obra que se baseava na difusão e republicação de notícias. Que isso não tenha entravado o sucesso de *Mémoires secrets* revela tanto a voracidade do público francês, que não tinha à sua disposição os mesmos recursos que o público inglês, como também uma temporalidade bastante diferente da do ritmo dos meios de comunicação contemporâneos a que estamos habituados. Aliás, como um dos motores de *Mémoires secrets* era descrever a vida cultural e mundana da capital no registro da "moda", colocando em cena, com ironia, os modismos passageiros intensos e ao mesmo tempo pouco duráveis –, em torno de objetos, práticas, pessoas, é possível que essa publicação defasada tenha reforçado, paradoxalmente, o atrativo dessas gazetas. A ambivalência dos editores diante dessas modas, que eram tanto objeto de crítica quanto uma das fontes de interesse dos leitores, enriquecia-se com uma ligeira distância temporal: os leitores liam o relato de modas que já não eram então mais correntes e notícias sobre celebridades às vezes esquecidas. A aceleração dos efeitos do mimetismo social, em uma grande metrópole como Paris, era assim colocada em perspectiva pelo próprio atraso da publicação.[69]

Um dos grandes atrativos de *Mémoires secrets* era oferecer aos leitores notícias, às vezes escandalosas, da vida das pessoas célebres, que eles não encontravam nas publicações oficiais como *Mercure* ou mesmo *Journal de Paris*. Os redatores justificavam essa prática editorial, alegando que as pessoas das quais falavam eram já célebres e que elas buscavam ainda mais publicidade. Não seria, portanto, de modo algum transgressor contribuir para seu desejo publicitário: "Trazemos à cena unicamente pessoas já cobertas de ridículo ou que se vangloriam de seus vícios e, ao consignar à posteridade, para que ela seja assim instruída, suas loucuras e atrocidades, não fazemos mais do que servir ao seu desejo extremo, ao que tudo indica, de provocar rumor, de oferecer matéria a conversas, de serem os heróis do dia, em suma, de se tornarem famosos, não importa de que modo e pelo preço que for."[70] Essa argumentação antecipa a dos tabloides contemporâneos, que se afirmam, de bom grado, simplesmente como o reflexo de uma cultura do exibicionismo e da celebridade e mantêm uma relação muito ambígua com as estrelas que simulam desprezar, ao mesmo tempo que descrevem sua vida privada para um público curioso.[71] O vocabulário empregado é muito revelador da nova tópica da celebridade, claramente distinta da glória: pessoas célebres estimulam a curiosidade pública e querem, antes de tudo, fazer com que se fale delas, provocar boato. Sua notoriedade é um fenômeno midiático, totalmente desconectado de todo mérito real, que *Mémoires secrets* registra, alimenta e critica. A formulação irônica do "herói do momento" marca muito bem o deslocamento do modelo heroico, necessariamente inscrito na duração, para a celebridade, simples rumor fugidio. Marca também a ambiguidade dessas publicações, que são cúmplices e críticas da cultura nascente da celebridade, a que fingem denunciar, ao mesmo tempo que a encorajam.[72]

Essa ambivalência revela a insuficiência de uma definição do espaço público do Iluminismo como "crítica". O sucesso de *Mémoires secrets* funda-se menos na exigência de um uso público da razão crítica do que na emergência de um público curioso e de consumidores para os quais a vida das pessoas célebres, sua imagem, assim como as anedotas sobre elas, tornaram-se um objeto de consumo, uma mercadoria. Em *Mémoires secrets*, essa mercantilização da figura pública das pessoas célebres tem por efeito colocar no mesmo plano as notícias literárias, os escândalos políticos e as anedotas da alta sociedade. As críticas das exposições da Academia de pintura convivem com anedotas literárias, *faits divers* e inúmeros boatos sobre a vida teatral, em particular os amores dos atores e das atrizes eminentes. Assim, até a morte de Voltaire, *Mémoires secrets* oferece uma crônica de sua vida, dos livros que publica ou lhe são atribuídos, das visitas que recebe. Ele é, de longe, a pessoa mais citada, com 668 referências, duas vezes mais do que qualquer outra.

A lista dos indivíduos mais citados oferece uma boa indicação das pessoas mais célebres da época, misturando personalidades com estatutos totalmente diferentes. No grupo dos 15 indivíduos mencionados mais de cem vezes, encontram-se escritores, em particular aqueles que manipulam facilmente a provocação e o escândalo, como Rousseau ou Linguet – este último gozando também da vantagem de ser advogado e estar implicado em vários dos processos de grande repercussão, cujas contingências são narradas em *Mémoires secrets*, de homens políticos como Necker ou Maupeou, um eclesiástico (o desafortunado cardeal de Rohan, envolvido na tormenta do caso do colar da rainha) e atrizes, como Mademoiselle Clairon. Em contrapartida, aqueles ou aquelas que desempenhavam um papel importante na vida cultural e mundana parisiense, mas sem exposição pública, por exemplo, as donas dos principais salões da capital, são mais raramente citados. Madame Geoffrin e Madame Necker aparecem somente cerca de vinte vezes, no conjunto dos volumes, ou seja, claramente menos do que Mademoiselle Clairon (103 menções), que a cantora Sophie Arnould (87 menções) ou a atriz Mademoiselle Raucourt (71 menções).[73]

Essa presença das atrizes (e também, em menor proporção, dos atores: Lekain aparece cerca de 50 vezes) não causa surpresa. Confirma o lugar desempenhado por elas na nascente cultura da celebridade. Em *Mémoires secrets*, elas permitiam uma passagem permanente da crônica cultural, a dos novos espetáculos, à crônica escandalosa, a dos amores clandestinos das atrizes. Mademoiselle Clairon e Mademoiselle Raucourt tinham direito tanto a elogios por suas performances públicas quanto a um relato detalhado, e inverificável, de suas extravagâncias privadas.[74] Essa dupla curiosidade reivindicava o interesse do público pelas atrizes. Mas este incentivava, ou ao menos acompanhava, a passagem permanente da admiração ao voyeurismo.

Entre as notícias dadas pelos jornais sobre as pessoas célebres, a de suas mortes é evidentemente uma das mais notáveis. É possível fazer dela um critério da celebridade, que se formularia assim: são célebres as pessoas cuja morte se anuncia nos jornais. Mas é preciso, então, inverter a questão: desde quando os jornais anunciam a morte de pessoas

A INVENÇÃO DA CELEBRIDADE

célebres, e não somente a de soberanos ou homens de Estado? Enquanto gênero jornalístico, o necrológio surgiu na Inglaterra, inicialmente nos jornais da Restauração, nos quais se tratava de louvar a memória dos fiéis servidores dos Stuarts e, mais tarde, no início século XVIII, em um curioso periódico intitulado *The Post-Angel*, de que uma das quatro seções era consagrada a contar a vida e a morte de pessoas que haviam acabado de morrer, quer se tratasse da rainha Maria ou do capitão Kidd, o famoso pirata escocês enforcado em Londres em 1701.[75] *The Post-Angel* teve apenas dois anos de existência, e foi sobretudo a partir dos anos 1730 que o gênero do necrológio desenvolveu-se, em particular em *Gentleman's Magazine*, que lhe conferiu títulos de nobreza, ao propor a cada mês aos leitores um relato bastante pitoresco da vida de personalidades que haviam morrido recentemente.

Na França foi fundado, em 1767, um novo periódico inteiramente consagrado aos necrológios, intitulado *Nécrologe des hommes célèbres de France* [*Necrológio dos homens célebres da França*]. Seu diretor, Charles Palissot, que se tornara célebre alguns anos antes por seus ataques contra os filósofos iluministas, pretendia ilustrar a memória dos grandes homens contemporâneos: "Poetas, oradores, historiadores etc., pintores, escultores, músicos, arquitetos etc., atores e atrizes célebres, todas as pessoas, enfim, que tiverem merecido, ao longo da vida, a atenção de seu século receberão aqui um tributo de elogios e de lamentos, capaz de instigar a emulação daqueles que quiserem, segundo seu exemplo, distinguir-se na mesma carreira." Apresentado desse modo, o necrológio parece próximo do elogio dos grandes homens, mas distingue-se dele pela insistência no laço de contemporaneidade entre esses homens célebres que acabam de morrer e o público, encarnado pelos leitores e os redatores de *Nécrologe*. Apelando às famílias e aos amigos dos defuntos para fornecer ao jornal "anedotas" sobre a vida, Palissot comenta: "Será possível saber que fomos contemporâneos dos homens célebres dos quais falamos; que pudemos conhecer pessoalmente a maior parte deles; que fomos testemunhas das diferentes sensações produzidas por suas obras."[76] Diferentemente do modelo clássico dos homens ilustres, em que a emulação é mais forte à medida que a distância temporal

UMA PRIMEIRA REVOLUÇÃO MIDIÁTICA

engrandece o herói, fazendo dele um modelo, o laço aqui exibido se baseia na proximidade temporal, e até mesmo na contemporaneidade. A morte de um homem célebre torna-se assim um elemento da atualidade, no sentido de Gabriel Tarde: essa consciência coletiva de constituir um público, concentrando sua atenção nos mesmos acontecimentos que seus contemporâneos. O atrativo do necrológio de um homem célebre, para os leitores, não se baseia tanto na exemplaridade de uma vida ilustre, e sim na narrativa retrospectiva, no momento em que morre um homem que marcou sua época, de uma vida cujo brilho suscitou a curiosidade pública ("fomos as testemunhas das diferentes sensações produzidas por suas obras"). Vítima de seu sucesso, *Nécrologe des hommes célèbres de France* será comprado nos anos 1780 por *Journal de Paris*, que comportava até então uma seção "Enterrements", assinalando os falecimentos, mas não verdadeiros necrológios.

Os necrológios situam-se no ponto de encontro entre diferentes formas de notoriedade. São dedicados a artistas, eruditos, atores, que conheceram em vida uma reputação grande o bastante, em seus domínios, para serem considerados, ao morrer, figuras importantes da vida intelectual e cultural, como candidatos potenciais à glória póstuma. Alguns, como Rousseau ou Voltaire (que figuram no volume de 1779 de *Nécrologe*), efetivamente a alcançarão. Outros (como Antoine de Laurès e Madame de Marron, por exemplo, no volume seguinte) ficarão no esquecimento. O que os distingue do gênero dos elogios acadêmicos que o secretário da Academia das ciências pronuncia quando da morte de um acadêmico é o fato de que os necrológios são publicados na imprensa. O que justifica um necrológio na imprensa não é o pertencimento do defunto a um corpo erudito, nem sua reputação no interior de uma comunidade, nem o julgamento pessoal do editor sobre seu talento, mas a aposta de que os leitores já conhecem seu nome e estão, portanto, curiosos para ler, no momento em que ele morre, um relato de sua vida. Os jornais não publicam necrológios dos maiores artistas ou dos maiores eruditos, mas daqueles dos quais, em vida, os jornais já falaram. O horizonte de expectativa é o conhecimento preliminar do público sobre os "homens célebres".

O necrológio está fundamentalmente ligado à imprensa, no sentido de que se funda na ideia de um relato imediatamente difundido. Distingue-se assim do epitáfio, outro gênero de escrita longamente associado à morte.[77] Este é destinado a permanecer visível por muito tempo para um leitorado restrito, colocado em presença do túmulo sobre o qual está gravado. Pelo contrário, o necrológio tem uma difusão muito mais ampla, mas uma duração de vida limitada, impressa neste suporte efêmero que é o jornal. O epitáfio visa diretamente à posteridade, resume com concisão uma vida, naquilo que ela tem de exemplar para aqueles que virão mais tarde. O necrológio dirige-se, na forma de uma narrativa, a um público contemporâneo curioso para saber os detalhes de uma vida de que já conhece os primeiros traços, e para se sentir como público que partilha essa atualidade comum.

Vidas privadas, figuras públicas

Com os necrológios, a imprensa abandona o domínio da anedota e da crônica cotidiana para abordar o da escrita biográfica, que é profundamente transformada pela cultura da celebridade. Até então, a escrita das vidas, aquelas dos reis, dos santos ou dos homens ilustres, era regida por um princípio de exemplaridade conforme a tópica da glória. Tratava-se de contar vidas gloriosas por meio das façanhas e dos feitos. Os gêneros associados a essas escritas de vida (o panegírico, a hagiografia, o elogio, a oração fúnebre) tinham em comum o fato de se fundar em um conjunto de estereótipos edificantes e de episódios intercambiáveis.

No fim do século XVIII aparecem as novas maneiras de contar a vida dos grandes personagens. A palavra *biography* encontra-se na pena de John Aubrey, que redige um conjunto de curtas biografias de seus contemporâneos.[78] Mas Aubrey não publica seu *Brief Lives* – segundo o título que lhes será dado, um século mais tarde, pelos editores. É, portanto, sobretudo no século XVIII que a escrita biográfica transforma-se, como gênero literário e como gênero editorial, transformação que é acompanhada por uma intensa reflexão sobre a maneira de escrever

UMA PRIMEIRA REVOLUÇÃO MIDIÁTICA

a respeito de uma vida humana. Essa nova escrita biográfica já não é reservada aos grandes personagens históricos, mas diz respeito a todas as espécies de indivíduos cuja vida é suscetível de interessar ao leitor. Ela já não se limita às ações públicas, mas multiplica as anedotas privadas, e até mesmo íntimas, que não são escolhidas por sua exemplaridade edificante, mas porque permitem esclarecer aquilo que é habitualmente ocultado do público. A principal novidade deve-se a essa aspiração da biografia: dar conta da trajetória singular de um indivíduo único, das contradições de sua personalidade e, portanto, acessar, de uma maneira ou de outra, sua subjetividade.

Essa nova escrita biográfica é indissociável da emergência do romance moderno, que se funda no postulado de que qualquer vida, mesmo a mais humilde socialmente, é digna de ser narrada.[79] Sabe-se que esse desenvolvimento traduz-se, de maneira muito significativa, na transformação da palavra "herói", que designa o personagem principal de um romance, mesmo quando este não tem nada de heroico, no sentido tradicional do termo. Diferentemente dos gêneros literários clássicos, que se fundam na exemplaridade das ações e dos personagens, o romance supõe que os leitores interessam-se pelos detalhes, *a priori* insignificantes, da vida de um indivíduo ordinário, que se parece com eles. Com o romance sentimental, que triunfa tanto na França como na Inglaterra, e depois em toda a Europa, de Richardson a Goethe, passando por Rousseau, a ideia de que o leitor possa ter acesso aos sentimentos interiores de um personagem cuja vida lhe é narrada impõe-se como uma evidência, nova, no âmago da cultura europeia. Ela havia sido preparada desde a segunda metade do século XVII por obras como *A princesa de Clèves*, que se fundava justamente no interesse do público pelas interrogações psicológicas e afetivas de uma personagem particular.[80] Com o sucesso de *Clarissa Harlowe*, de *A nova Heloísa* e de *Sofrimentos do jovem Werther*, o fenômeno assume uma nova amplitude: milhares de leitores identificam-se, com o importante reforço das lágrimas, com os personagens desses romances, com suas infelicidades domésticas e com suas hesitações sentimentais. Diderot fará a teoria disso em seu "Éloge de Richardson" ["Elogio a Richardson"].[81] Essa evolução do romance, que é um dos traços fundamentais da história cultural europeia do século XVIII, alimenta a cultura da "sensibilidade", que submerge então as elites europeias. Ela contribui também para familiarizar os leitores com formas narrativas que encontrarão mais tarde, com prazer, no âmbito da narrativa histórica e da biografia.[82] Um autor encarna essa nova escrita biográfica: Samuel Johnson. Autor, ele próprio, de notáveis *Vies* [*Vidas*], Johnson torna-se, por sua vez, objeto da biografia mais famosa do século XVIII: *Vie de Samuel Johnson* [*Vida de Samuel Johnson*], por James Boswell.

Como autor, Johnson estreou com um golpe de mestre, em 1744, ao publicar *Vie de Richard Savage* [*Vida de Richard Savage*], um poeta e autor dramático de quem fora amigo e que acabara de morrer na miséria. A despeito de seu talento poético, Savage notabilizou-se sobretudo por uma vida dissoluta, abuso de álcool, um assassinato e dívidas excessivas que o conduziram à prisão. Personagem emblemático da boemia londrina, a meio caminho entre a poesia e a criminalidade, ele não tinha nada de um homem ilustre. O objetivo de Johnson não é, aliás, oferecê-lo como exemplo; não se esforça, muito pelo contrário, para dissimular ou diminuir suas falhas, seus erros e seus vícios. Trata-se antes, para ele, de prestar um tributo de amizade à memória de seu amigo, de seu companheiro de noitadas, mas também de capturar a complexidade irredutível de um destino como o de Savage, conduzido à decadência por seus talentos. Sem dúvida, a perspectiva moral não está ausente, mas ela é esvaziada de qualquer exigência de exemplaridade. A utilidade moral de uma narrativa como essa consiste em mostrar aos homens a ambivalência de uma vida humana, alimentada por talentos e defeitos, constituída por êxitos e fracassos, até a desgraça final. Consiste, também, em colocar em causa a capacidade de julgamento do biógrafo. Ninguém pode julgar Savage e é insensato se fazer dele um grande homem tanto quanto um criminoso. Savage, contado por Johnson, é antes de tudo uma singularidade biográfica a ser compreendida, que pode interessar e comover, que não deixaria ninguém indiferente. O próprio Johnson insiste na ligação pessoal que mantém com aquele cuja vida resolveu contar, nesse saber íntimo de que procede a escrita. *Vie de Richard Sa-*

UMA PRIMEIRA REVOLUÇÃO MIDIÁTICA

vage apoia-se em documentos que o autor pacientemente reuniu, mas, sobretudo, em um conhecimento direto e pessoal, que lhe confere a força de um testemunho.

Johnson voltará repetidas vezes a essa importância das anedotas da vida privada na escrita biográfica. O interesse moral da biografia não desapareceu, mas o verdadeiro valor de um indivíduo deve ser doravante buscado nas "miudezas de sua vida cotidiana",[83] indícios mais reveladores e confiáveis de sua personalidade e de seus méritos. Essa evolução importante, plena de consequências, impõe a ideia de que a vida privada é mais autêntica, mais interessante, que os relatos dos feitos públicos de um indivíduo. No espírito de Johnson, essa inversão da hierarquia entre o público e o privado corresponde a uma reflexão sobre o que constitui o valor de uma vida humana. No que diz respeito ao sucesso das biografias ao longo do século, essa promoção da anedota doméstica responde, sobretudo, ao desejo do público de se aproximar o máximo possível, por meio dos testemunhos, da vida privada dos homens célebres.

Johnson foi levado ao pé da letra. Seu mais fiel discípulo, nesse ponto, não foi outro senão seu amigo e biógrafo, James Boswell, que com ele começou uma amizade justamente para poder se tornar seu biógrafo. Durante vinte anos, Boswell participou do círculo mais próximo de Johnson, anotou escrupulosamente seus feitos e gestos, suas declarações, as anedotas de sua vida cotidiana, a ponto de fazer de sua biografia "o decalque literário, fiel até a alucinação, de sua existência".[84] Descendente de uma boa família escocesa, Boswell é um personagem excêntrico e atraente, atormentado por um temperamento depressivo e romanesco, voluntariamente narcisista e impudico, sempre em busca de figuras admiráveis às quais pudesse se ligar. Depois de ter sido educado em Edimburgo, dá início a um grande tour europeu, ao longo do qual não deixa de visitar as celebridades da Europa do Iluminismo, de Voltaire a Rousseau. Despendendo elogios, liga-se a este último e chega a levar a identificação a ponto de seduzir sua companheira, Thérèse Lavasseur. Posteriormente, vai para a Córsega, atraído pela insurreição patriótica cujos méritos Rousseau acabava de exaltar. Lá, encontra Pascal Paoli – que desconfia, inicialmente, desse jovem escocês que anota tudo o que ele diz e que suspeita de ser um espião –, de quem se

A INVENÇÃO DA CELEBRIDADE

torna amigo e o mais ardente defensor. De volta ao continente, publica seu primeiro livro, que é também seu primeiro sucesso internacional: *Account of Corsica* [*Relação da Córsega*] apresenta-se simultaneamente como uma história da ilha, um relato de viagem e um retrato ditirâmbico de Paoli.[85] Boswell desenvolve uma forma biográfica próxima da reportagem, não hesitando em se colocar em cena, e contribui para tornar Paoli conhecido em toda a Europa.

Em seu retorno à Inglaterra, Boswell encontra em Johnson um amigo e um tema, o que lhe permite associar seu fascínio pelas pessoas célebres, seu sentimentalismo e seu gosto pela observação quase etnográfica da nova cultura urbana que está desabrochando em Londres.[86] *Vie de Samuel Johnson*, publicada em 1791, é um golpe de mestre, como monumento levantado à memória do escritor e, ao mesmo tempo, como o testemunho de uma amizade. Boswell evita o panegírico e procura, antes de tudo, dar conta da personalidade de Johnson, sem dissimular as partes obscuras. Ele oferece ao leitor um mergulho na vida cotidiana do escritor, reconstituindo longas conversas. Não hesita em se colocar em cena como amigo e biógrafo, tornando-se ele próprio um personagem da história que conta, mas também um investigador que completa suas lembranças, ao interrogar aqueles que conheceram Johnson muito bem. Assim, a intimidade que teve com ele funda sua legitimidade para escrever, pois essa vida de Johnson não foi redigida a partir de um lugar de objetividade moral, nem em nome de uma comunidade agradecida, mas por meio do testemunho de um homem que o admira e que viveu junto dele. Já quando da morte de Johnson, em 1784, Boswell apressara-se em publicar o diário da viagem que fizeram às ilhas Hébridas. Enquanto Johnson tirara dela uma lição geográfica, literária e filosófica, que alcançara um grande sucesso, a narrativa de Boswell era antes uma crônica da viagem. *Vie de Samuel Johnson* é o encontro entre esse modelo de escrita, fundado no testemunho do cotidiano, e o horizonte biográfico, aquele da reconstituição da totalidade de uma vida singular. Baseia-se, evidentemente, na celebridade de Johnson e na curiosidade do público, ao qual Boswell se dirige de maneira explícita, mas implica uma transformação profunda da própria concepção de escrita biográfica.

UMA PRIMEIRA REVOLUÇÃO MIDIÁTICA

Vie de Samuel Johnson foi promovido à categoria de obra-prima literária. Mas esse monumento não deve mascarar a multiplicação, ao longo do século, de biografias de indivíduos célebres, que se tornam um verdadeiro gênero editorial. Mais uma vez, os atores ingleses estavam na linha de frente. Já no finalzinho do século XVII aparecem as primeiras biografias de atores. Mas é sobretudo a partir dos anos 1730 que essas biografias de grandes figuras dos palcos, às vezes romanceadas, conhecem um grande sucesso, mantendo por vezes laços estreitos com os escritos satíricos e escandalosos.[87] Na França, em razão, mais uma vez, da censura, esse tipo de escritos pertence claramente à categoria dos libelos. Mayeur de Saint-Paul, ele próprio ator, publica várias coletâneas de anedotas em seu *Chroniqueur désœuvré* [*Cronista desamparado*] (1781) e, posteriormente, em *Le Vol plus haut, ou l'espion des principaux théâtres de la capitale* [*O voo mais alto ou o espião dos principais teatros da capital*] (1784), cujo subtítulo promete aos leitores uma "história abreviada dos atores e atrizes desses mesmos teatros, enriquecida com observações filosóficas e anedotas recreativas".

Ao lado dos atores, outra categoria de indivíduos célebres é promovida à escrita biográfica, a despeito de um estatuto social subalterno e, até mesmo, marcado pela infâmia: os criminosos. A curiosidade pública pela vida dos bandoleiros e dos criminosos não é uma novidade, mas sai do âmbito das folhas ocasionais e dos jornalecos.[88] É o caso da figura de Cartouche, preso e executado em 1721 pela polícia parisiense. Entre a prisão e a morte, ele passou seis meses preso, ao longo dos quais conseguiu fugir, antes de ser recapturado, enquanto inúmeros relatos e imagens circulavam no espaço público. O interesse por Cartouche devia-se, em grande parte, à ação das autoridades policiais e a seus esforços para construir uma imagem inteiramente negativa dele, a de um perigoso chefe de quadrilha, mestre do crime organizado. A população parisiense parece ter reagido, inventando, pelo contrário, uma figura positiva de bandoleiro generoso e corajoso, que redistribui o dinheiro dos ricos e afronta a polícia. É possível ver nisso mecanismos relativamente tradicionais de produção do rumor popular, baseando-se em uma cultura comum da oposição ao poder, mas o acontecimento diz respeito, sobretudo, às novas formas da notoriedade pública na Paris da Regência. Durante o processo de Cartouche, enquanto ele esperava pelo julgamento na prisão, duas peças foram encenadas nos teatros parisienses. Em 20 de outubro, a comédia italiana representou uma pequena peça: *Arlequin-Cartouche* [*Arlequim-Cartouche*], cujo texto não existe mais, que consistia, sem dúvida, em uma série de improvisações em torno da figura do bandoleiro, baseando-se na familiaridade do público parisiense com o personagem. Em *Mercure de France* se encontra o comentário: "Falou-se tanto de Cartouche que ninguém ignora que esse seja o nome de um jovem de cerca de 26 anos, chefe de uma quadrilha de ladrões, famoso pela quantidade de roubos e de assassinatos, e mais ainda por sua habilidade, sua coragem e suas artimanhas para escapar às perseguições da justiça..."[89]

No dia seguinte, foi representada, na Comédie-Française, *Cartouche ou les voleurs* [*Cartouche ou os ladrões*], uma peça de Marc-Antoine Legrand, publicada no mesmo momento. A peça atrai "uma multidão impressionante", segundo o advogado Barbier, até sua interdição pela polícia após 13 representações. Como explicar essa censura tardia? É possível que a peça tenha sido, originalmente, uma iniciativa das autoridades, que desejavam mostrar Cartouche sob um prisma negativo e evidenciar, ao mesmo tempo, sua eficácia ao prendê-lo, mas que teriam sido surpreendidas pelo entusiasmo e pela simpatia manifestados pelos espectadores.[90] Diante disso, trata-se de compreender essa reviravolta inesperada, essa empatia do público pelo malfeitor que lhe é apresentado com traços de bandido perigoso. Alguns historiadores privilegiam uma leitura em termos de cultura política, que torna o bandido urbano dotado de um grande coração, um símbolo da recusa da ordem urbana e policial imposta pelos poderes monárquicos em todas as grandes cidades europeias.[91] Mas, desse modo, não se consegue explicar que esse entusiasmo tenha alcançado, segundo inúmeros testemunhos, todas as categorias da população parisiense, incluindo aquelas que tinham tudo a ganhar com a política da superintendência de polícia. Por outro lado, pode-se levantar a hipótese de que o interesse dos parisienses pela figura de Cartouche dependesse menos de uma adesão política à criminalidade do que da mistura de curiosidade e de empatia, suscitada pela celebridade.

UMA PRIMEIRA REVOLUÇÃO MIDIÁTICA

O excerto de *Mercure de France* aponta muito bem o caráter autossuficiente e cumulativo dos discursos sobre Cartouche. Os espectadores precipitavam-se para ver as peças que o colocavam em cena, pelo fato de ele já ser objeto de todas as discussões. Um dos mecanismos do sucesso dessas peças, mas também dos textos que contavam sua vida, era estimular o sentimento da população parisiense de que ela constituía um público que se interessava pelas mesmas coisas no mesmo momento, que lia as mesmas notícias e assistia às mesmas peças. No fim desse ano de 1721, foi lançada *Histoire de la vie e du procès de Cartouche* [*História da vida e do processo de Cartouche*],[92] enquanto eram publicadas gravuras que representavam sua prisão ou mostravam-no em sua cela. Alguns gravadores contentavam-se em reutilizar retratos mais antigos de bandoleiros, mas faziam questão de precisar, para convencer os compradores, que se tratava do "verdadeiro retrato de Cartouche, feito a partir do próprio modelo, no calabouço".[93] A imagem mais espetacular e mais autêntica é sem dúvida alguma a do cadáver de Cartouche, que o carrasco expôs em sua casa, após a execução, cobrando ingresso dos visitantes. Uma máscara de cera foi feita por Monsieur Desnoue, que, por sua vez, a expôs.[94]

A celebridade de Cartouche não ficou restrita a Paris ou à França. Retratos foram gravados na Alemanha. A peça de Legrand foi traduzida em inglês e em holandês. Na Inglaterra, ela inscrevia-se perfeitamente bem no contexto de uma nova literatura criminal que, lá também, conferia um papel importante às figuras muito individualizadas dos bandoleiros, contra a tradicional literatura da vagabundagem, que insistia preferencialmente nos fenômenos coletivos das quadrilhas. Jack Sheppard e Jonathan Wild foram as duas grandes figuras de criminosos célebres na Inglaterra dos anos 1720. O primeiro, preso por roubos, tornou-se célebre após várias fugas da prisão de Newgate. Os jornais ingleses relataram, em crônicas ricas em detalhes, a prisão de Sheppard em outubro de 1724 e, no mês seguinte, *Evening Post* anunciava a venda de duas gravuras (por seis pences cada uma) representando-o na prisão, assim como o itinerário de sua evasão. Recapturado, ele foi executado aos 22 anos, em novembro de 1724. No dia de sua execução, uma brochura

A INVENÇÃO DA CELEBRIDADE

redigida, sem dúvida, por Daniel Defoe era publicada: *A Narrative of the Life of Jack Sheppard.*[95]

A partir de 1750, as vidas de criminosos tornaram-se um gênero editorial de sucesso. No próprio ano da prisão e execução de Mandrin, em 1755, apareciam várias biografias do contrabandista, assim como uma peça de teatro, *La Mort de Mandrin* [*A morte de Mandrin*], representada em Marselha em agosto, menos de três meses após seu suplício em Valença.[96] Essas vidas criminosas, por vezes muito moralizadoras, por vezes mais empáticas, jogavam com o fascínio do leitor por uma vida de crimes e de infortúnios, assim como com a expectativa gerada pela celebridade do bandoleiro, aguçada por discursos e brochuras. Já o autor de *Histoire de la vie et du procès de Louis-Dominique Cartouche* [*História da vida e do processo de Louis-Dominique Cartouche*] evocava a "inacreditável voracidade" do público:

> O público recebeu com inacreditável voracidade tudo o que dizia respeito a Cartouche, e o simples nome desse famoso celerado na capa de um livro bastou para que se vendesse, ou no título de uma comédia para que atraísse um sucesso prodigioso. De resto, não foi somente na França que se demonstrou curiosidade por esse artigo. A Holanda, a Inglaterra e a Alemanha mostraram a mesma diligência dos parisienses e dos franceses: e ainda que uma gazeta não tivesse dito outra coisa de Cartouche, a não ser que ele continuava os roubos, que era perseguido inutilmente por todo o lado etc., ficavam agradecidos por tê-lo dito e preferiam uma notícia tão vaga como essa a não ter nenhuma. Isso faz esperar com que se veja com prazer a história desse ladrão: até mesmo porque ela foi escrita a partir de memórias particulares, de papéis de seu processo e de relatos que toda Paris ouviu de sua própria boca, e com as quais esse malfeitor agradava àqueles que iam vê-lo.[97]

Curiosidade irreprimível do público, superficialidade da informação oficial, desejo de desvelar a história autêntica de um contemporâneo célebre: a retórica da celebridade parece estar já bem apurada. No caso dos criminosos, o fascínio do público é incrementado pela mistura de

UMA PRIMEIRA REVOLUÇÃO MIDIÁTICA

repulsa e de atração, de reprovação moral e do desejo secreto provocado pelos indivíduos que escolheram viver à margem, transgredir as leis civis e, às vezes, as leis morais. Como escreve alguns anos mais tarde o biógrafo de outro criminoso célebre, Henri Auguste Trumeau, sobre o qual não se saberia fazer pairar o heroísmo do bandoleiro generoso, já que ele não passava de um vil envenenador: "Todos os homens têm um desejo natural de penetrar no coração dos culpados, de desvelar suas manobras, de ver sua audácia e de seguir sua marcha tenebrosa." Sua morte, em particular, deve fascinar o leitor, e o autor retoma, por sua vez, o vocabulário da voracidade: "Contemplam-se com uma espécie de voracidade os efeitos produzidos em diferentes organizações e nos caracteres variados dos criminosos o temor da morte e a certeza de recebê-la."[98]

Fazendo desaparecer progressivamente a dimensão moralizadora, em prol de uma curiosidade "voraz" pela vida singular de um indivíduo; organizando a matéria documental segundo o fio de um relato biográfico; reivindicando fortemente seu caráter verídico, essas vidas criminosas operaram a transição entre a tradicional literatura vendida de porta em porta e um novo gênero biográfico, o das "vidas privadas", particularmente próspero na França na segunda metade do século, onde responde às expectativas do público, que não encontra equivalente na imprensa. Geralmente estudadas sob o ângulo da calúnia política e da literatura clandestina, essas "vidas privadas" inscrevem-se, em primeiro lugar, no contexto de redefinição da escrita biográfica.[99] À diferença de textos francamente panfletários e às vezes pornográficos, como *Le Gazetier cuirassé* de Théveneau de Morande, as "vidas privadas" propõem um pacto de leitura ambivalente, que se funda muito mais na curiosidade, e às vezes até mesmo na empatia, do que na denúncia. Sobretudo, elas se inscrevem explicitamente em um esquema biográfico: não se trata de acumular anedotas escabrosas sobre um grupo de cortesãos, como no caso dos libelos, mas de contar a vida de um indivíduo célebre.

Diferentemente da vida de homens ilustres, que haviam dominado a escrita biográfica secular desde o Renascimento, as "vidas privadas" dizem respeito a contemporâneos que ainda estão vivos, ou que acabaram de morrer, e não a grandes personagens do passado; baseiam-se em anedotas, em fatos domésticos e pequenos detalhes, mais do que em proezas memoráveis; não visam à exemplaridade moral, mas antes à curiosidade. Como indica seu nome, fundam-se, sobretudo, na oposição entre público e privado e, portanto, na ambição de desvelar uma parte oculta da vida das mulheres e dos homens públicos. A ideia de que determinados indivíduos vivem sob o olhar do público organiza sua lógica narrativa e editorial. O princípio que as guia é o de que essas mulheres e esses homens têm também uma vida privada, dissimulada aos olhares, e que explica em parte suas ações públicas ou, ao menos, esclarece de modo diferente sua personalidade, devendo, portanto, ser revelada a um público curioso.

A expansão dessas "vidas privadas" como gênero editorial corresponde precisamente a uma evolução das próprias noções de "público" e de "privado". No século XVII, o público designava o conjunto do corpo político e, por extensão, eram consideradas "públicas" as ações daquele ou daqueles que representavam oficialmente esse corpo político, isto é, o rei e os magistrados que agiam em seu nome. Apenas o rei tinha autoridade para "publicar", ou seja, para tornar público. Nessa perspectiva, aquilo que se opunha ao público não era o privado, mas o "particular", aquilo que dizia respeito a cada um na condição de indivíduo, e não como membro do corpo político. Ao longo da segunda metade do século XVII, e sobretudo no século XVIII, uma dupla evolução modifica profundamente o significado do termo. O público passa a designar o conjunto dos espectadores de uma peça de teatro, os leitores de uma obra editada, aqueles que escutaram notícias que circulam amplamente.[100] Os historiadores da cultura, seguindo Jürgen Habermas, insistiram muito no fato de que essa evolução dotava o público de uma competência para julgar, de uma legitimidade para avaliar os méritos de uma tragédia, a verossimilhança de uma novela, a culpabilidade de um suspeito, a justeza de uma decisão política. É o nascimento do público literário e, depois, da opinião pública, segundo um processo que Habermas denominou de a politização da esfera pública literária.[101]

Outra evolução decorre dessa nova concepção do público: a distinção, no âmago de toda ação humana, de uma dimensão pública e de uma dimensão privada. O público não se opõe mais ao particular, e sim ao privado, isto é, ao que é da ordem do doméstico, familiar, íntimo. A fronteira passa a estar, doravante, entre o que é conhecido por todos e o que é ocultado, ao longo de uma linha que é a do segredo. O público designa aquilo que é objeto de discursos e de imagens amplamente difundidas, em especial pelo impresso, e, portanto, disponíveis para todos. O privado, por outro lado, não é conhecido, seja porque seu conteúdo não interessa a ninguém, seja porque ele foi voluntariamente dissimulado. Mais ainda que o público, o "privado", como dimensão da ação humana, é uma categoria nova. Várias obras, no fim do Antigo Regime, esforçam-se, aliás, para fazer dele uma categoria de escrita da história.[102] Entre os dois, existe uma terceira categoria, que recobre as notícias "de sociedade", conhecidas por um pequeno número de pessoas que circulam em certos grupos, mas não são acessíveis a todos – não porque sejam voluntariamente mantidas em segredo, mas porque os circuitos de informação dos quais dependem são restritos.[103]

Nessa nova definição do público, que já não se opõe ao particular, mas ao privado, todo indivíduo, mesmo o mais humilde, tem potencialmente uma vida pública. Basta-lhe, por exemplo, ser o protagonista de um *fait divers* narrado pela imprensa. Pelo contrário, o rei reivindica a partir de então o direito a uma vida privada, que escaparia à representação permanente e ao olhar do público. Para um mesmo indivíduo, a fronteira entre o privado e o público não é fixa e estanque, e será necessário um longo esforço da sociedade burguesa, no século XIX, para estabilizar e naturalizar as fronteiras e, depois, para construir juridicamente, no século XX, a proteção da vida privada.[104] Sem dúvida, a sexualidade ou a vida familiar, por exemplo, parecem pertencer ao privado, ao passo que a ação política ou as obras impressas são, claramente, da ordem do público, mas, porque a distinção entre o público e o privado diz respeito menos a uma diferença de natureza entre esferas de atividade do que ao grau de divulgação, de *publicidade*, de que uma informação é objeto, ela é sempre suscetível de evoluir, como atestam abundantemente, em nossos dias, os debates sem fim sobre os limites legítimos do direito à informação, concernentes à vida privada de figuras políticas.

A INVENÇÃO DA CELEBRIDADE

As "vidas privadas" fundam-se precisamente na promessa de tornar público o que é privado. Para isso, elas desenvolvem dois tipos de discurso de legitimação. O primeiro afirma que ações privadas revelam os motivos ocultos das ações políticas. O segundo sugere que as vidas das pessoas célebres são integralmente publicáveis, pois interessam a todos os que têm curiosidade por elas. É contra essa concepção extensiva da celebridade que o direito liberal reconhecerá, muito mais tarde, um "direito à vida privada", distinto da repressão à difamação.

A maioria dessas "vidas privadas" é crítica, e até mesmo polêmica, e visa a figuras políticas. Mas esse não é o caso sistematicamente. Assim, por exemplo, aparece em 1788, algumas semanas após a morte de Buffon, *Vie privée du comte de Buffon* [*Vida privada do conde de Buffon*], redigida pelo cavaleiro Aude, que fora seu secretário ao longo dos dois últimos anos e apressa-se a narrar uma série de anedotas sobre a intimidade do grande naturalista, que gozava, no fim da vida, de uma celebridade real. Seu *Histoire naturelle* [*História natural*] fora um dos maiores sucessos editoriais do século e a imprensa anunciava regularmente a venda de novos retratos do autor.[105] Vivendo retirado nas terras de Montbard, ele continuava a escrever, ao mesmo tempo que recebia visitas. Desde as primeiras páginas, Aude define seu tema: "É somente de sua vida privada que ouso aqui ocupá-los: seus costumes, seus hábitos, sua conduta e seus princípios domésticos."[106] O leitor não encontrará ali nenhum comentário sobre os trabalhos de Buffon, nenhuma reflexão sobre sua obra, mas os detalhes de sua vida doméstica e íntima, inclusive sexual: "Assim que ele pegar a pena, me retirarei modestamente; mas esperarei em silêncio sua saída do gabinete, para observar o que vai dizer e fazer com seus amigos, seus parentes, seu procurador, seu vigário o homem que acaba de abarcar a generalidade dos seres e de calcular o infinito. Eu diria tudo, a hora de seu despertar, a maneira como se vestia, suas refeições, seus ditos espirituosos, seus amores ou, se preferireis, seus gozos; pois ele só acreditava nisso." Essas anedotas, afirma, encantarão aqueles "que gostam de comparar o homem consigo mesmo, ao alcançar esse grau de celebridade que fixa os olhares de toda a Europa".[107]

UMA PRIMEIRA REVOLUÇÃO MIDIÁTICA

O resultado é curioso: após um começo muito clássico, que confere à narrativa uma tonalidade biográfica ("George Louis Le Clerc, conde de Buffon, senhor de Montbard, [...], nasceu em Montbard em 7 de setembro de 1707"), o autor encadeia as mais triviais anedotas e os comentários mais prestigiosos: a maneira como Buffon combate os ratos que infestam seu castelo confina com as marcas do reconhecimento do grande homem pela imperatriz da Rússia e pelo príncipe Henrique da Prússia. Sua maneira de se levantar de manhã e seu gosto pelas jovens prostitutas passam a ser conhecidos, descobre-se uma correspondência entre Joseph Aude e Madame Necker a respeito de Buffon. Esse conjunto díspare, ainda que não acrescente nada à glória de Buffon, pretende ser um testemunho em favor do "homem imortal que a Europa erudita acaba de perder", mas que foi também "o melhor e o mais terno dos maridos, o modelo dos amigos e dos pais" e de quem o autor teve "a felicidade de se aproximar".[108] Uma "vida privada" como essa não tem, portanto, um propósito político ou escandaloso. Ela se baseia no postulado de que, tendo Buffon adquirido tal celebridade, nada do que lhe diz respeito escapa *a priori* à curiosidade do público, que espera revelações fundadas em um testemunho direto.

Três anos antes, Marie Jean Hérault de Séchelles publicara um testemunho desses, fundado em sua viagem a Montbard e sobriamente intitulado *Visite à Buffon* [*Visita a Buffon*]. Nele encontra-se uma descrição detalhada da vida cotidiana do célebre erudito, seus horários, o cardápio de suas refeições, a hora de sua sesta, assim como seus temas de conversação favoritos. Joseph Aude, aliás, se servirá abundantemente dele, no momento de publicar seu *Vie privée de Buffon*. O livro de Hérault de Séchelles, que não dissimula uma grande admiração por Buffon, não é, porém, da ordem do elogio, mas descreve com precisão seus hábitos de trabalho, o tipo de brincadeiras de que ele gosta e não hesita em trazer à cena alguns defeitos do escritor, especialmente uma vaidade um pouco ridícula, que o humaniza.[109] Sobretudo, o autor faz progressivamente dos laços que estabelece com Buffon o verdadeiro objeto do trabalho. Quando, no fim do texto, o narrador passa outra vez pelas proximidades de Montbard, algumas semanas mais tarde, Buffon o acolhe de braços abertos e o abraça efusivamente.

A INVENÇÃO DA CELEBRIDADE

O texto associa assim uma descrição – a da intimidade de Buffon – e uma narração, discretamente esboçada – a da relação afetiva que se estabelece entre eles, como se ela fosse a garantia do testemunho e talvez o verdadeiro tema da narrativa. A celebridade de Buffon, diferentemente da glória futura que lhe é garantida por seus escritos científicos, é tanto obra de seu público quanto de seus escritos. Ela é menos uma propriedade de Buffon do que uma relação: a soma dos inumeráveis laços que os leitores de Buffon estabeleceram com ele, seja por meio da imaginação, para a maioria deles, seja por meio de um encontro concreto, para alguns audaciosos.

Nas últimas linhas, Hérault de Séchelles afirma ter escrito apenas para lembrar esses momentos privilegiados. Figura de estilo, certamente, já que quando o trabalho é publicado Buffon ainda vive. Entretanto, é publicado sem o nome do autor, de modo que o narrador apresenta essa particularidade de ser ao mesmo tempo anônimo e fortemente individualizado, uma vez que sua experiência direta funda o valor de seu testemunho sobre a vida privada do homem célebre. Publicando o relato de sua visita, Hérault de Séchelles alimenta a curiosidade do público e constrói uma figura de testemunha, de curioso e de amigo que oferece a cada leitor uma posição ideal à qual se identificar, em que a admiração pela obra de Buffon provoca o desejo de encontrá-lo – não tanto para se tornar um discípulo e aprender com ele a filosofia natural, mas para ter acesso à sua vida doméstica e tornar-se seu amigo. O gênero da visita emancipa-se, assim, da tradição da viagem científica, para adquirir uma dimensão turística, em que o homem célebre aparece como uma curiosidade que não se pode deixar de ver. E, porque essas visitas participam da cultura da celebridade, devem ser compartilhadas na forma de narrativas, que, como as "vidas privadas" ou as anedotas dos jornais, publicam a intimidade do homem célebre através do olhar privilegiado da testemunha.

Esses escritos múltiplos, que tornam públicos os detalhes da vida privada de contemporâneos, não se contentam em acompanhar a celebridade; contribuem para produzi-la. Este é o caso, em especial, quando casos judiciais tornam-se verdadeiras causas públicas. A partir dos anos

UMA PRIMEIRA REVOLUÇÃO MIDIÁTICA

1770-1780, as memórias redigidas por advogados tornam-se um gênero editorial de sucesso. Eles desenvolvem, por páginas e páginas, e adotando o registro do melodrama, a vida de pessoas privadas, tornadas célebres por seus dissabores judiciários, muitas vezes conjugais ou financeiros, e a repercussão causada pelos processos.[110] Diferentemente das "vidas privadas", essas memórias estão diretamente ligadas a um procedimento judiciário e dizem respeito, na maioria das vezes, à vida de indivíduos desconhecidos. Mas a dinâmica de publicidade que está no âmago desses casos, e que os transforma em "causas célebres", engendra controvérsias públicas alimentadas por uma sucessão de memoriais que respondem uns aos outros e acabam se autonomizando do procedimento e se endereçando diretamente à opinião. Essa proliferação de discursos faz dos atores principais desses dramas, ao menos por algumas semanas, pessoas célebres, figuras públicas que suscitam a curiosidade. A dimensão política de que se reveste a moralidade privada, no contexto da nova cultura política do fim do Antigo Regime, é indiscutível. É evidente que o entusiasmo do público por essas memórias não se baseia unicamente em sua ressonância política, mas também no atrativo folhetinesco dessas vidas privadas tornadas públicas, na mistura de curiosidade, de empatia e de reprovação que captura os leitores, diante dos relatos contraditórios do escândalo.

Essa mutação das relações entre privado e público, tão característica da segunda metade do século XVIII, e a transformação das formas da notoriedade que a acompanha são abundantemente comentadas por aqueles que vivem dela. O autor de uma vida privada de Cagliostro, esse aventureiro italiano que alegava deter o segredo da eterna juventude e que estava implicado no caso do colar da rainha, justifica do seguinte modo as revelações que promete aos seus leitores: "Por ter atraído, durante algum tempo, todos os olhares para ele, sua origem, os acontecimentos de sua vida, o tecido de suas imposturas e o processo que acaba de fixar seu destino, provavelmente para sempre, estimulam a curiosidade geral: quase não se pode duvidar de que sua vida privada não seja vorazmente acolhida."[111] Tempo curto da atualidade, concentração da atenção coletiva em uma figura misteriosa,

A INVENÇÃO DA CELEBRIDADE

curiosidade geral, voracidade do público pela vida privada: todos os elementos característicos do discurso da celebridade estão reunidos aqui na forma de um preâmbulo, de um comentário. Uma tópica da celebridade está em vias de se estabelecer.

Notas

1. ACF, Talma 1.
2. Maria Ines Aliverti, *La Naissance de l'acteur moderne. L'acteur et son portrait au XVIIIe siècle*, Paris: Gallimard, 1998, pp. 98-99. *Ver também* Leigh Woods, *Garrick Claims the Stage. Acting as Social Emblem in Eighteenth-Century England*, Londres: Greenwood Press, 1984; Heather McPherson, "Garrickomania: Art, Celebrity and the Imaging of Garrick", *Folger Shakespeare Library*, http://www.folger.edu/template.cfm?cid=1465.
3. N. Heinich, *De la visibilité...*, *op. cit.*
4. Ver especialmente Hannah Barker e Simon Burrows (org.), *Press, Politics and the Public Sphere in Europe and North America, 1760-1820*, Cambridge: Cambridge University Press, 2002; Gilles Feyel, *L'Annonce et la Nouvelle. La presse d'information en France sous l'Ancien Régime (1630-1788)*, Oxford: Voltaire Foundation, 2000; Jeremy D. Popkin, *News and Politics in the Age of Revolution: Jean Luzac's Gazette de Leyde*, Ithaca: Cornell University Press, 1989; Brendan Dooley (org.), *The Dissemination of News and the Emergence of Contemporaneity in Early Modern Europe*, Farnham: Ashgate, 2010.
5. Dror Wahrman, *Mr. Collier's Letter Racks: A Tale of Arts and Illusion at the Threshold of the Modern Information Age*, Nova York: Oxford University Press, 2012.
6. L. MARIN, *Le Portrait du roi, op. cit.*
7. Mireille Huchon, *Rabelais*, Paris: Gallimard, 2011.
8. Assim, Madame de Sévigné "resiste" o máximo que pode, quando amigos querem mandar copiar o retrato de sua filha pintado por Mignard. Ver Emmanuel Coquery, "Le portrait vu du Grand Siècle", *Visages du Grand Siècle. Le portrait français sous le règne de Louis XIV, 1660-1715*, Paris: Somogy, 1997, p. 25. De maneira impressionante, esse catálogo de exposição contém quase somente retratos aristocráticos ou anônimos, com a exceção, muito particular, de retratos de pintores.
9. Ver Horst Bredekamp, *Stratégies visuelles de Thomas Hobbes*, trad. fr., Paris: Éd. de la MSH, 2003, p. 168.

UMA PRIMEIRA REVOLUÇÃO MIDIÁTICA

10. Patricia Fara, *Newton: The Making of a Genius*, Londres: McMillan, 2002, pp. 36-37.

11. Roger Chartier, "Figures de l'auteur", *Culture écrite et société: l'ordre des livres (XIVe-XVIIIe siècle)*, Paris: Albin Michel, 1996, p. 67. [Tradução brasileira: "Figuras do autor". In: _____· *A ordem dos livros: livros, autores e bibliotecas na Europa entre os séculos XIV e XVIII*. Tradução de Mary del Priori. Brasília: Editora da Universidade de Brasília, 1994. pp. 33-65.

12. Louis de Rouvoroy, duque de Saint-Simon, *Mémoires*, éd. Y. Coirault, Paris: Gallimard, 1983, t. I, p. 336.

13. Udolpho Van de Sandt, "La fréquentation des salons sous l'Ancien Régime, la Révolution et l'Empire", *Revue de l'art*, n. 73, 1986, pp. 43-48.

14. David Solkin, *Painting for Money: The Visual Arts and the Public Sphere in Eighteenth-Century England*, New Haven/Londres: Yale University Press, 1993.

15. Charlotte Guichard, *Les Amateurs d'art à Paris*, Seyssel: Champ Vallon, 2008, pp. 317-329.

16. Étienne La Font de Saint-Yenne, *Sentiments sur quelques ouvrages de peinture*, citado por Édouard Pommier, *Théories du portrait. De la Renaissance aux Lumières*, Paris: Gallimard, 1998, pp. 316-317.

17. "Lettre sur les peintures, sculptures et gravures de messieurs de l'Académie royale, exposées au salon du Louvre, le 25 août 1769", *Mémoires secrets*, vol. XIII, 1784, pp. 43-44. A crítica aos retratos de desconhecidos é um tema recorrente e *Mémoires secrets* a retomará em 1775, ainda uma vez para excetuar os grandes e as pessoas célebres: "Não incluo na proscrição os bustos do Rei, da Rainha, dos ministros, dos grandes autores, dos artistas célebres, cujas semelhanças não se saberia multiplicar demasiadamente a fim de dar ao menos uma ideia deles àqueles que não podem ver esses mestres augustos, esses personagens interessantes, esses homens famosos em todos os gêneros."

18. Marcia Pointon, "Portrait! Portrait!! Portrait!!!", in David Solkin (org.), *Art on the Line. The Royal Academy Exhibitions at Somerset House*, 1780-1836, New Haven: Yale University Press, 2001, pp. 93-105.

19. Mark Hallet, "Reynolds, Celebrity and the Exhibition Space", in Martin Postle (org.), *Joshua Reynolds and the Creation of Celebrity*, Londres: Tate Publishing, 2005.

20. Peter M. Briggs, "Laurence Sterne and Literary Celebrity", *The Age of Johnson*, n. 4, 1991, pp. 251-273; Frank Donoghue, *The Fame Machine. Book Reviewing and Eighteenth-Century Literary Carrers*, Stanford: Stanford University Press, 1996, pp. 56-81.

21. Martin Postle, "The Modern Appelles", in M. Postle (org.), *Joshua Reynolds...*, *op. cit.*, pp. 17-33; Id., "Painted Women", Reynolds and the Cult of the Cour-

tesan", in Robin Asleson (org.), *Notorious Muse. The Actress in British Art and Culture, 1776-1812*, New Haven/Londres: Yale University Press, 2003, pp. 22-55.

22. Sobre a celebridade de Georgiana Cavendish, ver Amanda Foreman, *Georgiana, duchess of Devonshire*, Londres: Harper Collins, 1998.

23. M. Postle (org.), *Joshua Reynolds..., op. cit.*, p. 46.

24. Tim Clayton, "Figures of Fame: Reynolds and the Printed Image", in M. Postle (org.), *Joshua Reynolds..., op. cit.*, pp. 48-59.

25. H. McPherson, "Garrickomania...", art. cit.

26. Mariane Grivel, *Le Commerce de l'estampe à Paris au XVIIe siècle*, Genève, Droz, 1986; Pierre Casselle, "Le Commerce des estampes à Paris dans la seconde moitié du XVIIIe siècle", tese da École des Chartes, 1976.

27. L. S. Mercier, *Tableau de Paris*, vol. VI, p. 56, "Graveurs". Mercier estava, aliás, bem consciente do caráter iconoclasta de seu discurso e menciona, ao mesmo tempo, o entusiasmo dos consumidores e dos inúmeros intermediários interessados nessa profusão das imagens: "Sem dúvida, nossos tolos amadores de imagens não deixarão de fazer de mim um iconoclasta. Exércitos de desenhistas, de gravadores, de impressores em talhe-doce, de miniaturistas, de livreiros, de vendedores ambulantes e de vendedores de imagens de todos os estados e de todas as condições farão soar o alarme após minha heterodoxia."

28. P. Casselle, "Le Commerce des estampes à Paris...", tese citada, p. 64 sq.

29. Archives de Paris, fonds des faillites, D4 B6, carton 108, dossier 7709 : "État actif et passif des créances des Srs Esnault et Rapilly", 20 de fevereiro de 1790.

30. Katie Scott, "Imitation or Crimes of Likeness", terceiro capítulo de um livo a ser lançado, sobre as questões do copyright nas artes visuais. Agradeço a Katie Scott por ter-me permitido ler seu texto, que trata especialmente dos processos contra Esnault e Rapilly.

31. P. Casselle, "Le Commerce des estampes à Paris...", tese citada, p. 122.

32. *Ibid.*, p. 169.

33. Louis Boilly, *L'Atelier d'un sculpteur, ou Jean-Antoine Houdon modelant le buste de Laplace dans son atelier*, Paris, Museu de Artes Decorativas, 1803. Ver Anne Scottez-Dewambreechies e Florence Raymond (orgs.), *Boilly (1761-1845)*, Lille, Palais des Beaux-Arts de Lille, 2011, pp. 178-183.

34. Sobre a carreira de Sophie Arnould, seus sucessos na Opéra, mas também no mundo da alta sociedade, e sua reputação libertina, pode-se ainda remeter a Edmond e Jules de Goncourt, *Sophie Arnould, d'après sa correspondance et ses mémoires inédits*, Paris, 1893, e, mais recentemente, a Colin Jones, "French Crossing IV – Vagaries of Passion and Power in Enlightenment Paris", *Transactions of the Royal Historical Society*, n. 23, 2013, pp. 3-35.

35. Guilhem Scherf, "Houdon au-dessus de tous les artistes", in Anne L. Poulet e Guilhem Scherf (eds.), *Houdon, sculpteur des Lumières*, catálogo de exposição, Versalhes, Castelo de Versalhes, 2004, pp. 20-21.
36. Métra, 16 de abril de 1778, citado por Ulrike Mathies, "Voltaire", in *Houdon sculpteur des Lumières, op. cit.*, p. 154.
37. Guilhem Scherf, *Houdon, 1741-1828: statues, portraits sculptés*, Paris: Museu do Louvre édition, 2006, p. 75.
38. Julius Von Schlosser, *Histoire du portrait en cire*, trad. fr., Paris: Macula, 1996.
39. Jean Adhémar, "Les musées de cire en France. Curtius, le "banquet royal", les "têtes coupées", *Gazette des beaux-arts*, t. XCII, 1978, pp. 203-214. Em meados do século XVIII, a lembrança de Benoist era ainda forte, como demonstra o artigo "Cera" da *Enciclopédia*: "Todo mundo conhece o nome do senhor Benoît, & a invenção engenhosa desses círculos compostos por personagens de cera, que por tanto tempo provocaram a admiração da corte e da cidade. Esse homem, pintor de profissão, descobriu o segredo de produzir a partir do rosto de pessoas vivas, mesmo as mais bonitas & as mais delicadas, & sem nenhum risco, nem para a saúde, nem para a beleza, moldes a partir dos quais funde máscaras de cera, às quais ele confere uma espécie de vida, por meio de cores & de olhos de esmalte, imitados de modo natural. Essas figuras, vestidas com trajes conforme a qualidade das pessoas que representavam, eram tão fiéis, que os olhos chegavam algumas vezes a lhes atribuir vida."
40. J. Von Schlosser, *Histoire du portrait en cire, op. cit.*, p. 118.
41. L. S. Mercier, *Tableau de Paris, op. cit.*, vol. II, "Spectacles des boulevards", p. 42.
42. Pamela M. Pilbeam, *Mme. Tussaud and the History of Waxworks*, Londres: Hambeldon, 2006.
43. J. Von Schlosser, *Histoire du portrait en cire, op. cit.*, p. 127.
44. Benedetto Croce, *I Teatri di Napoli, dal Rinascimento alla fine del secolo decimottavo*, Milão: Adelphi, [1891] 1992, p. 278.
45. *Mémoires secrets*, 30 de dezembro de 1779, t. XIV, 1780, p. 331.
46. É difícil alcançar sua medida exata, dadas a ausência de catálogo e a raridade das fontes. Ver Samuel Taylor, "Artists and Philosophes as Mirrored by Sèvres and Wedgwood", in Francis Haskell et al. (org.), *The Artist and the Writer in France: Essays in Honour of Jean Seznec*, Oxford: Oxford University Press, 1974, pp. 21-39.
47. Neil McKendrick, "Josiah Wedgwood and the Commercialization of the Potteries", in N. McKendrick, J. Brewer e J. H. Plumb (orgs.), *The Birth of a Consumer Society..., op. cit.*, pp. 100-145.
48. *Letters of Joshua Wedgwood*, 1908, carta de 28 de julho de 1778, p. 27.

A INVENÇÃO DA CELEBRIDADE

49. *A catalogue of cameos, intaglios, medals, and bas-reliefs; with a general account of vases and other ornaments, after the antique, made by Wedgwood and Bentley; and sold at their rooms in Great Newport-Street, London, London: printed in the year M.DCC.LXXIII and sold by Cadel, in the Strand*, Robson, New Bond-Street e Parker, Print-Seller, Cornhill, 1773.

50. *Catalogue of cameos, intaglios, medals, bas-reliefs, busts and small statues; with a general account of tablets, vases, ecritoires, and other ornamental and useful articles. The whole formed in different kinds of Porcelain and Terra Cotta, chiefly after the antique, and the finest models of modern artists.* By Josiah Wedgwood, F. R. S. and A. S. Potter to Her Majesty, and to His Royal Highness the Duke of York and Albany. Sold at his rooms in Greek Street, Soho, London, and at his manufactory, in Staffordshire, Etruria, 1787.

51. *Catalogue de camées, intaglios, médailles, bas-reliefs, bustes et petites statues [...]* par Josias Wedgwood, Londres, 1788.

52. Joyce CHAPLIN, *The First Scientific American: Benjamin Franklin and the Pursuit of Genius*, Nova York: Basic Books, 2006.

53. O primeiro retrato encontra-se no Metropolitan Museum de Nova York e o segundo, na National Portrait Gallery de Washington.

54. BNF, cabinet des estampes, 60 B 2655.

55. "The clay medallion of me you say you gave to Mr. Hopkinson was the first of the kind made in France. A variety of others have been made since of different sizes; some to be set in lids of snuff boxes, and some so small as to be worn in rings; and the numbers sold are incredible. These, with the pictures, busts, and prints (of which copies upon copies are spread everywhere) have made your father's face as well known as that of the moon, so that he durst not do any thing that would oblige him to run away, as his phiz would discover him wherever he should venture to show it. It is said by learned etymologists that the name Doll, for the images children play with, is derived from the word IDOL; from the number of dolls now made of him, he may be truly said, in that sense, to be i-doll-ized in this country", carta de 3 de junho de 1779, in *The Papers of Benjamin Franklin*, New Haven/Londres, Yale University Press, 1992, vol. XXIX, pp. 612-613.

56. *Mémoires secrets*, 18 de janeiro de 1777, t. X, p. 11.

57. Vic Gatrell, *City of Laughter: Sex and Satire in Eighteenth-Century*, Londres" Atlantic Book, 2006. *Ver também* Diana Donald, *The Age of Caricature: Satirical Prints in the Reign of George III*, New Haven/Londres, Yale University Press, 1996, e, sobre o teatro, Heather McPherson, "Painting, Politics and the Stage in the Age of Caricature", in R. Asleslon (org.), *Notorious Muse..., op. cit.*, pp. 171-193.

58. Kate Williams, *England's Mistress. The Infamous Life of Lady Hamilton*, Lon dres: Random House, 2006.

59. Friedrich Rehberg, *Drawings Faithfully Copied form Nature at Naples*, Londres, 1794; James Gillray, *A new edition considerably enlarged, of attitudes faithfully copied from nature: and humbly dedicated to all admirers of the grand and sublime*, Londres: H. Humphreys, 1807.

60. Jane Moody, "Stolen Identities: Character, Mimicry and the Invention of Samuel Foote", in M. Luckhurst e J. Moody (orgs.), *Theatre and Celebrity...*, *op. cit.*, pp. 65-89.

61. *Gentleman's Magazine*, n. 43, fevereiro 1773, *citado ibid.*, p. 101.

62. J. Moody, "Stolen Identities...", art. cit., p. 76.

63. Marcia Pointon, "The Lives of Kitty Fisher", *British Journal for Eighteenth--Century Studies*, n. 27-1, 2004, pp. 77-98. Para uma perspectiva mais ampla sobre a "celebridade sexual" das cortesãs na Inglaterra do século XVIII, ver Famarerz Dabohoiwala, *The Origins of Sex: A History of the First Sexual Revolution*, Princeton: Princeton University Press, 2012.

64. "She had been abused in the public papers, exposed in Print shops, and to wind up the whole, some Wretches, mean, ignorant and venal, would impose upon the public, by daring to publish her Memoirs", *The Public Advertiser*, 27 de março de 1759.

65. *The Gentleman's Magazine in the Age of Samuel Johnson, 1731-1745*, Londres: Pickering and Chatto, 1998.

66. *The Town and Country Magazine. Universal repository of knowledge, instruction, and entertainment*, Londres, Hamilton, 1780, vol. XII.

67. John Brewer, *A Sentimental Murder. Love and Madness in the Eighteenth-Century*, Nova York: Farrar, Straus and Giroux, 2004, pp. 37-41.

68. Jeremy Popkin e Bernadette Fort (orgs.), *The Mémoires secrets and the Culture of Publicity in Eighteenth-Century France*, Oxford: Voltaire Foundation, 1998; Christophe Cave (org.), *Le Règne de la critique. L'imaginaire culturel des Mémoires secrets*, Paris: Honoré Champion, 2010. Uma edição crítica de *Mémoires secrets* está sendo preparada sob a direção de C. Cave.

69. Ver Yves Citton, "La production critique de la mode dans les Mémoires secrets", in C. Cave (org.), *Le Règne de la critique...*, *op. cit.*, pp. 55-81, que insiste na ambivalência da moda, objeto de críticas, mas também é percebida como princípio criativo.

70. *Mémoires secrets*, t. XVI, p. 25, 24 de outubro de 1780.

71. Jeremy Popkin, "The "Mémoires secrets" and the reading of the Enlightenment", in J. Popkin e B. Fort (org.), *The Mémoires secrets...*, *op. cit.*, pp. 9-36, aqui p. 28.

A INVENÇÃO DA CELEBRIDADE

72. Assim, quando *Mémoires secrets* evoca um acidente que Beaumarchais teria sofrido, atropelado por um cabriolé, há o acréscimo: "acredita-se mesmo que [Beaumarchais] não tenha tido nada de grave, mas mandou exagerar publicamente seu acidente para causar mais sensação e fazer com que falassem dele, que é aquilo que mais ama." (*Mémoires secrets*, t. IX, 8 de dezembro de 1777, p. 307.)

73. Esses números são tirados do índice onomástico *Table alphabétique des auteurs et des personnages cités dans les "Mémoires secrets"*, publicado em Bruxelas em 1866. Ver J. Popkin e B. Fort (orgs.), *The Mémoires secrets...*, *op. cit.*, pp. 182-183 e 108-109. Como o índice não é totalmente completo, eles estão ligeiramente subestimados em seus valores absolutos.

74. Pamela Cheek, "The *Mémoires secrets* and the Actress", *ibid.*, pp. 107-127.

75. Elisabeth Barry, "From epitaph to obituary: Death and Celebrity in Eighteenth-Century British Culture", *International Journal of Cultural Studies*, n. 11-3, 2008, pp. 259-275. *Ver também* Nigel Starck, *Life after Death. The Art of Obituary*, Melbourne: Melbourne University Press, 2006.

76. *Nécrologe des hommes célèbres de France*, Paris: Desprez, 1768, p. VI.

77. Armando Petrucci, *Le Scritture ultime*, Turim: Einaudi, 1995.

78. Sabina Loriga, *Le Petit X. De la biographie à l'histoire*, Paris: Le Seuil, 2010, p. 18. [Tradução brasileira: *O pequeno X. Da biografia à história*. Belo Horizonte: Autêntica, 2011.]

79. Guido Mazzoni, *Teoria del romanzo*, Bolonha: Il Mulino, 2012, especialmente pp. 151-193.

80. Hélène Merlin, *Public et littérature en France au XVIIe siècle*, Paris: Les Belles Lettres, 1994.

81. Denis Diderot, "Éloge de Richardson", *Œuvres*, Paris: Gallimard, 1951, pp. 1.059-1.074; Roger Chatier, "Les larmes de Damilaville et la lectrice impatiente", *Inscrire et effacer. Culture écrite et littérature (XIe-XVIIIe siècle)*, Paris: Gallimard/Seuil, 2005, pp. 155-175. [Tradução brasileira: "O comércio do romance: as lágrimas de Damilaville e a leitora impaciente". In: _____. *Inscrever e apagar*: cultura escrita e literatura. São Paulo: Editora UNESP, 2007. pp. 251-284]; Lynn Hunt, *Inventing Human Rights: A History*, Nova York: Norton, 2007, pp. 35-69. [Tradução brasileira: *A invenção dos direitos humanos: uma história*. São Paulo: Companhia das Letras, 2009.]

82. O impacto do romance sentimental na escrita historiográfica do século XVIII permanece desconhecido. Ver, não obstante, Mark Salber Philips, "Reconsiderations on History and Antiquarianism: Arnaldo Momigliano and the Historiography of Eighteenth-Century Britain", *Journal of the History of Ideas*, n. 57-2, 1996, pp. 297-316; Id., "Histories, Micro and Literary: Problems of Genre and Distance", *New Literary History*, n. 34, 2003, pp. 211-212.

83. Samuel Johnson, *The Rambler*, 1750-1752, in *The Yale Edition of Samuel Johnson*, Yale University Press, 1969, 13 de outubro de 1750.
84. Giorgio Manganelli, *Vie de Samuel Johnson*, Paris: Le Promeneur, [2008] 2010, p. 46.
85. James Boswell, *An Account of Corsica, the journal of a tour to that Island, and Memoirs of Pascal Paoli*, Glasgow: Dilly, 1768; *Relation de l'Isle de Corse. Journal d'un voyage dans cette Isle et mémoires de Pascal Paoli*, La Haye: Staatman, 1769. Sobre a viagem de Boswell, ver Joseph Foladare, *Boswell's Paoli*, Amden: Archon Books, 1979, pp. 19-76. A desconfiança de Paoli é narrada por ele mesmo a Miss d'Arblay, citado par George Bikbeck HILL, *Boswell's Life of Johnson*, Nova York: Harper, 1889, t. I, p. 6.
86. Já em sua primeira estada, em 1762 e aos 22 anos, ele redigira um diário de sua vida londrina, e durante vários anos, de 1776 a 1783, escreveu inúmeros artigos, sob pseudônimo, na *London Magazine*. Ver Frederick Pottle, *James Boswell, the Early Years*, Londres: Heinemann, 1966; Frank Brady, *James Boswell: the Later Years (1769-1795)*, Nova York, McGraw Hill Book, 1984; Peter Martin, *The Life of James Boswell*, Londres: Weidenfeld et Nicolson, 1999.
87. Cheryl Wanko, *Roles of Authority: Thespian Biography and Celebrity in Eighteenth-Century Britain*, Lubbock: Texas Tech U, 2003.
88. Ver Roger Chartier, *Figures de la gueuserie*, Paris: Montalba, 1982.
89. Christian Biet, "Cartouche et le mythe de l'ennemi public no 1 en France et en Europe", introdução a Marc-Antoine Legrand, *Cartouche ou les Voleurs [1721]*, textos editados e comentados por C. Biet, Vijon, Lampsaque, 2004.
90. *Ibid.*
91. Para essa leitura política, ver Patrice Péveri, "De Cartouche à Poulailler: l'héroïsation du bandit dans le Paris du XVIIIe siècle", *Être parisien au XVIIIe siècle*, pp. 135-150. Para exemplos de resistência popular por meio do boato: Arlette Farge e Jacques Revel, *Logiques de la foule. Les enlèvements d'enfants à Paris en 1750*, Paris: Hachette, 1988.
92. *Histoire de la vie et du procès de Louis-Dominique Cartouche, et de plusieurs de ses complices*, 1772. Existem inúmeras edições desse texto, algumas delas tendo por título *Histoire de la vie et du procès du fameux Louis-Dominique Cartouche*. Esse é o caso, por exemplo, da edição de Rouen, em 1722. Hans-Jürgen Lusebrink, *Histoires curieuses et véritables de Cartouche et de Mandrin*, Paris: Arthaud, 1984.
93. Madeleine Pinault-Sorensen, "Le thème des brigands à travers la peinture, le dessin et la gravure", in L. Andries (org.), *Cartouche, Mandrin, et autres brigands, op. cit.*, pp. 84-111.
94. C. Biet (org.), "*Cartouche et le mythe de l'ennemi public...*", *op. cit.*

95. Lise Andries, "Histoires criminelles anglaises", in L. Andries (org.), *Cartouche, Mandrin, et autres brigands, op. cit.*, pp. 253-255.

96. *Histoire de Louis Mandrin, depuis sa naissance jusqu'à sa mort: avec un détail de ses cruautés, de ses brigandages, et de son supplice*, Chambéry/Paris, Gorrin/ Delormel, 1755; *Abrégé de la vie de Louis Mandrin, chef de contrebandier en France*, s. l., 1755; Lagrange, *La Mort de Mandrin*, Société des Libraires, 1755.

97. *Histoire de la vie et du procès de Louis-Dominique Cartouche*, Bruxelas, Le Trotteur, 1722, p. 4.

98. *Vie criminelle de Henri Augustin Trumeau*, Paris, 1803, citado in *Dictionnaire des vies privées (1722-1842)*, éd. Olivier Ferret, Anne-Marie Mercier-Faivre e Chantal Thomas, Oxford: Voltaire Foundation, 2011, p. 409.

99. A leitura política foi desenvolvida, repetidas vezes, por Robert Darnton. Ver, ultimamente, *Le Diable dans un bénitier. L'art de la calomnie en France, 1650-1800*, Paris: Gallimard, 2010. [Tradução brasileira: *O diabo na água benta*: ou a arte da calúnia e da difamação de Luís XIV a Napoleão. São Paulo: Companhia das Letras, 2012.] Apesar de sua discordância de Darnton em inúmeros pontos, Simon Burrows, *Blackmail, Scandal, and Revolution: London's French Libellistes, 1758-1792*, Manchester: Manchester University Press, 2006, situa-se também nessa perspectiva. Para uma apresentação mais global do tema, ver *Dictionnaire des vies privées, op. cit.* Voltarei a tratar da interpretação política no capítulo 5, a propósito de Maria Antonieta.

100. H. Merlin, *Public et littérature..., op. cit.*; *De la publication, entre Renaissance et Lumières*, textos escolhidos por C. Jouhaud e A. Viala, Paris: Fayard, 2002.

101. J. Habermas, *L'Espace public, op. cit.* Atualmente, a bibliografia é considerável. Ver, especialmente, Roger Chartier, *Les Origines culturelles de la Révolution française*, Paris: Éd. du Seuil, 1991. [Tradução brasileira: *As origens culturais da Revolução Francesa*. São Paulo: Editora UNESP, 2009.]

102. P. G. Contant D'Orville, *Précis d'une histoire générale de la vie privée des Français dans tous les temps et dans toutes les provinces de la monarchie*, Paris: Moutard, 1779; Pierre Jean-Baptiste Legrand D'Aussy, *Histoire de la vie privée des Français, depuis l'origine de la nation jusqu'à nos jours*, Paris, 1782, 3 vol.

103. Antoine Lilti, *Le Monde des salons. Sociabilité et mondanité à Paris au XVIIIe siècle*, Paris: Fayard, 2005.

104. Pierre Kayser, *La Protection de la vie privée*, Aix-en-Provence: Presses universitaires d'Aix-Marseille/Economica, 1984.

105. Emma Spary, *Le Jardin d'Utopie. L'histoire naturelle en France de l'Ancien Régime à la Révolution*, Paris: Muséum d'Histoire Naturelle, [2000] 2005, pp. 50-51.

106. Joseph Aude, *Vie privée du comte de Buffon*, Lausanne, 1788, p. 2.

107. *Ibid.*, p. 5.
108. *Ibid.*, p. 18 e 50.
109. Marie Jean Hérault de Séchelles, *Visite à Buffon*, Paris, 1785.
110. Sara Maza, *Vies privées, affaires publiques. Les causes célèbres de la France prérévolutionnaire*, Paris: Fayard, [1993] 1995.
111. *Vie de Joseph Balsamo, connu sous le nom de comte Cagliostro*, Paris, 1791, p. III.

4. Da glória à celebridade

A *Enciclopédia* não contém um verbete "Celebridade". O termo era ainda demasiado recente. Nela se encontra, por outro lado, uma longa entrada consagrada à "Glória", na pena de Jean-François Marmontel, dramaturgo, crítico literário, jornalista, acadêmico, figura emblemática dos homens de letras do Iluminismo. Inicia-se com uma tentativa de distinguir a glória de outras noções próximas – a estima, a admiração e a celebridade –, todas ligadas à ideia de um julgamento coletivo sobre um indivíduo:

> A glória é o esplendor da boa fama.
>
> A estima é um sentimento tranquilo & pessoal; a admiração, um movimento rápido e algumas vezes momentâneo; a celebridade, uma fama ampliada; a glória, uma fama brilhante, o concerto unânime & estável de uma admiração universal.
>
> A estima tem por base o honesto; a admiração, o raro & o grande no bem moral ou físico; a celebridade, o extraordinário, o assombroso para a multidão; a glória, o maravilhoso.[1]

Por meio dessa tipologia, que é também uma gradação, do mais comum ao mais raro, da estima individual à glória universal, Marmontel desdobra todo um *savoir-faire* retórico, mas também trai certo embaraço. Seu leitor identifica muito bem o que aproxima a estima e a admiração: ambas resultam da avaliação dos méritos de um indivíduo, uma moderada, a outra mais entusiasta. Compreende também o que as opõe à glória, que recompensa um herói fora do comum. Mas o leitor interroga-se quanto ao lugar ocupado exatamente pela celebridade nessa nomenclatura. Como distinguir uma "fama ampliada" e uma fama "brilhante"? Em que o "extraordinário" diferencia-se do "maravilhoso"? Qual é essa multidão cuja surpresa define a celebridade? O leitor não saberá, pois o resto do artigo trata exclusivamente da glória, um tema muito mais antigo, cujos critérios ele se esforça para redefinir, opondo à "falsa glória", aquela dos conquistadores e dos reis maus, uma glória autêntica, fundada em grandes virtudes, em grandes obras e, sobretudo, na devoção ao "bem público". Reconhece-se aí a ética social do Iluminismo, no interior da qual Marmontel empenha-se em preservar uma parte de maravilhoso.[2] O objetivo essencial do artigo, a partir daí, é conferir ao homem de letras a responsabilidade de atribuir a glória. Porque associa a autoridade moral do filósofo à potência sensível do poeta, o escritor está encarregado da glória dos grandes homens: cabe-lhe discernir a verdadeira grandeza e articular o "concerto unânime" da admiração universal. Compreende-se que ele esteja menos à vontade em relação à celebridade, que procede da curiosidade assombrada da multidão e cujos critérios são muito mais vagos. No entanto, a palavra está lançada. Como conferir-lhe uma substância? Que valor conceder-lhe? Que relação mantém ela com a glória?

Trombetas da fama

Essa importância concedida à "glória" em *Enciclopédia* pode surpreender. Os historiadores afirmaram com frequência que os filósofos do Iluminismo haviam se dedicado a uma crítica radical da glória e do herói. Retomando a crítica do amor-próprio, assim como a promoção do interesse contra as paixões, teriam desenvolvido uma ética fundada nas virtudes sociais, o "doce comércio" e a utilidade, contra os prestígios ilusórios do heroísmo.[3] O herói teria arcado com os custos da passagem da ética aristocrática à moral burguesa, tendo sido rapidamente substituído pelo grande homem. Um texto de Voltaire, citado com frequência, ofereceria o testemunho do deslocamento operado na cultura europeia:

Nada ganha o gênero humano com essas cem batalhas, mas os grandes homens de que vos falo prepararam prazeres puros e duráveis aos homens que ainda não nasceram. Uma eclusa no canal que reúne os dois mares, um quadro de Poussin, uma bela tragédia, uma verdade descoberta são coisas mil vezes mais preciosas que todos os anais de corte, que todas as relações de campanhas militares. [...] Em minha obra, os grandes homens têm o primeiro lugar e os heróis, os últimos. Chamo grandes homens todos aqueles que se destacaram no útil ou no agradável. Os saqueadores de províncias são meros heróis.[4]

A causa parece clara: o grande homem substituiu o herói; o útil e o agradável, valores prosaicos e razoáveis, sucederam à glória, que supunha um quê de desmesura ameaçadora. Na verdade, não se trata de nada disso, como demonstra o artigo de Marmontel. Mesmo aos olhos de Voltaire, a façanha heroica está longe de ter perdido todo o seu prestígio. O vocabulário da glória, sem dúvida humanizada, pertence muito bem ao vocabulário do Iluminismo.[5]

No texto de Voltaire, discerne-se, aliás, uma tensão entre os valores que promove, o útil e o agradável, em que ressoa um ideal de ponderação, e o nome de Poussin, associado ao tema da excelência e do grande artista. Ao herói, ao saqueador de província, Voltaire não opõe o cidadão ordinário, o negociante eficaz ou o bom pai de família, mas o grande erudito, o grande pintor, o grande autor, em uma palavra, o "grande homem". Trata-se de definir uma nova forma de excelência, uma nova categoria de homens que, por suas aptidões e por suas obras, levantam-se acima de seus contemporâneos e merecem permanecer nas memórias. No mesmo momento, começa a tomar forma a figura moderna do gênio, que se desenvolverá na época romântica com a estética do sublime: um homem excepcional, absolutamente original, capaz de criar obras imortais, de penetrar os segredos da natureza ou de interferir no curso da história.[6] Longe de se levantar frontalmente contra o tema da glória heroica, a figura do grande homem é, antes, uma redefinição, uma reformulação, talvez uma reabilitação, após a "demolição do herói"[7] à qual haviam se dedicado os moralistas agostinianos e jansenistas na segunda metade do século XVII.

A INVENÇÃO DA CELEBRIDADE

O grande homem conserva vários traços da figura tradicional do herói. Ele é um ser excepcional, fora do comum, uma encarnação do maravilhoso secularizado; a admiração que gera faz dele um personagem exemplar, que encarna os valores de uma sociedade, um modelo a ser imitado; por fim, o culto que lhe é prestado é essencialmente póstumo: é possível entrar em vida no Panteão? Só há grande homem morto – esse é um traço característico da tópica da glória, na longuíssima duração da cultura ocidental, desde o herói e o santo. Já o destino de Aquiles, essa figura fundadora da glória heroica, baseia-se na "bela morte" do guerreiro que prefere morrer jovem e em combate a levar uma vida ordinária.[8] Sua glória é indissociável do poema que canta suas façanhas: ela é, de saída, memorial e funda a unidade de uma comunidade por meio da comemoração dos altos feitos de um herói, que encarna, no mais alto grau e até na morte, os valores comuns. Morto ainda jovem, mas eternamente celebrado, o herói é uma figura limiar, a de um homem ao mesmo tempo excepcional – por seus talentos e suas façanhas – e exemplar. Essa figura heroica marca de forma duradoura a cultura ocidental, por meio das múltiplas reformulações do gênero épico, mas também por meio da lembrança dos soberanos conquistadores cobertos de glória, em especial Alexandre e César.

O grande homem, esse herói humanizado do Iluminismo, já não procura a emulação com Aquiles e Alexandre, pois a façanha guerreira não é mais o critério da grandeza.[9] À força e à coragem física sucederam o talento intelectual ou artístico e a devoção ao bem público. A grandeza militar ainda é pregada, sob a condição de estar a serviço da pátria: Epaminondas, o salvador de Tebas contra a opressão espartana, é oposto, a partir de então, a Alexandre, o conquistador da Ásia.[10] Mas, em todos os casos, permanece inalterado o princípio segundo o qual a verdadeira glória se mede com o recuo do tempo, quando as paixões foram apaziguadas e os preconceitos, silenciados. O elogio sucedeu à epopeia, que triunfa ao longo do século e que é sempre póstumo. Pronuncia-se o elogio dos acadêmicos mortos, mas, sobretudo, o dos grandes homens do passado. É aqui que os homens de letras reencontram seu papel edificante: decretar os novos critérios da glória, estabelecer os títulos de virtude,

DA GLÓRIA À CELEBRIDADE

fazer a lista de honra dos grandes artistas. Antoine-Léonard Thomas tornou-se seu especialista incontestе e teorizou o gênero.[11] No início do século XIX, Hazlitt oporá ainda, e não sem lirismo, a glória dos grandes poetas mortos e a simples popularidade dos poetas vivos, sempre duvidosa e contestável: "A glória é a recompensa não dos vivos, mas dos mortos. O templo da glória levanta-se sobre um túmulo, a chama que queima sobre seu altar é acesa com as cinzas dos grandes homens."[12]

A oposição entre a glória póstuma, unânime e legítima, e a opinião dos contemporâneos, necessariamente flutuante e arbitrária, é um tema antigo. Já Cícero distinguia a glória póstuma (*gloria*), vasta e durável, recompensadora da virtude, e a reputação (*fama*), essa fama artificial, efêmera, fundada em uma popularidade às vezes mal adquirida.[13] Essa distinção fundadora foi retomada incansavelmente pelos humanistas, que se esforçaram, reativando a herança de Cícero e de Plutarco, para fundar uma moral da emulação virtuosa em torno das figuras de homens ilustres. Assim, Petrarca, que restitui a honra do gênero dos homens ilustres e não para de se interrogar quanto à legitimidade da glória, opõe resolutamente a reputação (*fama*), que é um simples fenômeno de opinião coletiva, passível de ser falsificado pelo ciúme ou pela intriga, à glória (*gloria*), que só recompensa os grandes homens após sua morte: "Queres tu que se louvem teus escritos? Morra. É a partir da morte que o favor dos homens começa a adquirir vida, e o fim da vida é o começo da glória [*vite finis principium est glorie*]."[14] Ele afirma que não apenas os maiores homens da Antiguidade não gozaram da glória em vida, como também, se retornassem à terra, estariam expostos à crítica e ao ciúme.

A busca da glória, portanto, é justificada, porque encoraja o aperfeiçoamento moral, mas com a condição de ser totalmente indiferente à opinião dos contemporâneos. Se esse tema, que se tornou lugar-comum da filosofia moral, adquire até o século XVIII tal eco, é porque ele permite responder às críticas da Igreja – que denuncia a "glória vã", essa busca das honras terrestres, opondo-lhe a única realmente válida, a de Deus – ou, posteriormente, à crítica oposta pelos filósofos modernos, como Hobbes, que levam ainda mais longe a condenação da glória e do amor-próprio, rebaixados ao estatuto de paixões vãs e narcísicas.[15]

A INVENÇÃO DA CELEBRIDADE

Para todos aqueles que sonham em deixar o nome na história, é importante se justificar em relação à acusação de vaidade, mostrando que essa ambição não tem nada em comum com os falsos prestígios da popularidade. Petrarca opunha ao "desejo prematuro por louvores" a busca pela verdadeira glória, aguilhão moral que incita a buscar a estima da posteridade.[16] Diderot retoma com entusiasmo esse elogio da glória póstuma em sua intensa correspondência com o escultor Falconet. "Oh, valor inapreciável da glória!": não somente a busca da glória é legítima, como ela é o único bem que o grande artista ou simplesmente o homem moral deve desejar. Ela o leva a tirar o melhor partido de seu talento, voltado para a posteridade, sem se preocupar com o julgamento de seus contemporâneos, "dessa multidão confusa de gente de toda espécie, que vai ao *parterre* vaiar uma obra-prima, levantar a poeira no salão e procurar no libreto para saber se deve admirar ou criticar". Diderot julga ser necessário evitar, tanto quanto possível, a exposição pública em vida, trabalhando-se, ao mesmo tempo, para merecer uma glória durável que apenas o futuro assegurará. Àqueles que não veem nisso senão vaidade, replica, inclusive em seus últimos escritos: "Não há nada de mais agradável do que crer que a sua nação será enriquecida com mais um grande nome."[17]

Da mesma maneira, as coletâneas de homens ilustres, de Paul Jove aos grandes programas iconográficos do século XVIII, destacam o veredito póstumo da glória, bem diferente do simples ruído da *fama*. Os *corpus* variam fortemente, em função dos artistas e escritores que apareçam neles, da presença dos modernos lado a lado com os antigos, mas, mesmo em *Hommes illustres* [Homens ilustres] de Charles Perrault, entre os quais figuram apenas homens de seu século, não se encontram contemporâneos, no sentido estrito do termo. Quanto ao dispositivo central do culto dos grandes homens, em toda a Europa dos séculos XVIII e XIX, ele se funda na construção de monumentos funerários, desde o túmulo de Newton em Westminster até o Walhalla alemão de Luís I da Baviera, passando pela transformação da igreja de Sainte-Geneviève em Panteão, durante a Revolução Francesa.[18] O grande homem torna-se um herói nacional, mas ele precisa do recuo do tempo.

DA GLÓRIA À CELEBRIDADE

A despeito de tudo o que aparentemente o humaniza, comparado aos heróis guerreiros do passado, o grande homem do Iluminismo não corresponde aos novos mecanismos da celebridade. Sem dúvida, podia acontecer de um homem célebre ser tomado por seus admiradores, já em vida, por um grande homem, antecipando-se a glória futura. Como vimos, era o caso de Voltaire, por exemplo, por mais que a operação ainda fosse difícil. Em contrapartida, a maioria das pessoas célebres não tinha vocação para terminar no Panteão ou em Westminster: atrizes, bandidos, cantores ou escritores na moda, sua notoriedade era frequentemente efêmera e suas virtudes, contestáveis. O ponto essencial é que a glória do grande homem era, por construção, distinta da celebridade das figuras públicas, tendo em vista que era fundada na distância temporal, única capaz de assegurar uma admiração unânime. Não somente ela não permitia pensar os mecanismos modernos da celebridade, os do tempo curto da curiosidade pública e da atualidade, mas, por definição, só podia mantê-los a distância, em razão da extrema desconfiança em relação aos fenômenos de opinião arbitrários e flutuantes. A celebridade, essa "fama muito ampliada", segundo Marmontel, parecia depender preferencialmente daquilo que Cícero e Petrarca chamavam, em suas épocas, de *fama*, isto é, a construção social das reputações. Ela tomou, entretanto, proporções inéditas e perturbadoras.

Nas sociedades tradicionais, o valor de um indivíduo dependia em grande parte do julgamento dos mais próximos, de seus vizinhos, de seus conhecidos, isto é, de sua reputação. Tratava-se do princípio mesmo da honra: os indivíduos eram julgados quanto à sua capacidade de se conformar a códigos morais e às exigências de sua posição social, e exerciam coletivamente um controle sobre cada membro do grupo. A honra não era apenas um valor das elites, ainda que desempenhasse um papel importante na ideologia nobiliárquica. Do fim da Idade Média até o século XVIII, ela se tornou um elemento essencial da regulação das sociedades europeias, tanto na corte quanto na menor das aldeias. Pelo fato de depender do julgamento dos outros, a honra deveria ser defendida quando colocada em causa, por um duelo, por uma reparação, por um gesto ostensivo.[19]

A honra era a dimensão mais dramática da reputação, que assumia, no entanto, múltiplas formas. As conversas ordinárias, os boatos, os mexericos faziam circular, à escala das comunidades locais, informações e julgamentos sobre cada um, sobre suas qualidades de esposo ou de esposa, de trabalhador ou de vizinho, sobre sua honestidade ou sua piedade, estabilizando, assim, uma opinião comum. A partir do século XII, sob o impulso do papado, e posteriormente nas comunas italianas, na França e na Inglaterra, clérigos e eruditos atribuíram a essa reputação uma função judiciária. Ela podia ser objeto de uma investigação que tivesse como objetivo determinar a reputação de um suspeito, o que sabiam dele, de suas ações e de seus costumes todos aqueles que podiam conhecê-lo. Originada das práticas de sociabilidade locais, talvez reforçada pelas práticas inquisitoriais, a *fama* era a opinião comum que uma comunidade fazia de um de seus membros, o resultado de uma intensa operação de socialização dos julgamentos individuais por meio de boatos e falatórios. Mas, por definição, era limitada, ligada essencialmente ao interconhecimento e à oralidade, sempre orientada para uma avaliação moral.[20] Acontecia de a reputação de um indivíduo estender-se, em vida, muito além de sua comunidade de origem ou de seu grupo social. A situação não era tão comum em sociedades fracamente midiatizadas, em que a informação demorava a circular. Ela concernia alguns grandes chefes de guerra, predicadores de sucesso, grandes reformadores religiosos, talvez alguns homens do saber. Assim, Bertrand Du Guesclin, membro da pequena nobreza gascã, conseguiu fazer, ao longo do século XIV, uma impressionante carreira que o conduziu até o cargo de conotável da França, graças às suas proezas militares e à reputação de "melhor cavaleiro do mundo", articulada por menestréis e poetas e difundida pela *Chanson de Bertrand Du Guesclin*, composta à época de sua morte por um clérigo da corte da França.[21] Ora, se se evoca então a *fama* de Du Guesclin, é sobretudo o termo "fama" [*renommée*] que é utilizado nos textos franceses da época para designar essa notoriedade. Esse termo distingue-se com muita clareza da glória, que não poderia ser conferida às façanhas profanas de um homem de linhagem medíocre, mas designa uma extensão da reputação, que excede amplamente o quadro local e

DA GLÓRIA À CELEBRIDADE

difunde-se à escala do reino da França. Com efeito, uma reputação tão ampla quanto a de Du Guesclin ou, mais tarde, a de Erasmo, amplamente conhecido na Europa erudita do século XVI, anunciava, em menor grau, os mecanismos da celebridade tal como se desenvolveram no século XVIII. Ela parecia escapar à lógica local, interpessoal, da reputação, para se aproximar da figura do homem ilustre. É isso o que apreende o termo de "fama" – originado da mitologia antiga, em que designava uma deusa encarregada de difundir as notícias. Frequentemente associada, nos séculos XVI e XVII, ao tema dos homens ilustres, por meio do motivo iconográfico da mulher alada e de sua trombeta, a fama aproxima-se da glória, de que se torna um quase sinônimo, evitando, ao mesmo tempo, a proibição cristã, sobretudo quando se trata de fama profana, como a de soldados ou de artistas. É a imagem da fama que decora, entre outros exemplos, o frontispício de *Vidas* de Vasari, consagradas ao elogio dos grandes artistas. Mas o inconveniente da fama deve-se justamente à sua ambiguidade: ela não distingue verdadeiramente entre o renome póstumo e as reputações contemporâneas. No século XVIII, o termo é menos usual, assumindo um valor arcaizante, sinônimo, com frequência, de glória. No entanto, sua ambiguidade é reencontrada no texto de Marmontel, no qual a fama serve como noção genérica para definir tanto a glória quanto a celebridade, com o risco de obscurecer aquilo que as distingue.

Pensar a novidade

Confrontados às novas formas de notoriedade que se desenvolvem sob seus olhos, e dos quais às vezes eles próprios são o objeto, os autores do século XVIII não dispõem, portanto, de ferramentas adaptadas. Não apenas não têm praticamente uma palavra que convenha, como também – o que é ainda mais incômodo – o conjunto dos lugares-comuns, dos exemplos, dos argumentos que lhes foram legados por uma longa tradição intelectual gira em torno da oposição, incontáveis vezes reafirmada, incontáveis vezes reelaborada, entre a reputação e a glória. Ora, essa alternativa entre a glória póstuma, unânime e objetiva, e o jogo local e arbitrário das reputações já não é suficiente. As reputações assumem uma amplitude inédita. Pessoas vivas, às vezes sem talento, são mais conhecidas que os grandes homens do passado, dançarinas da Opéra têm seus retratos nas pontes de Paris: trata-se ainda da reputação, já da glória, ou de outra coisa? Aliás, o sucesso não será algo desejável, a opinião pública não estará a ponto de se tornar um valor positivo? Será que se deve seguir desprezando seus vereditos? Será possível continuar a preferir uma fama póstuma, de que não se gozará, à satisfação de se ver reconhecido por seus pares e pelo público, ainda em vida?

Charles Duclos foi um dos primeiros a se esforçar para responder a essas questões. *Considérations sur les moeurs de ce siècle* [*Considerações sobre os costumes deste século*] foi um grande sucesso de vendas em 1751.[22] O livro se inscreve na tradição moralista de uma reflexão sobre as paixões e os comportamentos humanos, mas adaptada às exigências de seu tempo. Prefere os retratos de grupo aos retratos individuais, cujo objetivo é apreender caracteres típicos, e utiliza as categorias de uma sociologia espontânea: "homens de letras", "belos espíritos", "homens de finanças". As máximas atemporais são substituídas por um diagnóstico sobre a evolução contemporânea das práticas e das maneiras. O título de seu livro resume perfeitamente essa ambição. *Considérations*: estamos no domínio do ensaio, em que se emprega um modo não sistemático de combinar observações e reflexões. *Moeurs*: é a palavra-chave da ciência social balbuciante do Iluminismo, tanto no domínio da antropologia (*Moeurs des sauvages américains comparées aux moeurs des premiers temps* [*Costumes dos selvagens americanos comparados aos costumes dos primeiros tempos*], de Joseph François Lafitau), da história (*Essai sur les moeurs* [*Ensaio sobre os costumes*], de Voltaire) ou da filosofia moral (*Moeurs* [*Costumes*] de François Vincent Toussaint). Amigo de Diderot e de Rousseau, Duclos produz um texto emblemático do pensamento moral e social do Iluminismo, no cruzamento entre a filosofia moral e a pré-história da sociologia. Seu objetivo é fundar, pela observação, a "ciência dos costumes".[23] O texto padece às vezes, é verdade, de uma hesitação entre essa perspectiva descritiva e sua ambição normativa, assim como de um ecletismo filosófico por vezes perturbador. Isso explica, sem dúvida, que os historiadores das ideias tenham se interessado tão pouco por Duclos, que não tem nem o rigor de Montesquieu, nem o radicalismo de Helvétius ou de Holbach. Pelo contrário, essa indefinição teórica, somada a um senso agudo de observação, proporciona todo o interesse do texto, ao se buscar compreender os problemas que as novas formas de notoriedade colocam aos homens do século XVIII.

A intuição essencial de Duclos é que uma sociedade não é tecida exclusivamente por laços materiais, mas também simbólicos, da opinião que uns fazem dos outros: "Os homens estão destinados a viver em sociedade e, além disso, são obrigados a isso por necessitarem uns dos outros: estão todos, nesse sentido, em uma dependência mútua. Mas não são unicamente as necessidades materiais que os ligam: eles têm uma existência moral que depende de sua opinião recíproca."[24] Em uma sociedade em que as identidades sociais tornaram-se mais instáveis, em que plebeus são mais ricos que nobres, em que os costumes "confundem e igualam na sociedade as posições que são distintas e subordinadas no âmbito do Estado",[25] a estima não se vincula mais necessariamente ao status e cada um busca controlar, muitas vezes em vão, a imagem que os outros fazem dele. Em outras palavras, em uma sociedade em plena mutação, em que as identidades e as hierarquias sociais já não são visíveis como outrora, principalmente nas grandes cidades, os mecanismos da reputação assumem uma importância desmesurada. Em dois domínios, em particular, o jogo das reputações tornou-se decisivo: no mundo literário, em que o sucesso permite superar todas as barreiras sociais, e na boa sociedade, em que uma reputação de homem cortês abre as portas dos principais salões e o ridículo é um estigma indelével.

Nesses dois domínios, o mundo literário e a boa sociedade, Duclos sabe bem do que está falando. Nascido na Bretanha, em 1704, no seio da pequena burguesia comercial, conseguiu tornar-se uma das principais figuras da vida cultural do Iluminismo, autor de sucesso, historiógrafo do rei, membro da Academia francesa, da qual se torna secretário perpétuo em 1755. Duclos deve esse percurso brilhante que lhe abre as portas da corte (na qualidade de historiógrafo, obtém, em 1750, o privilégio de

A INVENÇÃO DA CELEBRIDADE

"grandes entradas") à sua reputação de historiador, ao sucesso de seus romances libertinos e à proteção dos círculos aristocráticos nos quais conseguiu penetrar. Tendo chegado ao topo das honrarias, pode observar com acuidade os mecanismos da reputação, que permitiram a um jovem burguês de província ser recebido familiarmente na casa da marquesa de Pompadour, a amante do rei.

Classicamente, Duclos parte de uma oposição binária entre reputação e fama. A reputação é limitada a círculos restritos de pares e vizinhos: é o resultado do julgamento moral sobre a virtude de um indivíduo, sua probidade, seu respeito pelas leis: é honesto, útil à sociedade, bom pai, bom esposo, bom comerciante, bom médico etc.? Duclos identifica a reputação de um indivíduo à "estima" daqueles que "o conhecem pessoalmente", mas sabe muito bem que essa estima é socializada, que se baseia na circulação de informações, de boatos e na ideia que cada um tem da opinião comum. Daí o caráter instável e contraditório da reputação – o próprio dela é ser sempre local, "alguém tem uma reputação em um lugar e, em outro, tem outra totalmente diferente". Pelo contrário, a fama é ampla, circula no espaço e no tempo, sobretudo após a morte, e não diz respeito senão a certos indivíduos excepcionais, seja por seu estatuto (os grandes príncipes, que necessariamente a alcançam), seja por seus talentos (os grandes escritores, os grandes artistas). Seu vocabulário não é mais o das virtudes, e sim o do "brilho". Ela é próxima, então, da glória dos heróis e dos grandes homens. A reputação é instável na mesma medida em que a fama é unânime: "A fama é bastante constante e uniforme, a reputação não é quase nunca."[26]

Duclos é claramente menos decidido quando se trata de privilegiar uma ou outra dessas formas de notoriedade. A fama conta com o brilho e a universalidade. Desse modo, o homem de Estado deve sacrificar sua reputação à sua fama, deve preferir as grandes ações que lhe valerão a admiração da posteridade às pequenas, que lhe rendem uma popularidade efêmera. Essa é, conforme vimos, a posição tradicional dos homens de letras. Porém, se a fama é mais brilhante, ela é também menos tangível. Dela não se goza senão na imaginação e ela respeita mais frequentemente a um nome conhecido do que aos méritos reais da pessoa: "A fama é, em várias ocasiões, apenas uma homenagem prestada às sílabas de um nome." Aliás, ela é menos universal do que os homens imaginam: "Tomando-se os homens numericamente, quantos haverá entre eles que nunca ouviram o nome de Alexandre?"

A própria reputação, por sua vez, é frequentemente arbitrária, pois repousa menos na avaliação direta dos méritos do que em fenômenos de opinião coletiva (a imitação, a moda, os boatos), que produzem entusiasmos ou rejeições injustificados. "Nada nos faria mais indiferentes à reputação do que ver como muitas vezes ela se estabelece, se destrói, varia, e quais são os autores dessas revoluções." Aqueles que fazem as reputações, por sua posição ou influência, não são necessariamente os mais virtuosos ou os melhores juízes: "Eis, entretanto, os juízes das reputações! Aqueles cujo sentimento desprezamos e cujo sufrágio buscamos." Acontece até mesmo de a manipulação da opinião ser voluntariamente orquestrada: "Intenta-se, de caso pensado, construir uma reputação e chega-se lá." A ambiguidade suprema dessas reputações é que elas não são sempre mentirosas e factícias, pois acontece também de recompensarem o mérito. De tal modo que, de uma reputação favorável, não se pode rigorosamente concluir nada, nem em um sentido, nem em outro.[27]

Por que a reputação de um indivíduo não seria a síntese dos julgamentos individuais sobre ele? A dificuldade levantada por Duclos está no fato de que a reputação jamais é, justamente, um simples mecanismo de estima pessoal, por meio do qual um indivíduo reconhece os méritos de outro. Ela consiste em um julgamento coletivo, que é, portanto, tributário dos mecanismos de socialização das opiniões, quer sejam espontâneas quer sejam manipuladas. Partira de uma definição da reputação como estima entre próximos, que se conhecem "pessoalmente", ao passo que todos os exemplos por ele escolhidos para iluminar o arbitrário tratam de reputações mais amplas, cujo árbitro é o "público", ou o prenome impessoal "se" [on, em francês], ou ainda a "opinião pública". Ora, o público é uma figura ambivalente, que "constrói reputações por capricho", que detesta as cabalas assim que as identifica, mas que se deixa facilmente lograr e ilude-se, preso na armadilha das próprias quimeras: "Ocorre com frequência de o público ficar impressionado com certas reputações que construiu; busca sua causa e, não podendo descobri-la, porque ela não existe, acaba simplesmente nutrindo mais admiração e respeito pelo fantasma que criou."[28] O público não é mais o mero receptáculo passivo das cabalas, mas também o novo ator coletivo do qual procedem as reputações.

O problema colocado por Duclos é: quando se sai das cadeias estreitas da reputação, que são as da consideração e da estima que as pessoas têm por alguém que conhecem diretamente, para entrar em redes sociais mais vastas, nos espaços mediados pelas sociabilidades (como o da mundanidade), e mais ainda no das reputações literárias (governado pela circulação dos impressos, pelo papel dos críticos, dos intermediários e das cabalas), como assegurar que os julgamentos do "público" sejam conformes aos méritos ou aos defeitos de um indivíduo? Essa instabilidade das reputações e esse arbitrário da opinião pública geram uma dupla consequência. No plano da justiça, como assegurar uma distribuição justa da estima pública?[29] No plano da ação individual, que importância cada indivíduo deve atribuir à sua reputação pública, a partir de que momento o desejo de ser conhecido por seus contemporâneos torna-se um perigo?

Tendo partido da oposição clássica entre reputação e fama, Duclos descobre que as transformações sociais de seu século ampliaram de maneira desmesurada os mecanismos da reputação, sem com isso igualá-los aos da fama. Quando os fatos e os gestos de um indivíduo são muito conhecidos, não somente por aqueles que o "conhecem pessoalmente", mas também por todos aqueles que leem os jornais e constituem o que se começa a chamar de opinião pública, deve-se ainda falar de "reputação"? Não seria conveniente encontrar um termo mais adequado?

Desde a primeira edição, em 1751, um terceiro termo aparece várias vezes para designar uma reputação muito ampla ou uma fama ainda balbuciante, ou ainda servir como uma espécie de termo genérico para designar a notoriedade: esse termo, jamais definido explicitamente, é "celebridade". Na edição aumentada e corrigida de 1764 há um esforço para distinguir mais claramente a celebridade como forma específica, irredutível à reputação e à fama. O próprio título do capítulo é modificado. Intitulado, originalmente, "Sobre a Reputação e a Fama", ele se torna "Sobre a Reputação, a Celebridade, a Fama e a Consideração".[30] Desde as primeiras linhas, a celebridade introduz-se como um terceiro termo. Ali onde a edição de 1751 afirmava: "O desejo de ocupar um lugar na opinião dos homens fez nascer *a reputação e a fama*, dois mecanismos poderosos da sociedade que partem do mesmo princípio, mas cujos meios e efeitos não são totalmente os mesmos", lê-se a partir de então: "O desejo de ocupar um lugar na opinião dos homens fez nascer *a reputação, a celebridade e a fama*, mecanismos poderosos da sociedade que partem do mesmo princípio, mas cujos meios e efeitos não são totalmente os mesmos."[31] O capítulo é pouco modificado por conta disso, como se Duclos tivesse compreendido que o termo celebridade era o que faltava para que desse conta da midiatização crescente das reputações nas metrópoles, que estivesse sensível à sua utilização mais frequente na língua de seu tempo, sem por isso ser capaz de lhe conferir uma verdadeira consistência.

Uma das raras passagens do capítulo que concerne especificamente à celebridade é ainda mais interessante. Duclos imagina um homem cercado de gente que, "sem conhecê-lo pessoalmente, celebra seu nome em sua presença". A experiência, que supõe uma sociedade em que reina, ao mesmo tempo, uma forma de anonimato e uma ampla circulação de nomes próprios, parece-lhe necessariamente agradável: "Gozará de sua celebridade, com prazer."[32] A celebridade caracteriza-se, portanto, pela assimetria entre o homem célebre que sabe que se fala dele e aqueles que falam de um homem que não conhecem pessoalmente. Sem dúvida, à luz de nossos critérios contemporâneos e mesmo, em certo sentido, daqueles do século XVIII, trata-se aí, em alguma medida, de uma celebridade incompleta, já que a imagem do homem célebre não circulou no mesmo ritmo que seu nome ou não o fez o bastante para que ele fosse, justamente, reconhecido. Percebe-se bem, no entanto, qual é o prazer que uma tal celebridade proporciona: ser espectador de sua própria notoriedade, ser o objeto da conversa e o único a sabê-lo, a satisfação narcísica de concentrar o interesse dos outros sem ter de sofrer seus inconvenientes.

A INVENÇÃO DA CELEBRIDADE

Contudo, Duclos acrescenta uma observação estranha: "Se não estiver tentado a se revelar, é porque tem o poder de fazê-lo, e isso por um jogo livre de amor-próprio. Mas, se lhe é absolutamente impossível se fazer conhecer, seu prazer já não será livre e talvez sua situação se torne penosa, pois seria quase como ouvir falar de outro que não si mesmo." Nessa pequena cena fictícia, o prazer do homem célebre depende inteiramente de sua liberdade, do fato de manter o controle da situação, de se aproveitar da assimetria e de poder a qualquer momento transformar sua celebridade em admiração, ao se fazer reconhecer, isto é, ao se identificar publicamente à figura de que se fala em torno dele. Caso contrário, em contrapartida, ele perderia o controle, estaria encerrado em sua condição de espectador, mas de um espectador passivo, excluído da representação, incapaz de modificar o espetáculo, de que o público tornou-se inteiramente senhor. Ora, essa hipótese, aqui fictícia e inteiramente inverossímil, está no próprio âmago da experiência da celebridade, dado que as cadeias da midiatização são demasiado numerosas para permitir a uma pessoa célebre se "fazer conhecer" por cada um dos que falam dela. Sem dizer isso explicitamente, parece que Duclos visa, ou antes pressente-o confusamente, à situação de um indivíduo célebre confrontado não mais a boatos em um café, e sim a um público anônimo de leitores. "Seria quase como ouvir falar de um outro que não de si mesmo": a conclusão é impressionante, pois esse sentimento de profunda alienação, de impossibilidade de se identificar ao personagem célebre em que se converteu será, como veremos, um dos grandes temas da crítica da celebridade na condição de experiência social.

Nesse mesmo momento, do outro lado da Mancha, Samuel Johnson se lança na aventura de *Rambler*. Estabelecido em Londres há mais de uma década, Johnson não penetrou ainda verdadeiramente, como sonha, no mundo das letras inglês, mas o *Dictionnaire* no qual trabalha logo irá fazer dele a figura mais importante da vida intelectual londrina. De 1749 a 1752, ele publica um periódico no qual, duas vezes por semana, propõe um ensaio sobre um tema moral. Seus ensaios, em que a descrição dos costumes na grande metrópole que Londres se tornara é iluminada por seu enorme repertório de citações e por suas próprias considerações,

DA GLÓRIA À CELEBRIDADE

muitas vezes zombeteiras, alcançam um sucesso de crítica, são retomados em outros jornais e, depois, republicados em volumes. Beneficiando-se da popularidade de Johnson, eles conhecerão uma dezena de edições antes de sua morte. A exemplo de *Considérations sur les mœurs* de Duclos, os artigos de *Rambler* são emblemáticos das reflexões que as novas práticas urbanas sugerem a escritores provinciais convertidos em observadores da vida literária na capital. Eles inscrevem-se na tradição moralista, associando a descrição das práticas sociais, uma grande sagacidade psicológica e um esforço de distanciamento. Por outro lado, Duclos escreve, em primeiro lugar, para um público elitizado, fazendo da boa sociedade seu objeto de análise privilegiado, ao passo que Johnson dirige-se a um público mais indistinto, aquele dos jornais e dos cafés, e descreve uma sociedade urbana na qual a revolução do consumo e as transformações do espaço público estão mais avançadas.[33] Ele não procura desenvolver uma moral da utilidade, mas, antes, adaptar à sociedade de seu tempo a sabedoria dos antigos, da qual se nutre, o que faz com um misto inimitável de espírito de seriedade e humor satírico.

Vários dos textos de *Rambler* são consagrados à celebridade literária, cuja incerteza submete os escritores, tanto quanto os militares e os políticos, aos acasos da fortuna. Tema clássico, sem dúvida, esse da roda da fortuna e da felicidade ilusória proporcionada pela busca da glória. Mas Johnson o reinterpreta à sua maneira, pois, em sua pena, o caráter duvidoso e muitas vezes efêmero da celebridade não diz respeito à vaidade da glória terrestre, mas às condições de atribuição do reconhecimento público na sociedade contemporânea. A notoriedade literária já não é um efeito do julgamento dos pares, como no seio da República das Letras, nem o resultado de uma relação eletiva entre o escritor e um príncipe, como no mecenato de corte. Doravante, ela depende, na maioria das vezes, de um "capricho repentino do público" ou de um gosto excessivo pela novidade.[34]

Ora, não somente o público é caprichoso e seus critérios de julgamento são instáveis, como também as próprias condições da celebridade são frágeis, em razão do grande número de candidatos e da atenção limitada do público.[35] Para ilustrar esse julgamento geral, Johnson esboça narrativas breves que encenam a busca da celebridade na sociedade londrina contemporânea. Ele imagina um autor que, impaciente de saber o que o público pensa de seu livro, anda por toda a cidade, devora os jornais, espia as conversas nos cafés, para descobrir finalmente, com amargura, que ninguém fala dele. Johnson se diverte opondo a empolgação e a impaciência do autor, convencido da importância de seu livro, e a diversidade dos temas de conversação que o cercam: um jogo de críquete, um batedor de carteiras, uma falência, um gato desaparecido, um cachorro que dança...[36] A ironia da passagem deve-se ao estabelecimento de uma equivalência entre os méritos do livro e os objetos sem importância que ocupam a atenção pública. Objetos sem importância aos olhos do autor, que se irrita ao se descobrir em concorrência com temas de discussão que julga indignos de si e que busca, febrilmente, a atenção de um público que, em segredo, ele despreza.

Johnson disseca essa contradição com ironia e perspicácia. Evita denunciar o desejo de celebridade como busca da glória vã. Ao longo de toda a sua carreira, afirmará que a busca da fama é perfeitamente legítima. O que lhe interessa são os constrangimentos psicológicos que pesam sobre o escritor quando procura não somente ter o reconhecimento de seus pares, mas também o do público, e quando se encontra preso nas engrenagens de uma luta concorrencial pela celebridade. A lição é uma advertência, que Johnson dirige, sem dúvida, também a si próprio: "Uma vez que um homem tenha tornado a celebridade necessária à sua felicidade, terá cedido à mais fraca e escrupulosa malignidade o poder de lhe recusar, e até mesmo de lhe retirar essa satisfação."[37] Nessa mesma citação, Johnson utilizou a palavra *celebrity*, e não *fame*, decerto com o intuito de insistir ainda mais fortemente no fato de que se trata de uma notoriedade contemporânea, de um estrito fenômeno de opinião.

O texto reinterpreta assim o tema antigo da paixão pela glória por meio da questão do sucesso público e inaugura outro tema que terá um longo futuro pela frente: o do público como senhor mais caprichoso e mais tirânico do que os antigos mecenas. Como se os escritores, no momento em que começam a se emancipar do sistema de corte, recaíssem em uma dependência ainda mais constrangedora. Johnson sabe

DA GLÓRIA À CELEBRIDADE

que os novos mecanismos da vida literária impõem a busca frenética pelo sucesso. Ele percebe que esse desejo de celebridade distingue-se do desejo de ser estimado: trata-se, em primeiro lugar, de uma necessidade de ouvir falar de si, de fazer ruído, de ocupar o público e de provocar sua curiosidade. O escritor em busca da celebridade deseja ser empossado por um público constituído de leitores anônimos, cuja legitimidade está longe de reconhecer, embora busque menos seu julgamento do que seu interesse, menos sua aprovação do que sua curiosidade.

Johnson vai ainda mais longe na descrição psicológica e sociológica da celebridade em um ensaio que se apresenta sob a forma de uma carta, evidentemente fictícia, enviada por um jovem escritor que acaba de publicar um livro e que se arrepende amargamente, porque a revelação pública de seu talento provocou sua infelicidade.[38] O longo relato de seu infortúnio é uma pequena obra-prima cômica sobre os perigos do reconhecimento público. Os primeiros parágrafos desenham a cena inaugural, a travessia do Rubicão: a publicação impressa. Johnson fizera, em um artigo anterior, o elogio da liberdade de imprensa na Inglaterra, ao passo que dessa vez a imprensa é comparada ao inferno, de onde não se retorna quando se publica um livro com o seu nome estampado na capa. A ansiedade e a excitação que acompanham o lançamento de um livro são pouca coisa comparadas ao que, depois, espera pelo autor. Sobrecarregado de visitas entusiasmadas, se arruína com jantares de agradecimento e perde o controle de seu tempo. Depois, descobre o ciúme de seus contemporâneos. No café, suas colocações são mal interpretadas e ele perde o prazer das conversas desprovidas de segundas intenções. Até mesmo seus amigos acabam por fugir dele, porque sua superioridade e sua fama são conhecidas demais. "Vivo em uma cidade como um leão no deserto ou uma águia em seu rochedo, grande demais para a amizade e a sociedade, condenado à solidão por uma infeliz elevação e uma assustadora superioridade."[39] Ele próprio suporta mal essa grandeza ou, ao menos, a imagem que os outros lhe remetem. Sua celebridade tornou-se um fardo. Mas há algo ainda pior: temendo ser roubado por editores piratas ou ver seu retrato circular sem seu consentimento, vive como um homem perseguido. Seu equilíbrio psicológico está ameaçado pelo sucesso.

A INVENÇÃO DA CELEBRIDADE

Certamente lestes em Pope e Swift como os homens de talento têm seus armários pilhados, seus gabinetes arrombados, por conta da instigação de livreiros piratas, desejosos de lucrar com suas obras. Parece evidente que as butiques vendem atualmente inúmeras gravuras de homens que nem se suspeita terem posado com esse objetivo e cuja fisionomia parece ter sido roubada quando o nome tornou o rosto deles vendável. Essas considerações levaram-me a me manter em guarda e minha prudência foi reconfortada quando descobri que várias pessoas examinavam meu rosto com uma curiosidade que provava sua intenção de desenhá-lo. Deixei imediatamente a casa onde estava, mas encontrei o mesmo comportamento fora. Alguns talvez sejam assediados, mas eu sou perseguido. Tenho boas razões para crer que 11 pintores estão no meu encalço, pois sabem que o primeiro que conseguir apreender minha cara fará fortuna. Troco com frequência de peruca e coloco meu chapéu sobre meus olhos, esperando assim enganá-los: pois não é justo, saibam, que vendam minha cara sem partilhar comigo os lucros.

Johnson diverte-se, mas acerta o alvo. Sua descrição insiste precisamente nos novos vetores da celebridade, em particular na expansão dos retratos gravados baratos, a multiplicação sem precedentes dos impressos, assim como no papel das novas sociabilidades urbanas, como a taberna ou o café, em que as conversas constroem a figura pública de um indivíduo muito além do círculo de seus conhecidos. Ele insiste também nas questões comerciais da celebridade: o escritor torna-se uma fonte de lucro para os livreiros, que procuram utilizar seu nome, e para os retratistas, que querem gravar seu retrato. O nome, o rosto: os elementos que constituem a identidade pessoal de um indivíduo aos olhos dos outros, a interface entre sua singularidade e sua identificação pública, são reduzidos ao estatuto de produtos comerciais, ameaçados pela venalidade de comerciantes pouco escrupulosos. O sucesso de um livro, longe de elevar seu autor, o rebaixa, o transforma em mercadoria. A celebridade obriga o homem célebre a fugir, solitário e perseguido, mudando-se sem parar, transportando seus manuscritos consigo, não ousando falar com ninguém, por medo de ser reconhecido, deixando de escrever cartas,

DA GLÓRIA À CELEBRIDADE

por temor de que sejam publicadas. Sua desconfiança torna-se total: ele suspeita de que criados e amigos roubem seus manuscritos – os primeiros, por dinheiro; os segundos, em nome do "público".

Johnson inverte completamente a condenação clássica do desejo de louvores. Não é mais o insucesso que torna o autor infeliz, confrontando-o à injustiça de seus contemporâneos e conduzindo-o a buscar uma glória ilusória da qual não gozará em vida, é a própria celebridade que é um fardo, uma maldição. Seria possível ver aí uma reformulação da condenação cristã da glória vã, mas assim se perderia de vista a originalidade de Johnson: sua ironia e seu senso de observação o tornam particularmente sensível às condições sociais do reconhecimento público, de que constata as transformações na capital inglesa. Ele formula assim, de maneira quase burlesca, o tema dos inconvenientes da celebridade. Esse retrato do homem célebre paranoico, alguém cujo sucesso dos livros conduz a romper com os amigos e depois a viver como solitário perseguido, fugindo da celebridade como de uma maldição – depois de tê-la vorazmente buscado –, separado do mundo por seu sucesso, é impressionante, na medida em que parece anunciar, com uma extraordinária presciência, a figura de Jean-Jacques Rousseau.

Em meados do século XVIII, Johnson e Duclos estão conscientes de que uma nova forma de notoriedade, ligada às mutações do espaço público nas grandes metrópoles, está emergindo, sendo irredutível tanto à reputação quanto à glória. Eles têm a intuição de que a celebridade é uma grandeza paradoxal: sinal de sucesso, exerce nos autores – e, mais geralmente, em todos aqueles que produzem para o público – uma atração poderosa, mas é ao mesmo tempo incerta e pouco legítima, porque fundada no julgamento de um vasto público anônimo cujos critérios são variáveis, pouco explícitos, mal estabelecidos. Ela é, sobretudo, perigosa e pode se revelar uma temível armadilha. Essa intuição, mais inesperada, vai constituir um dos elementos da tópica da celebridade, que começa a se desenvolver.

Celebridade

A própria palavra não é totalmente nova, nesses meados do século XVIII, mas somente então ela começa a assumir o sentido que conhecemos. No século anterior, seu emprego era raro e designava exclusivamente o caráter solene de uma cerimônia oficial. Antoine Furetière, que lhe dá esta definição: "Pompa, magnificência, cerimônia que torna uma ação célebre", propõe o seguinte exemplo: "A entrada dos legados faz-se com uma grande *celebridade*", e acrescenta: "Essa palavra é obsoleta." É com esse sentido de cerimônia solene que La Bruyère a emprega: "Ele zomba da piedade daqueles que enviam suas oferendas aos templos em dias de grande celebridade." A ironia da formulação assenta na etimologia da palavra, que implica a ideia de um lugar muito frequentado e dá a entender que essa piedade é mais ostentatória que sincera. Em latim clássico, *celebritas* designa tanto a presença de inúmeras pessoas em um lugar quanto o caráter solene de uma festa à qual assiste uma multidão, portanto a ideia de afluência e de profusão. O termo, por outro lado, designa apenas raramente uma reputação ampliada, e unicamente na fórmula *celebritas famae*. Somente alguns autores muito isolados (Aulo Gélio e Boécio) tentam, tardiamente e em vão, conferir-lhe esse sentido em um uso absoluto. Na Idade Média, ela nunca possui esse sentido, com algumas raras exceções. Quando a palavra aparece em francês, ela designa, portanto, unicamente o caráter solene de uma festa. Por outro lado, o adjetivo *celeber* designava já em latim um lugar, um fato ou um indivíduo conhecido. Em francês, *célèbre* assume esse sentido bastante cedo, em concorrência com *illustre* e *fameux*.

O emprego de "*célébrité*" para designar a grande notoriedade de um indivíduo aparece timidamente nos anos 1720. Encontra-se uma ocorrência nas *Cartas persas*, em que a palavra designa uma reputação ampla, mas infundada: "Encontrei, há alguns dias, em uma casa de campo aonde fui, dois eruditos que têm aqui uma grande celebridade."[40] O termo aparece na pena de Marivaux e Crébillon, mas é ainda muito recente em 1751, quando Duclos o emprega. Por outro lado, seu uso se tornará bem mais frequente nas décadas seguintes, conforme atestam as principais bases de dados lexicais. A base *ARTFL-Frantext*, por exemplo, mostra que ele é praticamente inexistente antes de 1750. A partir da década 1750-1760, as ocorrências aumentam regularmente e conhecem um pico, em frequência relativa, de 1770 a 1790.[41] O programa Ngram viewer, que se apoia no corpus digitalizado pelo Google Books, fornece resultados semelhantes: uma frequência quase nula até 1730, um aumento regular com um primeiro pico por volta de 1780 e depois um pico mais elevado em 1812, seguido por uma longa queda. Em termos de frequência relativa, o período 1750-1850 marca claramente o apogeu da presença do termo "celebridade" nas publicações em francês.[42]

Figura 4.1
Ocorrências do termo "celebridade" nas publicações francesas

A difusão do termo é acompanhada por uma evolução de seu significado. Nos anos 1750-1760, o termo permanece ainda próximo de "reputação", parece designar uma notoriedade rápida, ampla, sobre a qual pesa uma suspeita. Os adversários dos filósofos iluministas, por exemplo, utilizam a palavra para denunciar a reputação, julgada excessiva, de seus rivais. Em seu *Lettres sur de grands philosophes* [*Cartas sobre grandes filósofos*], Charles Palissot ridiculariza o "refrão de louvores que esses senhores fazem uns aos outros e a esses certificados de celebridade que se oferecem, um após o outro, em suas obras".[43] No mesmo momento, François Antoine Chevrier denuncia as grandes damas que recebem livremente todos aqueles que se apresentam à sua porta: "É em suas casas que os autores que desejam uma celebridade passageira devem ir ler suas produções efêmeras."[44] A celebridade, conotada negativamente, remete a formas de autopromoção, a uma publicidade, orquestrada artificialmente, de grupos de intelectuais que estão na moda.

Ao longo dos anos 1760-1770, a palavra perde, em parte, essa conotação negativa e ganha em especificidade. A "celebridade" é associada à curiosidade do "público" e impõe, àqueles que são seu objeto, um conjunto de constrangimentos. Em *Mémoires secrets* ela é utilizada regularmente com esse sentido. É encontrada também nas correspondências. Julie de Lespinasse escreve a Guibert: "Vossos talentos vos condenam à celebridade. Entregai-vos, portanto, ao vosso destino e vos diga que não sois feito para essa vida doce e interior exigida pela ternura e pelo sentimento."[45] Aqui, a celebridade não tem mais o aspecto de uma reputação efêmera e duvidosa, mas designa, como em Duclos, uma notoriedade tão importante que se torna incompatível com a manutenção de uma vida privada. Notemos a formulação aparentemente paradoxal de Julie de Lespinasse: "vos condenam à celebridade." A celebridade não é somente um atributo, ela é uma condição, modifica o modo de vida, quase o estatuto social, de uma pessoa. Tornar-se uma figura pública, ser o objeto da curiosidade permanente do público, por conta de seus talentos, é uma prova que pode ser enaltecedora, mas também dolorosa, e que transforma o "destino" de um indivíduo. Uma formulação resume bem essa nova tomada de consciência da celebridade como consequência às vezes desagradável do sucesso e do talento: "os inconvenientes da celebridade." Ela se encontra, por exemplo, em Diderot, em *Entretiens d'un père avec ses enfants* [*Conversas de um pai com seus filhos*].[46] Madame Dufresnoy, em 1812, faz dela o subtítulo de seu livro *La Femme auteur*.[47]

Na Inglaterra, a evolução é semelhante e, ao mesmo tempo, diferente. Como na França, a palavra *celebrity*, que também designa o fasto de uma cerimônia, assume progressivamente um novo sentido, sobretudo nos anos 1750, para designar a notoriedade de um ator ou de um escritor. Com uma pequena diferença temporal, encontramos o mesmo apogeu da frequência relativa à virada do século XVIII para o XIX.

Figura 4.2
Ocorrências do termo "celebridade" nas publicações inglesas

No entanto, o inglês dispõe de outra palavra, *fame*, cujo sentido é mais amplo, já que recobre a significação do francês *"célébrité"*, mas às vezes designa simples reputações ou, pelo contrário, uma glória durável, às vezes no mesmo autor. No século XVII, Francis Bacon, em seu *Fragment of an Essay on Fame* [*Fragmento de um ensaio sobre a fama*], utilizava o termo em um registro próximo ao do boato, ao passo que em seu *Advancement of Learning* [*Avanço da aprendizagem*] fazia dele a recompensa prestigiosa do erudito.[48] O *Dictionnaire* de Samuel Johnson, referência lexicográfica para o inglês do século XVIII, não distingue claramente os dois termos, com os verbetes remetendo a um e ao outro. Johnson propõe até mesmo *celebriousness*, ao lado de *celebrity*, como sinônimo de *fame* e *renown*. Se o adjetivo *famous* levará a melhor, a longo prazo, *celebrious* e sobretudo *celebrated* são frequentemente utilizados para designar uma pessoa célebre, o que demonstra certa efervescência linguística. Mais antigo, e prestando-se bem a uma diversidade de empregos, *fame* atrasa o desenvolvimento de *celebrity*, do qual é muitas vezes um sinônimo. Ela continuará, até no inglês contemporâneo, a designar tanto as formas de celebridade midiáticas, quanto o registro mais legítimo da glória. O jogo lexical mostra-se, portanto, mais complexo.

O "castigo do mérito"

Duclos e Johnson, em meados do século, haviam procurado definir a celebridade como condição específica do homem submetido à curiosidade insaciável do público. Trinta anos mais tarde, a palavra impôs-se e o fenômeno adquiriu amplitude, começando a transformar as condições da vida literária. Para os escritores, sempre prontos a analisar a própria situação social, a celebridade torna-se um tema recorrente. Alguns se contentam em denunciar a vaidade de um desejo de celebridade que reduz alguém a fazer falar de si. Assim, o autor trágico Vittorio Alfieri denuncia a *"aura passeggiera di vana glorietta"* (que o tradutor francês traduz, sintomaticamente, como "celebridade fácil e passageira") e opõe-lhe, classicamente, a glória póstuma do grande escritor.[49]

Outros, não menos críticos, esforçam-se para compreender a novidade introduzida pelos mecanismos da celebridade. Entre estes, Nicolas Chamfort, mestre do paradoxo, estava em boa posição para apreender as ambivalências da celebridade, ao lhe dedicar alguns aforismos famosos, como: "A celebridade é a vantagem de ser conhecido por aqueles que não vos conhecem." A citação é frequentemente malfeita, nesta forma: "A vantagem de ser conhecido por aqueles que não conheceis", que insiste mais simplesmente na assimetria de informação entre a pessoa célebre e o público. A celebridade é então identificada a uma extensão de cadeias da reputação, muito além dos círculos de interconhecimento. Mas a verdadeira citação de Chamfort é mais profunda e sua formulação altamente paradoxal captura bem a distância entre duas formas de conhecimento: o conhecimento indireto, mediado, graças ao qual se identifica um indivíduo porque se conhece seu nome, talvez seu rosto, assim como uma série de anedotas sobre ele, e o conhecimento pessoal, que implica uma relação direta e recíproca. O aforismo levanta imediatamente esta questão: o que conhecem de uma pessoa célebre aqueles que a conhecem sem conhecê-la? Um nome, uma imagem, boatos, um discurso, em resumo, um conjunto de projeções

DA GLÓRIA À CELEBRIDADE

mediadas, que circulam no espaço público e que podem não manter mais do que uma relação longínqua com a própria pessoa: é o que se pode chamar de sua figura pública. O homem célebre, conhecido sem ser conhecido, é apenas um nome e um suporte para narrativas, para não dizer fantasias: ele se encontra na situação descrita por Duclos do homem que teria a impressão "de ouvir falar de um outro que não de si mesmo". A ironia do termo "vantagem", escolhido por Chamfort, não deixa dúvidas. Essa celebridade tão buscada é um engodo, ela cria uma situação artificial, traduzida pelo caráter aparentemente contraditório da formulação "ser conhecido por pessoas que não conheceis". Essa denúncia do caráter artificial da celebridade baseia-se na oposição entre a autenticidade das relações pessoais e a artificialidade das relações indiretas, mediadas. Chamfort inicia aqui a crítica da sociedade do espetáculo, com um longo futuro pela frente, e antecipa a crítica romântica da alienação pela publicidade.

No entanto, a relação de Chamfort com a celebridade é também mais pessoal, ancorada em uma experiência do sucesso junto à alta sociedade e de natureza literária. Assim como Duclos ou Marmontel, o começo da carreira de Chamfort corresponde ao arquétipo da carreira literária bem-sucedida. Vindo de Clermont-Ferrand para Paris, ele obtém sucesso nos concursos acadêmicos, o apoio declarado de Voltaire, poderosas proteções aristocráticas, um retumbante sucesso no teatro e mesmo uma cadeira na Academia. Com 40 anos, ei-lo às portas da celebridade. Goza de uma posição invejável, de um rendimento não negligenciável, foi um homem na moda e começa a se tornar um autor de sucesso; pode serenamente pretender uma notoriedade ainda maior, no modelo da de seu mestre Voltaire ou de seu amigo Beaumarchais. Depois, algo se quebra, sem que se saiba exatamente como o desgosto ou a desilusão se infiltraram a ponto de minar em profundidade a ambição de Chamfort, seu gosto pelos prazeres mundanos e pelas honrarias literárias. Ele renuncia à generosa pensão do príncipe de Condé, deixa de frequentar os salões, retira-se para o campo e para de publicar, refugiando-se em um longo silêncio literário. Diferentemente da de Rousseau, alguns anos mais tarde, a ruptura

A INVENÇÃO DA CELEBRIDADE

de Chamfort não é espetacular, não é acompanhada por justificativas ruidosas, permanece silenciosa, mais uma deserção que uma ruptura. Será necessário nada menos do que a Revolução Francesa para fazer com que Chamfort saia de seu mutismo, provocando seu entusiasmo revolucionário, até o episódio de seu suicídio fracassado e, mais tarde, sua morte no período do Terror.

Pode-se discutir longamente as razões que levaram Chamfort a renunciar à publicação, atacado pela síndrome de Bartleby.[50] A principal, a meu ver, diz respeito justamente à reflexão de Chamfort sobre o público e a publicidade, à sua consciência aguda do que implica para um autor buscar o assentimento do público, ainda que não lhe reconheça nenhuma autoridade em matéria de gosto. A crítica de Chamfort não concerne tanto ao público como instância de julgamento, mas às dinâmicas da publicidade, ao caráter artificial do sucesso. Em uma série de máximas acerbas e desabusadas, Chamfort derruba a ideia da celebridade como indicador do mérito e como forma desejável do sucesso, para descrevê-la como uma punição: "A celebridade é o castigo do mérito e a punição do talento",[51] ou ainda: "No tom que reina há dez anos na literatura, dizia M., a celebridade literária parece-me uma espécie de difamação que ainda não tem tantos maus efeitos quantos os de uma golilha, mas vai chegar lá."[52] Essa segunda formulação antecipa com acuidade a "economia dos bens simbólicos" que se estabelecerá no século XIX, com a autonomização do campo literário e o desenvolvimento da literatura de massa, em que o sucesso público aparece como contraditório com a arte pela arte e as vanguardas literárias.[53] A celebridade torna-se uma marca de infâmia.

Em uma carta ao abade Roman, redigida em 1784, Chamfort volta à sua escolha pela solidão e expõe a seu amigo a distância que descobriu existir entre os sonhos de glória que o animavam no início de sua carreira e a realidade dos mecanismos da celebridade. Sua experiência da vida literária, do ciúme e dos ódios provocados pelo sucesso, mas também da maneira segundo a qual essa "infeliz mania da celebridade" perverte as relações humanas, desempenhou o papel de índice revelador: "Passei a odiar a celebridade tanto quanto eu amara a glória."[54]

Marie-Antoinette, pintura de Élisabeth Vigée-Le Brun, de 1783. Exposto no salão da Academia, o retrato foi considerado informal demais, escandalizando a corte, e por isso foi recolhido.

Jean-Jacques Rousseau (1766), pintura de David Martin, a partir do retrato feito por Allan Ramsay. Rousseau detestava a imagem, realizada durante sua estada na Inglaterra. Ele acreditava que, com ela, seus inimigos haviam tido a intenção de "desfigurá-lo".

Benjamin Franklin (1789), gravura de Jean--François Janinet, a partir do retrato feito por Joseph Duplessis. Esta é uma das pinturas que tornaram a face de Franklin "tão conhecida quanto a da Lua".

O despertar do filósofo de Ferney, gravura cujo protagonista é o filósofo Voltaire, feita a partir da pintura homônima de Jean Huber, de 1772. A difusão da imagem e o entusiasmo que suscitou no público provocaram a irritação do filósofo.

DA GLÓRIA À CELEBRIDADE

Contemporâneo absoluto de Chamfort, que conhece bem e a quem frequenta na Sociedade dos Autores Dramáticos, Louis Sébastien Mercier é outro observador atento das transformações da vida cultural. Seu *Tableau de Paris*, publicado a partir de 1783, não é somente uma extraordinária descrição da Paris popular, mas também uma reflexão sobre as novas condições da vida cultural em uma grande capital do fim do século e especialmente sobre a vida literária e teatral, da qual Mercier é uma testemunha privilegiada.[55] Mais que outros, ele insiste nas sujeições associadas à condição de homem célebre, que vê sua vida privada perpetuamente oferecida ao olhar do público. "A vida de uma bela mulher é menos escrutinada do que a de um homem célebre", escrevia ele já, não sem ironia, em *De la littérature et des littérateurs* [*Da literatura e dos literatos*].[56] Tratava-se então de ilustrar o prestígio dos escritores, que, embora não tendo estatuto social específico, provocam o interesse geral e são procurados tanto pelas elites quanto pelo público. Mas, já então, despontava uma suspeita crítica, não sendo a comparação necessariamente lisonjeira. Em *Tableau de Paris*, ele volta a essa questão inúmeras vezes, criticando a nova cultura da celebridade. Um dos capítulos mais reveladores é dedicado ao hábito do público da Comédie-Française de reclamar a presença do autor ao fim da primeira representação. Essa nova prática, iniciada com Voltaire, deveria ter rejubilado Mercier, que fora, com seu amigo Beaumarchais, um ardente promotor do direito dos autores dramáticos contra os privilégios dos atores e o controle exercido pelos gentis-homens da câmara do rei.[57] No entanto, o capítulo que ele lhe consagra é extremamente crítico. Essa prática ilustra, aos seus olhos, um deslocamento infeliz, do prazer oferecido pelo espetáculo ao desejo de ver o autor, da obra ao escritor. Esse aparente reconhecimento do autor, em que outros veriam talvez as primícias da consagração do escritor, surge, para Mercier, como um aviltamento. Longe de reconhecer no autor uma autoridade, um criador, ela fez de sua pessoa o objeto de um espetáculo.

A INVENÇÃO DA CELEBRIDADE

> Muitas vezes, ao fim de uma peça e como para acrescentar uma cena àquela que acaba de ver representada, [o *parterre*] pede, com grandes gritos, a presença do *Autor*, e com a mais frenética determinação; seus gritos carregam a marca de um caráter brutal, desonesto, ao exigir indecentemente aquilo que se tem o direito de lhe recusar; seus clamores se redobram até que lhe tragam a vítima à beira do palco e seus aplausos não são mais, então, que ultrajes.

As fórmulas irrompem, mordazes, e a conclusão é inapelável. A homenagem do público assume a forma de uma humilhação. Ela impõe ao autor uma confusão nefasta entre seu ser social, reduzido à frontalidade de um corpo e de um rosto submetidos aos olhares e aos aplausos, e seu ser moral. "Não sei como pode haver Autores que se respeitem tão pouco, a ponto de obedecer aos clamores imperativos de um *parterre* em delírio. Como pode o público não sentir, ele mesmo, que todo autor tem o direito de se recusar à sua louca turbulência, porque não pode haver nenhuma relação entre sua obra e sua pessoa? São seus versos ou sua prosa o que se deve julgar, e não sua fisionomia, seu vestuário e sua postura."[58] Compreende-se que Mercier não tenha apreciado a cerimônia em honra de Voltaire, quando da representação de *Irène*, e que tenha visto nela apenas uma farsa desonrosa.

O que Mercier percebe muito bem é que, por trás dessa aparente promoção do autor festejado pelo público, dissimula-se na verdade um duplo deslocamento, do texto ao autor, mas também do autor como artista ao autor como pessoa, cuja exibição não é mais que um coadjuvante ao prazer da representação. Não apenas o público confunde a obra e o autor, mas também faz deste último um objeto de curiosidade, um apêndice do espetáculo. Sua liberdade e sua dignidade são negadas, nessa aclamação que se apresenta como uma marca de admiração coletiva (os "aplausos"), mas revela uma vontade agressiva de reduzir o autor a um personagem. Mercier não suporta que essa cerimônia, a pretexto de prestar homenagem ao autor, coloque em cena, na verdade, o poder do público, sua tirania, seu desejo de transformar tudo em um

DA GLÓRIA À CELEBRIDADE

espetáculo à sua disposição. É desse modo que se pode compreender essa fórmula virulenta, altamente paradoxal: os "aplausos não são mais, então, que ultrajes".

Notas

1. Jean-François Marmontel, "Gloire", *Encyclopédie ou dictionnaire raisonné des arts et des métiers*, Paris: Briasson, 1757, t. VII.
2. Sobre essa questão, ver Robert Morrissey, *Napoléon et l'héritage de la gloire*, Paris: PUF, 2010.
3. Paul Bénichou, *Morales du Grand Siècle*, Paris: Gallimard, 1948; Albert Hirschman, *Les Passions et les Intérêts*, trad. fr. P. Andler, Paris: PUF, 1980.
4. Carta a Thiériot de 15 de julho de 1735, Voltaire, *Correspondence and Related Documents*, éd. T. Besterman, Voltaire Foundation, 1969, t. III, p. 175.
5. John R. Iverson, "La gloire humanisée. Voltaire et son siècle", *Histoire, économie, société*, n. 2, 2001, pp. 211-218. Pode-se pensar também no sucesso constante das reedições das *Vidas dos homens ilustres* de Plutarco, ao longo de todo o século.
6. Darrin McMahon, *Divine Fury: A History of Genius*, Nova York, Basic Books, 2013.
7. P. Bénichou, *Morales du Grand Siècle, op. cit.*
8. Jean-Pierre Vernant, "La belle mort et le cadavre outrage" [1982], in *L'Individu, la Mort, l'Amour*, Paris: Gallimard, 1989, pp. 41-79; Gregory Nagy, *Le Meilleur des Achéens. La fabrique du héros dans la poésie grecque archaïque*, Paris: Éd. du Seuil, [1979] 1994.
9. Elogiada durante muito tempo, essa emulação é então criticada: "Os homens nascidos para a glória buscaram-na ali onde a opinião a colocara. Alexandre tinha em seu espírito, o tempo todo, a fábula de Aquiles; Carlos XII, a história de Alexandre: donde essa emulação funesta que, de dois reis cheios de valor e de talentos, fez dois guerreiros impiedosos" (Marmontel, artigo "Glória"). No entanto, não é o princípio da emulação o que é contestado, e sim a natureza dos modelos.
10. O paralelo torna-se um lugar-comum que se encontra, por exemplo, em Montesquieu (*Mes Pensées*, 1729). Foi no início de uma *Histoire d'Épaminondas* que o abade de Saint-Pierre publicou seu "Discurso sobre a diferença entre o homem ilustre e o grande homem", 1739.

A INVENÇÃO DA CELEBRIDADE

11. *Essai sur les éloges ou histoire de la littérature et de l'éloquence appliquée à ce genre d'ouvrages. Œuvres de M. Thomas*, Paris: Moutard, 1773, vol. 1-2. Sobre essa transformação do elogio e a figura do grande homem, ver J.-C. Bonnet, *Naissance du Panthéon, op. cit.*

12. William Hazlitt, "On the Living Poets", *Lectures on the English Poets*, Londres: Taylor and Hessey, 1819 [2e édition], pp. 283-331.

13. Cícero define a glória como "sombra da virtude", definição que será retomada com frequência durante o Renascimento. ("gloria [...] virtutem tamquam umbra sequitur") em *Tusculanes*, I, 109, éd. G. Fohlen, Paris: Les Belles Lettres, t. I, 1931, p. 67. Em *Songe de Scipion* [*Sonho de Cipião*], Cipião Emiliano, após ter criticado as formas terrestres da *fama*, limitadas no tempo e no espaço, descobre a beatitude reservada aos grandes homens – políticos, mas também artistas, filósofos e músicos – que gozam, após sua morte, de uma espécie de vida eterna na qual podem admirar, a partir da Via Láctea, a beleza do cosmos.

14. Pétrarque, *Lettres familières*, I-III, introdução e notas de Ugo Dotti, tradução de André Longpré, Paris: Les Belles Lettres, 2002, pp. 36-48, citação p. 38. A carta, endereçada ao seu amigo Tommaso da Messina, foi escrita provavelmente em 1350, dez anos após a morte de Tommaso, no momento em que Petrarca prepara seu livro de cartas. Situando-a, antedatada, no início do volume, confere-lhe a força de um manifesto.

15. Barbara Carnevali, "Glory. Réputation et pouvoir dans le modèle hobbesien", *Communications*, n. 93-2, 2013, pp. 49-67.

16. A formulação é de Petrarca. Sobre as ambivalências de seu desejo de glória literária, confrontado à condenação cristã, ver seu *Secretum*, no qual ele coloca em cena um diálogo entre si mesmo e Santo Agostinho. Francesco Petrarca, *Secretum*, ed. E. Fenzi, Milão: Mursia, 1992; *Mon secret*, ed. François Dupuigrenet Desroussilles, Paris: Rivages, 1991.

17. Cartas de Diderot a Falconet de agosto de 1766, *Correspondance*, Paris: Robert Laffont, 1997, p. 664 e 680; Denis Diderot, *Essai sur les règnes de Claude et de Néron, Œuvres*, Paris: Robert Laffont, 1994, t. I, p. 115.

18. Patricia Fara, *Newton, the Making of a Genius*, Londres: MacMillan, 2002; Thomas Gaehtgens e Gregor Wedekind (org.), *Le Culte des grands hommes en France et en Allemagne*, Paris: Éd. de la MSH, 2010; Eveline G. Bouwers, *Public Pantheons in Revolutionary Europe: Comparing Culture of Remembrance, c. 1790-1840*, Basingstoke, Palgrave MacMillan, 2012, p. 35.

19. Hervé Drévillon e Diego Venturino (orgs.), *Penser et vivre l'honneur à l'époque moderne*, Rennes: Presses universitaires de Rennes, 2011.

20. Os medievalistas debatem a respeito do papel respectivo das sociabilidades locais e das práticas judiciárias. Claude Gauvard, "La 'fama', une parole fon-

DA GLÓRIA À CELEBRIDADE

datrice", *Médiévales*, n. 24, 1993, pp. 5-13; Julien Théry, "Fama: l'opinion publique comme preuve judiciaire. Aperçu sur la révolution médiévale de l'inquisitoire (XIIe-XIVe siècle)", in Bruno Lesmesle (org.), *La Preuve en justice de l'Antiquité à nos jours*, Rennes: Presses universitaires de Rennes, 2003, pp. 119-147; Thelma Fenster e Daniel Lord Smail (orgs.), *Fama. The Politics of Talk and Reputation in Medieval Europe*, Ithaca/Londres: Cornell University Press, 2003.

21. Bernard Guenée, *Du Guesclin et Froissart. La fabrication de la renommée*, Paris: Tallandier, 2008, pp. 75-103.

22. Charles Duclos, *Considérations sur les moeurs de ce siècle*, Paris, 1751, Paris: Prault, 1764. O livro teve cinco edições no primeiro ano, oito após a edição aumentada de 1764 e até a Revolução. Para a apresentação do texto e de suas questões, é possível se referir à edição crítica preparada por Carole Dornier (Paris: Honoré Champion, 2005), que retoma o texto de 1764. Cito, na sequência, a edição de 1751, confrontando-a às vezes com as edições posteriores e atualizando a ortografia.

23. *Ibid.*, p. 2

24. *Ibid.*, p. 97.

25. *Ibid.*, p. 18.

26. *Ibid.*, pp. 74 e 102.

27. *Ibid.*, pp. 108, 129, 112, 100.

28. *Ibid.*, pp. 110-111.

29. Duclos esforça-se para resolver essa questão, introduzindo um novo termo, a "consideração", que assume o que a reputação não pode assegurar, a adequação entre a virtude e a estima: "A consideração é uma forma de respeito pessoal que um homem inspira em seu favor." Mas essa tentativa de fundar uma economia do respeito no mérito pessoal tem fôlego curto: "Se é possível adquirir consideração, também é possível usurpá-la."

30. C. Duclos, *Considérations...*, ed. de 1764, pp. 115-152.

31. *Ibid.*, 1751, p. 97; 1764, p. 116.

32. *Ibid.*, 1751, pp. 104-105; 1764, pp. 123-124.

33. J. Brewer, *The Pleasures of the Imagination, op. cit.*

34. S. Johnson, *The Rambler, op. cit.*, t. III, p. 118, 29 de maio de 1750: "If we consider the distribution of literary fame in our own time, we shall find it a possession of very uncertain tenure; sometimes bestowed by a sudden caprice of the public, and again transferred to a new favourite, for no other reason than that he is new."

35. *Ibid.*, 10 de agosto de 1751, t. V, pp. 13-17.

36. *Ibid.*

A INVENÇÃO DA CELEBRIDADE

37. "When once a man has made celebrity necessary to his happiness, he has put it in the power of the weakest and most timorous malignity, if not to take away his satisfaction, at least to whithhold it."

38. *Ibid.*, 12 de maio de 1750, t. IV, pp. 86-91.

39. "I live in the town like a lion in his desert, or an eagle on his rock, too great for friendship or society, and condemned to solitude, by unhappy elevation, and dreaded ascendancy."

40. Montesquieu, *Lettres persanes*, carta 144.

41. A frequência é de 0,13 para 10 mil palavras nessas duas décadas e, depois, novamente superior a 0.10 em 1810-1820. Na sequência, mesmo que as ocorrências aumentem, elas não voltam a alcançar tal frequência relativa.

42. Resultados obtidos com o programa Ngram viewer, em 22 de outubro de 2012.

43. Charles Palissot Demontenoy, *Petites lettres sur de grands philosophes* [1757], *Œuvres*, Liège, 1777, t. II, p. 107.

44. François Antoine Chevrier, *Le Colporteur, histoire morale et critique*, Londres: Jean Nourse, 1762, p. 67.

45. Carta de Julie de Lespinasse de 22 de maio de 1773, *Correspondance entre Mlle de Lespinasse et le comte de Guibert*, Paris: Calmann-Lévy, 1905, p. 5.

46. Denis Diderot, *Œuvres*, Paris: Gallimard, 1951, p. 729.

47. Mme Dufrénoy, *La Femme auteur ou les inconvénients de la célébrité*, Paris, 1812, 2 vol.

48. Francis Bacon, *Essays*, Oxford: Clarendon Press, 2000; Id., *The Advancement of Learning* [1605], Oxford: Clarendon Press, 2000.

49. Vittorio Alfieri, *Del principe e delle lettere*, Kehl, 1795; *Du prince et des lettres*, Paris: Eymery et Delaunay, 1818, p. 85.

50. Enrique Vila-Matas, *Bartleby et compagnie*, Paris: Christian Bourgois, [2000] 2002, pp. 91-94. [Tradução brasileira: *Bartebly e companhia*. Tradução de Josely Vianna Batista e Maria Carolina de Araújo. São Paulo: Cosac Naify, 2004.]

51. Nicolas De Chamfort, *Maximes et pensées. Caractères et anecdotes*, éd. J. Dagen, Paris: Garnier-Flammarion, 1968, p. 66.

52. *Ibid.*, p. 121.

53. Pierre Bourdieu, *Les Règles de l'art. Genèse et structure du champ littéraire*, Paris: Éd. du Seuil, 1992. [Tradução brasileira: *As regras da arte: gênese e estrutura do campo literário*. São Paulo: Companhia das Letras, 1996.]

54. Nicolas De Chamfort, *Œuvres complètes*, Lyon: Chaumerot, 1825, t. V, p. 274.

55. Sobre a carreira literária de Mercier, ver Jean-Claude Bonnet (org.), *Louis Sébastien Mercier. Un hérétique en littérature*, Paris: Mercure de France, 1995. Sobre o estatuto da descrição, ao mesmo tempo estudo dos costumes e das consi-

derações morais, Joanna Stalnaker, *The Unfinished Enlightenment: Description in the Age of the Encyclopedia*, Ithaca: Cornell University Press, 2010.

56. Louis Sébastien Mercier, *De la littérature et des littérateurs*, Yverdon, 1778, p. 40.

57. Gregory S. Brown, *A Field of Honor: The Identities of Writers, Court Culture and Public Theater in the French Intellectual Field from Racine to the Revolution*, Nova York: Columbia University Press, e-Gutemberg, 2005.

58. L. S. Mercier, "L'Auteur! l'Auteur!", *Tableau de Paris*, 1788, t. XI, pp. 136-137.

5. Solidão do homem célebre

Com Rousseau, abordamos um caso exemplar e, ao mesmo tempo, excepcional. O autor de *A nova Heloísa* é não apenas um dos escritores mais conhecidos de toda a Europa das Luzes, gerando uma curiosidade e um entusiasmo às vezes espetacular, mas também um dos primeiros a tecer comentários sobre a própria celebridade. Ofuscado pela questão de sua figura pública, Rousseau dedica-se, em sua correspondência e em seus textos autobiográficos, a uma reflexão fascinante, no cruzamento entre a filosofia social e o delírio paranoico, sobre as consequências de uma celebridade que julga "funesta". Particularmente bem documentada, a trajetória de Rousseau oferece um mergulho profundo no âmago dos mecanismos da celebridade: permite acompanhar o destino de um escritor pouco preparado para se ver, de um dia para o outro, no centro da atenção pública e que foi, no entanto, durante vinte anos, um dos homens mais célebres de seu tempo. Longe de se regozijar com isso, Rousseau vive essa notoriedade como uma provação, uma maldição que o condena a viver "mais sozinho no meio de Paris do que Robinson em sua ilha, e sequestrado do comércio dos homens pela própria multidão, que se lança impetuosamente à sua volta para impedir que ele se relacionasse com alguém".[1] Como compreender esse paradoxo?

"A celebridade das desgraças"

Como muitos outros depois dele, Rousseau viveu a experiência de uma celebridade repentina, que o impulsionou brutalmente na cena pública. Bem no início dos anos 1750, antes do sucesso de seu *Discours sur les sciences et les arts* [*Discurso sobre as ciências e as artes*], Rousseau não passava de um desses inúmeros escritores que se esforçavam em vão para se fazer notar no mundo literário parisiense. Com quase 40 anos, dez anos após sua chegada à capital, não tinha em sua conta mais do que uma *Dissertation sur la musique moderne* [*Dissertação sobre a música moderna*], que não alcançara muito sucesso, e uma ópera, *Les Muses galantes* [*As musas galantes*], que sequer conseguira fazer com que fosse encenada. Seu sistema de anotação da música, no qual depositara tantas esperanças, não obtivera os sufrágios da Academia de ciências, ao passo que seus talentos de compositor arcavam com os custos da cólera e do desprezo de Rameau, que lhe fechava as portas do mecenato e da corte. Mesmo sua experiência de secretário de embaixada, em Veneza, em 1743-1744, resultara em um fracasso retumbante. Conseguira obter, felizmente, um emprego de secretário junto a Madame Dupin, a mulher de um arrematante de impostos, e ganhara a confiança de seu cunhado, o recebedor de finanças Dupin de Francueil. Em outra centelha de esperança, seu amigo Diderot acabava de lhe confiar alguns artigos sobre a música para um nebuloso projeto de enciclopédia. Tudo somado, seu percurso se assemelhava, a ponto de se confundir, ao percurso banal de um autodidata de província que tivesse ido a Paris na esperança de vencer, mas cuja reputação não ultrapassara os meios restritos da boemia literária.

Tudo mudou em 1751, com a repercussão do *Discours sur les sciences et les arts*, laureado com o prêmio da Academia de Dijon. Desde o mês de dezembro de 1750, o abade Raynal publicava trechos em primeira mão em *Mercure de France* e, em seguida, o texto integral, lançado em janeiro de 1751, suscitou uma forte controvérsia. O sucesso foi imediato, sem qualquer paralelo com o sucesso habitual de um discurso acadêmico.[2] Diderot escreve-lhe que não existe "exemplo de sucesso parecido". Várias tentativas de refutação, inclusive por parte do antigo rei da Polônia, Stanislas Leszczyński, alimentam a curiosidade geral e oferecem a Rousseau a ocasião de apurar suas posições. Ao fim de alguns meses, ele terá se tornado um escritor eminente. Madame de Graffigny, ela própria uma romancista de sucesso, alegra-se por encontrá-lo: "Ontem fui apresentada a esse Rousseau que se torna tão célebre por seu paradoxo e por sua

SOLIDÃO DO HOMEM CÉLEBRE

resposta ao vosso rei."[3] *Journal de Trévoux* evoca, alguns meses mais tarde, o "estrondo" que foi seu discurso, que, aliás, superou fronteiras. Antoine Court, então estudante de teologia em Genebra, esforçou-se para seguir "a profusão de escritos" surgidos contra *Discours*.[4]

A partir de então, Rousseau não vai mais parar de alimentar a atualidade cultural. No ano seguinte, ele continua publicando respostas a seus opositores, promove a encenação de uma peça – *Narcisse* [*Narciso*] – e em seguida, apesar de seu fracasso, publica-a acompanhada de um longuíssimo prefácio – em torno de quarenta páginas –, no qual se entrega a uma autojustificação que produz o efeito esperado: relançar o interesse que ele provoca. Alguns meses mais tarde, sua ópera, *Le Devin du village* [*O adivinho da aldeia*], triunfa em uma representação em Fontainebleau. Essa celebridade nascente, Rousseau a faz frutificar por meio de uma série de polêmicas, contra a música francesa, contra o teatro, e depois contra seus antigos amigos enciclopedistas. Por fim, no início dos anos 1760, o sucesso sem precedentes de *A nova Heloísa*, verdadeiro fenômeno editorial, e o escândalo provocado pela publicação de *Emílio* e *Contrato social*, condenados em 1762 pelo Parlamento de Paris, coroam sua notoriedade.

Ameaçado de prisão, Rousseau deve fugir da França de uma hora para outra. Inicia-se um período marcado pelos exílios sucessivos, que lhe valem a "celebridade das desgraças",[5] segundo uma formulação a seu gosto. Torna-se um escritor de um sucesso e, ao mesmo tempo, um personagem público – cuja vida é contada em detalhes em todas as gazetas, cujo retrato é reproduzido em todas as formas de suportes e vorazmente buscado por seus inúmeros admiradores. Na metade dos anos 1760, não restam dúvidas de que Rousseau é, com Voltaire, o mais renomado escritor de seu tempo. A imprensa europeia relata seus menores feitos e gestos. Na Inglaterra, onde seus escritos são traduzidos e comentados, jornais como *Critical Review, Monthly Review*, mas também *London Chronicle* ou *Saint James Chronicle*, oferecem muito frequentemente aos seus leitores notícias de Rousseau.[6] Em 1765, momento em que as dificuldades em Genebra fizeram dele uma celebridade não somente literária, mas também política, são encontrados neles, semanalmente,

A INVENÇÃO DA CELEBRIDADE

artigos sobre Rousseau.[7] Quando jovens jogam pedras contra sua casa, em Môtiers, *London Chronicle* relata, não sem certo exagero, que "o célebre Jean-Jacques Rousseau [The celebrated Mr. John James Rousseau] escapou por pouco de ser assassinado por três homens".[8] Alguns meses mais tarde, a chegada em solo inglês do autor de *Emílio* provoca uma verdadeira efervescência midiática, principalmente porque a imprensa inglesa toma Rousseau por vítima da intolerância política e religiosa reinante no continente. Mas é sobretudo a singularidade de sua trajetória e de sua pessoa o que excita a curiosidade. "Todo mundo está ávido para ver esse homem que, por sua singularidade, colocou-se em grandes dificuldades: ele aparece em público, mas raramente, e vestido como um armênio", anuncia *Public Advertiser.*[9] Quanto a David Hume, que o trouxe para Londres e que ainda não rompeu com ele, ele não sabe se deve se surpreender ou se maravilhar com o eco que a imprensa britânica dá aos menores detalhes relacionados a Rousseau: "Qualquer circunstância, mesmo a mais insignificante, que lhe concerne é publicada nos jornais."[10] Quando Rousseau perde seu cachorro, Sultão, a notícia é anunciada no dia seguinte. Quando o reencontra, é ocasião para um novo artigo![11] Quando de sua chegada a Londres, em janeiro de 1766, Rousseau vai ao teatro para ver uma atuação de Garrick, mas é ele quem constitui a verdadeira atração da noite. Todos os jornais narram o acontecimento, descrevem a multidão que se precipitou para vê-lo e insistem na curiosidade gerada por sua presença, curiosidade ainda maior porque se vestira com seu traje de armênio e porque, sentado na primeira fileira do balcão, reagia de maneira muito expressiva, quase espetacular.

No início de fevereiro, *London Chronicle* publica uma longa biografia de Rousseau que insiste em seu gosto exagerado pela publicidade. Não causa surpresa que ele seja um dos personagens mais citados em *Mémoires secrets*, aparecendo mais de 180 vezes. Seus escritos são anunciados e comentados, sem dúvida, porém são essencialmente as peripécias de sua vida o que alimenta a curiosidade e o interesse dos redatores. *Mémoires secrets* e seus leitores parecem fascinados pelas perseguições a Rousseau, pelas querelas que o opõem às autoridades e a seus antigos amigos, mas, sobretudo, pelas interrogações sem fim sobre seu caráter.[12]

SOLIDÃO DO HOMEM CÉLEBRE

Assim, quando ele se refugia na ilha Saint-Pierre, *Mémoires secrets* afirma que "as perseguições que sofreu turvaram sua imaginação, ele se tornou mais selvagem do que nunca".[13] Em contrapartida, após o retorno de Rousseau a Paris, em 1770, em *Mémoires secrets* foram relatadas regularmente suas aparições, desde suas primeiras idas ao Café de la Régence, surpreendendo-se com a "publicidade a que se dá o autor de *Emílio*", a despeito do decreto de prisão que, em teoria, faz pairar uma ameaça sobre sua liberdade: "J.-J. Rousseau, cansado de sua obscuridade e de não mais chamar a atenção do público, veio para esta capital e apresentou-se, há alguns dias, no Café de la Régence, onde rapidamente se amontoou uma multidão considerável. Nosso filósofo cínico sustentou esse pequeno triunfo com uma grande modéstia. Não pareceu irritado com a profusão de espectadores e tratou de muitas amenidades em sua conversa, o que não é de seu costume."[14]

O retorno de Rousseau a Paris é um acontecimento considerável.[15] Suas primeiras aparições atraem uma multidão de passantes ávidos por ver o homem célebre. Em seu *Correspondance littéraire*, Grimm descreve esse entusiasmo com sua ironia habitual: "Ele apareceu várias vezes no Café de la Régence, na praça do Palais-Royal, sua presença atraiu para lá uma multidão prodigiosa, e a populaça chegou mesmo a se amontoar na praça para vê-lo passar. Metade dessa populaça, quando indagada sobre o que estava fazendo lá, respondia que era 'para ver Jean-Jacques'. Ao se perguntar quem era Jean-Jacques, ela respondia que não fazia ideia, mas que ele ia passar".[16] "Jean-Jacques" tornou-se um nome vazio, a senha que anuncia um espetáculo curioso, repetida pela multidão, um slogan publicitário desconectado não somente da obra de Rousseau, mas até mesmo de sua pessoa. Sua celebridade tornou-se um puro fenômeno tautológico, retroalimentado, em que não entra mais do que a empolgação da "populaça" – isto é, do público menos esclarecido e menos crítico – com a possibilidade de ver um homem célebre, quem quer que seja. Madame Du Deffand ironiza, por sua vez, o "espetáculo" dado por Rousseau, digno dos *boulevards*, e utiliza o mesmo termo pejorativo de "populaça", ampliando-o, por derrisão, a todos os admiradores do escritor, numerosos na boa sociedade: "Está por aqui Jean-Jacques Rousseau [...]. O espetáculo que esse homem oferece está no nível daqueles de Nicolet. Atualmente, é a populaça dos belos espíritos que se ocupa com ele."[17] No entanto, Rousseau logo para de aparecer no café, atendendo ao pedido das autoridades, que deixam claro que sua presença na capital é apenas tolerada.[18]

Nesse último período, Rousseau endossa maravilhosamente bem o papel de homem célebre que se esconde, que procura o anonimato no próprio coração da capital. "O nome de Rousseau é célebre em toda a Europa, mas sua vida em Paris é obscura", escreve Jean-Baptiste La Harpe ao grande duque da Rússia.[19] Os inúmeros visitantes desejosos de encontrá-lo devem lançar mão da astúcia e vencer sua desconfiança. O duque de Croÿ exprime o desejo de encontrar Rousseau, esse escritor tão célebre quanto difícil de ver: "Há muito tempo, tenho vontade de ver o famoso Jean-Jacques Rousseau, que eu nunca vira, e que, há três anos, voltou para viver retirado no meio de Paris. Quando se sabia que Rousseau ia a um café, corria-se para vê-lo, mas ele deixou de ir e achava-se muito difícil abordá-lo."[20] Após ter esperado que o príncipe de Ligne o apresentasse a Rousseau, ele termina decidindo-se ir sozinho à casa do escritor, na rua Plâtrière, em que é recebido sem cerimônia e discute botânica por duas horas.

A figura pública de Rousseau inclui já então sua recusa expressa da celebridade. Ele não é apenas célebre, é célebre por não querer ser célebre. Não publica mais, pretende não ler mais livros e contentar-se em levar uma vida mais frugal, copiando música. Afugenta sistematicamente os visitantes curiosos ou os admiradores. E isso de tal forma que seus inúmeros visitantes rivalizam em astúcia para encontrá-lo, alguns levando música para ser copiada, outros, como o príncipe de Ligne, simulando não o reconhecer para melhor aplacar sua desconfiança. A visita a Rousseau torna-se, assim, um verdadeiro gênero literário, uma passagem obrigatória dos relatos de viagem a Paris e, mais tarde, das memórias, em que figuram quase sempre os mesmos elementos: a vida simples e austera de Rousseau, sua recusa em falar de seus livros, seu misto de bonomia e de misantropia, a presença discreta de Thérèse Levasseur, e por fim, claro, a convicção de ser perseguido. Na maioria desses relatos,

SOLIDÃO DO HOMEM CÉLEBRE

redigidos alguns anos mais tarde, muitas vezes após a morte de Rousseau e a publicação de *As confissões*, é difícil separar testemunho e invenção.

Assim, quando Madame de Genlis apresenta, em seu *Mémoires* [*Memórias*], seus encontros com Rousseau, no outono de 1770, ela narra, em primeiro lugar, uma cena de comédia em que toma o filósofo e escritor por um ator desempenhando seu papel, depois descreve um início de amizade e conversas edificantes, seguidas por uma brusca ruptura, com Rousseau acusando-a de tê-lo levado ao teatro para mostrá-lo ao público e poder ser vista com ele. Essa imagem de um homem sensível e bom, mas desconfiado até o limite da injustiça e que mantém uma relação quase patológica com sua celebridade, corresponde de modo perfeito demais ao retrato coletivo que inúmeros testemunhos traçaram do Rousseau dos últimos anos e que ele próprio alimentou complacentemente. A lição essencial desses relatos é que o encontro com Rousseau tornara-se uma passagem obrigatória para todo memorialista. Mesmo o vidraceiro Jacques Louis Ménétra, que vivia, entretanto, em um mundo social diferente do de Madame de Genlis, relata seu encontro fortuito com Jean-Jacques, seus passeios e as aglomerações geradas por sua presença em um café, com os passantes curiosos subindo nas mesas para ver o autor de *Emílio*, para grande prejuízo do dono do estabelecimento, apreensivo quanto às suas mesas de mármore.[21] Quanto a Alfieri, que não desejou encontrar o "célebre Rousseau" quando de sua visita a Paris em 1771, sente-se obrigado a justificá-lo quando redige suas memórias.[22]

Apesar do silêncio em que se encerra Rousseau, que não publica e aparece pouco em público, sua celebridade não parece diminuir. Em 1775, sua comédia *Pygmalion* é encenada na Comédie-Française sem sua autorização e alcança grande sucesso – graças, em primeiro lugar, ao renome do autor. O novelista Louis François Mettra não se engana: "*Pygmalion* continua tendo sucesso. Repito: é o nome de *Jean-Jacques* que dá brilho a esse esboço pouco teatral", como explica aos assinantes de seu *Correspondance littéraire sécrète*.[23] O mínimo acidente é relatado pela imprensa, conforme demonstra o episódio, que o próprio Rousseau contou longamente em seu *Devaneios*, em que é atropelado por um cachorro que corria à frente de uma carruagem, em Ménilmontant. Todos

A INVENÇÃO DA CELEBRIDADE

os jornais europeus relatam o *fait divers*, assim como a preocupação que suscita. Podia-se ler, por exemplo, em *Gazette de Berne*: "De Paris, em 8 nov: J. J. Rousseau retornava há alguns dias de Ménil le montant, perto de Paris, quando um grande cachorro dinamarquês, que corria velozmente diante de uma carruagem com seis cavalos, o fez sofrer uma queda funesta. [...]. Esse homem célebre foi, enfim, transportado para casa e teme-se ainda por seus dias. Toda Paris está profundamente interessada nisso; as pessoas não param de ir ou de mandar alguém a seu domicílio para saber qual é o seu estado." *Courrier d'Avignon* chegou até a anunciar, erroneamente, sua morte, o que valeu a Rousseau o duvidoso privilégio de ler o próprio necrológio.[24] Quando ele morre realmente, no ano seguinte, os intensos boatos sobre a possível publicação de seu *As confissões* provam que sua celebridade não se exaurira. Como se sabe, os anos que se seguem são os da apoteose de Jean-Jacques, de sua transformação em grande homem, ritmada pelas peregrinações a Ermenonville, a publicação de suas obras completas e, para terminar, sua entrada para o Panteão em 1794. Essa história, bem conhecida, escapa à da celebridade. Torna-se a de sua glória póstuma, de sua fortuna literária, intelectual e política. É, já, aquela do rousseauísmo.[25]

Em vida, a celebridade de Rousseau tornou-se um elemento de sua identidade. É comum associar Rousseau e esse tema, então novo, da celebridade, seja para zombar de seu gosto pela publicidade ou, ao contrário, para lastimar seu destino. Desde 1754, uma estada de Rousseau em Genebra provoca uma intensa curiosidade. O testemunho de Jean-Baptiste Tollot, boticário e homem de letras genebrino, demonstra muito bem que o interesse do observador desloca-se do próprio Rousseau para o fenômeno de sua celebridade, para o fascínio que exerce o homem célebre, capaz de cativar os olhares do público.

É sobre um verdadeiro homem de espírito que me limito a falar, cujos trabalhos causaram rumor, mas que ama a obscuridade e que, bem longe de ser ávido pela fama, gostaria de reduzi-la ao silêncio, e de arrancar-lhe suas cem trombetas; em uma palavra, trata-se somente do célebre Jean-Jacques Rousseau, que pela singularidade de seus paradoxos, a

SOLIDÃO DO HOMEM CÉLEBRE

energia de seu estilo, a ousadia de seu pincel, atraiu para si os olhares do público, que o encarou como um fenômeno raro, merecedor de sua curiosidade. [...]. Toda Genebra o viu como eu, dos reis aos pastores, todos se precipitaram para contemplar um homem que vem de Paris, onde fez um grande número de inimigos, cujo ódio e ciúme não fizeram senão tornar seu nome mais ilustre. [...]. Ele devia certamente dizer a si mesmo – *nem todos os curiosos estão em Paris* –, mas queríamos contemplar essa estrela, que se ofuscava, às vezes, e se anuviava.[26]

Se a metáfora da estrela anuncia as *estrelas* do século XX, a maioria dos elementos que constituirão, nos anos seguintes, os lugares-comuns da celebridade de Rousseau já estão presentes. O autor insiste, em particular, na curiosidade voraz provocada por esse homem singular que maneja os paradoxos e alimenta as controvérsias: a notoriedade de seu nome induz um desejo de ver, e até mesmo de contemplar, o homem célebre. Esse entusiasmo engendra, aliás, a crítica, que respeita aos excessos da curiosidade pública, e não ao próprio escritor. Longe de ser acusado de alimentar voluntariamente esse entusiasmo, Rousseau tem atribuído o crédito de um desejo contrariado de anonimato.

Tollot é um dos primeiros a descrever nesses termos a celebridade de Rousseau, as multidões que se precipitam, quando de sua passagem, para vê-lo, os admiradores que lhe escrevem e lhe fazem visitas, enquanto ele próprio se esforça em vão para preservar uma vida discreta e obscura. E não será o último. A maioria dos amigos e dos admiradores de Rousseau retomará incansavelmente esse discurso da celebridade inoportuna, que o próprio Rousseau, como veremos, alimenta até a saciedade. Assim, quando se queixa a Madame de Chenonceaux das visitas inoportunas que recebe, ela responde: "É uma desgraça da celebridade e, para mim, não é pequena."[27] Na mesma época, chocado com a leitura, na imprensa, dos infortúnios de Rousseau, seu amigo Deleyre escreve-lhe: "Quando penso, meu amigo, em todas as penas que os talentos e a virtude lhe causam, lastimo sua celebridade. [...] Como me indignei com todas as chateações que lhe causam há seis meses, e que eu ignorava no momento em que as encontrei nos jornais!"[28] O bernense Niklaus Anton Kirchberger

A INVENÇÃO DA CELEBRIDADE

lhe propõe asilo: "Mas meu caro e amável amigo, venha refugiar-se em minha casa, podereis ficar quanto tempo quiser, dou-lhe minha palavra de que o colocarei ao abrigo de sua celebridade, ao menos do que ela tem de cansativo."[29] Até mesmo a imprensa o reverbera: "Esse homem célebre, cansado de fazer falar de si, parece querer se retirar para o campo e viver na obscuridade."[30]

Quais são os mecanismos de uma celebridade tão intensa e durável? Em um primeiro momento, particularmente nos anos 1750, a notoriedade de Rousseau deve-se à sua capacidade de gerar escândalos e controvérsias, por meio de um uso virtuoso das opiniões paradoxais e um senso habilidoso da guerrilha intelectual. O sucesso do primeiro *Discours* baseia-se, em grande parte, no fato de que Rousseau toma no contrapé a ideia mais bem estabelecida de seu tempo, partilhada tanto por filósofos quanto pela maioria de seus inimigos – a da relação entre o progresso das artes e o dos costumes. Seu discurso intriga e convida à refutação. "Não será isso mais do que um paradoxo com o qual ele quis divertir o público?", interroga-se Stanislas Leszczyński, um de seus primeiros opositores. À polêmica intelectual sucedem-se as querelas e as rupturas ruidosas com seus antigos amigos, d'Alembert e Diderot, assim como o enfrentamento a distância com Voltaire.

A imagem romântica de Rousseau como caminhante solitário meditando a respeito da maldade de seus contemporâneos ocultou seu talento, todavia inegável, de polemista. Desde 1752, ele compensa o insucesso de *Narcisse* publicando um prefácio provocador, não isento de arrogância, em que afirma: "Não é da minha peça, mas de mim mesmo, que se trata aqui. É necessário, malgrado minha repugnância, que eu fale de mim mesmo"; e aproveita para responder a todos os seus críticos. No momento em que os debates gerados por *Discours* pareciam se esgotar, ele os relança, reafirmando suas posições e atacando seus adversários com um vigor renovado, censurando os eruditos por defender as ciências apenas na medida em que elas asseguravam sua notoriedade, assim como os antigos sacerdotes do paganismo defendiam a religião.

No ano seguinte, seu *Lettre sur la musique française* [*Carta sobre a música francesa*] é uma verdadeira bomba. Rousseau não se contenta

SOLIDÃO DO HOMEM CÉLEBRE

em defender a ópera italiana, ele lança um ataque em regra contra a música francesa, cuja violência surpreende.[31] Portanto, não causa muita surpresa ler em *Correspondance littéraire*, algumas semanas mais tarde, que Rousseau "acaba de incendiar os quatro cantos de Paris". "Nunca, acrescenta-se, se viu uma querela mais intensa e mais ruidosa."[32] O escândalo é tão grande que os músicos da Opéra decidem queimar uma efígie de Rousseau. Para um escritor quase desconhecido dez anos antes, isso já é a prova de uma notoriedade marcante.

A repercussão de *Lettre sur la musique française* não se deve somente às posições estéticas defendidas por Rousseau, mas sobretudo ao escândalo patriótico suscitado por sua rejeição sem nuances da música francesa. O episódio reforça também a imagem de homem paradoxal que acompanha Rousseau doravante. Como pode ser que um autor que acaba de conhecer um sucesso tão grande com *Le Devin du village*, uma ópera em francês cujos refrões são cantarolados por todos, condene inapelavelmente a música francesa? Essa surpresa deve-se também ao fato de que Rousseau parece escapar a todas as categorias que organizam então o campo intelectual, impressão reforçada pela publicação de *Discours sur l'origine et les fondements de l'inégalité* [*Discurso sobre a origem e os fundamentos da desigualdade*], em 1755, e, depois, por sua ruptura brutal com os enciclopedistas, em 1757. Posições radicais, senso da provocação e da polêmica, e mesmo gosto pelo escândalo, esses elementos constituem um coquetel explosivo que não pode senão estimular a curiosidade do público. Nos anos 1750, Rousseau parece ser, em vários aspectos, um mestre da autopromoção publicitária.

Em 1762, no lançamento de *Emílio*, é ainda a essa figura de autor paradoxal, que coloca sua eloquência a serviço de teses provocadoras, que *Mémoires secrets* faz menção para explicar a expectativa suscitada pelo livro: "Essa obra, anunciada & esperada, aguça ainda mais a curiosidade do público na medida em que o autor associa a muito espírito o talento raro de escrever tanto graciosa quanto energicamente. Censuram-lhe por sustentar paradoxos; é em parte à arte sedutora nela empregada que ele deve, talvez, sua grande celebridade; tornou-se conhecido com distinção somente a partir do momento em que tomou essa via."[33]

O amigo Jean-Jacques

Nesse momento, entretanto, uma nova dimensão vem enriquecer a celebridade de Rousseau: à curiosidade suscitada pelo escritor eloquente, nunca carente de paradoxos, acrescenta-se o apego sentimental em relação ao autor de *A nova Heloísa*. O sucesso do romance, publicado no início de 1761, foi prodigioso. Apesar do julgamento muitas vezes reservado, mesmo desdenhoso, dos escritores e dos críticos, o público disputa o livro. "Jamais uma obra causou sensação de modo tão surpreendente", observa Louis Sébastien Mercier, que descreve o entusiasmo do público. As primeiras edições esgotam-se imediatamente e os livreiros emprestam o livro, folha por folha, aos leitores. Nem mesmo aqueles que não leram o livro podem escapar ao entusiasmo coletivo. A jovem princesa Czartoryska, que passa uma temporada em Paris e tem apenas 16 anos, deixa-se capturar pela moda e encomenda miniaturas inspiradas no romance: "Eu não lia nada e nunca lera nada de Rousseau, mas falava-se sem parar de *A nova Heloísa* e todas as mulheres queriam se parecer com Julie. Achei que eu também precisava entrar na disputa." Tendo conseguido, por intermédio de amigos, uma visita à casa do autor, ela vai até lá "com a precipitação que se tem para se ver uma novidade, um espetáculo".[34]

Muitos, entretanto, leram o romance e tiveram um verdadeiro choque emocional. "Desde as primeiras folhas, eu delirei. [...] Os dias já não eram suficientes, eu empregava as noites e, de emoções em emoções, de abalo em abalo, cheguei à última carta de Saint-Preux, já não chorando, mas gritando, berrando como um animal", recorda-se o general Thiébault em seu *Mémoires* [*Memórias*].[35] A publicação de *A nova Heloísa* é um marco na história da leitura, conforme atestam os inúmeros leitores e leitoras que escrevem para Rousseau para lhe informar de suas emoções. Rousseau surge a partir de então como o mestre da sensibilidade, um homem que fala a língua da virtude e cujas obras têm o poder de tornar seus leitores melhores, arrancando-lhes lágrimas. O jovem Charles Joseph Panckoucke, então editor em Rouen, não hesita em lhe escrever uma carta inflamada:

SOLIDÃO DO HOMEM CÉLEBRE

Vossos divinos escritos, Monsieur, são um fogo que devora; penetraram minha alma, fortaleceram meu coração, esclareceram meu espírito. Desde há muito entregue às enganosas ilusões de uma juventude impetuosa, minha razão extraviava-se na busca da verdade. [...]. Era preciso um deus e um deus poderoso para me tirar desse precipício e sois o deus que acaba de operar esse milagre. [...]. Vossa terna e virtuosa Heloísa será sempre para mim o código da moral mais sã, à qual ofereço todas as minhas emoções, todo o meu amor e todos os meus votos, e a vós, Monsieur, a veneração e o mais profundo respeito. Adoro sua pessoa e seus sublimes escritos, todos aqueles que tiverem a felicidade de ler vossas obras encontrarão em vós um guia seguro que os conduzirá à perfeição e ao amor e à prática de todas as virtudes que fazem a essência do homem de bem.[36]

Por trás da ênfase, tão característica do estilo sentimental da época, é preciso ver a experiência propriamente moral e espiritual que foi, para inúmeros leitores, a leitura de *A nova Heloísa*. Até ali, Rousseau fora um censor, que denunciava os vícios da sociedade moderna. Tornava-se um guia, abrindo a seus leitores uma via em direção à regeneração moral e à felicidade. A carta revela também a transferência afetiva da qual o autor é objeto e que autoriza, e até mesmo provoca, a escrita. A ligação não é mais somente de curiosidade ou de admiração, ela é, em primeiro lugar, um movimento de gratidão, de "reconhecimento eterno", que convida à efusão e que conduz o leitor, quando toma a pena, a imitar o estilo hiperbólico, sentimental e moral do romance, em que as lágrimas e a piedade conduzem à virtude.

Sem dúvida, não é proibido pensar que Panckoucke, então jovem editor de província, não fosse totalmente desinteressado ao testemunhar tão intensamente sua admiração por um escritor de sucesso. Mas tal efusão ia além da lisonja profissional e Rousseau recebeu centenas de cartas semelhantes, nos meses que se seguiram à publicação do romance. Essas cartas eram tão numerosas – algumas centenas em poucos meses – que Rousseau falava de uma "profusão" e considerava publicá-las.[37] Infelizmente, nem todas foram conservadas, mas aquelas de que dispomos

A INVENÇÃO DA CELEBRIDADE

demonstram o entusiasmo sentimental tanto pela obra quanto pelo autor. O mais extraordinário é o grande número de leitores ordinários, às vezes anônimos. Um deles agradece a Rousseau por ter lhe proporcionado os "únicos bons momentos" de que gozou em seis anos. Ele encontrou no romance ecos da própria situação e de seu amor impossível: "Estou tão emocionado por ele que se a imensidão dos mares não me separasse de vós, como de minha Julie, não poderia me impedir de saltar-lhe ao pescoço e agradecer-lhe mil vezes pelas lágrimas deliciosas que me arrancou. Talvez tenha eu um dia a meu alcance a possibilidade de conhecê-lo e buscarei seguramente os meios para fazê-lo."[38]

É verdade que alguns leitores guardam um tom mais sereno e até mesmo crítico. Assim, Pierre de la Roche, um genebrino morador de Londres, escreve longas cartas nas quais discute a obra ponto por ponto. Mas esse mesmo gesto, ainda que desprovido de afetividade, só é possível porque Rousseau não é um simples autor, ele é um personagem público que se pode abordar. Na maior parte do tempo, os leitores escrevem-lhe para agradecer e, sobretudo, para testemunhar a mudança que o livro produziu na vida deles. Jean-Louis Le Cointe, um protestante de Nîmes, deve-lhe a descoberta dos "charmes da virtude". No momento de se dirigir a Rousseau, ele hesita entre a distância que o separa de um grande escritor e a proximidade afetiva permitida pelo romance: "Sinto toda a minha temeridade e a condeno; no entanto, quanto mais respeito me inspirais, menos meu coração pode se recusar o prazer de vos dizer os sentimentos que fazeis nascer nele." Depois, deixa-se transbordar diante daquele que lhe forneceu os meios para apreender seu cotidiano de outro modo: "Ligado sinceramente a uma jovem esposa, nos fizestes entender, a ambos, que aquilo que não nos parecia mais do que simples ligação de vida ao hábito de morar juntos é o mais terno amor. Pai, aos 28 anos, de quatro crianças, seguirei suas lições para fazer deles homens."[39]

Nem todos os leitores escrevem diretamente a Rousseau, sobretudo quando descobrem o romance alguns anos após sua publicação. Manon Phlipon, que desempenhará um papel político importante durante a Revolução com o nome de Madame Roland, tinha apenas 7 anos quando do lançamento de *A nova Heloísa*, mas, nos anos 1770, entusiasma-se

SOLIDÃO DO HOMEM CÉLEBRE

com o autor, cujos livros devora e que sonha encontrar. "Estou irritada por não gostardes de Rousseau, pois eu o amo mais do que seria possível expressar", escreve à sua melhor amiga. "Falando desse excelente Jean--Jacques, minha alma se emociona, se anima, se aquece: sinto renascer minha atividade, meu gosto pelo estudo, pelo verdadeiro e pelo belo em todos os gêneros." Francamente proselitista, ela se assegura de fazer com que seu entusiasmo seja partilhado: "Estou quase surpresa de que vos surpreendeis com meu entusiasmo por Rousseau: eu o vejo como o amigo da humanidade, seu benfeitor e o meu"; ou ainda: "Sei muito bem que lhe devo [aos seus escritos] o que tenho de melhor. Seu gênio aqueceu minha alma: eu o senti me inflamar, me elevar e me enobrecer."[40]

O entusiasmo suscitado pela leitura dos livros de Rousseau, *A nova Heloísa* e *Emílio*, em primeiro lugar, traduz-se assim em um apego à sua pessoa, reforçado pelas suas desgraças, pelo relato, na imprensa, de seus infortúnios e de seus exílios sucessivos. Ela desemboca evidentemente na retomada do tema de um Rousseau perseguido, constrangido ao retraimento e à solidão: "As perseguições, as injustiças dos homens quase deram a Rousseau o direito de não mais acreditar em sua sinceridade. Atormentado em todos os países, traído por aqueles que acreditava serem seus amigos de uma maneira tanto mais penetrante quanto sua alma sensível via as maldades, sem poder delicadamente desvelá-las; perseguido por sua pátria ingrata, que ele ilustrara, esclarecera, servira; exposto à expressão da inveja, da maldade, será surpreendente que o retraimento lhe pareça o único asilo a se desejar?" Os fãs de Rousseau passam facilmente da admiração da obra à defesa incondicional do homem.

Em um artigo que marcou época, Robert Darnton lançou luz sobre um desses leitores de Rousseau, Jean Ranson, um negociante de La Rochelle que mantém uma correspondência regular com o diretor da Société typographique de Neuchâtel, a quem encomenda livros, mas aproveita também para pedir notícias do "amigo Jean-Jacques". Ainda que jamais o tenha encontrado, Ranson vê em Rousseau um personagem familiar, um amigo da família ao qual se liga por uma forma de intimidade à distância, graças à leitura de seus livros, mas também graças às notícias que lhe dão os jornais e seus correspondentes. Darnton mostrou muito bem que essa atitude corresponde a uma nova prática da leitura, adaptada à retórica rousseauniana da linguagem do coração. Porque o leitor encontra no romance, ou em outros escritos de Rousseau, elementos que parecem descrever sua própria vida e iluminar sua subjetividade, e ele é, em troca, conduzido a ultrapassar o texto, que não é mais do que um pretexto, para dirigir sua admiração e sua afeição ao autor. "O impacto do rousseauísmo deve, portanto, muito a Rousseau. Ele fala das experiências mais íntimas de seus leitores e encoraja-os a descobrir o Jean-Jacques que se esconde por trás dos textos."[41] Ou, antes, que não se esconde, a tal ponto Rousseau já é célebre e não hesita muito em colocar-se publicamente em cena. E isso de um modo tal que o sucesso desse modelo de leitura afetiva conduz logicamente o leitor a manter uma relação de fascínio com a pessoa do autor. Entretanto, preocupado, antes de tudo, em construir uma história da leitura fundada em uma abordagem etnográfica da cultura do Antigo Regime e de um "mundo mental quase inconcebível hoje em dia", Darnton retrata o laço afetivo tecido entre Rousseau e seus leitores como a expressão de uma mentalidade misteriosa, propícia à efusão sentimental, que agora nos seria estranha: "Os leitores rousseaunianos da França revolucionária mergulhavam nos textos com uma paixão que mal podemos imaginar, e que é tão estranha para nós quanto o gosto pela pilhagem entre os vikings... ou o medo dos demônios entre os balineses."[42] No entanto, quanto a esse apego entusiástico, será mesmo que ele nos parece totalmente estranho hoje em dia, quando o lançamento de um novo volume de *Harry Porter* leva multidões a fazer fila durante horas diante das livrarias ou que miríades de fãs inconsoláveis reúnem-se para chorar a morte da princesa Diana ou de Michael Jackson?

As reações dos leitores de Rousseau não são tão "ingênuas" nem tão exóticas. Longe de acreditar, como muitas vezes se pensou, que Julie e Saint-Preux existiam realmente, a maioria deles divertia-se com a ambiguidade, sustentada por Rousseau, quanto à autenticidade das cartas, segundo um procedimento que naquela época já era um lugar-comum bastante gasto. Vários leitores gostavam, assim como os leitores de hoje, de imaginar chaves de leitura autobiográfica, persuadidos de que

SOLIDÃO DO HOMEM CÉLEBRE

Rousseau se inspirara nas próprias errâncias amorosas para imaginar o destino de seus personagens e lhes atribuir tanta eloquência. Consequentemente, o interesse e a piedade em relação aos personagens eram transferidos para Rousseau, que fora capaz de lhes dar forma e que pôde fazê-lo simplesmente por ter ele próprio vivido provações comparáveis, tal como se pensava. O próprio princípio do romance sentimental, que visa a emocionar e dar uma forma sensível à virtude por meio de um processo de identificação com os dilemas morais dos personagens, incentivava poderosamente esses mecanismos de transferência afetiva para o autor.[43]

O entusiasmo sentido pelos correspondentes de Rousseau, seu desejo de estabelecer com ele, apesar da distância, uma ligação íntima, de amizade e espiritual, não são os traços de uma mentalidade arcaica e irracional, mas os efeitos conjugados de uma obra que prega a efusão sentimental e novas formas de comunicação literária. O vocabulário religioso, tão presente em Panckoucke, o da conversão moral e espiritual empregado por tantos leitores, não deve induzir ao erro. Não se trata de um "culto" ou de um abandono quase místico, mas da formulação inédita da ligação que os indivíduos que compõem um público estabelecem com um contemporâneo célebre com o qual se identificam ou que escolheram como guia e amigo virtual. Essa relação, de intensidade variável, pode adquirir uma forte dimensão afetiva ou moral, sobretudo quando o homem célebre, como é o caso com Rousseau, oferece-lhes, por meio de sua obra ou do exemplo de sua vida, os meios para uma "reapropriação de si".[44]

A relação que vários leitores estabelecem com Rousseau, através de seus livros, diz respeito a essa intimidade amigável fantasiada. Isso aparece claramente na correspondência de Jean Ranson. Não se trata de uma jovem leitora apaixonada e exaltada, e sim de um comerciante sensato, que encontrou no "amigo Jean-Jacques" os preceitos de uma moral sã. "Tudo o que o amigo Jean-Jacques escreveu sobre os deveres dos esposos, dos pais e das mães me afetou vivamente, e confesso que ele me servirá de regra em vários aspectos desses estados, aos quais posso vir a ser chamado." Isso não diz respeito nem a uma improvável identificação, nem a um culto, nem a uma confusão entre ficção e realidade. Ranson forjou Rousseau como um amigo a distância, ao mesmo tempo real e imaginário, que lhe serve de guia. É sob essa forma da intimidade amigável que desenvolve um "vívido interesse" pela pessoa de Jean-Jacques, pedindo repetidas vezes a Jean-Frédéric Ostervald notícias da saúde do "amigo Jean-Jacques". Quando da morte de Rousseau, ele exclama: "Perdemos, pois, Monsieur, o sublime Jean-Jacques. Lastimo não o ter nem visto, nem ouvido. [...]. Diga-me, suplico, o que pensais desse homem célebre, de cujo destino sempre me compadeci, ao passo que Voltaire muitas vezes provocou minha indignação."[45]

É essa conjunção entre a celebridade de Rousseau, a potência emocional e moral de seus livros e a compaixão por suas desgraças o que explica a passagem ao ato: leitores escrevem ao homem célebre, sem conhecê-lo, para testemunhar sua emoção e o desejo de encontrá-lo. Ninguém, talvez, exprima mais fortemente essa inspiração do que um nobre do Var que afirma que sua alma conheceu pela alma de Rousseau a "mais bela paixão" e que lhe escreverá doravante todas as semanas até que ele aceite responder. "Se Rousseau não existisse, eu não precisaria de nada. Ele existe e sinto que algo me falta."[46] Quanto ao relojoeiro Jean Romilly, ele estuda durante vários meses a carta que escreve e confessa sem dissimulação o lugar que Rousseau, como amigo imaginário, ocupa em sua vida cotidiana, a ponto de se tornar uma obsessão:

> Não posso mais adiar o diálogo convosco, faz quase dois anos e até três que desejo informar-vos de todas as conversas ideais que tenho convosco, pois é preciso que saibais que quando me levanto ou quando me deito, ou ainda quando passeio, estais sempre presente em meu espírito e apenas me julgo bem acompanhado quando posso falar um pouco de vós, seja àqueles que vos prezam ou àqueles que não vos prezam.[47]

A correspondência que Rousseau e Madame de La Tour mantiveram, durante dez anos, mostra como se estabelece uma ligação, ao mesmo tempo sentimental e lúdica, assimétrica e frágil, entre o autor e uma de suas admiradoras. Ela, originária da pequena nobreza togada, separada

SOLIDÃO DO HOMEM CÉLEBRE

de seu marido e aos 31 anos quando do lançamento de *A nova Heloísa*, não começou a se corresponder com Rousseau por iniciativa própria. Foi sua amiga Madame Bernardoni que iniciou com ele uma correspondência meio frívola, meio séria, assegurando conhecer a existência de uma outra Julie que possuía todos os méritos da heroína. Atribuindo a si mesma o papel de Claire, ela incita Rousseau a lhes responder. Instaura-se então entre eles um jogo em que Madame Bernardoni, que terminará desaparecendo rapidamente, desempenha o papel de alcoviteira inofensivamente maliciosa e de amiga devotada, e Madame de La Tour, o da admiradora zelosa. Rousseau não se priva, em um primeiro momento, de multiplicar as alusões ao romance e ao trio que eles poderiam, por sua vez, formar. Posteriormente, entre Rousseau e Madame de La Tour, desenvolve-se uma intensa correspondência, que dura até a ruptura bastante seca que ele impõe, dez anos mais tarde. Madame de La Tour é quem se mostra mais carente; é ela que, de modo incessante, relança a correspondência, pedindo incansavelmente notícias a Rousseau, manifestando seu interesse e sua preocupação, lendo e relendo suas obras ("É necessário, meu amigo, que eu lhe comunique meu encantamento: leio *A nova Heloísa* pela sétima ou oitava vez: ela me emociona mais do que da primeira!")[48], multiplicando os comentários entusiasmados e as questões indiscretas. Rousseau, por sua vez, passa do registro amigável, até mesmo terno ("Cara Marianne, estais aflita e eu desamparado. Compadeço-me ao imaginar vossos belos olhos em lágrimas"),[49] a fases mais distantes, inclusive a longos silêncios desconfiados; mas, no total, ele lhe terá escrito mais de sessenta cartas, transformando, com o tempo, esse namorico improvisado em amizade epistolar.[50]

Madame de La Tour não se contenta em ler e reler as obras de Rousseau, em sonhar com os amores de Julie e Saint-Preux e em escrever ao seu "caro Jean-Jacques" longas cartas nas quais lamenta que ele não lhe responda mais assiduamente. Levada por seu zelo, ela assume a defesa de Rousseau quando ele é atacado. Assim, no auge da querela com David Hume, em 1766-1767, ela publica um libelo anônimo destinado a justificar a posição de Rousseau e, em seguida, redige mais um. Quando da morte deste último, retoma a pena para defender sua memória, com um conjunto de cartas dirigidas a *L'Année littéraire*, de Élie Fréron, e depois na forma de um volume intitulado *Jean-Jacques Rousseau vangé* [*sic*] *par son amie* [*Jean-Jacques Rousseau vingado por sua amiga*].[51] Madame de La Tour não é a primeira a passar da admiração privada à apologia pública. Panckoucke, que se emocionara, como vimos, quando do lançamento de *A nova Heloísa*, tomou a pena, algumas semanas mais tarde, para replicar, em *Journal encyclopédique*, às zombarias de Voltaire.

O que se desvela aqui é a complexidade das reações suscitadas pela celebridade de Rousseau, a partir do momento em que deixa de ser simplesmente um autor de sucesso cujos paradoxos intrigam, para se tornar o "mestre das almas sensíveis", o autor do grande romance sentimental que alguns de seus leitores leem e releem sem parar, o escritor perseguido, obrigado a fugir sucessivamente da França, depois de Genebra, em seguida da Suíça, em busca de um asilo. Para além da curiosidade alimentada pela crônica de suas desgraças e de suas excentricidades e que conduz os curiosos a se aglomerar ao vê-lo passar, existe uma ligação mais profunda entre "Jean-Jacques" e seus leitores, feita de empatia e de desejo de intimidade, de admiração e de reconhecimento. Para seus leitores, de que Ranson, Panckoucke, Manon Phlipon ou Madame de La Tour são exemplos dentre muitos outros, conhecidos ou desconhecidos, Rousseau não é somente um personagem na moda, ele é um amigo imaginário, que estão sempre prontos a confortar e defender. O paradoxo, característico da celebridade e, mais geralmente, da cultura de massa, está no fato de que os leitores de Rousseau vivem de maneira particularmente pessoal e singular sua ligação com "o amigo Jean-Jacques", ao passo que essa ligação é percebida de modo idêntico por vários outros leitores.

As reações do público à forte querela entre Rousseau e David Hume, em 1766, oferecem um testemunho desse apego ao homem célebre. A pedido de suas amigas e protetoras da boa sociedade parisiense Madame de Luxembourg e Madame de Boufflers, Hume aceitara encontrar um lugar de asilo para Rousseau na Inglaterra, no auge das perseguições contra ele na França e na Suíça. Infelizmente, as relações entre os dois homens degradaram-se rapidamente. Rousseau persuadiu-se de que Hume estava

SOLIDÃO DO HOMEM CÉLEBRE

de conluio com seus inimigos, recusou a pensão de George III que este lhe havia conseguido e escreveu a Hume uma explosiva carta de ruptura, repleta de críticas violentas. Magoado e preocupado, Hume logo escreveu a Holbach e a d'Alembert, para lhes revelar o conteúdo dessa carta e pedir conselhos. Manobra desastrada, cuja consequência foi conferir à querela entre os dois homens uma enorme repercussão, inicialmente nos círculos restritos dos salões parisienses, em que os adversários de Rousseau exultaram, e depois na imprensa. Uma briga privada entre dois homens tornava-se um acontecimento literário, uma verdadeira querela pública cujas consequências, para Rousseau, fizeram-se sentir por muito tempo, retirando-lhe o apoio de suas poderosas protetoras.

Já tive a oportunidade de descrever os mecanismos e as questões dessa querela que estiveram mais propriamente associados ao mundo da alta sociedade.[52] Mas é preciso insistir aqui na dinâmica pública, que provoca reações de leitores anônimos, que tomam a pena para defender Rousseau. O próprio Hume ficou estupefato: "Eu não podia imaginar que uma história privada contada a um gentil-homem privado poderia se difundir em um instante por todo o reino: se o rei da Inglaterra tivesse declarado guerra à França, isso não teria se tornado o assunto de todas as conversas tão repentinamente."[53] A estratégia de Hume e de seus amigos parisienses passava, entretanto, por não tornar públicas as censuras contra Rousseau, evitando envolver-se em uma polêmica pública com ele, que poderia prejudicar a imagem de Hume e cujo resultado era imprevisível. Esperavam estar restritos ao mundo dos salões e dos círculos fechados da boa sociedade, portanto no terreno das reputações. Ali, graças a uma intensa campanha de difamação de Rousseau e apoiando-se na notoriedade sem manchas do "bom David", que fora, durante sua estada em Paris, a coqueluche da boa sociedade, tratava-se de destruir definitivamente a reputação do filósofo e escritor suíço no espírito de Madame de Luxembourg, de Madame de Boufflers e de seus outros protetores. A missão parecia ainda mais fácil, na medida em que Rousseau optara pela estratégia do silêncio, não respondendo àqueles que lhe pediam explicações a não ser para mandar, asperamente, que cuidassem da própria vida.

A INVENÇÃO DA CELEBRIDADE

Os amigos de Hume cometeram um erro: subestimaram a celebridade de Rousseau. Ele já não é somente um ator do pequeno mundo literário da capital, e sim uma figura pública. Ao fim de alguns dias, trechos da carta de Hume a Holbach circulam amplamente, muito além dos círculos da alta sociedade, alimentando o "murmúrio público". Menos de um mês mais tarde, os jornais cuidam do caso, inicialmente com um artigo em *Le Courrier d'Avignon* e depois na imprensa inglesa. *Saint James Chronicle*, por exemplo, publica uma série de artigos sobre a querela, ao longo do verão e do outono de 1766.[54] Confrontado a essa publicidade repentina de sua ruptura com Rousseau, Hume é obrigado a mudar de estratégia. Convencido de suas boas razões e para pôr fim aos boatos, ele encarrega seus amigos de publicar as peças da querela, inclusive a longa carta acusadora de Rousseau, acompanhada de seu próprio comentário. Ora, contrariamente às suas expectativas, longe de encerrar o caso provando a ingratidão e a loucura de Rousseau, esse *Exposé succinct* [*Exposição sucinta*] reabre a controvérsia e provoca inúmeras reações. Madame de La Tour, como se viu, toma a pena para defender Jean-Jacques. Mas seu texto não faz mais do que exagerar os termos de *Justification de Jean-Jacques Rousseau* [*Justificação de Jean-Jacques Rousseau*], cujo autor permaneceu anônimo. Na forma de panfletos e de cartas aos leitores, foram inúmeros os admiradores de Rousseau a assumir sua defesa.

A carta de Rousseau a Hume, que este julgava delirante, é lida, pelo contrário, por inúmeros leitores como um testemunho da inocência de seu autor, infeliz, sincero e perseguido. A eficácia desse texto foi ainda maior por ter sido redigido no estilo sentimental e hiperbólico de *A nova Heloísa*, com algumas passagens retomando até mesmo textualmente frases de Saint-Preux.[55] A identificação entre Jean-Jacques e Saint-Preux, que já fora um dos motivos do sucesso do romance em 1761, é reativada outra vez, cinco anos mais tarde. É quase total a confusão entre o indivíduo Jean-Jacques Rousseau, o autor de *A nova Heloísa* e de *Emílio*, e a figura pública, "Jean-Jacques", moldada por todo um conjunto de representações coletivas, algumas das quais são veiculadas pela imprensa e outras, sustentadas por seus escritos.

SOLIDÃO DO HOMEM CÉLEBRE

O relativo isolamento de Rousseau no mundo literário e parisiense, e até mesmo seu silêncio, sua recusa em responder e em se defender convertem-se em vantagem na cena pública, pois parecem demonstrar sua sinceridade. Aos olhos de seus admiradores, ele não é um autor como os outros, lutando por sua reputação, mas um homem sensível que sofre. "Não vivo no mundo, ignoro o que se passa nele, não tenho partido, nem sócios, nem intriga", escreveu a Hume em 10 de julho.[56] O autor anônimo de *Justification de Jean-Jacques Rousseau dans la contestation qui lui est survenue avec M. Hume* afirma não ter visto nessas cartas a Hume "senão os traços de uma bela alma, generosa, delicada e demasiado sensível, como Rousseau nos permitiu conhecer tão bem por meio de seus escritos e de sua conduta".[57] Depois de ter afirmado que não conhecia Rousseau pessoalmente, concluiu: "Quem pode discordar de que Rousseau foi obrigado a se conduzir como fez, em relação a Monsieur Hume, e que ele mostrou nessa ocasião uma bela alma, delicada e sensível, uma alma intrépida e elevada acima da adversidade? Eh! qual será o homem honrado a quem esse acontecimento poderia afastar da sociedade de Rousseau? Quem será aquele, pelo contrário, que não desejaria se tornar amigo de um homem tão cheio de candura e tão digno de estima?"[58] Nessa mesma veia, o autor, também anônimo, de *Observations sur l'exposé succinct de la contestation qui s'est levée entre M. Hume et M. Rousseau* [*Observações sobre a exposição sucinta da contestação que se levantou entre M. Hume e M. Rousseau*], uma brochura grossa, de 88 páginas, esquadrinha, quase palavra por palavra, as críticas dirigidas por Hume a Rousseau e arbitra, em um sentido inteiramente favorável ao segundo, a querela entre os "dois homens célebres". Ele defende a tese de um complô urdido pelos inimigos de Rousseau, em Genebra e em Paris, e do qual Hume teria sido o instrumento mais ou menos consciente. Embora afirme por duas vezes não conhecer Rousseau "senão por suas obras", ele pretende colocar-se entre seus "amigos". Essas duas brochuras repercutem uma à outra e se reforçam. O autor de *Observations* comenta: "No momento em que concluo essas observações, surge uma brochura [é *Justification de J.-J. Rousseau*] que honra o coração daquele que a escreveu: ela se equivoca ao supor abatidos os amigos de Rousseau; vi aqueles que conheço, tranquilos e sem abatimento, seguros da probidade, da boa-fé de seu amigo; eles imitam seu silêncio: a razão que me conduziu a rompê-lo é que os homens honrados não saberiam ser estranhos uns aos outros e que não se pode acusar um desconhecido de parcialidade." Os defensores de Rousseau constituem assim uma espécie de comunidade eletiva. Não uma panelinha, como aquela que, em torno de Hume, é acusada de trabalhar coletiva e secretamente para prejudicar Jean-Jacques, mas um conjunto de amigos do escritor, que muitas vezes não o conhecem senão por meio de suas obras, mas estão convencidos de sua inocência, de sua sinceridade e das perseguições de que é alvo. Eles fazem de seu anonimato um argumento de imparcialidade e veem seu engajamento público em favor dele como um ato de justiça que podem reivindicar de forma incansável.

Hume e seus amigos, e alguns historiadores depois deles, surpreenderam-se com o apoio público obtido por Rousseau e com as proporções assumidas pela querela.[59] Pretendiam destruir discretamente a reputação de Rousseau nos meios literários e da alta sociedade, embora encontravam-se envolvidos em uma querela pública que para Hume teve um gosto amargo. Não duvidavam de modo algum de que Rousseau estivesse completamente equivocado, no que diz respeito aos códigos da boa sociedade – visto que se voltara com virulência, e sem provas, contra o homem que o protegia –, enquanto uma grande parte do público pensava de outro modo. A estratégia de Hume, de Holbach e de d'Alembert assentava nos princípios da mundanidade, um conjunto de convenções sociais (a polidez, a proteção...) que assegurava o controle das reputações por meio de conversações e ditos espirituosos, em círculos restritos. Nele, o público é colocado sob suspeita. O barão de Holbach, tão prudente nos salões quanto radical em seus textos, escreve a Hume que "o público julga normalmente muito mal nas querelas de que se torna o árbitro", ao passo que d'Alembert o previne: "É sempre desagradável e frequentemente prejudicial ter um processo por escrito diante dessa tola besta chamada *público*, que não pede mais do que poder falar mal daqueles cujo mérito lhe faz sombra."[60] O que importa, resume Holbach, é manter "a estima das pessoas esclarecidas e sem prevenção, os únicos juízes cujos sufrágios um homem galante deseja".[61] Mas essa estratégia chocou-se com um outro princípio, novo, o da celebridade, que tornou imediatamente caduca sua tentativa de não divulgar demais o caso e proporcionou a Rousseau apoios anônimos, mas numerosos.

Uma das questões da disputa, desde o início, era a pensão obtida por Hume junto a George III em favor de Rousseau, que proclamava havia 15 anos sua rejeição a qualquer pensão e seu anseio de independência, ficando assim embaraçado. Parece, mas o caso é nebuloso, que inicialmente ele aceitou, com a condição de que a gratificação lhe fosse concedida secretamente, antes de reconsiderar. Seja como for, terminou por se convencer de que Hume fizera esse pedido somente para colocá-lo em uma situação impossível, obrigando-o a se contradizer e a se desacreditar. Aos olhos de Rousseau, tratava-se de um caso sério, que colocava em jogo uma ética de vida. Aos olhos de Hume e da maioria de seus contemporâneos da boa sociedade, só podia se tratar de um pretexto. Como lhe assegura Turgot: "Ninguém no mundo imaginará que tenhais pedido uma pensão para Rousseau para desonrá-lo. Porque, com exceção dele mesmo, ninguém pensará que uma pensão o desonre."[62] Os leitores do genebrino, por outro lado, sabem bem ao que se apegar. "Rousseau ingrato! Está provado que ele não é. Rousseau tem orgulho, pode até ser. Mas um orgulho que nos coloca acima da fortuna, que nos leva a viver do fruto de nosso trabalho, que nos preserva de todas as conveniências covardes é um orgulho muito estimável e, infelizmente, muito raro entre os homens de letras!",[63] revolta-se o autor de *Justification de J.-J. Rousseau.* O que está em jogo aqui é a posição singular de Rousseau no espaço literário, sua recusa das normas comuns, sua vontade de construir um personagem público atípico. Esse esforço para moldar uma imagem pública exemplar é em si mesmo um fator poderoso de sua celebridade.

Singularidade, exemplaridade, celebridade

Detratores e incensadores de Rousseau concordavam em um ponto: ele não fazia nada como os outros. Sua imagem pública era a de um homem absolutamente singular e original. Um louco, diziam seus inimigos; um homem sensível e inigualável, retorquiam seus amigos e admiradores. Ele mesmo, como se sabe, fez dessa singularidade, entendida em um plano existencial, o próprio cerne do empreendimento de *As confissões*: "Não sou feito como ninguém dentre aqueles que vi; ouso acreditar não ter sido feito como ninguém dentre aqueles que existem. Se não valho mais que eles, ao menos sou outro."[64] Mas essa singularidade – e nisso reside toda a originalidade da trajetória de Rousseau – é poderosamente projetada no espaço público por meio do personagem de "Jean-Jacques". Pois Rousseau não se contenta em ser diferente, ele faz com que saibam disso.

O elemento que contribuiu de maneira mais eficaz para a construção de um personagem público singular foi a famosa "reforma pessoal" que Rousseau empreendeu desde o início de sua notoriedade, após a publicação de *Discours sur les sciences et les arts*. Ela consistia em colocar seu modo de vida em conformidade com seus princípios, em romper com as formas tradicionais do mecenato e do modo de vida dos escritores no Antigo Regime. Rousseau abandonava sua posição de secretário na casa de Dupin de Francueil, renunciava aos modos de se vestir da boa sociedade, recusava os presentes e as pensões e escolhia ganhar a vida copiando música. Assim, manifestava, tanto publicamente quanto aos próprios olhos, sua independência face às elites.[65]

Antes de avaliar as consequências desse comportamento, é preciso levar a sério esse gesto inaugural. Essa reivindicação de uma vida exemplar desempenha várias funções. De um lado, assegura a Rousseau a própria autenticidade. Essa decisão inscreve-se em uma longa tradição intelectual e moral, que remonta à filosofia antiga e foi reativada no Renascimento, segundo a qual a filosofia não é simplesmente uma questão de doutrina, e sim uma questão ética, um modo de vida, um trabalho sobre si mesmo para alcançar uma forma de vida mais autêntica, mais verdadeira.[66] Rousseau dirá ainda em *Devaneios*: "Vi muitos que filosofavam de modo muito mais douto do que eu, mas sua filosofia era-lhes, por assim dizer, estrangeira."[67] Contra a filosofia como simples saber sobre o mundo, como exercício intelectual, Rousseau defende uma concepção muito mais pessoal do pensamento, na qual este é, em primeiro lugar, um exercício de conhecimento de si e um instrumento de aperfeiçoamento. De outro lado, exibindo essa exemplaridade filosófica e moral, Rousseau visa também a assegurar a credibilidade de seu discurso filosófico, e em particular da crítica mordaz que dirige a seus contemporâneos. Ele não para de repetir: o que permite identificar a autenticidade de um pensamento é a capacidade de seu autor de tudo sacrificar à verdade. Segundo uma formulação sugestiva, "se Sócrates tivesse morrido em seu leito, talvez hoje em dia se questionasse se ele foi algo mais do que um hábil sofista".[68]

Voltando, em *As confissões*, a essa dupla conversão, ao mesmo tempo teórica e biográfica, que marcou sua ruidosa entrada no mundo das letras, Rousseau escreve: "Como conciliar os severos princípios que eu acabava de adotar com um estado que se relacionava tão pouco com ele; e seria apropriado que eu, tesoureiro de um recebedor geral de finanças, viesse pregar o desinteresse e a pobreza?"[69] A formulação merece que nos detenhamos nela, em razão de sua ambiguidade: tratava-se de salvaguardar a credibilidade de seus princípios, subtraindo-os a uma crítica *ad hominem* fácil demais, ou de evitar o ridículo? A ambiguidade está no próprio âmago das escolhas de Rousseau, sempre preocupado com o efeito público que produz, mesmo quando exibe um cuidado de coerência teórica e ética. Segundo se opte por uma leitura compreensiva ou crítica de suas escolhas, se interpretará essa ambiguidade de forma distinta. No primeiro caso, se julgará que a exemplaridade reivindicada por Rousseau tem necessariamente duas faces. Como relação consigo mesmo, preocupação ética, ela é fundamentalmente uma questão privada. Na condição de argumento pedagógico, que tem como objetivo liberar suas obras de um peso suplementar, é necessariamente pública. No segundo caso, de uma leitura menos indulgente, se dirá que essa preocupação de exemplaridade corresponde, em primeiro lugar, a uma preocupação de atrair a atenção pública. O resultado é o mesmo: a rei-

A INVENÇÃO DA CELEBRIDADE

vindicação de autenticidade e de coerência não é apenas uma experiência pessoal e íntima, um trabalho solitário sobre si mesmo; ela é, de saída, encenada por Rousseau, amplamente reivindicada por meio de gestos tão pouco discretos quanta à recusa de uma pensão real, após o sucesso de *Devin du village*, ou ainda a adoção, em todas as circunstâncias, de um vestuário incongruente porém prático, algo como um cafetã árabe, que Rousseau denominava seu "traje de armênio" e que devia manifestar seu desdém pelas convenções e pelas coerções sociais, sua escolha de uma vida simples, sem luxo, próxima da natureza. Esse modo de trajar torna--se um sinal de reconhecimento do personagem público "Jean-Jacques", alimentando, da parte de seus adversários, a suspeita de histrionismo.[70]

Um dos traços dessa preocupação com a exemplaridade ilustra sua dinâmica pública à perfeição: trata-se da vontade, exibida com orgulho por Rousseau, de assumir publicamente suas ideias, lançando seus livros com o próprio nome, sem se refugiar por trás de pseudônimos ou de um uso habitual do anonimato. O barão de Holbach, por exemplo, publica verdadeiros tratados de ateísmo, sob pseudônimos, e consegue manter o anonimato por toda a sua vida, e Voltaire também multiplica ao infinito o jogo dos pseudônimos, mesmo quando são transparentes e só servem para salvaguardar as aparências, ao passo que Rousseau, por sua vez, recusa-se a jogar o jogo mais básico, que consiste em fazer de conta que não reconhece oficialmente suas obras, quando publicadas sem autorização.[71]

Do mesmo modo, quando publica voluntariamente com seu nome próprio *Contrato social* e *Emílio*, apenas quatro anos após o escândalo provocado por *De l'Esprit* [*Do espírito*], de Helvétius e pela condenação da *Enciclopédia*, todos veem nisso uma verdadeira provocação política. Sua recusa do anonimato, mesmo de fachada, irrita particularmente as autoridades e contribui para aumentar sua severidade. O mandado do arcebispo de Paris condena-o de forma explícita, assim como o mandado de apreensão do Parlamento de Paris contra *Emílio*, de 9 de junho de 1762: "Uma vez o autor desse livro que não teme se nomear não pudesse ser muito prontamente processado, por ser importante, já que se deixa conhecer, que a justiça esteja em condições de fazer dele um exemplo."[72]

SOLIDÃO DO HOMEM CÉLEBRE

A escolha de Rousseau por assinar suas obras, por destacar seu nome, aparece verdadeiramente como um elemento constitutivo do escândalo. O próprio Voltaire não compreendia por que Rousseau recusava uma prudência mínima e censurava-o por colocar em perigo toda a corrente filosófica. Ele anota nas margens de seu exemplar de *Lettre à Monsieur de Beaumont* [*Carta ao Monsieur de Beaumont*]: "E por que colocaste teu nome? Pobre diabo."[73] Essa condenação estratégica e, ao mesmo tempo, moral comporta também uma dimensão social, conforme indica a fórmula "pobre diabo", que, em Voltaire, designa o escritor que pretende viver de sua pena, a "canalha literária", como ele às vezes diz, oposta à figura do escritor como homem honrado, que sabe lidar elegantemente com suas aparições públicas.

Para Rousseau, por outro lado, a escolha por assinar seus textos era um elemento fundamental da responsabilidade política do escritor.[74] Ele se explica em *Carta a Monsieur de Beaumont*, o arcebispo de Paris,[75] e, sobretudo, em *Lettres écrites de la montagne* [*Cartas escritas da montanha*], um texto polêmico escrito em resposta ao procurador Tronchin, no contexto tumultuado dos conflitos políticos genebrinos e em seguida à condenação de *Contrato social* pelo Pequeno Conselho de Genebra.[76] Nele, Rousseau que seja julgado em pessoa e desenvolve o argumento de que um livro assinado não pode ser condenado do mesmo modo que um livro anônimo. A condenação de um livro reconhecido por seu autor não poderia dizer respeito apenas ao texto, mas também, necessariamente, à intencionalidade do autor, implicando um devido processo legal. A argumentação desdobra-se em dois momentos. Inicialmente, Rousseau dedica-se a uma sátira irônica das práticas usuais do anonimato, denunciando sua hipocrisia: "Vários têm a prática de reivindicar esses livros para se orgulhar deles e de negá-los para se proteger; o mesmo homem será ou não será o autor, diante do mesmo homem, dependendo se estejam na audiência ou em um jantar [...]. Desse modo, a segurança não custa nada à vaidade."[77] Em seguida, reclama a possibilidade de se defender. Porque assinou e reivindicou seu texto, afirma ele, não é possível dissociar seu escrito de sua pessoa. O que pode ser condenado não é o próprio texto, e sim o ato de enunciação e a intenção do autor.

A INVENÇÃO DA CELEBRIDADE

"Quando um autor desajeitado, isto é, um autor que conhece seu dever, que quer cumpri-lo, acredita-se obrigado a nada dizer ao público sem reivindicá-lo, sem se nomear, sem se mostrar para responder por isso, então a equidade, que não deve punir como crime a falta de jeito de um homem honrado, pede que se proceda de outra maneira em relação a ele. Pede que não se separe a causa do livro e a do homem, visto declarar ele, ao inserir seu nome, não querer separá-las. Pede que não se julgue a obra, que não pode responder, senão após ter ouvido o autor, que responde por ela."[78] Essa teoria forte da responsabilidade intelectual e penal do autor funda-se na impossibilidade de distinguir entre o livro e o escritor. Mas nota-se bem a que ponto essa afirmação implica transformar o autor em figura pública, já que, a partir da publicação de um livro, ele "mostra-se para responder por ele".

Ainda aqui, a reivindicação de uma responsabilidade é acompanhada de um desejo de reconhecimento. Em *Lettres écrites de la montagne*, o vocabulário da honra é onipresente. Rousseau censura vigorosamente o Pequeno Conselho, por ter "assassinado sua honra", por tê-lo "desonrado com uma pena infamante, nos livros que trazem seu nome". O texto todo é atravessado pela oposição entre o homem honrado, que faz questão de assinar os livros que publica (é possível até mesmo dizer que ele faz disso uma questão de honra) e a infâmia que o atinge por conta da condenação de seu livro: "Quando se queima um livro, o que está fazendo o carrasco? Desonra ele, por acaso, as folhas do livro? Quem jamais ouviu dizer que um livro tivesse honra." Essa honra, associada à obra literária, exprime-se às vezes sob a forma de orgulhosas reivindicações de autoria, como quando Rousseau escreve a seu impressor Marc Michel Rey, a respeito da publicação de *Carta a d'Alembert*: "Não somente podereis me nomear, mas meu nome estará nela e fará parte do título."[79] Difícil não ver nisso, além do mais, uma estratégia publicitária, que se baseia na consciência aguda do escândalo que o livro vai provocar e na notoriedade de seu autor.

Dessa vontade de enfatizar seu nome, ali onde é de praxe dissimulá-lo, por prudência ou por respeito aos valores das elites, Rousseau fará um dos mecanismos do prefácio à segunda edição de *A nova Heloísa*:

SOLIDÃO DO HOMEM CÉLEBRE

Um homem honrado se ocultaria ao falar para o público? Ousa ele imprimir aquilo que não ousaria reconhecer? Eu sou o editor desse livro e nele me nomearei como editor.

N – Realmente vos nomeareis?

R – Eu mesmo.

N – Não acredito! Colocareis vosso nome nele?

R – Sim, senhor.

N – Vosso nome verdadeiro? *Jean-Jacques Rousseau*, com todas as letras?

R – *Jean-Jacques Rousseau*, com todas as letras.[80]

E, com efeito, a capa do livro traz o nome de Rousseau, desde a primeira edição, prática rara para um romance. Por trás da justificativa pela sinceridade e pela transparência, Rousseau deixa patente seu orgulho, sem dúvida até mesmo um júbilo em repetir e quase trombetear seu nome, bem como um quê de desafio, de provocação, uma ostentação em romper com os códigos do decoro literário, com a afirmação do gesto autoral. Essa postura é coerente, aliás, com sua rejeição das figuras aristocráticas ou mundanas do escritor. A escrita não é nem um ofício, nem um passatempo, mas uma vocação, mesmo uma missão, dotada de uma utilidade social e pública. Essa afirmação, frequentemente repetida por Rousseau e nem sempre sem ênfase,[81] é aqui tratada de modo bastante irônico. Ela contribui para associar o nome de Rousseau às suas obras. Seu apego a seu nome próprio, a rejeição dos pseudônimos, não é apenas uma postura de autor. Ela é indissociável de uma afirmação de si que passa pela reivindicação orgulhosa de uma identidade, ao mesmo tempo social, pessoal e autoral, e cuja garantia é o nome. Mesmo durante os períodos em que é ameaçado pelas autoridades, em geral Rousseau se recusa a viajar usando um nome falso. Escreve, por exemplo, a seu amigo Daniel Roguin, que deseja acolhê-lo em Yverdon após a condenação de *Emílio*, que, "quanto a manter o incógnito, eu não saberia me decidir a tomar o nome de ninguém, nem mesmo a modificar o meu. [...]. Assim, Rousseau eu sou, Rousseau quero permanecer, independentemente dos riscos".[82]

A INVENÇÃO DA CELEBRIDADE

Esses diferentes elementos (a recusa das pensões e dos presentes, o desprezo manifesto pela polidez da boa sociedade, a escolha de roupas não usuais, a afirmação de seu nome) constituem um sistema: constroem um personagem, Jean-Jacques, que não é somente um polemista talentoso ou um romancista sentimental, mas também um personagem singular, que não parece conformar-se a nenhum dos hábitos literários de seu tempo. Essa singularidade alimenta de modo obsessivo os discursos sobre Rousseau: será ela sincera e autêntica ou não passa de uma pose, um procedimento para atrair a atenção do público, isto é, uma estratégia publicitária? Sobre esse ponto, embora fortuitamente, Grimm vai mais longe que Fréron. O segundo denunciava em Rousseau, já em 1754, "o furor de chamar a atenção no mundo"; o primeiro descreve-o, alguns anos mais tarde, como "esse escritor célebre por sua eloquência e sua singularidade", acrescentando, com sarcasmo: "O papel da singularidade sempre traz bons frutos para quem tenha a coragem e a paciência de desempenhá-lo."[83]

Outros irão ainda mais longe, denunciando em Rousseau um desejo patológico de celebridade, que seria mais evidente por ser negado com ostentação. Assim, Madame Du Deffand escreve à duquesa de Choiseul: "É um louco, e eu não duvidaria de que ele cometesse expressamente crimes que não o aviltassem, mas o conduzissem ao cadafalso, se acreditasse que isso aumentaria sua celebridade."[84] Mesmo a recusa manifesta de Rousseau, nos últimos anos de vida, de aparecer em público pode suscitar esse tipo de leitura. O príncipe de Ligne narra desse modo sua conversa com Rousseau, quando da visita na rua Plâtrière: "Permiti-me algumas verdades, um pouco severas, sobre sua maneira de entender a celebridade. Lembro-me de ter-lhe dito: M. Rousseau, quanto mais se esconde, mais estais em evidência: quanto mais é selvagem, mais vos tornais um homem público."[85] Diferentemente das citações precedentes, essas linhas foram escritas alguns anos mais tarde, sem dúvida durante a Revolução, e Ligne atribui a si próprio uma lucidez que talvez seja retrospectiva. Mas fica o fato de que esse texto, juntamente com outros, revela a que ponto a celebridade tornou-se um objeto de reflexão, nesse fim do século XVIII. Mostra também que fenômenos que parecem ligados às derivas contemporâneas do espaço público midiático eram sensíveis já naquela época: em certo nível de celebridade, manifestar publicamente sua recusa de qualquer publicidade pode se tornar um excelente meio de atiçar a curiosidade do público.

O fardo da celebridade

Rousseau não deixou a seus contemporâneos o cuidado de meditar sobre a celebridade. Fez dela um dos temas de sua reflexão autobiográfica. O que não surpreende muito em um escritor obcecado pelo tema do reconhecimento social e pela interrogação reflexiva sobre o próprio destino. Entretanto, por mais que tenha sido um dos primeiros autores a refletir tão explicitamente sobre as transformações do reconhecimento público implicadas pela celebridade, essa dimensão de sua obra foi pouco tratada pelos comentadores, sem dúvida porque não aparece de imediato, dissimulada por trás do tema do complô e da perseguição. No entanto, como veremos, quando se estende ao conjunto do público e visa antes de tudo a impor uma figura pública, a de "Jean-Jacques", totalmente diferente do verdadeiro Rousseau, o complô torna-se uma forma invertida, e portanto gêmea, da celebridade. Ele descreve, sob o modo alucinatório do pesadelo, o mecanismo de alienação próprio da celebridade, isto é, o desapossamento da própria figura.

Por muito tempo, Rousseau aspirou à celebridade, que lhe parecia altamente desejável. No momento em que redige *As confissões*, embora lhe pareça a partir de então um fardo, admite essa aspiração de juventude e reconhece que, quando de sua chegada a Paris, teria utilizado todos os meios possíveis para se tornar célebre. Enxergava nela uma via de acesso ao êxito social e à prosperidade e esperava que seu sistema de anotação da música lhe valesse o sucesso: "Obstinava-me a querer fazer, por meio dele, uma revolução nessa arte e alcançar deste modo uma celebridade que, nas Belas-Artes, conjuga-se sempre, em Paris, com a fortuna."[86] Quando alcança enfim a celebridade, dez anos mais tarde, o sucesso público de seu *Discours* parece-lhe, em um primeiro momento, uma feliz confirmação de seu valor pessoal: "Esse favor do público, de modo algum ambicionado por um autor desconhecido, deu-me a primeira segurança verdadeira de meu talento, de que, apesar do sentimento interno, eu sempre duvidara até então." Essa celebridade nova parece-lhe um trunfo precioso para concluir sua reforma: "Compreendi toda a vantagem que eu poderia tirar dela para o partido que estava pronto a tomar e julguei que um copista com alguma celebridade nas letras não ficaria, provavelmente, sem trabalho."[87] Nota-se o paradoxo aparente da formulação: Rousseau decide tornar-se copista de música para viver de um trabalho manual, abandonando o modo de vida dos homens de letras, mas espera que sua celebridade literária lhe atraia clientes. A contradição é ainda mais impressionante quando ele retoma seu ofício de copista na década de 1770, no momento em que renunciou oficialmente a qualquer atividade literária e denunciou os mecanismos da celebridade. A maioria de seus clientes recorria a ele na esperança de se aproximar do homem célebre e selvagem.

A contradição é apenas aparente. Quando decide romper com o modelo de homem de letras recebido nos salões e protegido por aristocratas poderosos, Rousseau aposta em sua celebridade para escapar aos constrangimentos da mundanidade. Contra as sociabilidades restritas que constroem reputações e asseguram a carreira dos autores, ele conta com o apoio do público. Como vimos quando da querela com Hume, não se tratava de uma escolha inconsequente. É muito raro que Rousseau reconheça de forma explícita seu desejo de celebridade. Entretanto, em um texto não publicado, redigido provavelmente no início dos anos 1760, ele escreve, a respeito de si mesmo: "Prefiro que falem mal, mas falem de mim."[88] O que Rousseau designa como uma "retribuição do amor-próprio" evidencia, sobretudo, uma notável lucidez em termos de estratégia publicitária. Pouco importa o que digam sobre ele, é preciso que falem dele e falem muito. Que se diga bem ou mal, o essencial é, sobretudo, que se insista em sua singularidade: "Eu preferiria ser esquecido por todo o gênero humano a ser visto como um homem ordinário."[89] O amor-próprio traduz-se aqui menos em uma demanda de estima do que no desejo de ser distinguido, de ser objeto de todas as discussões públicas, o que é exatamente a definição da celebridade. E esta, acrescenta Rousseau, em um acesso de lucidez, precisa ser alimentada. "Se eu não interviesse, seria de se temer que o público, que falou tanto nele, em pouco tempo deixasse de fazer isso."[90]

Muito rapidamente, no entanto, Rousseau torna-se sensível aos perigos da celebridade, suscetíveis de desvirtuar as mais simples relações humanas, ao tornar impossível qualquer relação autêntica – o que ele resume nesta formulação: "Tão logo tive um nome, deixei de ter amigos."[91] A celebridade o afasta dos amigos, provoca ciúmes e perseguições. Ela lhe impõe relações humanas artificiais em que se interpõe fatalmente, entre ele e os outros, o personagem público que ele se tornou. Assim, uma das práticas associadas à nova cultura da celebridade torna-se um motivo recorrente nas recriminações de Rousseau: trata-se das visitas que seus admiradores lhe fazem. Ele se queixa de receber, em Môtiers, visitas demais:

> Aqueles que tinham vindo me ver até então eram pessoas que, tendo comigo relações de talento, de gostos, de máximas, alegavam-nas como causa de suas visitas e iniciavam uma conversa sobre assuntos a respeito dos quais eu podia discutir com eles. Em Motier [sic], já não era de forma alguma isso, sobretudo da parte da França. Eram oficiais ou outras pessoas que não tinham nenhum gosto pela literatura, e cuja maioria não havia sequer lido meus escritos, mas que não deixavam, segundo diziam, de percorrer trinta, quarenta, sessenta, cem léguas para vir ver e admirar o homem ilustre, célebre, muito célebre, o grande homem etc.

Conversas vazias, adulações hipócritas, essas visitas, que poderiam ser um precioso reconforto, são odiosas para ele. O que as torna inoportunas é o fato de não se basearem nem em afinidades eletivas nem em uma verdadeira estima ligada à frequentação da obra, mas em uma curiosidade malsã, que, aos olhos de Rousseau, diz respeito mais ou menos à espionagem: "Sentia-se que aquilo não rendia para mim conversas realmente interessantes, embora pudessem sê-lo para eles, de acordo com o que quisessem saber: pois, como eu não era desconfiado,

A INVENÇÃO DA CELEBRIDADE

exprimia-me sem reservas sobre todas as perguntas que consideravam pertinente me fazer."[92]

A alguns quilômetros dali, Voltaire acolhe com júbilo os visitantes chegados de toda a Europa e sobre os quais sabe muito bem que se apressarão a contar, em suas cartas e em seus jantares, sua visita ao grande escritor, ao passo que Rousseau reage com desconfiança, vendo neles, no pior dos casos, espiões pérfidos e, no melhor, curiosos atrás de um espetáculo. Estabelece-se um nó cada vez mais inextricável entre as consequências da celebridade e o sentimento de perseguição que começa a assaltá-lo – e que é ainda mais doloroso porque, nesses anos, ele é obrigado a fugir de um refúgio ao outro. Interpretando qualquer manifestação de interesse como uma ameaça ou uma derrisão, ele manda seus visitantes embora sem rodeios. Um exemplo entre outros, mas que tem o mérito de ter deixado um traço escrito: à condessa de La Rodde de Saint-Haon, que deseja fortemente fazer-lhe uma visita, ele responde sem meias-palavras: "Incomoda-me não poder satisfazer a Madame condessa, mas não exibo o homem que ela está curiosa para ver e que nunca se alojou aqui." Diante de sua insistência, ele critica os "elogios hiperbólicos e exagerados de que suas duas cartas estão repletas", que "parecem ser o selo particular dos meus mais ardentes perseguidores". Posteriormente, recusa ser transformado em objeto de espetáculo: "Quem quer que queira simplesmente ver o rinoceronte deve ir, se bem entender, à feira e não à minha casa. E qualquer gracinha com a qual se pretenda temperar essa insultante curiosidade não passa de um ultraje a mais, que não exige maior deferência de minha parte."[93]

Essa declaração de inadmissibilidade, expressa com uma franqueza brutal e mesmo ofensiva que ele assume de bom grado quando se sente ameaçado, associa os dois temas com os quais Rousseau interpreta o desejo de seus admiradores de vê-lo: o do complô e o da curiosidade injustificada. Se o primeiro diz respeito a uma idiossincrasia rousseauniana, frequentemente qualificada de paranoica, o segundo toca no cerne dos mecanismos da celebridade, que tendem a reificar a pessoa célebre, transformando-a em objeto de espetáculo. A comparação com o rinoceronte – que antecipa de modo penetrante o desenvolvimento, no

SOLIDÃO DO HOMEM CÉLEBRE

século XIX, de espetáculos em que todo tipo de monstros humanos e de espécies exóticas serão expostos à curiosidade do público, tornando-se assim, para dizê-lo com propriedade, "fenômenos de feiras" – é menos burlesca do que parece. Faz referência ao famoso rinoceronte Clara, que chegou a Roterdã em 1741 e foi exposto durante quase vinte anos em toda a Europa, de Berlim a Viena, de Paris a Nápoles, de Cracóvia a Londres, tornando-se uma verdadeira vedete internacional, objeto de livros, de quadros e de gravuras e rendendo lucros importantes a seu proprietário. A lembrança de Clara, que fora exposta na feira de Saint-Germain em 1749 e que Rousseau provavelmente vira nessa época, foi sem dúvida reavivada pela chegada ao jardim zoológico do rei, em Versalhes, em 1770, de um novo rinoceronte, que também causou sensação. Essa obsessão dos visitantes, que vão vê-lo como se fossem a um espetáculo, quando não se trata de espioná-lo, flagrá-lo ou caçoar dele, é um *leitmotiv* dos textos de Rousseau dos dez últimos anos. Um testemunho de Bernardin de Saint-Pierre, então muito próximo dele, merece ser citado:

> Vinham visitá-lo homens de todos os Estados, e mais de uma vez fui testemunha da maneira seca com que mandava embora alguns deles. Eu lhe dizia: não serei tão inoportuno, sem saber, como todas essas pessoas? Que diferença entre eles e vós! Esses senhores vêm aqui por curiosidade, para dizer que me viram, para conhecer os detalhes de meu pequeno lar e para zombar disso. Eles vêm, disse-lhe eu, por conta de sua celebridade. Ele repetia com humor: Celebridade! Celebridade! Essa palavra o irritava: o homem célebre tornara demasiado infeliz o homem sensível.[94]

É difícil saber se a anedota é autêntica, mas ela é, ao menos, perfeitamente crível, por corresponder muito bem a reações comprovadas de Rousseau durante esses anos. É impressionante que Bernardin insista na palavra "celebridade", que, como vimos, era ainda de utilização bastante recente e empregada repetidas vezes pelo próprio Rousseau. A formulação concisa de Bernardin – "o homem célebre tornara demasiado infeliz o homem sensível" – sugere com fineza que a celebridade, como condição social, implica naquele que a experimenta certa capacidade de divertir-se com a comédia humana, de aceitar desempenhar um papel, guardando, ao mesmo tempo, uma distância nas relações com os mais próximos. Ora, Rousseau é completamente desprovido dessa atitude. O homem sensível, pelo contrário, é aquele que vive intensamente cada relação humana, que espera que cada interlocutor o reconheça em sua singularidade e em sua autenticidade, que invista plenamente em uma troca afetiva.

A experiência de Rousseau com a celebridade corresponde à descoberta dolorosa de um espaço público inteiramente mediado, em que o reconhecimento nunca pode ser obtido de maneira direta. Contra as leituras românticas, que retêm de sua obra apenas um desejo de solidão, a condenação das falsidades do amor-próprio e a descoberta da felicidade na plenitude do amor de si, é preciso lembrar que Rousseau foi sempre instigado por um poderoso desejo de reconhecimento. É possível atribuir-lhe causas psicológicas ou sociológicas, mas restam poucas dúvidas de que essa necessidade tenha sido um dos motores de sua vida e um dos grandes temas de sua obra filosófica.[95] Uma parte importante de sua filosofia moral e política pode ser lida como uma busca de formas de reconhecimento que permitissem relações sociais harmoniosas e justas, longe da competição entre amores-próprios e da luta infinita pelo prestígio.

O desejo de reconhecimento que instiga Rousseau assume duas formas estreitamente ligadas, que é preciso tentar distinguir. A primeira aparece como uma exigência de reconhecimento social, que o conduz – a ele, filho de relojoeiro autodidata –, por exemplo, a buscar vorazmente a estima e a amizade dos aristocratas parisienses e o convence de que seria absolutamente desonroso comer na área de serviço junto com os empregados domésticos. Seguro de seu valor intelectual, Rousseau contou em *As confissões*, com um deleite indubitável, várias cenas que consistem em pequenos triunfos sociais nos quais se impõe, pela força de seu espírito ou de seu talento, a outros, mais poderosos que ele.[96] Essa aspiração alimentou a suspeita de hipocrisia: como esse orgulhoso detrator dos privilégios da aristocracia e das hipocrisias da vida da alta sociedade pôde apreciar tanto a amizade do marechal de Luxembourg,

SOLIDÃO DO HOMEM CÉLEBRE

do príncipe de Conti e da condessa de Boufflers e terminar a vida nas terras do marquês de Girardin? Seria Rousseau secretamente um esnobe? Na verdade, essa exigência de reconhecimento é bem diferente da clássica síndrome do novo-rico que aspira a ser reconhecido como um membro legítimo da classe dominante, de que o burguês gentil-homem continua a ser o perfeito arquétipo. Rousseau não aspira a um estatuto, não reclama sua integração a um grupo social, quer seja a nobreza, a boa sociedade ou os "homens de letras". Com efeito, sua aspiração é indissociável de uma segunda forma de reconhecimento, íntima e pessoal, que diz respeito menos a seu valor, intelectual, artístico ou social, do que a sua bondade e a sua inocência. Ela é menos social que moral e não se traduz tanto em um desejo de ser admirado e estimado, e sim em uma necessidade de ser amado e lastimado.

Essa dupla face do desejo de reconhecimento que instiga Rousseau explica as aparentes contradições de seu caráter e de sua atitude, essa mistura particular de orgulho e sentimentalismo, essa maneira de enlaçar estreitamente a linguagem da honra e a das lágrimas, o gosto pelo escândalo e o desejo de ser amado. Daí vem também a modernidade do desejo de reconhecimento que ele formula. Às elites sociais, que continuam detendo o monopólio do prestígio e da estima social, ele não demanda ser reconhecido como um dos seus, e sim como diferente. A maioria dos escritores de seu tempo aspira a ser aceita pela boa sociedade, demonstrando seu perfeito domínio dos códigos sociais, comportando-se como perfeitos homens da alta sociedade, segundo o princípio voltairiano de que é "preciso ser homem mundano antes de ser homem de letras", ao passo que Rousseau quer forçar a estima dessa mesma sociedade, mas manifestando sua diferença e sua singularidade e até o desprezo que essa forma de vida lhe inspira. A maioria das cenas de triunfo social, em *As confissões*, baseia-se nesta dinâmica: Rousseau impõe as próprias regras e obtém o reconhecimento de seu talento e, ao mesmo tempo, de sua irredutível singularidade, um reconhecimento que é, portanto, tanto afetivo e sentimental quanto propriamente social. Tomemos o caso mais notável, aquele da representação de *Devin du village*, em Fontainebleau. A narrativa sobre ela em *As confissões* associa os dois

A INVENÇÃO DA CELEBRIDADE

elementos: a ópera é um sucesso que lhe atrai a admiração e os aplausos do público, e ele próprio se recusou a se curvar aos hábitos vestimentais da corte, apresenta-se negligentemente, "grande barba e peruca bastante mal penteada". Seu sucesso não é, portanto, um simples êxito artístico ou social, ele não diz respeito somente a seu talento de compositor, mas também a sua autenticidade, que lhe permite tanto emocionar por sua música quanto permanecer fiel a si mesmo em qualquer circunstância ("para ser sempre eu mesmo, não devo enrubescer, onde quer que seja, por me portar de acordo com o estado que escolhi").[97]

Nota-se bem a dificuldade suscitada por um tal desejo de reconhecimento, dada sua associação entre a forma tradicional do reconhecimento social, em uma sociedade desigual na qual a estima obtida depende essencialmente da posição que se ocupa, e uma forma nova que se baseia na afirmação de um eu singular, de uma subjetividade única. A primeira dimensão é coletiva, diz respeito a uma forma de cooptação em que os membros da elite reconhecem o recém-chegado como um dos seus, recebendo-o em seus salões, tratando-o com consideração, concedendo-lhe marcas exteriores de respeito social. Esses são os mecanismos que permitiam o enobrecimento tácito pelo modo de vida, no século XVI, ou a integração à boa sociedade, no século XVIII. O segundo aspecto, o reconhecimento íntimo, é quase necessariamente pessoal, intersubjetivo, estabelecendo-se de forma ideal entre dois indivíduos e, se possível, na interação direta entre eles. Sua figura ideal é a relação amorosa ou, melhor ainda, a amizade afetuosa, em que o amor e a piedade se fundem. *A nova Heloísa* pode ser lido como uma série de variações sobre esse tema, da amizade quase gemelar que liga as duas primas Julie e Claire a uma mistura de estima, amor e ternura que caracteriza os laços entre Julie e Saint-Preux, uma vez que renunciaram um ao outro. Essa é a razão pela qual as cenas felizes de reconhecimento, em *As confissões*, são sempre narradas como momentos em que os mecanismos sociais habituais são suspensos e deixam espaço para a efusão sentimental, na qual as mulheres desempenham um papel essencial. Os convidados de Madame Beuzenwal, que queria fazê-lo comer na área de serviço, não retêm as lágrimas quando Rousseau lê para eles um poema, e sua filha, Madame de Broglie, o vê de imediato como um "homem de boa fortuna".[98] As espectadoras de *Devin du village* se deixam levar por uma "embriaguez" doce e tocante, ao passo que o autor, emocionado até as lágrimas, queima de "desejo de recolher de [seus] lábios as deliciosas lágrimas [que] faz[ia] derramar".[99] Mas essas cenas são ficções, momentos de felicidade fantasiada, ou ao menos excessivamente raras e fugazes, pois as regras do mundo social tornam essa fusão coletiva e sentimental altamente improvável.

O lugar desse reconhecimento ideal, ao mesmo tempo social e íntimo, coletivo e individual, será, portanto, a literatura, que coloca o autor sob o olhar de uma infinidade de leitores, capturados em sua individualidade. Rousseau desenvolveu uma teoria, que se pode qualificar de sentimental e moral, da leitura.[100] Para ele, a leitura deve permitir um acesso imediato e autêntico do leitor à sensibilidade do autor, graças ao qual este é, ao mesmo tempo, reconhecido como um escritor talentoso e amado como ser sensível. Ora, o que permite essa passagem da leitura ao reconhecimento é a transformação moral que ela induz no leitor. Este pode julgar, observando suas próprias emoções, o estado de espírito do autor. Há nisso um círculo tautológico: porque os livros de Rousseau tornam os leitores bons e sensíveis, emocionando-os com o espetáculo da virtude, eles provam sua bondade autêntica, mas, inversamente, é porque ele é sincero que seus livros produzem tais efeitos. Trata-se de um ponto que ele não cessará de relembrar, em particular em *Rousseau, juge de Jean-Jacques* [*Rousseau, juiz de Jean-Jacques*]: não se devem ler seus livros para procurar dificuldades ou contradições lógicas neles, e sim para julgar, a partir das próprias emoções de leitor, a sensibilidade e a moral do autor. Essa concepção da leitura não é inteiramente própria de Rousseau. Inscreve-se, como vimos, no contexto do romance sentimental. Mas ele lhe confere uma aura particular, ao passar do romance epistolar à escrita autobiográfica. À concepção sentimental da leitura, que até então dizia respeito à ficção, ele acrescenta a cultura da autenticidade do eu.[101]

Por colocar diretamente em contato um autor e um leitor, a leitura permite, pensa Rousseau, que se escape a todas as formas tradicionais da sociabilidade, nas quais a relação com os outros é fundada na socialização da estima, isto é, no jogo das reputações. Ela é o suporte ideal do reconhecimento íntimo. Em um salão, julgam-se os outros pelas aparências, por seu domínio de certas competências mundanas – a arte da réplica, do chiste, do elogio elegante – ou ainda do que os outros dizem deles. Trata-se sempre de avaliar o que cada um vale por meio da imagem que ele oferece de si próprio e daquela que os outros têm dele. Ora, em razão seja de uma natureza demasiado sensível, seja de uma socialização demasiado tardia, Rousseau nunca dominou os códigos da interação mundana, faltam-lhe senso de oportunidade e maleabilidade. "Como qualquer outro, eu amaria a sociedade, se não estivesse certo de mostrar-me nela não somente em desvantagem, mas totalmente diferente do que sou."[102] Na vida social, em que cada um se vê visto e vendo, a distância entre a consciência que tem de si e a imagem que projeta é extrema. Digamos que ele faz má figura. Mas Rousseau acrescenta imediatamente: "A escolha que fiz de escrever e de me esconder era exatamente a que me convinha. Estando eu presente, nunca se saberia o que eu valia, sequer se chegaria a suspeitá-lo."[103] Para ser reconhecido, ele deve se esconder. Mas como provar o que se vale, o que se é, sem se mostrar? É preciso, portanto, escrever. É preciso confiar aos livros o cuidado de revelar o verdadeiro Jean-Jacques.

Compreende-se, então, que a cena por excelência desse reconhecimento social e íntimo, da fusão sentimental entre Rousseau e seus leitores, seja aquela em que uma mulher de alta posição lê um de seus livros. Trata-se, por exemplo, do episódio, em *As confissões*, no qual a princesa de Talmont desiste de ir ao baile porque começou a ler *A nova Heloísa* e prefere ficar a noite inteira na cama lendo. Rousseau, a quem esse fato é narrado, emociona-se, pois "sempre acreditei que não se pudesse atribuir um sentido tão vivo a *Heloísa*, sem se ter esse sexto sentido, esse sentido moral do qual tão poucos corações são dotados e sem o qual ninguém saberia entender o meu".[104] Há algo ainda melhor do que isso, quando lê em voz alta os próprios escritos, pois então ele não precisa mais se esconder: a leitura tem essa capacidade de suspender o peso das forças sociais. Por mais que a Marechala de

SOLIDÃO DO HOMEM CÉLEBRE

Luxembourg, autoridade incontestável da alta sociedade, o intimide no mais alto grau, deixando-o incapaz de falar em sua presença, ele consegue ler para ela, toda manhã, cara a cara, *A nova Heloísa*, e obtém um sucesso inesperado: "Madame de Luxembourg entusiasmou-se com Julie e com seu autor; ela só falava de mim, se ocupava só comigo, dizia-me amabilidades ao longo de todo o dia, beijava-me dez vezes por dia. Quis que eu me sentasse todos os dias ao seu lado à mesa e, quando alguns senhores queriam tomar esse lugar, dizia-lhes que ele era meu e fazia-os sentar-se em outros."[105] É difícil não ver nessa passagem uma representação ideal dos efeitos da leitura: Rousseau obtém a preeminência sobre senhores ao seduzir, literalmente, a Marechala de Luxembourg, ao suscitar um entusiasmo afetivo que vai diretamente do livro ao autor e lhe vale, por um momento, a entronização na mesa de honra, apesar de suas gafes e de sua inaptidão para a conversação. Reconhecimento social e reconhecimento sentimental conjugam-se e confundem-se graças ao charme da leitura.

Esse modelo de leitura está por trás do projeto de *As confissões*, em que para Rousseau não se trata tanto de se justificar, de convencer os leitores de que teve razão em agir como agiu, mas de suscitar esse reconhecimento sentimental, imediato, feito de piedade e de empatia. É nesse sentido que se deve ler a famosa abertura, com sua mistura inimitável de orgulho e de humildade. O projeto de Rousseau é "desvelar [seu] interior", dizer não apenas o que ele fez, mas sobretudo o que pensou e sentiu ("sinto meu coração"). Daí esta declaração: "Ser eterno reúne em torno de mim a inumerável multidão de meus semelhantes: que eles escutem minhas confissões, que se compadeçam de minhas indignidades, que corem diante de minhas misérias. Que cada um dentre eles descubra, por sua vez, seu coração aos pés de teu trono com a mesma sinceridade; e depois que um único deles te diga, se ousar dizer: 'Eu fui melhor do que esse homem.'"[106] Rousseau não pretende ser melhor do que os outros. Ele imagina antes que, se cada um fizesse esse esforço de sinceridade, de desnudamento, a própria questão da comparação perderia qualquer pertinência. Ninguém ousaria dizer: "eu sou melhor", pois isso não faria sentido algum. Haveria apenas indivíduos iguais e singulares, irredutivelmente incomparáveis, suscetíveis de emocionar um ao outro. A competição por estima daria lugar à empatia ("que corem") e à compaixão ("que se compadeçam").

Não cabe aqui fazer a crítica dessa concepção, que se funda não apenas no mito do "eu" autêntico, acessível por meio da introspecção e do sentimento interior, mas também na ideia de que seja possível fazer com que se compartilhe esse eu, fazer com que seus "semelhantes" tenham acesso a ele, por menor que seja sua disposição para ultrapassar as aparências sociais e para abdicar de sua mania de julgar. Rousseau foi um dos primeiros a secularizar explicitamente o tema cristão de uma transparência das almas perante o olhar de Deus, para elaborar o tema romântico de uma transparência dos corações perante o olhar dos homens. Mas é preciso, sobretudo, insistir nesse imediatismo da relação intersubjetiva que a leitura deveria permitir. Inversamente, o que ameaça em permanência essa felicidade são todas as mediações, todos os intermediários (escritores, jornalistas curiosos, tagarelas, a grande burguesia) que se interpõem entre ele e aqueles cujo reconhecimento busca. A partir do momento em que essas mediações multiplicam-se, a cena deixa de ser a de um reconhecimento, o olhar deixa de ser portador de um atestado de autenticidade, transformando em espetáculo aquele que é seu objeto. As "aparências" sobrepujam o "sentimento íntimo".[107] Compreende-se que o drama da celebridade, para Rousseau, diga respeito à multiplicação de imagens e de discursos que proliferam no espaço público, constroem sua figura pública e interpõem-se entre ele e os outros. Estes não podem mais vê-lo, já que o olham através dessa figura que tomam por ele, mas na qual se recusa a se reconhecer. Como saber se a admiração, o afeto, a piedade expressas destinam-se realmente a ele ou se são suscitadas por essa figura imaginária, constituída por todas as representações colocadas em circulação, quer sejam benevolentes quer sejam maledicentes, escritas ou figuradas, orais ou visuais (boatos, artigos de jornal, gravuras)? Todo mundo fala dele e ninguém o escuta. Todo mundo o vê e ninguém o olha. Todo mundo o conhece e ninguém o conhece. Esta é precisamente, como vimos, a definição de celebridade proposta por Chamfort.

Já em 1764, Rousseau escrevia, em um preâmbulo ao que se tornaria *As confissões*: "Entre meus contemporâneos, há poucos homens cujo nome seja mais conhecido na Europa e cujo indivíduo seja mais ignorado. [...] Cada um imaginava-me a seu bel-prazer, sem temer que o original viesse desmenti-lo. Havia um Rousseau na alta sociedade, e um outro, em retiro, que não se parecia em nada com ele."[108] Este texto fundamental descreve perfeitamente a tensão inevitável entre os mecanismos da celebridade, fundados na notoriedade do nome e na proliferação das figuras, e o mito romântico do indivíduo transparente a si mesmo. O sucesso do primeiro *Discours* parecera-lhe uma confirmação, pelo gosto do público, do sentimento interior de seu talento. Nesse primeiríssimo momento de celebridade, parecia ter havido adequação entre a figura pública e a consciência de si. Mas, muito rapidamente, Rousseau descobre que a proliferação de imagens e de discursos, por meio dos quais cada um "o imagina a seu bel-prazer", não permite mais essa adequação e produz, ao contrário, uma distância crescente, até a total disjunção: "Um outro... que não se parecia em nada com ele." Sem dúvida, pode-se ler nesse texto a expressão de um orgulho que se manifesta sob duas formas ao mesmo tempo contraditórias e complementares: uma celebridade continental, uma singularidade tão grande que escapa a uma tal quantidade de olhares. Mas é preciso ver nisso, sobretudo, uma descrição penetrante, ainda que amplamente intuitiva, dos efeitos próprios de uma sociedade midiática, que Rousseau foi um dos primeiros a experimentar. Não somente é possível ser, ao mesmo tempo, conhecido e desconhecido, mas é provável que a celebridade, por contraste, reforce o sentimento de ser incompreendido.[109] Essa impressão das pessoas célebres de serem privadas, pela própria celebridade, da possibilidade de serem reconhecidas pelo que realmente são, como se a multiplicação das "figuras" se interpusesse entre o mundo e elas, condenando-as à solidão, se tornará, aliás, no século XX, um lugar-comum veiculado pela cultura popular sobre a celebridade: "Tenho dinheiro e tudo o mais, e meu nome em todos os lugares / Contudo, busco muito simplesmente o amor."[110]

Rousseau raramente escolhe suas palavras de modo aleatório. Quando escreve: "Cada um me imaginava a seu bel-prazer, sem temer que o original viesse desmenti-lo", o termo *original* é rico em significados.[111] Ele opõe seguramente a fonte (a origem) às cópias que circulam, segundo uma temática da autenticidade e da falsidade. Mas destaca também a singularidade do verdadeiro Rousseau (esse ser "original"), irredutível às imagens que os outros fazem dele. Do mesmo modo, opõe ao "retiro" não o público, mas a "alta sociedade", que designa preferencialmente a boa sociedade. A proliferação de figuras imaginárias e falsas permanece ainda implicitamente ligada à formação das reputações no espaço da alta sociedade, no seio das elites. Mais tarde, em *Devaneios*, ele retomará a mesma oposição, em uma forma mais radical: "Se meu rosto e meus traços fossem tão perfeitamente desconhecidos dos homens quanto são o meu caráter e o meu natural, eu ainda viveria no meio deles."[112] É a celebridade o que o condena à solidão, pois ela o proíbe de aspirar a qualquer relação humana autêntica. Aqui, o que está em questão não é mais a alta sociedade, e sim o conjunto dos homens. Nesse ínterim, Rousseau teve de renunciar à esperança de lutar, por meio de seus escritos, contra os efeitos da celebridade. *As confissões* foi um fracasso, uma decepção cruel. As leituras feitas por Rousseau a pequenos grupos selecionados não produziram o efeito esperado. "Concluí assim minha leitura e todo mundo calou-se. Madame d'Egmont foi a única a parecer-me comovida; ela estremeceu visivelmente, mas recompôs-se com rapidez e manteve o silêncio, assim como todo o grupo."[113] Nenhum choro, nenhuma manifestação ostensiva de empatia pelas desgraças de Jean-Jacques. Rousseau conclui disso que seu projeto era ilusório. Jamais escreverá a continuação.

Rousseau, juiz de Jean-Jacques

No início dos anos 1770, Rousseau desiste, portanto, de continuar seu *As confissões*. Mas não abandona a ideia de lutar contra o empreendimento de perseguição e de calúnia do qual se crê vítima. Consagrará então muita energia à redação de um texto complexo e fascinante, que por muito tempo foi negligenciado pela crítica: *Rousseau, juge de Jean-Jacques. Dialogues*]. Lançado após sua morte, em 1780-1782, o texto desconcertou até mesmo seus admiradores e foi incluído pelos demais no dossiê de sua "loucura".[114] É verdade que há razões para sentir repugnância diante de seu aspecto estranho e sombrio, no qual Rousseau parece dar livre curso ao seu delírio de perseguição. Sua própria forma surpreende, com três diálogos entre um personagem chamado "Rousseau", que é o porta-voz do autor, mas não é seu duplo, e o "Francês", um indivíduo que quase não tem característica própria nem profundidade psicológica ou biográfica. Suas conversas dizem respeito a um terceiro personagem, "J. J.", identificado como o autor de *A nova Heloísa*, *Emílio*, *Discours* etc. O "Francês", persuadido, assim como todos os seus compatriotas, de que J. J. é um homem mau e vicioso expõe com candura o complô urdido cujo objetivo era arruinar sua reputação, sem nunca se explicar: tudo se passa como se J. J. já tivesse sido declarado culpado, sem que lhe sejam esclarecidos seus delitos ou permitido se defender. O complô é apresentado como uma evidência conhecida por todos e um empreendimento legítimo de salubridade pública. Situação aberrante, e construída como tal, mas apresentada pelo "Francês" como perfeitamente normal. Rousseau assume então a defesa de Jean-Jacques, com quem fora se encontrar, o que leva o "Francês" a duvidar do fundamento do complô e o convence a ler suas obras, das quais evidentemente não lera uma única linha. Essa é a prova decisiva com que consegue persuadi-lo plenamente da inocência de Jean-Jacques. "Sim, eu o percebo e apoio como vós, pois, sendo o autor dos escritos que trazem seu nome, ele só pode ter o coração de um homem de bem."[115] Mas essa revelação – e é uma surpresa – não desemboca em qualquer campanha de reabilitação pública. Os dois homens decidem guardar para si mesmos o segredo da inocência de Jean-Jacques, conscientes de que não adianta nada se opor a uma hostilidade unânime. Eles se contentarão em ir viver com Jean-Jacques para lhe trazer algum reconforto.

Esse brevíssimo resumo não faz jus à complexidade do texto, à sua riqueza sinuosa, que assenta ao mesmo tempo em uma arquitetura muito rigorosa e em uma série de reditos, de digressões, de desenvolvimentos às vezes fastidiosos, entrecortados por grandes momentos de eloquência. As hipóteses mais inverossímeis são expostas com uma coerência tal e com

A INVENÇÃO DA CELEBRIDADE

tanta precisão que o leitor fica desconcertado diante do que, de fato, parece ser a "loucura racional". O próprio dispositivo dos diálogos permite ao autor multiplicar as intervenções, inclusive nas notas – sem contar os dois textos que enquadram a obra e comentam-na em primeira pessoa. O dispositivo permite também colocar na boca do "Francês" a descrição do complô e das inúmeras manobras preparadas para isolar Jean-Jacques e para prejudicá-lo, sem jamais lhe dizer o que lhe é censurado. Assim, a existência de uma perseguição generalizada não é apresentada como uma suspeita, uma hipótese, sequer mesmo na forma de uma acusação, e sim como uma evidência, sobre a qual se trata apenas de determinar se é justificável. O próprio projeto do texto é encontrar razões lógicas a algo que não tem nenhuma verossimilhança, esse "acordo unânime" de "toda uma geração" para proscrever Jean-Jacques.[116]

Assim, o texto é dominado pelos temas do retraimento, da obscuridade, da vigilância e do engano. A perseguição mergulha Jean-Jacques em um silêncio universal e o deixa sem qualquer meio de ação. Assim, *Rousseau juge de Jean-Jacques* descreve longamente, quase de modo incansável, a solidão de um Jean-Jacques convertido em joguete na mão de seus inimigos e vítima de uma liga universal, articulada pelos "*Messieurs*". Identificam-se aí as obsessões mais sinistras do autor, as das trevas impenetráveis, do labirinto no qual se perde, da deformação de todos os sinais: "Descobriu-se a arte de lhe fazer sentir em Paris uma solidão mais horrorosa do que as das cavernas ou florestas, e onde ele não encontra, no meio dos homens, nem comunicação, nem consolo, nem conselho, nem luz."[117] Essa soturnidade remete sempre ao tema do complô universal, que não se reduz a seus inimigos, mas doravante a todos os seus semelhantes. No posfácio, intitulado "História do escrito precedente", Rousseau retoma a palavra em seu nome próprio e reforça um pouco mais o dispositivo paranoico, narrando a impossível recepção do texto. Tentara confiar o manuscrito às raras pessoas em quem ainda confiava, mas elas o traíram: "Poderia eu ignorar que há muito tempo ninguém se aproxima de mim sem que tenha sido expressamente enviado e que me confiar às pessoas que me cercam é o mesmo que me entregar a meus inimigos?"[118] Desesperado, decide colocá-lo sobre o altar de

SOLIDÃO DO HOMEM CÉLEBRE

Notre-Dame, mas acaba encontrando a grade fechada e, sofrendo um acesso de vertigem, deve abdicar de qualquer esperança de reconhecimento – mas não sem soltar um murmúrio de indignação: "O próprio Deus parece concorrer à obra de iniquidade dos homens."[119] Não se poderia imaginar melhor símbolo do delírio de perseguição – Deus faz parte do complô! – e da impossibilidade absoluta de romper o cerco.[120]

Se *Dialogues* retoma, em vários aspectos, o discurso autoapologético de *As confissões*, o faz de uma forma totalmente diferente, a ponto de Michel Foucault – o primeiro a ter se dado conta da importância desse texto – ter falado dele como sendo o "anti-*As confissões*".[121] A narração em primeira pessoa é substituída por um diálogo, o que provoca uma fragmentação da enunciação. Rousseau já não tenta se contar tal como se sente em seu interior, mas se esforça, pelo contrário, para se olhar a partir do exterior, no intuito de imaginar as motivações de seus inimigos, por mais inverossímeis que lhes pareçam, e para desenhar a imagem que poderia fazer dele um observador totalmente imparcial ou um leitor benevolente. "Era absolutamente necessário que eu dissesse de que modo, se fosse um outro, eu veria um homem tal como sou."[122] Projeto evidentemente ilusório, mas que indica que, para Rousseau, a questão já não é a do sentimento íntimo de si, já não é de se justificar afirmando a lucidez de uma consciência justa, e sim de compreender o modo segundo o qual se constrói o julgamento dos outros, os mecanismos complexos e perversos da opinião pública. Esta é investida de um significado extremamente negativo. Ela aparece como o resultado de uma manipulação generalizada orquestrada por todos os poderosos, os intermediários, os formadores de opinião. O texto retoma a crítica, habitual em Rousseau, dos mecanismos mundanos da reputação, mas vai muito mais longe: não é apenas o julgamento da boa sociedade o que é questionado, mas também a opinião unânime do público. "A opinião pública" não é um tribunal imparcial que os homens de letras podem opor ao arbitrário e ao despotismo, como em outros autores contemporâneos, mas uma espécie de dispositivo hegemônico que permite a pequenos grupos organizados impor universalmente julgamentos falsos e perseguir inocentes. O complô tramado contra Jean-Jacques reúne

A INVENÇÃO DA CELEBRIDADE

assim "os Grandes, os Autores, os médicos (isso não era difícil), todos os homens poderosos, todas as mulheres galantes, todos os corpos diplomáticos, todos os que controlam a administração do Estado, todos os que governam as opiniões públicas".[123]

O essencial está menos na lista dos poderosos do que no efeito de massa. Aliás, o "Francês" não encontra qualquer dificuldade para relembrar a Rousseau que a unanimidade está contra ele: "Não valerá nada para vós o resultado do sufrágio, quando sois o único a ver as coisas diferentemente de todo mundo?" Ao que ele responde com uma crítica aos efeitos de imitação e de intimidação, que permitem enganar o público com facilidade: "A que ponto não poderia o público ser enganado, se todos os que o dirigem, seja pela força, seja pela autoridade, seja pela opinião, chegassem a um acordo para abusar dele por meio de surdas tramoias, das quais estaria fora de cogitação descobrir o segredo."[124] A opinião pública, aqui, não é um conceito diretamente político – aliás, ela nunca é em Rousseau, já que diz respeito à questão dos costumes –, não designa o resultado de um processo de deliberação crítica sobre as questões públicas, mas um estado de unanimidade a respeito da reputação de um indivíduo.[125] Rousseau utiliza o termo em um sentido muito próximo daquele dado por Duclos – um dos raros autores por quem manteve sua admiração e amizade, até o início dos anos 1770 –, quando este refletia justamente sobre a extensão incontrolável das cadeias de reputação sob efeito dos novos mecanismos da celebridade. A "opinião pública" designa, portanto, aqui precisamente a imagem que o público – essa massa indiferenciada de indivíduos que não conhecem Rousseau diretamente, mas têm uma opinião sobre ele – tem dele, o que chamamos de sua figura. Ora, sua figura, a seus olhos, é tão pervertida que inverte de forma radical todos os valores e apresenta um inocente sob os traços de um culpado. "Veríamos Sócrates, Aristides, veríamos um Anjo, veríamos o próprio Deus, com olhos tão fascinados, que acreditaríamos ainda estar vendo um monstro infernal", não hesita em escrever Rousseau, em uma comparação de um orgulho realmente notável.[126]

Os olhos do público estão, portanto, "fascinados", isto é, iludidos, como sob o efeito de um sortilégio. O termo, cuja etimologia remete à magia, designa, em primeiro lugar, um engano, uma ilusão, e é nesse sentido que é geralmente empregado no século XVIII. Contudo, o sentido mais moderno, que diz respeito mais à sedução do que à magia, já existe, e suas conotações implicam que o público não é somente enganado pela falsa imagem que lhe é apresentada, ele é seduzido e subjugado, não consegue se livrar dela e sente um prazer perturbador ao contemplá-la. Essa ambiguidade (o público é enganado ou se compraz com os simulacros que lhe são oferecidos? Equivoca-se por erro de boa-fé ou por maldade?) é um dos mecanismos de *Dialogues* e uma novidade no pensamento de Rousseau. Até então, e especialmente em *As confissões*, ele denunciava o complô de seus inimigos, mas contava com o público, com as leituras de boa-fé. O sucesso de seus livros tinha ao menos a vantagem de assegurá-lo de seu talento e convencê-lo de que uma massa importante de leitores tinha um acesso direto a seu pensamento. Em *Lettres écrites de la montagne*, afirmava com otimismo que "o público julga segundo a razão" e que aceitava seus vereditos.[127] Por volta de 1761, em fragmentos que anunciam *As confissões*, mas não serão publicados por ele, Rousseau escrevia algo bastante assombroso, considerando-se a continuação de sua obra: "Dada a maneira como sou conhecido no mundo, tenho menos a ganhar do que a perder em me mostrar tal como sou."[128] Como o futuro autor de *As confissões* e de *Dialogues* podia escrever isso? De fato, ele estava convencido então de que sua celebridade projetava sobre si uma figura lisonjeira e que a opinião pública era-lhe favorável: "Por parecer um homem tão singular, como é do gosto de todos aumentar, só me resta me apoiar sobre a voz pública; ela me será mais útil do que meus próprios louvores. Assim, se for consultado apenas meu interesse, seria mais habilidoso deixar que falem de mim os outros, do que falar de mim eu mesmo."[129] No momento em que escreve essas palavras, Rousseau percebia, portanto, na "voz pública" e em sua tendência a amplificar tudo um trunfo para o personagem singular que forjara.

Em *Dialogues*, por outro lado, a imagem do público é inteiramente inversa. Não somente o público não é mais favorável a Jean-Jacques, mas tornou-se a força motriz do complô universal. Para compreender a inverossímil unanimidade do ódio que o cerca, Rousseau acaba por introduzir a hipótese de leitores de má-fé, que leem os livros de Jean-Jacques com a única finalidade de procurar contradições e de surpreendê-lo em erro. Essa hipótese tem consequências desastrosas. Enquanto o complô permanecesse uma ação exterior produzida por pequenos grupos de inimigos identificáveis (os filósofos, os poderosos, a alta sociedade), era sempre possível convocar os leitores para romper com esse cerco e reclamar justiça contra os vereditos da alta sociedade. Esse era o próprio projeto de *As confissões*. Lançando a suspeição sobre os leitores, Rousseau priva-se de qualquer esperança, de qualquer exterioridade, o que se manifesta fortemente no episódio da Notre-Dame. O texto aprofunda então a crítica da opinião, que não é apenas manipulada, mas também deseja sê-lo. À denúncia dos mecanismos de fabricação da opinião acrescenta-se essa constatação desiludida, na boca do "Francês": "O público é enganado, eu vejo, eu sei, mas lhe agrada sê-lo e não gostaria de se ver desiludir."[130]

Esse tema da credulidade do público, fascinado e feliz por isso, encontrando uma estranha e perversa satisfação na profusão de figuras mentirosas, torna-se central, e é difícil não ler nisso uma descrição dos mecanismos da celebridade. Quando se trata de homens célebres, o público, "que não pede mais do que acreditar em tudo",[131] aceita voluntariamente os mais inverossímeis boatos. A publicidade que cerca as pessoas célebres é a face não crítica do espaço público. Rousseau antecipa aqui, de maneira penetrante, as críticas da opinião de massa em regime midiático, que será um tema recorrente da crítica social na segunda metade do século XX, mas ele o faz, evidentemente, à sua maneira, isto é, singularizando e personalizando ao extremo sua descrição:

> Basta que se trate de J. J. para que não seja necessário haver nem bom senso nem verossimilhança nas coisas que lhe atribuem; quanto mais absurdas e ridículas elas forem, mais se apressarão a não duvidar delas. Se d'Alembert ou Diderot inventassem de afirmar que ele tem duas cabeças, amanhã, ao vê-lo passar pela rua, todo mundo o veria com duas cabeças, muito distintamente, e cada qual ficaria bastante surpreso de não ter percebido essa monstruosidade antes.[132]

SOLIDÃO DO HOMEM CÉLEBRE

É preciso levar a sério essa fórmula aparentemente burlesca, quanto à imagem que oferece, de uma opinião pública crédula e manipulável, que perde qualquer senso crítico quando se trata de pessoas célebres. O que aparece claramente, por meio dessa figura do complô universal denunciado por Rousseau, é a própria celebridade, a distância crescente entre o homem que ele sabe que é e as figuras dele que o público gosta de tomar por verdadeiras. Repetidas vezes, *Dialogues* associa explicitamente a "celebridade" de Jean-Jacques e as perseguições de que é objeto. "Ele acredita, diz Rousseau de J. J., que todos os desastres de seu destino, desde sua funesta celebridade, são fruto de um complô."[133] Lastima a sorte de J. J., que, "em lugar das vantagens associadas à celebridade, encontrou na sua apenas ultrajes, insultos, misérias e difamação".[134]

Sem dúvida, para descrever a celebridade segundo a forma da perseguição, Rousseau denigre sua imagem pública de modo ultrajante. Qualquer forma de curiosidade e de admiração é transformada em hostilidade. "A admiração é, sobretudo, a senha secreta dos traidores. É dessas cortesias de tigres que parecem lhe sorrir no momento em que vão dilacerá-lo", escreve ao conde de Saint-Germain, em uma carta na qual emprega todos os temas do complô.[135] É a porção própria do delírio, que leva um escritor admirado e popular a se acreditar unanimemente detestado. No entanto, uma vez que se tenha identificado o próprio âmago do problema, isto é, a proliferação, entre o público, de figuras, discursos, textos e imagens associados a seu nome, não controlados por ele e nos quais não consegue se reconhecer, compreende-se que, no fim das contas, pouco importa que essas imagens sejam favoráveis ou desfavoráveis. Elas são dolorosas, pois implicam que "Jean-Jacques" tornou-se um personagem público, autônomo, que se interpõe entre Rousseau e seus contemporâneos. O delírio paranoico torna particularmente sinistra a descrição da celebridade, pois transforma a curiosidade, e até mesmo a admiração, em ódio e desprezo. Mas torna especialmente admirável a contradição entre o prestígio associado à proliferação pública do nome e o impossível reconhecimento íntimo. Ser muito conhecido torna alguém desconhecido e impede qualquer relação afetiva autêntica. Bernardin não estava errado: "O homem célebre tornara infeliz o homem sensível."

A INVENÇÃO DA CELEBRIDADE

Dialogues é antecedido por um preâmbulo, "Do assunto e da forma deste escrito", que não deixa qualquer dúvida sobre a questão do livro, sobre a entidade hostil à qual Rousseau atribui seus infortúnios: "o público." O termo aparece seis vezes ao longo de algumas páginas e sempre em posição ativa, como um ator da difamação, e não como o receptáculo passivo de calúnias. Desde as primeiras linhas, Rousseau menciona "o público, perfeitamente seguro" de seus direitos, pretensão à qual opõe posteriormente "a incrível cegueira do público". Jean-Jacques é "aquele que o público desfigura e difama à vontade". O objetivo de *Dialogues* é realmente "examinar a conduta do público a [seu] respeito". Outros termos vêm substituir a palavra "público", para mostrar que Rousseau denuncia menos, doravante, o complô de um pequeno número de adversários do que a unanimidade hostil de "toda Paris, toda a França, toda a Europa", de "toda uma geração" ou ainda de "seus contemporâneos". Essa última fórmula, presente desde a primeira frase, evidencia a temporalidade da celebridade, adquirida em vida do escritor. Rousseau nunca se interessou tanto pela questão da posteridade, nem mesmo quando esta aparece como um recurso face à injustiça de seus contemporâneos. Diante da constatação de que se tratava de um público de má-fé, fascinado por imagens falsas e rumores, inacessível à razão, Rousseau apela apenas levemente a uma reabilitação futura. Ele prefere um retorno sobre si mesmo: "Não terei conhecido, portanto, a vanidade da opinião senão para me colocar sob seu jugo, à custa de minha alma e da tranquilidade de meu coração? Se os homens querem me ver diferentemente do que sou, o que me importa? Estará a essência do meu ser em seus olhares?"[136] Essa reivindicação de uma autenticidade inalterável, de uma autonomia do eu, insensível aos olhares dos outros, será colocada à prova em *Devaneios do caminhante solitário*; ela funda uma filosofia da alma.[137] Mas esta é segunda, é uma reação à multiplicação das mediações que caracteriza as novas formas de publicidade. Baseia-se em uma distinção insustentável entre o indivíduo que apreende a si mesmo na consciência de si e as imagens que os outros forjam dele, entre Rousseau e Jean-Jacques: "Por mais que façam um J. J. a seu modo, Rousseau permanecerá sempre o mesmo, a despeito deles."[138]

A desfiguração

No preâmbulo de *Dialogues*, Rousseau justifica do seguinte modo a escolha de um desdobramento entre "Rousseau" e "Jean-Jacques": "Tomei a liberdade de retomar meu sobrenome nessas conversas, que o público julgou adequado retirar de mim, e designei-me na terceira pessoa servindo-me, segundo seu exemplo, de meu nome de batismo, ao qual gostou de me reduzir."[139] O equívoco do público consiste, portanto, em ter "reduzido" Rousseau a ser apenas um nome, quase um apelido, por ele próprio reduzido a uma inicial dupla, "J.-J.", e que designa um personagem imaginário. Contra essa redução, que é uma reificação, Rousseau pretende reapropriar-se, ao mesmo tempo, de sua identidade social e do nome de autor reivindicado por ele desde sempre. Evidentemente, é significativo que seu nome tenha se tornado a denominação "pública" de Rousseau, associada à sua figura midiática, embora seja a mais pessoal, aquela que o apreende em sua singularidade, como indivíduo insubstituível e não como membro de uma linhagem. Essa utilização do nome para designar uma celebridade com a qual o público mantém uma relação afetiva, empática, tem um belo futuro pela frente (Marilyn, Johnny, Elvis...). Ela sublinha, entenda-se bem, a publicização do privado, que está no cerne, como vimos, da cultura da celebridade. "Jean-Jacques", com efeito, é a designação favorita não dos inimigos de Rousseau, mas de seus amigos e admiradores, e até mesmo dos historiadores da literatura, que frequentemente retomam sem pestanejar essa designação, uma vez que queiram manifestar seu apego não apenas ao autor, mas também ao homem. Jean Ranson, o negociante de La Rochelle, pedia com diligência notícias do "amigo Jean-Jacques". Esse modo de designar pelo nome um contemporâneo que nunca encontrou diz respeito a um desejo de intimidade a distância, da familiaridade que se institui entre uma pessoa célebre e seus fãs.

Mais uma vez, são as próprias estratégias editoriais e publicitárias de Rousseau que se voltam contra ele, uma vez alcançado certo grau de celebridade. Pois, se o nome "Jean-Jacques" impôs-se assim progressivamente, na imprensa e entre os leitores, para designá-lo, foi em grande

A INVENÇÃO DA CELEBRIDADE

parte porque ele próprio promoveu seu nome, para distinguir-se dos outros de sobrenome Rousseau. Trata-se de um ponto pouco conhecido, mas vários testemunhos atestam que ele estava preocupado, quando de seus primeiros sucessos, em não ser confundido com outros Rousseaus e, em particular, com o poeta Jean-Baptiste Rousseau, "um homem célebre e que tem o mesmo sobrenome que eu", como discorre em *As confissões*.[140] Escreve em outro texto, em tom de bravata: "Alguns autores estão se matando para chamar o poeta Rousseau de o grande Rousseau durante a minha vida. Quando eu estiver morto, o Poeta Rousseau será um grande Poeta. Mas ele não será mais o grande Rousseau."[141] É verdade que no momento em que Rousseau alcança a notoriedade, no início dos anos 1750, a lembrança de Jean-Baptiste, morto em 1741, é ainda muito viva: não somente ele é considerado um dos maiores poetas franceses, como também sua vida tumultuada, boa parte dela passada no exílio, suscitara um forte interesse. Quando, em 1753, aparece em Liège *Mémoires pour servir à l'histoire du célèbre Rousseau* [*Memórias para servir à história do célebre Rousseau*], é de Jean-Baptiste que se trata. Em 1750, quando o prêmio da Academia de Dijon o fez alcançar a celebridade e Raynal, diretor do *Mercure*, escreveu-lhe para pedir que "lhe abrisse seu portfólio", Rousseau respondeu-lhe queixando-se de que o tomavam equivocadamente por um poeta, porque confundiam-no com um homônimo (Pierre Rousseau, sem dúvida):

> Uma coisa singular é que, tendo publicado outrora uma única obra em que certamente não é questão de poesia, façam hoje de mim Poeta apesar de não o ser. Todos os dias me vêm cumprimentar por comédias e outras peças de versos que não escrevi e que não sou capaz de escrever. É a conformidade do nome do autor com o meu, o que atrai para mim essa honra.[142]

Um pouco mais tarde, promover seu nome permite-lhe recusar o título de "Monsieur", que ele detesta, e mesmo opor-se explicitamente a seus adversários, definidos por seus títulos e suas funções, ao passo que ele próprio não acrescenta a seu sobrenome senão seu nome, para melhor

SOLIDÃO DO HOMEM CÉLEBRE

evidenciar, de uma só vez, sua simplicidade, sua independência e sua singularidade. Pensemos, por exemplo, na folha de rosto da *Carta a d'Alembert*, que já evocamos: "Carta de J.-J. Rousseau ao M. d'Alembert da Academia francesa..." Mais tarde, em *As confissões*, ele se designará, por vezes, na terceira pessoa, como "Jean-Jacques". Assim, o fato de que Rousseau tenha sido o primeiro escritor designado unicamente por seu nome, longe de se dever a uma vontade do público de privá-lo de seu sobrenome, resultou, em primeiro lugar, da conjunção de sua própria estratégia editorial, e mesmo publicitária, e dos mecanismos de apego afetivo nos quais se baseava sua celebridade.

Ser desapossado de seu nome próprio não tem por única consequência, aos olhos de Rousseau, ser reduzido ao personagem público "Jean-Jacques". É toda a posição autoral que ele pacientemente construíra que é ameaçada. Uma das formas da perseguição, em *Dialogues*, é a publicação, sem sua autorização, de edições piratas e falsificadas de suas obras e até mesmo de trabalhos que trazem seu nome próprio, Rousseau, embora ele não tenha escrito sequer uma de suas palavras. Seus próprios livros tornam-se irreconhecíveis: "Sabeis a que ponto podem desfigurá-los? [...] Não podendo aniquilá-los, e uma vez que suas mais malignas interpretações ainda não bastaram para desacreditá-los como gostariam, intentaram a falsificação, e esse empreendimento – que parecia inicialmente quase impossível – tornou-se, pela conivência do público, de facílima execução".[143] Reconhece-se sem dificuldades, por trás das descrições horrorizadas dadas pelo texto, uma prática corrente dos livreiros do século XVIII, que publicavam de bom grado edições ilegais de obras de sucesso e não hesitavam em utilizar a celebridade de um autor para fazer escoar sob seu nome livros medíocres. É o custo da celebridade, como lhe havia escrito ironicamente Madame de Chenonceaux, ao lhe anunciar que fora publicada em Paris uma carta dele ao arcebispo de Auch, que lhe parecia falsa: "É uma honra da celebridade que vós ainda não tinhais tido."[144] Rousseau é vítima de seu sucesso, mas, em *Dialogues*, esses mecanismos são interpretados ao modo do complô: suas obras são falsificadas, tornadas irreconhecíveis ("desfiguradas"), procura-se prejudicá-lo, acrescentando-se afirmações escandalosas.

A INVENÇÃO DA CELEBRIDADE

Embora não escreva mais, seus inimigos, afirma ele, "fazem-no incessantemente garatujar livros e tomam o enorme cuidado de que esses livros, dignos das penas que os escrevem, desonrem o nome que trazem".[145] A política autoral de Rousseau, com o objetivo de promover seu nome, ao ligar indissociavelmente sua pessoa a seus escritos, volta-se contra ele. Tanto sua responsabilidade quanto sua honra são achincalhadas por esses usos de seu nome.

As contradições da celebridade prendem como uma armadilha. O nome próprio é, ao mesmo tempo, o que designa o indivíduo em sua singularidade, o que ele reivindica como identidade pessoal, mas também o que ele tem de mais público, o próprio suporte de sua notoriedade, de seu renome. A vontade de Rousseau de associar seu nome de autor e sua pessoa, como se os textos que publica fossem emanações imediatas de sua subjetividade, choca-se com a existência de inúmeros intermediários, editores, corretores, livreiros, críticos – todo esse mundo do livro em que as estratégias comerciais misturam-se com as questões intelectuais. Confrontado a essas mediações que se multiplicam entre ele e seus leitores, Rousseau acaba adotando uma solução extrema, que consiste em renegar todos os textos que trazem seu nome. Chega até a fazer circular, em 1774, uma carta manuscrita, assinada de próprio punho, na qual "declara todos os livros antigos ou novos, que se imprimem ou se imprimirão doravante com seu nome, onde quer que seja, ou falsos ou adulterados, mutilados ou falsificados com a mais cruel malignidade, e renega-os – a alguns como não sendo mais sua obra e aos demais como lhe sendo falsamente atribuídos".[146] A assinatura manuscrita torna-se a garantia do nome, em lugar do nome na capa do livro, colocado sob suspeita. Percebe-se a dúvida na qual desemboca Rousseau, em busca de uma autenticidade impossível.[147] Pois essa mesma declaração é "impressa à sua revelia"[148] e, sem dúvida – teme ele –, falsificada. Qualquer escrita é desviada de seu objetivo e "se algo a ser feito ou dito se apresentar ao seu espírito em alguma aparência vantajosa, ele deve considerar que, a partir do momento em que lhe é dado o poder de executá-la, é porque é seguro que se possa voltar seus efeitos contra ele e torná-la funesta". Daí a imagem permanente de redes, que prendem o autor de modo

SOLIDÃO DO HOMEM CÉLEBRE

mais cerrado, quanto mais ele tenta se defender, e que constituem uma metáfora eficaz da condição do homem célebre, que perde todo controle sobre a maneira como suas palavras e seus atos serão repetidos e interpretados. Justificar-se, refutar o que dizem dele, ainda é fazer o jogo dos formadores de opinião. Não lhe resta senão permanecer silencioso e imóvel, esforçar-se para "não agir de modo algum, não aquiescer a nada que lhe proponham".[149]

Quando Rousseau fala da falsificação de seus livros, o léxico da desfiguração surge espontaneamente em sua pena. O que está em jogo, com efeito, é o controle de sua "figura", no sentido amplo que lhe demos, o conjunto das representações que circulam sob seu nome próprio. Evidentemente, a figura no sentido mais restrito – a aparência física de seu rosto – é um assunto sensível. Rousseau não escapa ao desenvolvimento da cultura visual da celebridade. Desde os primeiros tempos de sua notoriedade, alguns meses após o sucesso do primeiro *Discours*, seu retrato em pastel, desenhado por Maurice Quentin de La Tour, é exposto no salão de 1753. Mas, embora aprecie muito esse retrato, Rousseau rejeitará durante um bom tempo que se imprimam cópias gravadas dele, não o aceitando senão em 1762, pressionado por seu editor e por seus amigos. A partir de então, inúmeros retratos gravados de Rousseau serão reproduzidos e postos à venda. Ele próprio se esforçará para manter o controle de sua imagem pública, sugerindo, por exemplo, a Duchesne, editor de *A nova Heloísa*, a encomenda de um retrato que o representasse em seus trajes de armênio. Porém, muito rapidamente, percebe que seus esforços são vãos e preocupa-se com a proliferação dos retratos, cuja venda é anunciada nos jornais e cujas tiragens são importantes. Desconhecidos escrevem-lhe para pedi-los, como um certo Lalliaud, de Nîmes, que lhe envia três estampas, pedindo que indique a mais fiel, pois deseja mandar fazer um busto em mármore para sua biblioteca. Seduzido por um momento, pois acredita ver nisso o signo "de uma alma com o mesmo tom da minha", Rousseau rapidamente se desencanta e, mais tarde, censurará Lalliaud por ter "mandado gravar um retrato horroroso, que não deixa de correr com o meu nome, como se ele se fosse minimamente fiel".[150]

A inquietude suscitada pela multiplicação de imagens de seu rosto não para de aumentar e toma uma forma paroxística em *Rousseau juge de Jean-Jacques*, concentrando-se no retrato pintado por Allan Ramsay em 1766 e nas gravuras feitas a partir dele. O retrato fora feito quando da estada de Rousseau na Inglaterra, a pedido de Hume e antes da briga entre eles. Ramsay, um dos melhores retratistas de seu tempo, fizera um díptico, composto pelos retratos de Hume e de Rousseau. A maioria dos admiradores deste apreciou de fato esse quadro, justamente porque ele mostrava Rousseau tal como o imaginavam, vestido com seu traje de armênio, com um chapéu de pele na cabeça, ar grave e preocupado. O retrato oferecia um contraste impressionante com aquele de Hume, pintado em todo o esplendor beato de um perfeito homem da alta sociedade.[151] É possível se interrogar quanto às reais intenções de Ramsay e quanto à sua possível ironia, mas não restam muitas dúvidas de que o pintor apreendeu certos traços do caráter de Rousseau e que seu quadro correspondia à imagem que muitos contemporâneos tinham do autor do *Emílio* – a de um homem sensível, mas inquieto e desconfiado, que renunciara aos luxos da mundanidade.[152] O sucesso de inúmeras gravuras feitas a partir desse quadro atesta esse êxito e o desejo do público de possuir imagens de Rousseau. Uma grande estampa, gravada na Inglaterra e depois amplamente difundida no continente, trazendo a divisa *Vitam impendere vero*, foi saudada pelos admiradores de Rousseau, que a achavam fiel a ele.[153]

Essa não era a opinião do principal interessado, que detestava profundamente esse retrato, e mais ainda a gravura, que acentuava sua tonalidade sombria e preocupada. Recebendo a visita de Monsieur e Madame Bret, no início de 1770, ele descobre que esta possui uma gravura dele em traje de armênio. "Saia da minha casa, responde Rousseau furioso. Um retrato feito para me desonrar, para me aviltar; jamais quero ver a mulher capaz de olhar, de amar, de conservar esse monumento à minha vergonha; eu preferiria, antes, morrer a ter de jantar com ela."[154] Alguns meses mais tarde, sua amiga Madame de La Tour escreve-lhe contando que colocou seu retrato gravado a partir do de Ramsay em cima da mesa que lhe serve de escrivaninha, "precisamente como uma devota coloca em cima de seu oratório a imagem do santo por quem tem a mais fervorosa devoção".[155] Furioso, ele não lhe responde por mais de um ano. A incompreensão é patente. De um lado, os admiradores sinceros de Rousseau gostam de possuir seu retrato e conservam preciosamente uma imagem que nutre seu sentimento de intimidade com ele, mesmo que saibam manter uma distância jocosa com os próprios usos que fazem dessa imagem (para deixar claro que a imagem da devota é ao mesmo tempo sincera e irônica, Madame de La Tour acrescenta: "Infelizmente, não recebo muito mais influência dele do que ela [a devota]"); de outro, o próprio Rousseau vê nisso apenas uma iniciativa destinada a desonrá-lo e reage, seja insurgindo-se com violência, seja refugiando-se no silêncio. *Dialogues* retoma longamente esse retrato, desde a sessão de pose, descrita quase como uma cena de tortura, até seu sucesso. Aos olhos de Rousseau, ele é, seguramente, fruto de uma maquinação cujo objetivo é difundir uma imagem que o representa com os traços de um "ciclope horrendo".

> À força de importunações, ele [Hume] arranca o consentimento de J. J. Fazem-no colocar uma touca bem preta, uma roupa bem marrom, colocam-no em um lugar bem escuro e, lá, para pintá-lo sentado, fazem--no manter-se de pé, curvado, com uma das mãos apoiada em uma mesa bem baixa, em uma atitude na qual seus músculos, fortemente tensionados, alteram os traços de seu rosto. De todas essas precauções deveria resultar um retrato pouco lisonjeiro, caso chegasse a ser fiel. Tendo visto esse terrível retrato, julgareis sua semelhança se virem o original alguma vez. Durante a estadia de J.J. na Inglaterra, esse retrato foi ali gravado, publicado e vendido em todos os lugares, sem que lhe tenha sido possível ver essa gravura. Ele retorna à França e descobre que seu retrato da Inglaterra é anunciado, celebrado, vangloriado como uma obra-prima da pintura, da gravura e, sobretudo, da fidelidade. Consegue, enfim, e não sem dificuldade, vê-lo: estremece e diz o que pensa. Todo mundo ri dele.[156]

A INVENÇÃO DA CELEBRIDADE

Com efeito, ninguém quer acreditar que esse retrato seja fruto de um complô, pela simples razão que seus interlocutores julgam-no bem-sucedido. Isso, para Rousseau, é um verdadeiro enigma, propriamente incompreensível: como seus contemporâneos podem apreciar tanto um retrato que, acredita ele, o desfigura e o desonra? A própria existência de retratos que circulam à sua revelia e sem que ele possa controlá-los é evidentemente um teste para Rousseau: o da objetivação de sua figura pública, não apenas no plano da semelhança física, mas também no do conjunto dos traços psicológicos que lhe são associados. Percebe-se antes de tudo como um ser sensível, um coração doce, pronto a se enternecer, ao passo que o retrato de Ramsay transmite-lhe a imagem de alguém austero, de caráter atormentado. Outros escritores tiveram dificuldade de se reconhecer em seus retratos. Diderot censura Jean-Baptiste Van Loo por ter lhe dado o ar de uma "velha coquete", e não de um filósofo.[157] Para Rousseau, esse teste é muito mais brutal, na medida em que cópias circulam amplamente e que ele desenvolveu uma sensibilidade aguda, exacerbada, à questão de suas representações públicas. Como, ainda por cima, esse retrato está ligado à sua querela com Hume, não é muito surpreendente que faça dele a peça de um complô; que distinga, por trás dos mecanismos da celebridade, uma vontade consciente de "desfigurá-lo", de substituir seus verdadeiros traços por imagens factícias, sem semelhança. A proximidade entre a celebridade e o complô é explicitamente mencionada na continuação do diálogo:

O Francês: Mas não estareis dando muita importância a bagatelas? Que um retrato seja disforme ou pouco fiel é a coisa menos extraordinária do mundo. Todos os dias gravam-se, contrafazem-se, desfiguram-se os homens célebres, sem que de gravuras grosseiras se tire qualquer consequência semelhante à sua.

Rousseau: Concordo; mas essas cópias desfiguradas são obra de maus operários gananciosos, e não produções de artistas distintos, nem frutos do zelo ou da amizade. Não são exaltados com alarde em toda a Europa, não são anunciados em papéis públicos, não são expostos nos apartamentos, decorados com vidro e molduras; deixa-se que apodreçam nos cais ou que enfeitem os quartos dos cabarés e as lojas de barbeiros.[158]

SOLIDÃO DO HOMEM CÉLEBRE

Nessa passagem, Rousseau esboça uma descrição social dos usos dos retratos gravados, vendidos nos cais por alguns soldos, expostos nas barbearias. Ele não ignora a emergência de um mercado da imagem das pessoas célebres. Mas exclui-se dele de maneira pouco convincente, rebaixando mais uma vez os efeitos da celebridade a um pretenso complô. Um de seus argumentos baseia-se na publicidade feita, na imprensa, de seus retratos, "anunciados com pompa, nos jornais, nas gazetas".[159] O que é exato, mas por razões que dizem respeito às exigências publicitárias do mercado e aos interesses dos comerciantes especializados. Para Rousseau, o essencial está no desapossamento de sua figura, na transformação de seu rosto – essa tradução visível de uma personalidade singular oferecida aos olhares dos próximos – em uma imagem pública, exposta aos olhares de todos e sobre a qual ele não tem nenhuma influência. A máscara não é o que se coloca para se esconder, o rosto impassível que se adota, como nos rituais da alta sociedade, mas o que outros querem lhe impor, para não ter mais de olhar para a pessoa. Novamente, por meio dessa reificação, a imagem midiatizada opõe-se ao retrato real, que ele é o único a poder traçar pela força das palavras e graças a um conhecimento íntimo do modelo: "Eis o único retrato de homem, pintado de modo exato, ao natural e em toda a sua verdade, que existe e que provavelmente jamais existirá", escreveu ele, ao iniciar seu *As confissões*.

É algo significativo que o retrato pintado por Ramsay, no qual ele arvora um ar sombrio e sua roupa de armênio, tenha concentrado tanto o ressentimento de Rousseau. O que descobre com ele é que a própria possibilidade de encarnar uma postura crítica, tal como a pensou e defendeu, é minada pelos mecanismos da celebridade. Toda a sua concepção da crítica, como vimos, é associada à exigência de autenticidade, ao imperativo de exemplaridade que impõe não se contentar em produzir um discurso, por mais virulento que seja, mas em "consagrar sua vida à verdade" (*vitam impendere vero*), segundo a divisa escolhida por Rousseau. Essa concepção do engajamento crítico faz eco à tradição da *parrhèsia*, essa coragem da verdade, da franqueza, cujas modalidades foram retraçadas por Michel Foucault.[160] Uma das formas mais espetaculares da *parrhèsia*, na Antiguidade, foi a dos cínicos, e em especial de Diógenes, filósofo cuja doutrina estava inteiramente contida em seus atos, em uma maneira direta e brutal de fazer estourar o escândalo da verdade, denunciando o caráter artificial das convenções sociais. Toda uma série de anedotas, contadas especialmente por Diógenes Laércio e bem conhecidas na época moderna, fizeram dele – vivendo em seu barril, masturbando-se em público e respondendo desrespeitosamente a Alexandre, o Grande – uma figura extrema da filosofia, o alcance dos limites da razão, em que a própria vida do filósofo torna-se uma forma de militância e de discurso crítico. Encenando, no coração da cidade, a encarnação de uma dissidência ética, Diógenes queria ser, ele mesmo, a condenação em ato dos excessos da civilidade.

Não é surpreendente que Rousseau tenha sido tão frequentemente comparado a Diógenes por seus contemporâneos, fosse por seus inimigos ou por seus admiradores.[161] Ele mesmo, sem nunca identificar-se explicitamente com elas, não hesitava em inserir em suas obras, ainda que apenas de modo implícito, referências a Diógenes – especialmente pela retomada da famosa fórmula "procuro um homem", que Diógenes pronunciava com uma lanterna na mão, para deixar claro que, a seus olhos, seus contemporâneos haviam perdido toda a dignidade.[162] Mas a celebridade alcançada por Rousseau lança uma dúvida sobre sua sinceridade e, quando o comparam a Diógenes, muitas vezes é para suspeitá-lo de ser apenas um imitador, um falso Diógenes. "Macaqueador de Diógenes, como te condenas a ti mesmo", observa raivosamente Voltaire nas margens de sua edição de *Discours sur l'origine de l'inégalité*, ao lado da passagem em que o autor critica o "ardor de fazer falar de si" e o "furor de se distinguir".[163]

Confrontado a essa crítica, frequentemente retomada por aqueles que suspeitam de que ele se *faça* de cínico, que desempenhe um papel, Rousseau encontra-se obrigado a se justificar. Alega que a escolha de copiar música não é "uma afetação de simplicidade ou de pobreza para imitar Epiteto e Diógenes, como asseguram vossos *Messieurs*".[164] Mas ele mesmo tem consciência da ambiguidade de sua posição. Descobre que a *parrhèsia*, a exibição pública de sua autenticidade e de sua sinceridade,

SOLIDÃO DO HOMEM CÉLEBRE

é ambivalente no mundo já midiatizado que é o do século XVIII. Sua singularidade alimenta a curiosidade e até mesmo o entusiasmo de um público, que surge para ele, porém, como uma ameaça, pois transforma Jean-Jacques em um personagem no qual não chega a se reconhecer. Não importa o que faça, a lógica da celebridade é muito poderosa: "Senti então que nem sempre é tão fácil quanto se imagina ser pobre e independente. Eu queria viver do meu ofício; o público não queria que eu o fizesse."[165] Rousseau não teria escapado de ser o joguete dos grandes senão para se tornar o espetáculo de um público ávido por diversão? Se a exibição pública de uma vida exemplar torna-se não mais uma arma da crítica social, mas um objeto de curiosidade e um argumento publicitário, como distinguir o autêntico filósofo revoltado com as injustiças e o oportunista em busca da celebridade? É assim que se pode compreender esse paradoxo tão estranho de um escritor admirado, e até mesmo amado com entusiasmo, e que não para de se fechar na convicção de ser o objeto de um ódio universal. A estranheza do rousseaunianismo não está tanto na comunidade sentimental que se forma entre os leitores e o autor, mas no fato de que este, que o desejara tanto, termine por rejeitá-lo com todas as suas forças. Mais do que uma patologia psicológica, pode-se ler nisso a angústia de se tornar uma curiosidade, um espetáculo, e a preocupação de reafirmar de modo permanente sua autenticidade, com o risco de multiplicar infindavelmente as rupturas.

Nem todas as pessoas célebres tornam-se paranoicas, isso é certo. Nesse sentido, *Rousseau juge de Jean-Jacques* ou as páginas semelhantes da correspondência e de *Devaneios do caminhante solitário* não poderiam ser tomadas como representativas do que quer que seja, a não ser da extravagância de Rousseau, muito próxima do delírio; ou, então, de sua aptidão em desenvolver até o limite extremo a temática da distância entre reconhecimento íntimo e reconhecimento público. No primeiro caso, esses textos serão lidos, como muitos já o fizeram, para documentar uma eventual patologia psíquica de Rousseau – sua paranoia, se se quiser; no segundo, esse texto será lido como uma ficção filosófica. Nos dois casos, a obra remete a uma singularidade extrema, seja a de um homem

A INVENÇÃO DA CELEBRIDADE

vítima de uma síndrome aguda de perseguição, que o leva a tomar os mais sinceros admiradores por temíveis espiões; seja a de um escritor genial, precursor, a uma só vez, de Kafka e de Debord.

Tudo isso terá alguma utilidade para o historiador? Espero que tenha conseguido fazer com que se sinta a que ponto o que Rousseau vive e descreve ecoa, ainda que de uma maneira muito mais radical, a experiência da celebridade, tal como seus contemporâneos começaram a descrevê-la e a comentá-la. Pensemos novamente em Duclos, imaginando o caso doloroso do homem que ouve falar de si sem poder revelar sua identidade: "Isso seria como ouvir falar de um outro, que não de si mesmo." Em Sarah Siddons, presa na armadilha de admiradores curiosos e inoportunos, que a fitavam sem embaraço e a impediam de entrar em casa. Em Chamfort, que viu na celebridade um "castigo" e decidiu retirar-se do mundo literário. E, sobretudo, no texto de Samuel Johnson em que o sucesso e a celebridade conduzem um jovem escritor à paranoia. Ressituadas nesse contexto, as obsessões de Rousseau não parecem mais tão estranhas. Certamente, para significar melhor a violência representada pela celebridade para aquele que é seu objeto, ele a transforma em perseguição e difamação. Torna-a, ao mesmo tempo, irreconhecível – pois não é fácil reconhecer os admiradores de Rousseau por trás "dessa geração unânime [que] se diverte com o acordo unânime de enterrá[-lo] vivo"[166] – e perfeitamente identificável, de tão minuciosa que é a descrição de seus mecanismos. Essa descrição extravagante, talvez até delirante, não é louca: ela é uma espécie de estilização extrema que revela suas virtualidades – a da celebridade vivida como fardo, alienação, desfiguração. Que importa que falem bem ou mal dele, que o amem ou o detestem, se o simples fato de falar dele é vivido como uma violência? O pesadelo descrito por Rousseau é aquele em que um indivíduo, ao perder todo controle sobre a imagem que os outros têm dele, torna-se o espectador impotente do espetáculo em que se converteu.

Quando da morte de Rousseau, o boato de seu suicídio foi amplamente difundido, como se fosse a consequência inelutável de sua aflição e solidão. A hipótese, muito provavelmente falsa, não era absurda. Inú-

SOLIDÃO DO HOMEM CÉLEBRE

meras estrelas do século XX suicidaram-se, demonstrando assim que essa celebridade, que surge em nossos dias como uma das mais invejáveis condições, como o próprio critério do sucesso social, engendra às vezes um grande sofrimento psicológico e existencial. Rousseau soube, sem dúvida graças à sua capacidade de transformar esse sofrimento em obra, escapar ao destino trágico de tantas estrelas depois dele, de Marilyn Monroe a Kurt Cobain. Ele se mantém, no entanto, próximo a eles, a dois séculos de distância, solitário no meio da multidão ruidosa de seus admiradores, lutando contra a dissolução do sentimento de si no turbilhão das diversas figuras de Jean-Jacques, como alguém desapossado de si mesmo.

Notas

1. Jean-Jacques Rousseau, *Rousseau juge de Jean-Jacques, Œuvres complètes* (daqui em diante, OC), Paris: Gallimard, 1959, t. I, p. 826.
2. Jeremy Caradonna, *The Enlightenment in Practice. Academic Prize Contexts an Intellectual Culture in France (1670-1794)*, Ithaca: Cornell University Press, 2012.
3. Carta de Madame Graffigny a Devaux, 29 de outubro de 1751, *Correspondance de Mme de Graffigny*, éd. J.-A. Dainard, Oxford: Voltaire Foundation, t. XII, 2008, p. 151.
4. Jean-Jacques Rousseau, *Correspondance complète* (daqui em diante, CC), éd. R. A. Leigh: Oxford, Voltaire Foundation, 52 t., 1965-1998, t. II, p. 136.
5. "Se não tenho a celebridade da posição e do nascimento, tenho outra que é mais parecida comigo e que melhor adquiri; tenho a celebridade das desgraças" (Esboço de *Confessions*, OC, t. I, p. 1.151). [Tradução brasileira: *As confissões*. Tradução de Rachel de Queiroz. São Paulo: Athena Editora; 2. ed. 2v. 1959.]
6. Sean Goodlet, "The Origins of Celebrity: The Eigtheenth-Century Anglo-French Press Reception of Jean-Jacques Rousseau", Ph.D, University of Oregon, 2000.
7. A condenação de *Contrato social* desenrola-se nos quadros de uma disputa política feroz entre o Pequeno Conselho e os representantes, que termina em um clima quase revolucionário, do qual Rousseau é ao mesmo tempo um ator e uma questão. Ver, especialmente, Richard Whatmore, "Rousseau and the Representants: The Politics of the Lettres écrites de la montagne", *Modern Intellectual History*, n. 3-3, 2006, pp. 385-413.

A INVENÇÃO DA CELEBRIDADE

8. "The celebrated John-James Rousseau narrowly escaped being assassinated by three men", citado in S. Goodlet, "The origins...", tese citada, p. 127.

9. *The Public Advertiser*, 13 de janeiro de 1766, CC, t. XXIX, p. 295.

10. Carta de Hume à marquesa de Barbentane de 16 de fevereiro de 1766, CC, t. XXVII, p. 309: "Every circumstance, the most minute, that concerns him, is put in the newspapers."

11. Sobre a estada de Rousseau na Inglaterra, ver Claire Brock, *The Feminization of Fame, 1750-1830*, Basingstoke: Palgrave McMillan, p. 28 sq.

12. Raymond Birn, "The Fashioning of an Icône", in J. Popkin e B. Fort (org.), *The Mémoires secrets..., op. cit.*, pp. 93-105.

13. *Mémoires secrets*, t. II, p. 253.

14. *Mémoires secrets*, t. V, p. 162.

15. Elizabeth A. Foster, *Le Dernier Séjour de J.-J. Rousseau à Paris, 1770-1778*, Northampton/Paris: H. Champion, 1921; Jacques Berchtold e Michel Porret (orgs.), *Rousseau visité, Rousseau visiteur: les dernières années (1770-1778), actes du colloque de Genève (1996), Annales de la société Jean-Jacques Rousseau*, Genebra: Droz, 1999.

16. *Correspondance littéraire*, julho de 1770, t. IX, p. 229.

17. Carta de Madame Du Deffand a Horace Walpole, 15 de julho de 1770, *Horace Walpole's Correspondance, op. cit.*, t. IV, p. 434.

18. *Mémoires secrets* propõe uma explicação menos favorável, mas que mostra muito bem a que ponto a questão da relação de Rousseau com a própria celebridade tornou-se um tema obsessor: "O senhor Jean-Jacques Rousseau, após ter aparecido algumas vezes no Café de la Régence, onde seu amor-próprio foi lisonjeado por sentir que provocava a mesma sensação que outrora e que sua fama ainda atraía a multidão atrás de seus passos, fechou-se em sua modéstia; retornou à sua obscuridade, satisfeito com esse brilho momentâneo, até que uma outra circunstância lhe dê uma celebridade mais longa." (p. 167).

19. Jean-Baptiste La Harpe, *Correspondance littéraire adressée à son altesse impérale Mgr le grand-duc, aujourd'hui empereur de Russie, et à M. le comte Schowalow*, Paris: Migneret, 1804, vol. I, p. 204.

20. *Journal inédit du duc de Croÿ*, Paris: Flammarion, 1906-1921, t. III, p. 12.

21. Jacques Louis Ménétra, *Journal de ma vie*, éd. D. Roche, Paris: Montalba, 1982, p. 222. Ménétra também redigiu uma epístola a Jean-Jacques Rousseau, que prova que ele conhecia ao menos os títulos de suas principais obras e que sem dúvida as lera.

22. Vittorio Alfieri, *Ma vie*, éd. M. Traversier, Paris: Mercure de France, 2012, p. 175.

23. Citado em CC, t. I, pp. 30-31.

SOLIDÃO DO HOMEM CÉLEBRE

24. *Gazette de Berne*, 13 de novembre de 1776, in CC, t. XL, p. 104; *Courrier d'Avignon*, de 20 de dezembro de 1776 : "M. Jean-Jacques Rousseau morreu das consequências de sua queda. [...] Ele tem todas as razões para crer que o público não será privado de um relato de sua vida e que nele se encontrará até mesmo o nome do cachorro que o matou" (citado in OC, t. I, p. 1.778).

25. Bronislaw Baczko, *Job, mon ami*, Paris: Gallimard, 1997, pp. 177-254; Raymond Birn, *Forging Rousseau. Print, Commerce and Cultural Manipulation in the Late Enlightenment*, Oxford: Voltaire Foundation, 2001; Roger Barny, *Prélude idéologique à la Révolution: le rousseauisme avant 1789*, Paris: Les Belles Lettres, 1985; Id., *Rousseau dans la Révolution: le personnage de Jean-Jacques et les débuts du culte révolutionnaire*, 1787-1791, Oxford: Voltaire Foundation, 1986; Carla Hesse, "Lire Rousseau pendant la Révolution française", in Céline Spector (org.), "Modernités de Rousseau", *Lumières*, n. 15, 2011, pp. 17-32.

26. *Journal helvétique*, julho de 1757, in CC, t. III, pp. 334-335.

27. Louise Alexandrine Julie Dupin de Chenonceaux a Rousseau, CC, t. XXIII, p. 108.

28. Alexandre Deleyre a Rousseau, de 6 de agosto de 1765, CC, t. XXVI, pp. 149-153.

29. Niklaus Anton Kirchberger a Rousseau, CC, t. XX, pp. 115-117.

30. *Mémoires secrets*, t. II, p. 288.

31. Jean-Jacques Rousseau, *Lettre sur la musique française*, Paris, 1753. Eis uma amostra dela: "Eu acredito ter mostrado que não há nem ritmo nem melodia na música francesa; porque a língua não os admite; que o canto francês não é senão um ladrar contínuo, insuportável a toda orelha imparcial; que sua harmonia é bruta, sem expressão e soando apenas a verborragia de aluno: que as árias francesas não são árias; que o recitativo francês não é um recitativo. Daí eu concluo que os franceses não têm música nem podem tê-la; ou que, se algum dia a tiverem, será tanto pior para eles." (p. 92).

32. *Correspondance littéraire*, 1º de janeiro de 1754, t. I, p. 312.

33. *Mémoires secrets*, t. 1, p. 92.

34. Mémoires de la princesse Czartoryska, citadas por François Rosset, "D'une princesse fantasque aux Considérations: faits et reflets", in J. Berchtold e M. Porret (orgs.), *Rousseau visité, Rousseau visiteur..., op. cit.*, p. 22.

35. Paul Charles Thiébault, *Mémoires*, Paris, Plon, 1893, t. I, p. 136, citado in Raymond Trousson, *Lettres à Jean-Jacques Rousseau sur La Nouvelle Héloïse*, Paris: Honoré Champion, 2011, p. 30. Para uma visão de conjunto da recepção de

A nova Heloísa, ver Yannick Seité, *Du livre au lire. La Nouvelle Héloïse, roman des Lumières*, Paris: Honoré Champion, 2002.

36. Carta de Charles Joseph Panckoucke de 10 de fevereiro de 1761, CC, t. VIII, pp. 77-79.

37. A correspondência de Rousseau gerou vários trabalhos: Daniel Roche, "Les primitifs du Rousseauisme: une analyse sociologique et quantitative de la correspondance de J.-J. Rousseau", *Annales ESC*, n. 26-1, 1971, pp. 151-172; Claude Labrosse, *Lire au XVIIIe siècle. "La Nouvelle Héloïse" et ses lecteurs*, Lyon: Presses universitaires de Lyon, 1985; Robert Darnton, "Le courrier des lecteurs de Rousseau: la construction de la sensibilité romantique", *Le Grand Massacre des chats...*, op. cit., pp. 201-239.

38. Carta de um desconhecido de 6 de abril de 1761, CC, t. VIII, pp. 296-297.

39. Carta de Jean-Louis Le Cointe de 27 de março de 1761, CC, t. VIII, pp. 292-295.

40. Cartas de Manon Phlipon a Marie Sophie Caroline Cannet, respectivamente de 4 de novembro de 1777, de 17 de novembro de 1777 e de 21 de março de 1776, in *Lettres de Mme Roland*, Paris: Imprimerie nationale, 1902, pp. 145, 165 e 46-47.

41. R. Darnton, "Le courrier des lecteurs de Rousseau", art. cit., p. 219.

42. *Ibid.*, p. 234.

43. Em seu "Éloge de Richardson", Diderot exclama: "Quem terá lido as obras de Richardson sem desejar conhecer esse homem, tê-lo por irmão ou por amigo? [...] Richardson já não existe. Que perda para a humanidade. Essa perda tocou-me como se ele fosse meu irmão. Eu o levava em meu coração sem nunca tê-lo visto, sem conhecê-lo a não ser por meio de suas obras" (*op. cit.*, pp. 1.063 e 1.069).

44. Jean Starobinski, *Accuser et séduire. Essais sur Jean-Jacques Roussau*, Paris: Gallimard, 2012, p. 20, que percebe perfeitamente essa experiência íntima provocada pela obra e a pessoa de Rousseau, mas a interpreta, em uma chave bastante clássica, como uma forma de conversa religiosa ou política.

45. Cité in R. Darnton, "Le courrier des lecteurs de Rousseau", art. cit., p. 221.

46. Carta do barão de Bormes, 27 de março de 1761, CC, t. VIII, pp. 280-282.

47. Carta de Jean Romilly, 23 de maio de 1763, CC, t. XVI, pp. 222-236.

48. Carta de 16 de setembro de 1762, p. 138, e carta de 25 de julho de 1770, Jean-Jacques Rousseau e Madame de La Tour, *Correspondance*, éd. G. May, Arles: Actes Sud, 1998, p. 295.

49. Carta de 11 de agosto de 1765, *ibid.*, p. 255.

50. Apesar dos reiterados pedidos de Marianne, Rousseau não desejava realmente encontrá-la. Eles viram-se apenas duas ou três vezes e nunca a sós.

SOLIDÃO DO HOMEM CÉLEBRE

51. *Lettre à l'auteur de la Justification de J.-J. Rousseau dans la contestation qui lui est survenue avec M. Hume,* 1762; "Réflexions sur ce qui s'est passé au sujet de la rupture de J.-J. Rousseau et de M. Hume", *Jean-Jacques Rousseau vangé par son amie, ou Morale pratico-philosophico-encyclopédique du coryphée de la secte, Au temple de la vérité,* 1779.

52. A. Lilti, *Le Monde des salons..., op. cit.,* pp. 342-355.

53. Lettre de David Hume à condessa de Boufflers, 12 de agosto de 1766, CC, t. XXX, p. 233. ("I little imagined, that a private story, told to a private gentleman, could run over a whole kingdom in a moment; if the King of England had declared war against the King of France, it could not have been more suddenly the subject of conversation.")

54. Ver os dossiês reunidos pelo editor da *Correspondance complète de Rousseau:* CC, t. XXX, p. 401 sq, et t. XXXI, p. 336 sq.

55. Jean Starobinski, *Jean-Jacques Rousseau, la transparence et l'obstacle,* Paris: Gallimard, 1971, pp. 162-163.

56. CC, t. XXX, p. 29.

57. *Justification de Jean-Jacques Rousseau dans la contestation qui lui est survenue avec M. Hume,* Londres, 1766, p. 2.

58. *Ibid.,* pp. 25-26.

59. Dena Goodman, "The Hume-Rousseau Affair: From Private Querelle to Public Procès", *Eighteenth-Century Studies,* n. 25-2, 1991-1992, pp. 171-201.

60. Carta de d'Alembert a David Hume de 21 de julho de 1766, CC, t. XXX, p. 130.

61. Carta de Holbach de 7 de julho de 1766, CC, t. XXX, pp. 20-21.

62. Carta de Turgot a Hume de 23 de julho de 1766, CC, t. XXX, p. 149.

63. *Justification..., op. cit.,* p. 23.

64. Jean-Jacques Rousseau, *Confessions,* OC, t. I, p. 5.

65. Benoît Mély, *Jean-Jacques Rousseau, un intellectuel en rupture,* Paris: Minerve, 1985; Jérôme MEIZOZ, *Le Gueux philosophe (Jean-Jacques Rousseau),* Lausanne, Antipodes, 2003; A. Lilti, *Le Monde des salons..., op. cit.,* pp. 196-204.

66. Pierre Hadot, *Exercices spirituels et philosophie antique,* Paris: Études augustiniennes, 1981; Id., *La Philosophie comme manière de vivre,* Paris: Albin Michel, 2002. Julius Domaszi, *La Philosophie, théorie ou manière de vivre? Les controverses de l'Antiquité à la Renaissance,* Paris: PUF, 1996.

67. Jean-Jacques Rousseau, *Rêveries,* OC, t. I, p. 1.013. [Tradução brasileira: *Devaneios do caminhante solitário.* 2ª edição. Tradução, introdução e notas de Fulvia Moretto. Brasília: Editora da Universidade de Brasília/Hucitec, 1995.]

68. Jean-Jacques Rousseau, "Discours sur cette question: quelle est la vertu la plus nécessaire aux héros?" [1751], OC, t. II, p. 1.274.

A INVENÇÃO DA CELEBRIDADE

69. Jean-Jacques Rousseau, *Confessions*, OC, t. I, p. 362.
70. Yves Citton, "Retour sur la misérable querelle Rousseau-Diderot: position, conséquence, spectacle et sphère publique", *Recherches sur Diderot et sur l'Encyclopédie*, n. 36, 2004, pp. 57-94.
71. Antoine Lilti, "Reconnaissance et célébrité: Jean-Jacques Rousseau et la politique du nom propre", *Orages. Littérature et culture*, n. 9, março de 2010, pp. 77-94. [Tradução brasileira: Reconhecimento e celebridade: Jean-Jacques Rousseau e a política do nome próprio. Tradução de Raquel Campos. *Topoi*. Revista de História, Rio de Janeiro, v. 15, n. 29, pp. 635-649, jul./dez. 2014. Disponível em: <www.revistatopoi.org>.] Sobre Holbach, ver Alain Sandrier, *Le Style philosophique du baron d'Holbach*, Paris: Honoré Champion, 2004. Sobre Voltaire, ver Olivier Ferret, "Vade mecum. Vade Retro. Le recours au pseudonyme dans la démarche pamphlétaire voltairienne", *La Lettre clandestine*, n. 8, 1999, pp. 65-82.
72. Citado por Ourida Mostefai, *Le Citoyen de Genève et la République des lettres. Étude de la controverse autour de la Lettre à d'Alembert de Jean-Jacques Rousseau*, Nova York: Peter Lang, 2003, p. 115.
73. *Ibid.*, p. 114.
74. Ver Christopher Kelly, *Rousseau as an Author. Consecrating One's Life to the Truth*, Chicago: Chicago University Press, 2003.
75. Jean-Jacques Rousseau, *Lettre à Monsieur de Beaumont*, OC, *op. cit.*, p. 930. [Tradução brasileira: *Carta a Christophe de Beaumont* e outros escritos sobre a religião e a moral. Organização, apresentação e tradução de José Oscar de Almeida Marques. São Paulo: Estação Liberdade, 2005.]
76. Sobre as questões políticas e teóricas desse texto longamente subestimado pela crítica rousseauniana, ver Bruno Bernardi, Florent Guénard e Gabriella Silvestrini, *Religion, liberté, justice. Sur les Lettres écrites de la montagne de J.-J. Rousseau*, Paris: J. Vrin, 2005, e R. Whatmore, "Rousseau and the Representants...", art. cit.
77. Jean-Jacques Rousseau, *Lettres écrites de la montagne*, OC, t. III, p. 792.
78. *Ibid.*
79. Carta de 15 abril de 1758, CC, t. V, pp. 70-71.
80. Jean-Jacques Rousseau, *Julie ou La Nouvelle Héloïse*, OC, t. III, p. 753. Os itálicos estão presentes na edição original. [Tradução brasileira: *Júlia ou A nova Heloísa*. Tradução e introdução de Fulvia Moretto. São Paulo; Campinas: Hucitec; Editora da Unicamp, 1994.]
81. Rousseau escreve, por exemplo, em 1762, ao seu editor: "Por mais que os loucos e os maus queimem meus livros, eles não impedirão que vivam nem que sejam

SOLIDÃO DO HOMEM CÉLEBRE

caros a todas as pessoas de bem. Ainda que nunca sejam reimpressos, nem por isso deixarão de chegar à posteridade e de abençoar a memória do único Autor que nunca escreveu senão pelo bem da sociedade e para a verdadeira felicidade dos homens" (carta de 8 de outubro de 1762 a Marc Michel Rey, CC, t. XIII, pp. 182-184).

82. Carta de Rousseau a Daniel Roguin, 12 de dezembro de 1761, CC, t. IX, pp. 309-311. Ao fim, Rousseau deverá aceitar viajar com o nome de Dudding.

83. *L'Année littéraire*, 1754, vol. I, pp. 242-244; *Correspondance littéraire*, 15 de junho de 1762, vol. V, p. 100.

84. Carta de Madame Du Deffand à duquesa de Choiseul, 22 de julho de 1766, in *Correspondance complète de Mme. Du Deffand avec la duchesse de Choiseul*, éd. M. de Sainte-Aulaire, Paris: Michel Levy, 1866, t. I, p. 59.

85. *Lettres et Pensées du prince de Ligne*, éd. Trousson, Paris: Tallandier, 1989, p. 289.

86. J.-J. Rousseau, *Confessions*, OC, t. I, p. 286.

87. *Ibid.*, p. 363.

88. Jean-Jacques Rousseau, "Mon portrait", OC, t. I, p. 1.123.

89. *Ibid.*

90. Aqui, Rousseau acrescenta uma observação curiosa: "Isto é verossímil, mas não o sinto de maneira clara." Amor-próprio, mais uma vez, daquele que não pensa que o público poderá se cansar de falar de um personagem tão singular e interessante? Ou intuição do que Rousseau desenvolverá em seguida: a ideia de que a celebridade é uma armadilha, da qual não se pode escapar uma vez pego?

91. J.-J. Rousseau, *Confessions*, OC, t. I, p. 362.

92. *Ibid.*, p. 611.

93. Cartas de Rousseau a Madame Thérèse Guillemette Périé, condessa de La Rod-de de Saint-Haon, CC, t. XL, pp. 63-71.

94. Henri Bernardin de Saint-Pierre, *La Vie et les Ouvrages de Jean-Jacques Rousseau*, éd. R. Trousson, Paris: Honoré Champion, 2009, p. 319.

95. Barbara Carnevali, *Romantisme et reconnaissance. Figures de la conscience chez Rousseau*, Genebra: Droz, 2012.

96. *Ibid.*

97. J.-J. Rousseau, *Confessions*, OC, t. I, pp. 377-379. Ver também o comentário de B. Carnevali, *Romantisme et reconnaissance..., op. cit.*, pp. 251-253.

98. *Ibid.*, p. 290.

99 *Ibid.*, pp. 377-379.

100. Nicolas Paige, "Rousseau's Readers Revisited", *Eighteenth-Century Studies*, n. 42-1, 2008, pp. 131-154; James Swenson, *On Jean-Jacques Rousseau Considered*

A INVENÇÃO DA CELEBRIDADE

as *One of the First Authors of the Revolution*, Stanford: Stanford University Press, 2000.

101. Charles Taylor, *Les Sources du moi. La formation de l'identité moderne*, Paris: Le Seuil, 2003; Alessandro Ferrara, *Modernity and Authenticity: A Study of the Social and Ethical Thought of Jean-Jacques Rousseau*, Albany: State University of New York Press, 1993.

102. J.-J. Rousseau, *Confessions*, OC, t. I., p. 116.

103. *Ibid.*

104. *Ibid.*, p. 547.

105. *Ibid.*, pp. 522-523.

106. *Ibid.*, p. 5.

107. A oposição entre os dois termos é frequente em Rousseau. Ver, por exemplo, J.-J. Rousseau, *Rousseau juge de Jean-Jacques*, OC, t. I, p. 671.

108. Jean-Jacques Rousseau, "Préambule des Confessions", OC, t. I, p. 1.151.

109. Pensemos também no episódio do jovem mendigo, em *Devaneios*, que todo dia chama-o de "Monsieur Rousseau", para lhe mostrar que o conhece, mostrando--lhe assim que não o conhecia (pois, do contrário, ele saberia que Rousseau não gosta de ser chamado de "Monsieur").

110. Johnny Halliday, "L'idole des jeunes", 1962.

111. Jean-Marie Schaeffer, "Originalité et expression de soi. Éléments pour une généalogie de la figure moderne de l'artiste", *Communications*, n. 64, 1997, pp. 89-115.

112. Jean-Jacques Rousseau, *Les Rêveries du promeneur solitaire*, OC, t. I, p. 1.057.

113. J.-J. Rousseau, *Confessions*, OC, t. I, p. 656.

114. Sobre a recepção crítica do texto, ver James F. Jones, *Dialogues: An Interpretative Essay*, Genebra: Droz, 1991; Anne F. Garetta, "Les Dialogues de Rousseau: paradoxes d'une réception critique", in Lorraine Clark e Guy Lafrance (orgs.), *Rousseau et la critique*, Ottawa: Association nord-américaine des études Jean-Jacques Rousseau, 1995, pp. 5-98. Jean-François Perrin, *Politique du renonçant. Le dernier Rousseau. Des dialogues aux rêveries*, Paris: Kimé, pp. 280-289.

115. J.-J. Rousseau, *Rousseau juge de Jean-Jacques*, OC, t. I, p. 941.

116. *Ibid.*, p. 662.

117. *Ibid.*, p. 713.

118. *Ibid.*, p. 984.

119. *Ibid.*, p. 980.

120. Sobre os paradoxos da escrita paranoica de Rousseau e a aporia de um texto que teoriza e encena sua impossível recepção, ver Antoine Lilti, "The Writing of

SOLIDÃO DO HOMEM CÉLEBRE

Paranoïa. Jean-Jacques Rousseau and the Paradoxes of Celebrity", *Representations*, n. 103, 2008, pp. 53-83.

121. Michel Foucault, "Introduction", *Rousseau juge de Jean-Jacques. Dialogues*, Paris: Armand Colin, 1962, pp. VII–XXIV.

122. *Ibid.*, p. 665.

123. *Ibid.*, p. 781. Voir Yves Citton, "Fabrique de l'opinion et folie de la dissidence: le "complot" dans Rousseau juge de Jean-Jacques", *Rousseau juge de Jean--Jacques. Études sur les Dialogues*, Ottawa: Presses de l'Université d'Ottawa, 1998, pp. 101-114.

124. *Ibid.*, p. 767.

125. "Entre as singularidades que distinguem o século em que vivemos de todos os outros está o espírito metódico e consequente, que nos últimos vinte anos dirige as opiniões públicas. [...]. Desde que a seita filosófica reuniu-se em um corpo com chefes, esses chefes, por meio da arte da intriga na qual se empenharam, tornaram-se os árbitros da opinião pública, e o são, por meio dela, da reputação e até mesmo do destino dos particulares e, por meio deles, daquele do estado" (*ibid.*, pp. 964-965). Sobre a concepção de opinião pública em Rousseau e sua relação com a teoria política da vontade geral, ver Bruno Bernardi, "Rousseau et la généalogie du concept d'opinion publique", in Michel O'Dea (org.), *Jean--Jacques Rousseau en 2012*, Oxford: Voltaire Foundation, 2012.

126. J.-J. Rousseau, *Rousseau juge de Jean-Jacques*, OC, t. I, p. 893.

127. J.-J. Rousseau, *Lettres écrites de la montagne*, OC, t. III, p. 692: "Ninguém pode escapar desse Juiz e, quanto a mim, não peço recurso."

128. J.-J. Rousseau, "Mon portrait", OC, t. I, p. 1.123.

129. *Ibid.*

130. J.-J. Rousseau, *Rousseau juge de Jean-Jacques*, OC, t. I, p. 940.

131. *Ibid.*, p. 959.

132. *Ibid.*, p. 961.

133. *Ibid.*, p. 781.

134. *Ibid.*, p. 985.

135. Carta de Rousseau ao conde de Saint-Germain, 26 de fevereiro de 1770, CC, t. XXXVII, pp. 248-271.

136. J.-J. Rousseau, *Rousseau juge de Jean-Jacques*, OC, t. I, p. 985.

137. Paul Audi, *Rousseau, une philosophie de l'âme*, Lagrasse: Verdier, 2008.

138. J.-J. Rousseau, *Rousseau juge de Jean-Jacques*, OC, t. I, p. 985.

139. *Ibid.*, p. 663.

140. *Ibid.*, p. 157.

141. J.-J. Rousseau, "Mon portrait", OC, t. I, p. 1.129.

A INVENÇÃO DA CELEBRIDADE

142. Carta de Rousseau ao abade Raynal, 25 de julho de 1750, CC, t. II., pp. 132-136, aqui p. 133.

143. J.-J. Rousseau, *Rousseau juge de Jean-Jacques*, OC, t. I, p. 958.

144. Carta de Louise Alexandrine Julie Dupin de Chenonceaux a Rousseau, CC, t. XX, pp. 112-114.

145. J.-J. Rousseau, *Rousseau juge de Jean-Jacques*, OC, t. I, p. 913.

146. "Déclaration de Rousseau relative à l'impression de ses écrits", 23 de janeiro de 1774, CC, t. XXXIX, p. 305.

147. Geoffrey Bennington, *Dudding. Des noms de Rousseau*, Paris: Galilée, 1991.

148. J.-J. Rousseau, *Rousseau juge de Jean-Jacques*, OC, t. I, p. 962.

149. *Ibid.*

150. J.-J. Rousseau, *Confessions*, OC, t. I, p. 613.

151. Douglas Fordham, "Allan Ramsay's Enlightenment or Hume and the Patronizing Portrait", *The Art Bulletin*, n. 88-3, 2006, pp. 508-524.

152. No sentido inverso, Diderot censurara o pastel de Quentin de La Tour, em 1753, por conferir uma imagem demasiado mundana de Rousseau. "Procuro nele o censor das cartas, o Catão e o Bruto de nossa era; espero ver Epiteto em trajes negligentes, de peruca desgrenhada, assustando, com seu ar severo, os literatos, os grandes e a alta sociedade: vejo somente o autor do *Devin du village*, bem-vestido, bem penteado, bem empoado e sentado ridiculamente em uma cadeira de palha." (Essai sur la peinture, Œuvres, *op. cit.*, p. 1.134.)

153. Ver, por exemplo, o julgamento de Bernardin de Saint-Pierre, in *Essai sur Jean-Jacques Rousseau, Œuvres complètes*, Lequien, 1831, t. XI, p. 286.

154. Carta de Madame Riccoboni a Garrick de 1º de outubro de 1770, citada por Angelica Gooden, "Ramsay, Rousseau, Hume and portraiture: intus et in cute?", *SVEC*, n. 12, 2006, pp. 325-344, aqui p. 329.

155. Carta de Madame de La Tour, *Correspondance, op. cit.*, p. 280.

156. J.-J. Rousseau, *Rousseau juge de Jean-Jacques*, op. cit., p. 779.

157. Denis Diderot, "Salon de 1767", *Salons*, éd. M. Delon, Paris: Gallimard, 2008, p. 252.

158. J.-J. Rousseau, *Rousseau juge de Jean-Jacques*, OC, t. I, p. 780.

159. *Ibid.*, p. 778.

160. Michel Foucault, *Le Courage de la vérité. Le gouvernement de soi et des autres II*, Paris: Gallimard/Seuil, 2009.

161. Louisa Shea, *The Cynic Enlightenment, Diogenes in the Salons*, Baltimore: Johns Hopkins University Press, 2010, pp. 94-104; David Mazella, *The Making of Modern Cynism*, Charlottesville: University of Virginia Press, p. 110.

162. Jacques Berchtold, "L'identification nourrie par l'iconographie? Rousseau et le Diogène à la lantern", in Frédéric Eigeldinger, *Rousseau et les arts visuels, actes*

SOLIDÃO DO HOMEM CÉLEBRE

du colloque de Neuchâtel 2001, Annales de la Société Jean-Jacques Rousseau, t. XLV, 2003, pp. 567-582.

163. George Remington Heavens, *Voltaire's marginalia on the pages of Rousseau,* Colombus: The Ohio State University Press, 1933, p. 21. *Ver também* Henri Gouhier, *Rousseau et Voltaire, portraits dans un miroir,* Paris: J. Vrin, 1983, p. 58.

164. J.-J. Rousseau, *Rousseau juge de Jean-Jacques,* OC, t. I, p. 830.

165. J.-J. Rousseau, *Confessions,* OC, t. I, p. 367.

166. J.-J. Rousseau, *Rêveries,* OC, t. I, p. 996.

6. Poderes da celebridade

Na noite do 18 Brumário, enquanto o jovem general Bonaparte, coroado de seu prestígio nascente, se alçava ao poder graças às manobras de Sieyès, à habilidade retórica de seu irmão Lucien e à brutal eficácia dos homens de Murat, Madame de Staël, então a caminho de Paris, ficou sabendo das novidades políticas no posto dos correios. Ela relata nestes termos a surpresa que sentiu ao ouvir mencionar sem parar o nome de Bonaparte: "Era a primeira vez, desde o início da Revolução, que se ouvia um nome próprio em todas as bocas. Até então, dizia-se: a Assembleia Constituinte fez tal coisa, o povo, a Convenção; mas, agora, só se falava nesse homem que deveria substituir a todos e tornar a espécie humana anônima, apropriando-se da celebridade unicamente para si, impedindo qualquer ser existente para sempre de poder adquiri-la".[1]

Escrevendo essas linhas, dez anos mais tarde, no apogeu do Império, Madame de Staël tem os olhos fixos no imenso prestígio do imperador.[2] Ela projeta no autor do golpe de Estado a aura do vencedor de Austerlitz e já vê Napoleão despontando em Bonaparte. A tirania que se perfila, ainda mais terrível que a tirania política, é a da "celebridade": um monopólio indevido exercido por um único homem, relegando todos os outros à obscuridade. É especialmente significativo que Madame de Staël tenha privilegiado esse termo para designar o renome universal de Bonaparte em detrimento a "glória", termo habitualmente associado ao imperador e a seus triunfos militares e políticos. Da propaganda bonapartista à literatura do século XIX, é o tema da glória heroica que volta incessantemente para evocar a inacreditável repercussão da epopeia napoleônica. Hegel chega a fazer de Napoleão a figura do grande homem, aquele que encarna o absoluto de uma epopeia, o "espírito do mundo", e que, por sua ação, confere um sentido à história moderna.[3] Herói, grande homem: a glória de Napoleão parece corresponder à fusão do modelo tradicional da glória militar, que percorre a história do Ocidente desde os heróis antigos até os soberanos das monarquias modernas, e o modelo novo do grande homem.[4] Entretanto, não é esse o termo escolhido por Madame de Staël, e nem mesmo o de fama. Insistindo na *celebridade* de Bonaparte, ela evidencia a proliferação de seu nome na boca de seus contemporâneos. O que designa assim é menos a admiração provocada pelas façanhas do vencedor de Arcole do que sua aptidão para captar a atenção do público, introduzindo um princípio estritamente singular, individual, no cerne da ação coletiva. Madame de Staël não inscreve Napoleão, como o farão Stendhal, Hegel e muitos outros, na linhagem histórica dos grandes conquistadores, na continuidade de Alexandre e de César. Ela designa uma novidade: um indivíduo capaz de atrair unicamente para si, em vida, a atenção de todos os seus contemporâneos.

Com Napoleão, assistimos às bodas entre o poder e a celebridade. Nas monarquias do Antigo Regime, a celebridade do soberano não era uma questão: o rei era conhecido porque era o rei, mas essa notoriedade não era uma condição de sua autoridade, baseava-se nas leis fundamentais da monarquia e no direito divino do monarca, transmitido pela cerimônia da coroação. O rei era mais ou menos amado por seu povo, mas esse sentimento coletivo e difuso, aliás tão difícil de mensurar, não acrescentava nem retirava nada à sua autoridade. Sua fama podia se nutrir dos elogios dos homens de letras ou das alegorias dos pintores, mas era de uma natureza totalmente diferente da deles. Entre o mecenas real e os artistas, a troca era ainda mais fecunda na medida em que era desigual.

A era das revoluções modificou profundamente essa autonomia do poder político relativamente aos fenômenos de opinião. Desde meados do século XVIII, os monarcas foram submetidos a uma crítica pública inédita, que reivindicava um princípio novo: a opinião pública. O próprio estatuto dos membros da família real modificou-se profundamente, com a nova cultura da celebridade contaminando progressivamente a concepção tradicional da representação monárquica. Em paralelo, na Inglaterra, a existência de um espaço político autônomo, centrado no Parlamento, mas alimentado também pela imprensa, tornava possível uma carreira como a de John Wilkes. Esse arauto das liberdades individuais, ídolo do povo londrino, que reclamava "Wilkes e a liberdade", era também um libertino declarado, cujas extravagâncias escandalosas suscitavam a curiosidade intrigada dos contemporâneos. Sua celebridade, colocada a serviço de uma oposição radical e barulhenta ao governo, valeu-lhe a prisão e os sufrágios, as honras e as críticas, e se espalhou como um rastro de pólvora pelo continente, principalmente durante os dois anos que passou exilado na França.[5] Nesse personagem inclassificável de ativista libertino, esforçando-se para transformar a cena política inglesa em espetáculo de circo, a serviço das reivindicações liberais, e até mesmo democráticas, inventava-se uma figura política nova. Ela tirava seu poder da adesão popular e da curiosidade pública, mas só era concebível no contexto da sociedade inglesa da segunda metade do século XVIII, em que os escândalos no cerne da boa sociedade acompanhavam a progressiva e difícil emergência de uma cena política pública. A ascensão de uma imprensa diária à espreita dos escândalos políticos e diplomáticos permitiu, nesses mesmos anos 1760-1770, que um personagem tão controverso quanto o cavaleiro D'Éon alcançasse uma celebridade considerável, inicialmente associando seus ataques contra o embaixador da França às reivindicações dos partidários de Wilkes, ameaçando de modo incansável revelar os segredos do Estado e, depois, inventando uma nova identidade sexual, o que gerou intermináveis conjecturas em toda a Europa.[6] As revoluções do fim do século, de um lado e de outro do Atlântico, aceleraram a afirmação dessa nova figura política, a do homem célebre, oferecendo-lhe possibilidades inéditas. A questão da encarnação do poder, uma vez reconhecido o povo como soberano, tornou-se uma das questões desses laboratórios da democracia moderna. Os mecanismos da celebridade desempenharam um grande papel nisso.

Foi necessário um golpe de Estado para que Bonaparte se apoderasse do poder, o que só foi possível porque o herói das guerras da Itália soubera articular com brio a repercussão de suas vitórias e, mais tarde, sua prodigiosa celebridade. Suas façanhas militares haviam lhe valido um grande prestígio, mas também teria sido muito possível que ele se chocasse com a desconfiança republicana em relação ao ho-

A INVENÇÃO DA CELEBRIDADE

mem providencial e ao poder militar. Os representantes do Diretório preocupavam-se com seu pronunciado gosto pela celebridade. Um deles alertava: "É permitido a um jovem de 25 a 30 anos, que, à frente de 50 mil republicanos, em dois meses conquistou ou submeteu quase toda a Itália, amar a celebridade. Mas eu desejaria que essa paixão, louvável em si mesma, não se tornasse funesta à coisa pública."[7] A habilidade de Bonaparte consistiu em alimentar sua celebridade, em especial por meio da criação de jornais destinados a disseminar o relato de suas façanhas, como o *Courrier de l'Armée d'Italie* [*Correio do exército da Itália*] e, sobretudo, o *Journal de Bonaparte e des Hommes Vertueux* [*Jornal de Bonaparte e dos homens virtuosos*], mas também ao enriquecê-la com uma dimensão mais intelectual, por meio de seu empenho em assistir às sessões do Instituto, desde seu retorno a Paris. No auge de suas vitórias italianas, os teatros parisienses encenavam peças à sua glória, as gravuras baratas mostravam-no coroado de louros, os poetas cantavam seus louvores. Essa propaganda maciça, que fazia de Bonaparte o primeiro general midiático, trazia resultados: os relatórios da polícia oferecem um testemunho da popularidade do jovem general entre a população parisiense.[8] Essa presença permanente junto à opinião, mesmo quando de seu distanciamento por conta de sua ida para o Egito, fez dele um parceiro decisivo para os homens que queriam acabar com o Diretório. Era essa celebridade inédita que assustava Madame de Staël.

Antes de Napoleão, outros personagens, como Washington ou Mirabeau, mas também, em menor escala, La Fayette e Robespierre, haviam trazido à luz a questão da dimensão pessoal do poder, da capacidade de um indivíduo de suscitar admiração e obediência, de federar em torno de seu nome o assentimento popular. A *celebridade*, a partir de então, tornava-se *popularidade*: uma forma de unção coletiva, que diz respeito à adesão política e, ao mesmo tempo, ao apego afetivo a uma pessoa pública. A popularidade não é um sinônimo da celebridade, e nem mesmo seu exato decalque político, já que implica um julgamento favorável. Não obstante, partilha com ela vários de seus traços: a concentração em uma pessoa singular, o impacto da publicidade, o tempo curto do julgamento dos contemporâneos, uma mistura entre curiosidade e apego.

PODERES DA CELEBRIDADE

A popularidade traduz a introdução na esfera política dos mecanismos midiáticos da celebridade: o "povo" de que se trata não é nem um corpo de sujeitos a ser governado, nem o princípio abstrato da soberania, mas um público político, um conjunto de indivíduos submetidos a um fluxo de informações, de textos e de imagens, e que fazem sobre os atores da vida política julgamentos variáveis, feitos de curiosidade, de interesse e de afeição. Como a celebridade no domínio cultural, a popularidade mantém uma relação ambivalente, muitas vezes julgada impura, com as expectativas específicas da política. Alguns souberam lidar com ela desde muito cedo; outros denunciaram seu próprio princípio. Com frequência ocultada pelos debates mais teóricos sobre a natureza da soberania ou acerca das formas da representação, essa emergência do princípio de popularidade foi, contudo, um traço central das revoluções democráticas do fim do século XVIII e modificou profundamente a questão da encarnação do poder.

Para atravessar esse meio século de mutações da celebridade política, acompanharemos quatro trajetórias emblemáticas: Maria Antonieta, a rainha da França que se tornou rainha da moda, símbolo infeliz das crises da representação monárquica; Mirabeau, o homem mais popular da Revolução, verdadeiro ator político, tão contestado quanto admirado; Washington, o pai fundador da democracia americana, celebridade reticente; e, enfim, o próprio Napoleão, que reencontraremos no outro extremo de seu reinado, exilado em Santa Helena, imperador destituído, mas dono de uma celebridade intacta. Quatro destinos excepcionais, sem dúvida, mas, sobretudo, quatro observatórios para compreender as transformações políticas induzidas pela celebridade, no momento mesmo em que o povo/público surge como um princípio novo de legitimidade. Pois, se todos foram confrontados a esse dado novo, seus modos diferentes de adaptar-se ou de resistir a ele, esclarecem, muito mais do que considerações teóricas, o choque produzido pela entrada do político na era midiática.

A INVENÇÃO DA CELEBRIDADE

Vítima da moda?

Maria Antonieta não teve muita sorte com seus contemporâneos e tampouco com a posteridade. Parece não ter podido escapar à alternativa entre a condenação política, que retoma incansavelmente os mesmos anátemas, e o enternecimento sentimental, que a pinta em uma postura de vítima injustamente imolada. Ora, nem a traição nem o martírio dão conta do destino dessa jovem frívola, a quem coube um papel histórico cuja dimensão ela própria não soube avaliar e que viveu as profundas transformações da vida pública no fim do século XVIII sem realmente apreendê-las. Nos últimos vinte anos, entretanto, Maria Antonieta atraiu novamente a atenção dos historiadores, menos por sua ação do que pela abundante literatura panfletária de que foi alvo ao longo de seu reinado. Esses trabalhos mostraram a intensidade do ódio suscitado pela "rainha vilã",[9] os ataques cada vez mais virulentos, culminando durante a Revolução em um verdadeiro delírio político e pornográfico. Infiel, lésbica, incestuosa: a rainha era a encarnação de todos os fantasmas. Em busca do imaginário político revolucionário, os historiadores atribuíram a esses libelos clandestinos o alheamento popular em relação à rainha e, mais amplamente, a dessacralização da monarquia. Os panfletários teriam destruído o apego do povo aos seus soberanos, ao desacreditar a pessoa da rainha. Depois, insistiram no sentido simbólico e político dos ataques sexuais. Quando o corpo lúbrico da rainha justifica a exclusão das mulheres do corpo político regenerado, a pornografia pode, com todo o direito, ser considerada uma arma política.[10] Esses panfletos, difíceis de serem lidos com seriedade, teriam minado a legitimidade da monarquia e expresso a misoginia arraigada do republicanismo jacobino. Ora, isso não seria lhes atribuir importância demais?

Viajemos para antes de 1789. Nessa data, os panfletos contra Maria Antonieta são, na verdade, pouco numerosos, pouco virulentos e, sobretudo, pouco difundidos. Importa, portanto, não projetar retrospectivamente na primeira parte do reinado a situação que prevalece durante a Revolução, quando o radicalismo político, as escolhas impensadas da rainha e a liberdade de imprensa conjugam seus efeitos para inflamar os panfletários. Antes da Revolução, a maioria dos livros licenciosos ataca antes a memória de Luís XV e de suas amantes.[11] Uma vez que se trate da rainha e de sua reputação, a polícia não baixa a guarda: compra ou manda suprimir as edições dos textos escandalosos e consegue satisfatoriamente, ao que parece, limitar sua difusão. A maioria dos panfletos anteriores à Revolução somente começou a circular em 1789, depois da tomada da Bastilha e da descoberta do depósito secreto da polícia.[12] É o caso, por exemplo, de *Essai historique sur la vie privée de Marie-Antoinette* [*Ensaio histórico sobre a vida privada de Maria Antonieta*], redigido sem dúvida no início dos anos 1780 e que alcançou grande sucesso em 1789, gerando imediatamente uma edição muito aumentada.

Do mesmo modo, *Les Amours de Charlot et Toinette* [*Os amores de Charlot e Toinette*], editados na Inglaterra em 1779, só foram realmente difundidos no início da Revolução. De resto, se esse poema, que descreve os amores clandestinos entre a rainha e seu cunhado, o conde de Artois, era inaceitável para a polícia monárquica, seu caráter transgressor baseava-se mais na erotização da rainha do que na denúncia de seu papel político. O panfleto colocava o leitor no papel do voyeur excitado, não no do cidadão escandalizado. Maria Antonieta, deixada de lado por seu esposo real, entrega-se aos prazeres da masturbação, antes de descobrir gozos mais tórridos graças ao conde de Artois. Na esteira da melhor literatura libertina, o poema desperta o desejo do leitor ao expor cenas eróticas descritas com muita empatia e sem nenhuma repugnância. Nisso, o texto é diferente dos panfletos revolucionários, muito mais violentos e explicitamente políticos, que recorrerão a uma pornografia às vezes abjeta, a fim de desumanizar a rainha. O movimento suposto por um texto como *Les Amours de Charlot et Toinette* é mais de curiosidade pela vida privada, íntima e mesmo erótica da rainha, e até mesmo de certo fascínio, em que o desejo mistura-se com a reprovação. Mas nem por isso dissipa-se o mistério. Como pôde a rainha da França, essa personagem tradicionalmente solene e distante, protegida por um imponente cerimonial, tornar-se objeto de desejo erótico, uma figura pública cuja vida sexual provoca curiosidade e diversão?

A INVENÇÃO DA CELEBRIDADE

Para compreender esses textos, que pertencem ao domínio da crônica escandalosa e da literatura erótica, é necessário admitir que sejam lidos não como sinais anunciadores da queda da monarquia e da morte de Maria Antonieta, mas, antes, na continuidade dos discursos que pretendiam revelar a vida privada dos artistas, das cortesãs e das amantes reais. Pois reside nisso a verdadeira transformação do estatuto da rainha: ela é doravante considerada no mesmo plano que as atrizes ou que Madame Du Barry. *Essai historique sur la vie privée de Marie-Antoinette*, que se apresenta com os traços de um livro de história que revela o avesso do cenário graças a anedotas verídicas, começa com uma comparação entre Madame Du Barry e Maria Antonieta, essas duas "mulheres célebres", ambas responsáveis por aviltar um rei fraco por meio da intriga e da devassidão. O picante da comparação está na aproximação entre uma cortesã e uma rainha da França. Uma e outra têm em comum a "publicidade" dada a seus excessos. "A primeira impressionou o universo, as ruelas e os cruzamentos de Paris com sua crapulosa e repugnante devassidão: a publicidade que ela lhe deu não teve outros limites senão o das coisas possíveis. Mesma devassidão em Maria Antonieta, mesma efervescência de paixões: homens, mulheres, tudo lhe agrada, tudo lhe convém, e sua falta de jeito, assim como seus descuidos dão involuntariamente à sua conduta a publicidade que a primeira buscava por condição."[13]

Seja voluntariamente obtida, seja o resultado de uma imprudência, a publicidade é o próprio princípio que ordena a narrativa do *Essai historique*. A rainha tornou-se uma mulher pública, semelhante às cortesãs e às atrizes cuja vida sexual é objeto de todas as indiscrições, e isso justifica que se pretenda desvendar ainda mais aquilo que ela pretende ocultar. Reconhece-se a retórica do privado e do público, do desvelamento da vida privada tornado legítimo pela exposição pública de uma pessoa célebre, o que estava subentendido, desde meados do século, no discurso dos jornais sobre as celebridades do mundo cultural. A novidade está em que a própria rainha seja assimilada a esse universo e que a curiosidade inquisitorial da crônica escandalosa encontre a denúncia política dos vícios da corte.

Essa publicidade dada à vida privada não é específica de Maria Antonieta nem da situação francesa. Na Inglaterra, no mesmo momento, a doença de George III é comentada na imprensa, que não poupa os leitores de nenhum detalhe humilhante sobre a intimidade do soberano, e as extravagâncias sentimentais do príncipe de Gales, o herdeiro do trono, fazem as delícias dos panfletários e dos satíricos, o que não impede a monarquia inglesa de conhecer um salto de popularidade patriótica.[14] Nas duas primeiras décadas do século XIX, a rainha Carolina, maltratada por seu marido, acusada de adultério e forçada a se exilar, torna-se uma figura impressionantemente popular, cuja causa serve à unificação de todas as oposições – tanto o descontentamento moral das camadas médias em relação ao modo de vida da corte, quanto os protestos mais radicais de artesãos e operários. No entanto, o entusiasmo popular suscitado pela personalidade de Carolina, pela mistura de prestígio social e de familiaridade que emanava de sua atitude pouco convencional, não consegue encontrar uma tradução política. Partidários e adversários da rainha enfrentam-se na imprensa e nas ruas. Para grande perplexidade dos reformadores mais radicais e dos militantes populares, a querela assume a forma de um melodrama nacional, derivando às vezes em charivari midiático, que reforça, ao fim, a pregnância do modelo monárquico e a adesão aos valores tradicionais. A tempestade de panfletos, artigos, caricaturas que se abate sobre a Inglaterra e atingirá seu ápice em 1820, quando do retorno de Carolina do exílio, não atinge a monarquia. Ela demonstra que a intensa curiosidade pública que cerca as extravagâncias da família real, a emergência de uma verdadeira cultura do escândalo, não era contraditória com um profundo apego à própria instituição.[15]

No caso francês, em que o prestígio da corte era culturalmente mais bem estabelecido e politicamente mais crucial, a inflexão também se deve às transformações que a rainha trouxe ao funcionamento da representação real. Maria Antonieta jamais conseguiu dobrar-se à etiqueta da corte da França, que ela julgava rígida e antiquada, não obstante as exortações de sua mãe, a imperatriz Maria Teresa, que lhe relembrava sem parar a importância das cerimônias e do ritual. Trabalho inútil. Para a herdeira do trono, delfina da França, e depois

A INVENÇÃO DA CELEBRIDADE

jovem rainha, essas regras não passavam de constrangimentos sem sentido. Ela detesta ser incomodada, reluta contra as obrigações da representação monárquica. Sua mãe vê nisso um capricho, uma mistura de leviandade e de indolência. "Tão logo se trate de alguma questão séria e na qual acredite ver algum incômodo, ela já não quer refletir nem agir de maneira consequente."[16] Mas, para além das singularidades de seu caráter, Maria Antonieta corresponde à sua época. Esse gosto pela vida privada, pelos prazeres da amizade e da intimidade, essa sensibilidade um pouco afetada, ela partilha com os jovens nobres de seu círculo mais próximo, que aplaudem as modificações que ela impõe à vida da corte, a partir do momento em que, coroada rainha, torna-se livre para afirmar suas escolhas. O Trianon encarna perfeitamente seu desejo de possuir um lugar em que possa subtrair-se aos olhares da corte e "aproveitar as doçuras da vida privada", segundo as próprias palavras, relatadas por Madame Campan, sua primeira dama de quarto, cujo *Mémoires* [*Memórias*] fornece uma narrativa detalhada dos esforços de Maria Antonieta para construir, no seio de Versalhes, um anti-Versalhes, um espaço regido pelas regras da sociabilidade mundana, e não pela etiqueta real.[17] Maria Antonieta tem prazer em levar, com seu pequeno círculo de amigos, a vida que as jovens da boa nobreza apreciam, em suas mansões parisienses e em suas casas de campo: jantares, jogos, teatro e pequenos concertos, risos e tagarelice. Ali, a vida da rainha e de seus amigos íntimos está "livre de qualquer representação".[18] Grande sucesso, aliás. Os jovens nobres que haviam desertado Versalhes durante o longo reinado de Luís XV voltam a afluir para lá e transtornam os hábitos da velha corte. Maria Antonieta não é um monstro de futilidade e de inconsciência, mas uma jovem aristocrata de seu tempo, mais inclinada a gozar das comodidades da vida privada do que a se submeter aos constrangimentos da vida da corte.

Essa maneira de desertar o terreno clássico da representação soberana e da etiqueta monárquica, em favor dos prazeres da vida privada, foi frequentemente criticada como um grave erro político. Gabriel Senac de Meilhan, um intendente real próximo dos meios da corte, fez uma análise densa dessa questão, já em 1790. "No fim do século XVIII", escrevia, "a face da corte modificara-se": à etiqueta formal e imponente sucedera um modo de vida copiado daquele dos salões parisienses, mais livre, mais informal.

> Persuadiram a rainha de se livrar do jugo de suas formalidades incômodas, que condenam uma rainha a uma perpétua representação. Pintaram-lhe os charmes de uma sociedade na qual reinam a liberdade e a confiança, da qual ela faria as delícias, na qual seus encantos lhe proporcionariam sucessos mais lisonjeiros do que as homenagens ordenadas pelo costume. [...]. A rainha, sem prevenir as consequências, levada pelo desejo de agradar, por um sentimento de bondade que conduz à comunicação, desceu, de certo modo, de seu trono, para viver em sociedade íntima com os cortesãos e comer com homens na casa do rei e na de pessoas da Corte. É fácil sentir quanto essa maneira de viver era perigosa em uma nação em que as pessoas familiarizam-se tão prontamente umas com as outras. Então, viu-se diminuir insensivelmente o profundo respeito, que é o efeito da prodigiosa distância do monarca em relação a seus súditos e que é ainda mais forte para as rainhas, a quem nenhuma questão deve aproximar dos homens, com quem sua mais leve familiaridade pode ser mal interpretada com facilidade.[19]

Esse texto notável aponta com lucidez as consequências políticas dessas novas práticas. Substituindo a "perpétua representação", fundada na distância, por uma forma de familiaridade, fundada na proximidade, a rainha provoca nada menos do que uma crise da representação monárquica. O modelo ao qual Sénac de Meilhan opõe implicitamente a corte dos anos 1780 é aquele de Luís XIV, figura ideal – e idealizada – de uma utilização política do cerimonial em favor da monarquia. Nele, a vida do rei era inteiramente pública, no sentido de que ele estava sempre em representação e jamais deixava de encarnar a soberania. La Bruyère dava-lhe a formulação ideológica nestes termos: "Não faltam aos reis senão as doçuras da vida privada." Luís XIV recusara, aliás, os projetos de Pellison, que desejava encorajar histórias do reino que colocassem em cena a vida doméstica do rei. A própria ideia de evocar

A INVENÇÃO DA CELEBRIDADE

a vida privada de Luís XIV era uma aberração política. Um rei não devia ter vida privada.

Essa absorção da pessoa do rei no espetáculo da majestade real preenchia uma dupla função. Exibia o soberano, aos olhos dos cortesãos e dos súditos, como um ser à parte, representando o poder absoluto da monarquia, distinto dos outros homens por seu vestuário, pelos signos emblemáticos do poder, por seu lugar no centro de todo o dispositivo curial. Essa posição muito específica permitia-lhe encarnar o poder, mas também servir de ponto de equilíbrio entre os diferentes grupos que lutavam pela supremacia no seio das elites. Sendo o rei um ser à parte, exibido e separado pela etiqueta, não podia ser identificado a nenhuma das camarilhas. Dessa importância política do espetáculo curial, Luís XIV estava perfeitamente consciente. Ele escrevia em *Mémoires pour l'instruction du dauphin* [*Memoriais para a instrução do delfim*]: "Os povos sobre os quais reinamos, não podendo penetrar o fundo das coisas, regulam ordinariamente seus julgamentos com base no que veem externamente, e é muitas vezes com base nas precedências e das posições que medem seu respeito e sua obediência. Como é importante para o público não ser governado senão por uma só pessoa, também lhe é importante que aquele que desempenhe essa função seja de tal modo elevado acima dos outros, que não haja ninguém com que possa ser confundido ou comparado, e não se pode, sem prejudicar a todo o corpo do Estado, subtrair a seu chefe as menores marcas da superioridade que o distinguem de seus membros."[20]

Em um capítulo magistral de *A sociedade de corte*, Norbert Elias propôs a teoria dessa posição do rei.[21] Ele mostra que a etiqueta de corte é um poderoso instrumento de dominação nas mãos do soberano, na medida em que aceite, ele próprio, submeter-se completamente a ela. O poder de Luís XIV opõe-se ponto por ponto àquele do líder carismático, cuja autoridade baseia-se em empresas audaciosas, arriscadas e coroadas de sucesso, que lhe permitem unir em torno de si um clã de partidários entusiastas, que lhe devem sua ascensão social. O rei absoluto, por outro lado, não se apoia em um carisma pessoal nem em um dom específico, a não ser uma capacidade de sustentar escrupulosamente seu papel. Isso

PODERES DA CELEBRIDADE

é o que explica que ele possa ser essencialmente passivo e silencioso, deixando a corte agitar-se em torno de si, opondo sua majestade e sua distância à atividade inquieta dos cortesãos. O rei não é um chefe, ele é o senhor: suscita a admiração e a deferência, não a curiosidade ou a empatia. Não fazia muito sentido, para um cortesão, querer imitar Luís XIV.

Submetendo-se inteiramente ao cerimonial, Luís XIV assegurava, portanto, o equilíbrio entre as diferentes elites e projetava uma imagem integralmente pública de si mesmo, no sentido de que o homem desaparecia por trás do soberano. Maria Antonieta encarna a atitude inversa, quase termo a termo. Sua recusa da etiqueta a conduz a romper o equilíbrio das tensões, aparecendo como a cabeça de uma camarilha, impulsionada pelos Polignac e seus próximos. A soberana desaparece em favor da mulher, com suas amizades e inimizades, suas cabeçadas e seus desejos. Subtraindo-se aos imperativos do cerimonial, ela deixa de encarnar publicamente a monarquia; exibindo sua familiaridade com certos cortesãos, assume o risco de reduzir a distância que a separa de seus súditos.

Sem dúvida, Maria Antonieta não é o rei, mas, no dispositivo do cerimonial monárquico, o papel da rainha é essencial.[22] Aliás, Maria Antonieta não é nem a primeira nem a única a relutar diante dos constrangimentos da etiqueta. Já Luís XV ludibriara habilmente o cerimonial de seu bisavô, preservando nos "pequenos apartamentos" espaços de relativa liberdade. Marie Leszczyńska abrira a via para uma vida mais íntima da rainha, submetida com menos facilidade aos constrangimentos da corte do que o fizera, antes dela, Maria Teresa. Algumas décadas mais tarde, Luís XVI e mais ainda seus irmãos, Artois e Provence, estão em uníssono com a rainha. Maria Antonieta não é de modo algum uma revolucionária da sociedade da corte nem mesmo uma reformadora atrevida. É simplesmente a mais visível e a mais exposta, no seio da família real, em razão da discrição e da prudência do rei. Deverá conhecer, sobretudo, os efeitos conjugados desse desejo de intimidade e da nova cultura da celebridade, a que não é indiferente. A sociedade da corte não se recuperará depois disso.

A INVENÇÃO DA CELEBRIDADE

O gosto de Maria Antonieta por passar incógnita traduz perfeitamente a contradição flagrante entre a recusa do cerimonial, e até mesmo o gosto pelo privado, e a realidade da pessoa pública que é a rainha. Repetidas vezes, ela decide assistir a espetáculos em Paris, na Comédie-Française e na Opéra. Naturalmente, o incógnito é fictício, a rainha é reconhecida de imediato, mas essa ficção poupa-lhe pesadas obrigações e permite-lhe aproveitar sua popularidade – ainda muito grande, no início de seu reinado – de modo totalmente inocente. Eis o modo como *Mémoires secrets* narra uma dessas noites, em 1755:

> Ontem, a rainha veio à Opéra, como fora anunciado. S. M. estava ali apenas como se estivera incógnita, já que não houve todo o aparato exigido por sua presença no grande camarote. Instalou-se no camarote dos Bâtiments, em frente ao teatro, e de segunda ordem. No entanto, foram-lhe prestadas as honras indispensáveis, o que quer dizer que M. o marechal-duque de Brissac, como governador de Paris, e M. o marechal-duque de Biron, como comandante da guarda do espetáculo, bem como os diretores, postaram-se à porta da carruagem de S. M. Estes últimos carregavam tochas e precederam e iluminaram o caminho da rainha até seu camarote. S. M. estava acompanhada por Madame, Monsieur e M. conde de Artois. Ao chegar, S. M. foi recebida com as mais vívidas e sinceras aclamações de alegria por parte do público. S. M. respondeu-lhe com três reverências. Madame imitou-a; as duas princesas abriram passagem; então, Monsieur colocou-se entre elas e fez suas três reverências; e M. conde de Artois, tendo assumido sucessivamente seu lugar, desempenhou o mesmo cerimonial. Não se pode imaginar a beleza desse quadro.

A fórmula confusa – "como se estivera incógnita" – indica claramente que se trata de uma ficção, no intuito de alimentar a ideia de uma presença privada da rainha, ao passo que as "honras indispensáveis" lhe são, não obstante, prestadas. De certo modo, a rainha atua em dois quadros. Beneficia-se de sua popularidade de jovem rainha, protetora declarada de Gluck, o compositor na moda, cuja *Ifigênia* é representada naquele dia. Mas sua presença nos camarotes de segunda ordem, e não no grande camarote real, estimula a ideia de que ela seja uma simples particular apreciada pelo público. A quem vão as "sinceras aclamações" dos espectadores? À rainha ou a Maria Antonieta, essa jovem mulher elegante que rejeita modestamente ocupar o grande camarote? O teatro é o lugar ideal para tal ambiguidade, pois o público ali reunido é a figura do corpo político, esses súditos congregados da rainha, e, ao mesmo tempo, um conjunto de espectadores, um público que observa, julga e manifesta seu contentamento ou sua reprovação. A narrativa, que opõe implicitamente as "honras indispensáveis" prestadas pelas autoridades (o governador de Paris e o comandante da guarda) e as "sinceras aclamações" dos espectadores, sugere um deslizamento, das homenagens prestadas à soberana ao entusiasmo testemunhado à jovem mulher. O espetáculo que Maria Antonieta, seus cunhados e sua cunhada oferecem, desde seu camarote, não tem nada a ver como cerimonial de Versalhes, no qual ninguém, naturalmente, pensaria em aplaudir as aparições da família real. A rainha não desempenha um papel prescrito pela etiqueta, inventa-se enquanto personagem pública, festejada como um autor na moda ou uma atriz célebre. Aplaudida pelo público da Opéra, Maria Antonieta está no centro de todos os olhares, que se desviam do palco e convergem para seu camarote, assim como Voltaire, três anos mais tarde, na Comédie-Française, quando da cena da coroação. Seria tentador tecer o paralelo, ou antes o quiasma, entre esses dois destinos contrários: um autor festejado como um soberano, cujo busto é coroado em cena, e uma rainha da França aplaudida como uma particular. Mas não devemos ir tão rápido. Nessa data, o que prevalece sob o efeito da ficção de estar incógnita é, sobretudo, certa ambivalência do estatuto da rainha, do qual é provável que os contemporâneos não tivessem uma consciência muito clara.

Perturbado talvez com essas inovações, o redator de *Mémoires secrets* fala, aliás, de cerimonial a propósito das reverências da família real, como se fosse difícil qualificar ou precisar tal gesto, quando a rainha e os príncipes de sangue chegam a saudar o público da Opéra. A situação torna-se ainda mais complexa quando, no segundo ato, o ator que

A INVENÇÃO DA CELEBRIDADE

desempenha o papel de Aquiles tem a presença de espírito de modificar um verso, "Cantai, celebrai vossa rainha", para "Cantemos, celebremos nossa rainha". O efeito é imediato: "Em um instante, todos os olhares fixaram-se em S. M. E, terminado o coro, pediram bis. A rainha, comovida de sensibilidade diante dessas vivas emoções, que Monsieur e M. conde de Artois estimulavam ainda mais com seus aplausos, não pôde conter seu reconhecimento, e viram-se lágrimas de alegria jorrar de seus olhos." A insistência na identificação política da rainha, por parte dos cantores e do público, não faz com que se retorne a mais solenidade ou a mais distância, mas alimenta, pelo contrário, a emoção da jovem mulher, que derrama lágrimas, demonstrando uma sensibilidade perfeitamente adaptada à circunstância, já que a *Ifigênia* de Gluck provocava no público esses transbordamentos emocionais. Maria Antonieta inaugura aqui o modelo de uma soberana que não suscita prioritariamente a deferência, a admiração distante, mas, antes, a afeição, a proximidade sentimental.

Em outras circunstâncias, Maria Antonieta leva ainda mais longe a preocupação de escapar aos constrangimentos do cerimonial para sentir plenamente as emoções de uma jovem aristocrata que se diverte sem maiores consequências. Ela vai repetidas vezes ao baile da Opéra, contando desta vez com a fantasia para poder passar verdadeiramente incógnita. A notícia, evidentemente, é divulgada e suscita rumores escandalosos, contribuindo para prejudicar a imagem pública da rainha. "Ela acreditava que jamais seria reconhecida e o era por toda a assembleia desde o momento que entrava na sala: fingindo não a reconhecer, inventava-se sempre alguma intriga de baile, a fim de lhe proporcionar o prazer de estar incógnita."[23] É preciso avaliar a dimensão desse desejo da rainha de não ser reconhecida, desejo próprio à cultura da celebridade na medida em que visa a escapar à própria imagem, romper a assimetria que implica que se seja imediatamente reconhecido por todos aqueles a quem não se conhece. Desejo vão, evidentemente. O rosto da rainha é demasiado reconhecível, mesmo sob uma máscara, as pessoas que a acompanham, mesmo sem libré, fazem-se notar. Maria Antonieta descobre a sorte dessas celebridades contemporâneas cujo esforço para passar despercebidas faz com que sejam inevitavelmente notadas. Passar

PODERES DA CELEBRIDADE

incógnita, ainda aqui, é uma ficção que repousa na complacência dos bailantes.

Essa maneira de jogar com o segredo comporta riscos. As visitas discretas de Maria Antonieta geram comentários mais ou menos bem--intencionados. Jovens que falaram com a rainha, no baile, com uma familiaridade autorizada pela ficção de estar incógnita, gabam-se de tê-la seduzido; outros, como o amável e libertino duque de Lauzun, imaginam-se amados. "Vi pretensões estabelecerem-se unicamente porque a rainha rogara a um desses senhores que se informasse, no teatro, se a segunda peça tardaria a começar", lembra-se Madame Campan.[24] Daí os rumores maledicentes que começam a manchar a reputação da rainha. Expondo-se como uma personagem privada, Maria Antonieta modifica seu estatuto público: desliza da representação monárquica à publicidade midiática. O que importa aqui não são as extravagâncias supostas nem a carga política das maledicências, mas o fato de que a rainha de França, que era geralmente uma personagem discreta, altiva, recolhida, tenha se tornado um suporte para fantasias, um objeto de desejo, tal como uma atriz ou uma cantora, mas com o enorme prestígio de seu estatuto real. Esse misto de distância mantida (pois a rainha, apesar de tudo, é a rainha) e de sedutora familiaridade faz de Maria Antonieta, por sua própria conta e risco, a primeira princesa glamour.

Essa dimensão, que aproxima a imagem de Maria Antonieta daquela das figuras célebres do mundo teatral ou literário, devia-se também a seu entusiasmo pela moda. Antes de encarnar a "rainha vilã", ela foi inicialmente um ícone da moda, apaixonada por roupas e adereços, encorajando o exagero dos penteados extravagantes, que provocavam, a distância, a irritação da imperatriz Maria Teresa.[25] Pela primeira vez, uma rainha da França não recorria a um cabeleireiro da corte, mas fazia vir de Paris o habilidoso Léonard, que se deslocava até Versalhes com todo o equipamento necessário e tornou-se uma personalidade conhecida por toda a boa sociedade. Quanto à comerciante de moda que conseguiu ganhar a confiança da rainha, Rose Bertin, ela fez disso um argumento publicitário e sua loja no Palais Royal conheceu um sucesso fulgurante.[26] Todas as damas da alta sociedade, e sem dúvida da burguesia rica, que-

A INVENÇÃO DA CELEBRIDADE

riam vestir-se como a rainha. A própria Bertin gozava de uma celebridade segura, que dependia em parte do registro tradicional do favor real, mas também de uma figura nova, a do virtuose. Como alguns artistas, como outros artesãos particularmente habilidosos, ela conseguia unir talento criativo e autopromoção, construindo uma personagem pública a serviço de um empreendimento comercial. Todavia, diferentemente de casos comparáveis, como Jean Thomas, dito "O Grande Thomas", um dentista popular, truculento e espetacular, que se tornou célebre na primeira metade do século, ou ainda o dono de estalagem Ramponneau, Bertin soubera associar seu crédito e sua notoriedade àqueles da rainha.[27] Sua imagem estava, desse modo, associada aos meios da corte e da boa sociedade. Essa associação de interesses entre a rainha da França e uma comerciante de moda estabelecida recentemente em Paris era uma aliança eficaz, mas também poderosamente transgressora.

É preciso evitar considerar o gosto da rainha pelos adereços nada mais do que um traço anedótico e pitoresco, ou até mesmo uma lamentável confirmação de sua lendária futilidade. Na verdade, a emergência do sistema da moda, no fim do século XVIII, atesta uma profunda evolução da cultura das aparências.[28] Nas metrópoles atingidas pela primeira revolução do consumo, o modo de se vestir não era mais ditado pelo estatuto social e pela submissão às tradições, mas pelos mecanismos da imitação e pelo culto da mudança permanente. Integrando essa cultura da moda, fazendo de uma modista parisiense sua fornecedora titula-rizada, não hesitando diante de nenhuma inovação, Maria Antonieta atraía todos os olhares, tornava-se o foco da imitação.[29] Ainda aqui, é patente a distância em relação ao regime tradicional da representação monárquica. Os soberanos, o rei e a rainha, deveriam distinguir-se por suas roupas. Maria Antonieta, por sua vez, é imitada.

Esse gosto pela moda, inclusive por suas formas mais exuberantes ou ostentatórias, aproximava perigosamente a imagem da soberana à das atrizes. Seu interesse pelo mundo do espetáculo encorajava essa aproxi-mação. Assim, o apoio público e constante concedido a Mademoiselle Raucourt, mesmo quando a atriz trágica tornou-se objeto de várias críticas quanto aos seus costumes, considerados dissolutos, contribuiu

PODERES DA CELEBRIDADE

para prejudicar a imagem da rainha, por associá-la ao duvidoso mundo das atrizes, das cantoras e das cortesãs. Nos panfletos, às vésperas da Revolução, rapidamente se dará um passo à frente: "É impossível que a mais elegante rameira de Paris esteja mais bem-vestida do que a rainha."[30] Consciente, talvez, do perigo, Maria Antonieta fez uma escolha, a partir dos anos 1780, por um estilo vestuário mais despojado, rejeitando tanto os emblemas reais quanto os vestidos demasiado luxuosos, em prol de uma afetação do natural e da simplicidade. Mas essa evolução era apenas um passo à frente na engrenagem da moda, pois seus trajes eram doravante facilmente imitáveis, não somente por algumas grandes aristocratas, como também por todas as mulheres que desejassem estar na moda.

Esse mesmo abandono dos princípios tradicionais da representação monárquica, em favor de uma imagem de simplicidade e de proximidade, é visível nos retratos da rainha. Descontente com os primeiros retratos pintados quando de sua chegada a Paris, que a representavam em indumentária de corte, e mesmo com o grande manto de aparato, coberto de flores de lis, Maria Antonieta buscava um pintor capaz de sacrificar esse formalismo, em prol da semelhança e da naturalidade. Ela o encontrou na pessoa de Élisabeth Vigée-Le Brun, que, a partir de 1779, fez inúmeros retratos da soberana, conseguindo captar a vivacidade de sua fisionomia. Enquanto o primeiro quadro, destinado à imperatriz, é ainda um retrato em trajes de corte, em que figuram inúmeros atributos da realeza, em especial a coroa cuidadosamente colocada sobre uma almofada, assim como o busto de Luís XV, os quadros seguintes se aproximam da pessoa da rainha, procurando valorizar sua beleza e singularidade. Mas essa simplicidade não deixa de ser arriscada, pois sempre ameaça colocar em perigo o prestígio da monarquia e os costumes da representação monárquica. Aqui estamos longe, com efeito, do grande programa iconográfico em honra de Maria de Médicis, que fixara, dois séculos mais cedo, a representação alegórica da soberania da rainha. Quando Vigée-Le Brun expõe, em 1783, no salão da Academia, um retrato da rainha com uma simples camisa de musselina branca, como aquelas que Rose Bertin começava a colocar na moda e que Maria

Antonieta adorava vestir no Trianon, o escândalo é total.[31] Os críticos ficaram chocados ao ver a rainha representada publicamente – no salão da Academia – com uma indumentária tão simples, do seu interior, de sua vida privada. O vestido leve de musselina, *à la gaulle*, foi tomado por uma simples camisa, e uma parte do público acreditou que a rainha fora pintada usando roupas íntimas. Detalhe agravante, o retrato não comportava nenhuma menção ao rei ou à família real. De tal modo que a rainha era assim dada a ser contemplada como uma pessoa privada, autônoma, livre para se divertir nos trajes de sua escolha, e não como uma rainha da França. Ironia da situação, enquanto o Trianon permitia que a rainha se subtraísse aos olhares da corte, oferecendo-lhe um espaço de intimidade, o retrato pintado por Madame Vigée-Le Brun publicava a imagem da rainha nessa mesma intimidade, expondo-a aos olhares dos muitos visitantes do Salão. Vigée-Le Brun teve de retirar o quadro e substituí-lo por um retrato mais conveniente, em que a rainha, usando um vestido de seda muito clássico, segura um buquê de rosas.

O vestido de musselina, no entanto, suscitaria rivalidades. O retrato, apesar do opróbrio dos críticos, encontrou sucesso junto ao público.[32] Sob o nome de *robe-à-la-reine*, foi amplamente imitado, desde os anos 1780, pela aristocracia europeia, e mais tarde, mais largamente, pelas mulheres das elites urbanas do fim do século. O escândalo político provocado pelo retrato não era incompatível, muito pelo contrário, com o estatuto de ícone da moda que Maria Antonieta aceitara endossar. A moda não era apenas vestuário, era todo um estilo de vida, um ideal de liberdade e de simplicidade, a prioridade da sensibilidade frente aos constrangimentos sociais que se afirmavam no quadro. Maria Antonieta tornara-se, portanto, uma figura pública não mais no sentido clássico da representação monárquica, mas naquele, novo, definido pela cultura da celebridade: uma pessoa cuja singularidade é objeto dos olhares e dos comentários do público.

Não é impossível que essa transformação tenha surgido para ela, no início dos anos 1780, como um êxito franco. Luís XVI contentava-se em viver na sombra de seus antepassados, aplicando-se em exercer com seriedade e um pouco de temor um ofício para o qual não tinha o

PODERES DA CELEBRIDADE

menor gosto, ao passo que a rainha devia se felicitar por ter escapado ao destino que lhe parecia prometido e que tanto a atemorizava: o de uma soberana vigiada de perto, prisioneira de um cerimonial obscuro, reduzida a colocar príncipes no mundo, a se entediar irremissivelmente ou a se refugiar na devoção. As críticas geradas pelo retrato de 1783 marcavam, todavia, o início da reviravolta da opinião. Expondo-se publicamente, Maria Antonieta assumia o risco de estimular todas as críticas, e foi exatamente o que aconteceu: ela foi atacada por suas despesas imprudentes, por seu apego aos interesses austríacos, por seus supostos amantes. Essas críticas não eram novas, mas adquiriam uma força inédita, enquanto se enfraquecia a atração por essa princesa moderna, modelo de elegância e de independência. Sua exposição pública a tornava vulnerável, o segredo que cercava o essencial de sua existência não demorando a suscitar boatos maledicentes.

No ano seguinte, 1784, o caso do colar precipitou a desgraça pública da rainha. Essa história já foi contada mais de uma vez. Lembremos apenas que uma aventureira, Madame de La Motte, conseguira convencer o cardeal de Rohan de que a rainha desejava obter um precioso colar, encomendado outrora por Luís XV para Madame du Barry, e que ela estava interessada em servir de intermediária. Para convencer o cardeal, foi organizado até mesmo um encontro noturno com uma falsa Maria Antonieta, nos jardins de Versalhes. Uma vez revelado o caso, o escândalo, já considerável, foi agravado pela vontade da rainha de processar Rohan. Nesse período em que as causas judiciais encontravam na opinião pública, graças às petições dos advogados, uma poderosa caixa de ressonância, tratava-se de correr o risco de uma ampla exposição pública. O processo insuflou as paixões. O efeito foi ainda mais devastador para a imagem da rainha, pois o caso associava justamente as censuras habitualmente levantadas contra ela: seu gosto pelos adereços e pelo consumo e sua rejeição do cerimonial (como o cardeal de Rohan pudera considerar digno de crédito que a rainha andasse sozinha, no meio da noite?). Nesse caso do colar, houve até mesmo uma jovem, Nicole Le Gay, que se fizera passar pela rainha. Maria Antonieta é a primeira rainha dotada de uma sósia!

A INVENÇÃO DA CELEBRIDADE

A imagem pública da rainha estava irremediavelmente abalada, mas foi com a Revolução que os ataques aumentaram. Maria Antonieta, que não estava predisposta a entender o acontecido, nunca fez nada para se dar conta de suas dimensões ou para se adaptar a ele. Porém, esta talvez não fosse uma missão impossível. Era ao menos o que pensava Antoine Barnave, que esperava convencê-la a ajudar os revolucionários moderados a estabilizar o novo regime. Após o fiasco da fuga e da prisão em Varennes, em junho de 1791, ele escreveu-lhe várias cartas nas quais a exortava a aceitar a Constituição e a oferecer um rosto sorridente e consensual à monarquia constitucional. Após os sobressaltos e as violências da Revolução, escrevia ele, o povo ia precisar de festas, de diversões, de sentimentos e de extravasamentos. "Quem mais senão a rainha tem, no seu pessoal, o que é preciso para se apoderar dessas disposições? Nunca terá ela conhecido essa brilhante popularidade? Se a opinião mudou, pelo menos ela nunca chegou à indiferença e, enquanto o coração ainda não esfriou, sempre é possível reconquistá-lo."[33] A "popularidade" evocada por Barnave para incitar a rainha a reconquistá-la é um conceito político com um longo futuro pela frente. Ela renova a legitimidade monárquica, tendo por base um laço afetivo com o novo soberano, o povo. Por estar fundada na sensibilidade, em uma forma de apego, essa forma política parece a Barnave particularmente própria a ser estimulada por uma mulher, com a condição de que manifeste seu apreço pela Revolução. O resto é questão de política ou, antes, de publicidade: "Faremos de tudo para trazer os corações de volta para ela", promete ele.[34]

Como se sabe, a rainha não quis ouvir esse tipo de conselho ou não foi capaz de se reconciliar com a popularidade. Mas foi o próprio princípio da legitimidade monárquica que mudou desde o fim do Antigo Regime; a Revolução não fez senão precipitar e sancionar uma evolução já iniciada. Luís XVI foi testemunha e, ao mesmo tempo, vítima da passagem do "rei-príncipe" ao "rei-pessoa", de uma legitimidade fundada na antiguidade imemorial da monarquia sagrada à figura paternal e bondosa de um rei devotado à felicidade de seu povo.[35] Essa evolução tinha por consequência a fundação da legitimidade do poder real nas

PODERES DA CELEBRIDADE

virtudes pessoais do rei e o encorajamento, assim, dos elogios ou das críticas que dissessem respeito à pessoa privada, humana, detentora do poder. A "popularidade" tornava-se, doravante, o novo critério da encarnação política em regime democrático. Mas o rei e a rainha não eram mais seus únicos pretendentes.

A popularidade revolucionária

Essa nova importância da popularidade foi perfeitamente compreendida por outro correspondente de Maria Antonieta. Mirabeau, o grande político dos primeiros anos da Revolução – a "voz da Revolução", segundo Michelet –, é, contudo, o mal-amado da historiografia. A memória revolucionária reteve sua famosa réplica a Dreux-Brézé. Opondo orgulhosamente a vontade do povo à força das baionetas, Mirabeau formulava com veemência o princípio da soberania nacional e não deixava nenhuma dúvida quanto à determinação dos deputados. Mas os historiadores não lhe dedicaram a atenção que seu impressionante destino merecia. Ideologicamente duvidoso, corrompido demais, moderado demais, Mirabeau parece suspeito e com frequência é reduzido a essa orgulhosa réplica, a uma imagem de Epinal da Revolução, como se seu papel se limitasse a esse gracejo inicial.

Entretanto, por quase dois anos, foi ele o mais popular orador da Assembleia, a encarnação da Revolução aos olhos do público, e sua morte foi vivida como um drama. Mirabeau foi até mesmo mais do que isso: a primeira grande vedete da política democrática. Sua trajetória permite perceber a transformação de uma celebridade escandalosa, a de um nobre desclassificado, escritor libertino e panfletário remunerado, em uma celebridade política inédita, fundada em uma incontestável aptidão para encarnar o princípio novo da soberania popular. Muitas vezes, opõem-se as duas partes dessa vida incrível, a do publicista fracassado do Antigo Regime e a do homem político enfim revelado a si mesmo pela Revolução.[36] Mas, para além do corte evidente representado pela Revolução, a carreira de Mirabeau demonstra, o tempo todo, uma

A INVENÇÃO DA CELEBRIDADE

energia inesgotável e um senso inato para a publicidade. A Revolução ofereceu a esse talento uma tribuna e um destino.

Quando os estados gerais reúnem-se, em maio de 1789, Mirabeau já é uma figura pública. Aos 40 anos, ele é o filho de um aristocrata provençal, homem de letras e economista, autor de um livro de sucesso, *L'Ami des hommes* [*O amigo dos homens*], que lhe valera seu epíteto. Mirabeau pai, que acaba de morrer, como se procurasse deixar o caminho aberto para o filho, era não apenas um escritor ambicioso e um filantropo autoproclamado, mas também um tirano doméstico, que se enfureceu contra o filho. É bem verdade que este só faz o que lhe passa pela cabeça e leva desde muito cedo uma vida dissoluta e aventureira. Suas próprias imprudências e o ódio tenaz que lhe dedica seu pai mandam-no repetidas vezes para a prisão, graças a essas *lettres de cachet* de que ele logo fará o símbolo do arbítrio despótico. De golpe em golpe, de ações irrefletidas a excepcionais, ele rompe com a vida de notável que deveria ter tido e torna-se uma figura pitoresca de aristocrata desclassificado. Sua celebridade é oriunda do processo espetacular e escandaloso que, em 1782, o opõe à mulher, uma rica herdeira da nobreza parlamentar de Aix, que ele seduzira, para surpresa geral, com sua audácia e sua temeridade e com quem se casou nas barbas dos pretendentes oficiais. Nesse ínterim, foi aprisionado no forte de Joux, fugiu com a jovem esposa de um velho parlamentar de Besançon, refugiou-se nos Países Baixos, foi preso e ficou encarcerado por três anos no torreão de Vincennes. Ao sair da prisão, tenta salvar o que ainda pode ser salvo. O processo o opõe a toda a boa sociedade provençal. Mirabeau, que se encarrega da própria defesa contra os 23 advogados da família de sua mulher, demonstra pela primeira vez a força de seu talento oratório. O resultado é um fracasso jurídico que o deixa arruinado e quase banido, mas um sucesso público, pois Mirabeau impressionou os espíritos. O processo causou sensação. Toda a Provença se apaixonou por ele durante seis meses, e se falou dele até em Paris. Sua própria sustentação oral atraiu enorme multidão, no meio da qual se destaca o arquiduque Ferdinando, irmão da rainha. Uma testemunha evoca o "entusiasmo" do público em favor de Mirabeau e a multidão que se precipita para vê-lo ou ao menos ouvi-lo.[37] Seu pai, evidentemente, queixa-se desse gosto pelo escândalo, que parece dobrar a energia de seu filho: "Rumor aqui, rumor em Pontarlier, ele não precisa de nada além disso."[38]

Arruinado, livre das amarras de seu meio de origem, aureolado com uma celebridade duvidosa, Mirabeau torna-se um desses aventureiros literários tão numerosos no fim do século XVIII, continuando a alimentar a boataria em torno de seu nome à custa de publicações: obras eróticas, livros encomendados, panfletos políticos, compilações mais ou menos digeríveis – ele lançava mão de todos os meios disponíveis. Sua denúncia das *lettres de cachet* lhe garante um sucesso editorial. *Ma conversion, ou le Libertin de qualité* [*Minha conversão ou O libertino de qualidade*], um romance pornográfico publicado anonimamente em 1783, lhe é rapidamente atribuído por *Mémoires secrets*: "O que aumenta o interesse é que todo mundo adivinhou quem é o prisioneiro do castelo de Vincennes: é o conde de Mirabeau."[39] Na falta de uma fortuna ou de uma condição, ele fez um nome.

Se Mirabeau, como a maioria de seus contemporâneos, é fascinado pela celebridade literária, a política o absorve cada vez mais. Embora escrevendo contra o despotismo, ele sonha com uma carreira diplomática e sobrevive graças aos panfletos que redige a pedido de membros do poder. Calonne utiliza-se dele para polemizar com seus rivais e depois o envia em missão à Alemanha. Mas, se Mirabeau é um polígrafo célebre e ácido, é também pouco respeitado. Mais conhecido do que reputado, é evitado pela boa sociedade.[40] Sua celebridade cheira a escândalo; ela não é nem honrosa, nem lisonjeira e faz dele uma figura híbrida, a meio caminho entre os libertinos cujas extravagâncias viram notícia, como Sade, com quem cruzou em Vincennes, e os polemistas profissionais, como Linguet. Ainda em 1788, ele emprega sua energia para combater Necker, embora este, de volta ao poder, parece estar no auge de sua popularidade. Seu amigo Chamfort o incita, no entanto, à moderação: "Provocar rumor, fazer falar de si, é um mérito pequeno demais nessas circunstâncias, tendes outro, cuja força é preciso poupar para o momento do combate."[41]

É verdade que a situação política mudou. Mirabeau é um dos primeiros a compreender o alcance dessa nova ordem de coisas e a se adaptar a

A INVENÇÃO DA CELEBRIDADE

ela. Em 1787, voltou-se contra Calonne e publicou um panfleto contra a especulação financeira que lhe valeu um sucesso estrondoso e o obrigou a se refugiar por alguns meses em Liège. Depois, recusou uma proposta do ministro Montmorin para escrever contra os parlamentos. Nessa data, maio de 1788, ele percebeu a dimensão da crise e fez sua escolha: quer ser o homem da nação. A convocação dos estados gerais reforça sua convicção de que uma nova carreira se abre para ele: "Foi um salto de um século que a nação deu em 24 horas. Ah, meu amigo, vereis que nação será esta no dia em que o talento for também uma potência."[42]

A campanha eleitoral, na Provença, vai permitir-lhe oferecer uma primeira amostra de seu talento político, misto de audácia, de energia e de gosto pela publicidade. Sua chegada a Aix, em janeiro de 1789, "é explosiva", nos seus próprios termos.[43] Tendo alcançado um assento nos estados provinciais, na assembleia da nobreza, assume de saída posições favoráveis às reivindicações do terceiro estado, faz dois grandes discursos hostis aos privilégios nobiliárquicos – que manda publicar imediatamente – e depois redige uma declaração à nação provençal, assim como um longo texto no qual se apresenta como um tribuno da plebe, comparando-se a Mário e aos irmãos Graco. Tendo assim assegurado sua popularidade junto ao terceiro estado, volta para Paris, deixando a situação se inflamar. Quando de seu retorno, em meados de março, ela tornara-se quase insurrecional.[44] As revoltas camponesas e urbanas multiplicaram-se, a situação política parece estar travada. Mirabeau pode então colher os frutos de uma celebridade até então equívoca. Ele é recebido triunfalmente já desde os arredores de Aix, onde clamam seu nome, depois com fervor em Marselha. Ele mesmo o narra, com complacência e talvez um pouco de exagero, para o conde de Caraman, comandante em chefe da província: "Imagineis, M. conde, 120 mil indivíduos nas ruas de Marselha, toda uma cidade tão industriosa e comerciante perdendo o dia: as janelas alugadas por um ou dois luíses; os cavalos, pelo mesmo valor; a carruagem do homem que se limitou a ser imparcial coberta de palmas, de louros e de oliveiras: o povo beijando as rodas, as mulheres oferecendo-lhe em oblação seus filhos: 120 mil vozes, desde o grumete até o milionário, aclamando e

PODERES DA CELEBRIDADE

gritando Viva o Rei!; 4 mil ou 5 mil jovens dentre os mais distintos da cidade precedendo-o, 300 carruagens seguindo-o: tereis uma ideia de minha saída de Marselha." Outros testemunhos confirmam esse sucesso, mas Mirabeau compreendeu muito bem as virtudes da autopromoção. Impressionado, Caraman chama-o, alguns dias mais tarde, para acalmar os amotinados. Mirabeau redige um *Avis de Mirabeau au peuple marseillais* [*Aviso de Mirabeau ao povo marselhês*], que manda afixar pela cidade, e restabelece a calma, manifestando assim a força política de seu nome. Algumas semanas mais tarde, é eleito deputado do terceiro estado, tanto em Aix como em Marselha.

Assim, às vésperas da Revolução, a celebridade escandalosa de Mirabeau já se metamorfoseou em popularidade política. Para esse nobre desclassificado, perpétuo revoltado, libertino, mas convencido da necessidade de uma profunda renovação política, a Revolução chega no momento ideal. O prestígio de Mirabeau, aos olhos do povo provençal, deve-se ao fato de ele ser ao mesmo tempo nobre e hostil aos nobres; ele se beneficia da aura tradicional da elite e da simpatia suscitada por sua revolta contra o absolutismo e os privilégios. Herdeiro e marginal, ele conjuga o velho preceito aristocrático e o novo princípio democrático, o que lhe permite converter sua celebridade equívoca em popularidade política. Não nos enganemos: é rara uma transmutação como essa. Era necessária a equação pessoal de Mirabeau, nobre e rebelde, aristocrata e plebeu, seu incomparável talento publicitário, enfim, circunstâncias excepcionais, para que essa alquimia funcionasse. De resto, permaneceu sempre incompleta. Se seu senso de autopromoção e de oportunidade política valeu a Mirabeau inúmeros sufrágios, ele não conseguiu calar as prevenções que seu personagem gerava, sobretudo entre os notáveis parisienses. Na abertura dos estados gerais, seu nome foi recebido com vaias tanto quanto com aplausos: "O insulto e o desprezo mostraram-lhe qual era sua celebridade."[45]

Os estados gerais oferecerão a Mirabeau mais do que uma tribuna. Desde seu primeiro discurso, ele fez sensação, e as zombarias transformam-se em aplausos. Muito rapidamente, assume ascendência sobre seus colegas e impõe-se como uma das vozes mais ouvidas, uma das únicas

A INVENÇÃO DA CELEBRIDADE

capazes de inverter a opinião da Assembleia. As pessoas vêm vê-lo e escutá-lo. Quando de sua morte, em 1791, ele terá feito 439 discursos na Assembleia, o que o torna o mais prolífico orador do período. Era também o mais influente, ainda que muitos deputados desconfiassem, justamente, da eficácia de sua arte oratória.[46]

A força de Mirabeau baseava-se na aliança entre uma convicção política, voltada para o estabelecimento de uma monarquia constitucional, e uma eloquência fora do comum. Mas o orador era também um animal de circo, tirava partido de sua corpulência, de seu rosto marcado pela varíola, de sua juba leonina, de sua voz retumbante. Sua feiura era um trunfo, pois fazia dela um sinal da força e da energia, de uma indomável determinação, da irreprimível vontade popular. "Quando sacudo minha terrível cabeça, não há quem ouse me interromper", dizia ele, orgulhoso.[47] Mirabeau tinha, de fato, uma consciência muito clara da teatralidade inerente à política revolucionária. Desde as primeiras semanas dos estados gerais, reunidos em uma enorme sala do castelo de Versalhes, o terceiro estado aceitara a presença de espectadores. Estes, quase sempre numerosos e barulhentos, contribuíram para inflamar os deputados e radicalizar os debates, mas modificaram também a própria forma da interlocução parlamentar. Os oradores dirigiam-se a eles tanto quanto a seus próprios colegas. Após a transferência para Paris, em outubro de 1789, a Assembleia nacional reúne-se na sala do Carrossel, nas Tulherias, uma sala que abrigara corridas de cavalo antes da Revolução e que comportava duas galerias para os espectadores. Não bastava ter bons argumentos, era necessário, ainda, fazer-se ouvir nessa imensa e tumultuada arena. E Mirabeau sabia, como ninguém, como se exibir. Após seu grande discurso sobre a bancarrota, que assegurou definitivamente sua supremacia oratória, o ator Molé veio felicitá-lo e acrescentou, brincando, que ele havia errado de vocação, pois poderia ter tido uma grande carreira de ator dramático. Ele não era o único a comparar o talento político de Mirabeau na Assembleia Nacional ao do ator no palco. A comparação tornou-se, tanto entre seus amigos como entre seus inimigos, um lugar-comum. O próprio Mirabeau, por sua vez, consciente de seu potencial teatral, deleitava-se em atrair os olhares. Não

PODERES DA CELEBRIDADE

hesitava, aliás, em repetir seus discursos diante do espelho: "Ele tinha esse sestro dos homens fúteis, a quem o som do próprio nome enche de prazer e que amam repeti-lo eles mesmos: imaginava diálogos em que se nomeava como interlocutor: o conde de Mirabeau lhe responderá etc."[48]

Deveríamos nos surpreender com esse caráter teatral da eloquência política de Mirabeau? É verdade que, espontaneamente, fazemos uma ideia bastante solene das assembleias da Revolução, como se a política, *a fortiori* a política revolucionária do berço da modernidade democrática, fosse uma coisa demasiadamente séria para que nela se misturassem os efeitos dramáticos de atores ocasionais. Na realidade, como o mostrou muito bem o historiador americano Paul Friedland, os debates políticos revestiam-se de uma grande teatralidade, assumiam a forma de um espetáculo, oferecido aos auditores das galerias e ao público da nação. Os espectadores aplaudiam e vaiavam, como no teatro; acontecia de eles interromperem os oradores e de manifestarem suas emoções. Mesmo durante sessões tão graves quanto a do processo do rei, durante a Convenção, as espectadoras tomavam sorvetes em seus camarotes, enquanto aplaudiam os debates.[49]

Essa teatralidade pode ser interpretada em um nível teórico, através do paralelo entre a representação política e a representação teatral. Mas ela traduz também, mais simplesmente, a porosidade entre dois espetáculos extremamente populares, que compartilham a atenção do público. Os teatros, que se multiplicaram desde o início da Revolução, foram cada vez mais considerados uma questão política importante, a serviço da regeneração cultural da nação e dos projetos políticos da Revolução. Quanto às assembleias, elas eram, ao mesmo tempo, as novas instâncias de deliberação, em que se decidia o futuro coletivo da nação, e espetáculos apaixonantes, cujos principais protagonistas eram verdadeiras vedetes. Insistir nessa proximidade não significa necessariamente reduzir a grandeza da Revolução, à maneira de Burke, que ironizava quanto aos histriões revolucionários, mas lembrar que a política espetáculo não é somente uma deriva contemporânea, e sim um elemento-chave da representação pública e do debate democrático. O espaço público democrático não substitui o espetáculo do ritual monárquico por uma

A INVENÇÃO DA CELEBRIDADE

deliberação abstrata, mas por outro tipo de espetáculo, no qual os cidadãos são, ao mesmo tempo, atores e espectadores. A política também necessita de um público.

Nesse novo contexto, a celebridade assumia a forma de um prestígio híbrido, dizendo respeito, ao mesmo tempo, ao mundo do espetáculo e ao mundo político. Mirabeau era a encarnação da Revolução em marcha e um ator genial. Inúmeros testemunhos insistem na curiosidade gerada por seu talento e sua notoriedade: "Era a ele quem, em primeiro lugar, os estrangeiros procuravam com os olhos, no meio de todos os seus colegas; as pessoas ficavam felizes se o tivessem ouvido falar; transformavam suas expressões mais familiares em ditos notáveis."[50] Mas essa celebridade possuía também uma eficácia diretamente política, para além das opiniões de Mirabeau. Assim, seu nome é indefectivelmente evocado pelos parisienses nos primeiros momentos da Revolução, quando se trata de se mobilizar. Desde o fim do verão de 1789, durante o debate sobre o veto real, a multidão que quer se deslocar até Versalhes para se opor ao direito de veto invoca Mirabeau. "O nome do conde de Mirabeau era a palavra de ordem. Acreditava-se que sua vida estivesse em perigo, porque ele queria derrubar esse veto odioso, o veto real", diverte-se *Le Patriote français* de Brissot, que sabe muito bem que Mirabeau, no entanto, era na realidade favorável ao veto. O episódio revela que a celebridade de Mirabeau era já a de um nome próprio, que simboliza a marcha da Revolução e os interesses da nação.[51] Alguns meses depois, seu nome tornou-se ainda mais célebre, e Étienne Dumont fica surpreso de ouvir postilhões picardos chamar "Mirabeau" o seu cavalo de carga, aquele que faz o trabalho mais duro.[52] Seria equivocado tratar essa anedota como uma simples curiosidade engraçada, pois a celebridade de Mirabeau recobre justamente a totalidade desses fenômenos *a priori* heterogêneos: um homem político ouvido e influente, um orador que todos querem ver e ouvir; uma figura pública que provoca a curiosidade e a confiança popular, um personagem excessivo e contestado, um nome próprio sinônimo de força.

Nessa época, ao longo do ano de 1790, Mirabeau está no auge de sua celebridade política. Joseph Boze, um pintor provençal que já o pintara no ano anterior, faz desta vez um grande retrato dele de pé, cuja reprodução gravada é imediatamente anunciada em *La Gazette nationale*, que informa que o quadro pode ser admirado a qualquer hora no ateliê do pintor.[53] Sem dúvida, Mirabeau continua sendo um personagem controverso, que tem um estilo de vida insensato e cultiva vários inimigos. Mas, aos olhos do público, ele é claramente o político mais célebre do momento. É solicitado sem parar, sua casa nunca está vazia e, todo dia, uma multidão de desconhecidos o espera à porta "para ter a grande felicidade de vê-lo passar". Apesar da abolição dos títulos nobiliárquicos, ele é para todos o conde de Mirabeau, "não somente para os seus e para seus visitantes, mas ainda para o povo, que ama condecorar seus ídolos", observa, não sem ironia, seu amigo Dumont.[54] Aliás, um jornalista que o chamara por seu sobrenome, Riqueti, é recriminado de modo mordaz por Mirabeau por ter "confundido toda a Europa".

Com Mirabeau, os mecanismos da celebridade, que haviam se desenvolvido no mundo literário e teatral, invadem a política. Um homem, fascinante por sua singularidade e seu talento, adquire uma força política calcada na curiosidade que provoca, no apego que se tem por ele, na capacidade de encarnar uma nova sensibilidade coletiva. Como designar essa nova forma de poder, fundada no renome e na afeição popular? A palavra que vai rapidamente se impor, e que permanecerá por um bom tempo no vocabulário político, é "popularidade". No século XVIII, a palavra designava o caráter popular de um indivíduo ou de um gosto. Em 1788, ainda, o dicionário de Féraud define a palavra como o fato de afetar uma linguagem popular, precisando: "Essa palavra tem um sentido ativo, ela designa o amor de um homem pelo povo, e não o do povo por esse homem." Mas Féraud destaca também o aparecimento, em francês, de um uso passivo, que denuncia como sendo um anglicismo.[55] Esse uso, que é atualmente o nosso, existia, então, em germe. Ele vai se impor durante a Revolução. Fala-se então da popularidade de Mirabeau ou de La Fayette. Madame de Staël, a filha de Necker, censurará Mirabeau por ter se obstinado em "despopularizar" seu pai.

Os contemporâneos têm consciência da nova importância que a popularidade dos líderes revolucionários assumiu no jogo político, mas a noção

A INVENÇÃO DA CELEBRIDADE

permanece um pouco misteriosa para eles. Em 1791, *L'Ami des patriotes* [O *amigo dos patriotas*], um jornal revolucionário redigido por um advogado patriota moderado, deputado nos estados gerais, dedica um grande artigo a esta difícil questão: "O que é a popularidade?"[56] Inicialmente, o artigo define a popularidade como "favor público", termo então mais corrente e que se inscrevia no vocabulário político clássico. O homem popular é o favorito do povo, assim como havia, outrora, os favoritos do rei. O gosto do povo é assim conotado negativamente, através dessa comparação. Em seguida, todo o artigo se esforça para opor a popularidade à opinião pública. A primeira se funda no excesso das paixões, e até na manipulação das opiniões. Depende de entusiasmos tão repentinos quanto efêmeros. A opinião pública, denominada também "estima pública", está calcada, em contrapartida, em um julgamento racional e durável. "A opinião pública é sempre mais ou menos refletida, a popularidade não o é jamais. O tempo consolida a opinião pública: ela torna-se quase sempre a opinião da história; o tempo destrói a popularidade, não existe ainda um exemplo de homem que a tenha conservado até a morte."

Nota-se que a oposição recoloca, na ordem política, a alternativa entre a celebridade e a glória no âmbito cultural. Trata-se de fenômenos de opinião, um fundado no entusiasmo coletivo do maior número, em que uma parcela de paixão e de arbitrário insinua-se necessariamente, o outro fundado na reflexão serena dos "homens sensatos". Esses últimos "julgam quase sempre seus contemporâneos como a posteridade os julgará, porque se mantêm sempre a uma grande distância do movimento e da intriga, porque não se deixam ofuscar pelo brilho e porque julgam por si mesmos". Encontramos, termo a termo, a crítica dos efeitos enganadores dessas celebridades violentas e passageiras, assim como o elogio do verdadeiro mérito que justifica a estima pública e a glória póstuma. Mas o embaraço não é menor. Por um lado, como distinguir esses dois públicos: aquele que precipitadamente concede seu favor aos homens célebres e o que julga seus méritos com serenidade? Como conciliar o princípio da soberania do povo, *a fortiori* o princípio eletivo, e a suspeita de que o favor popular é arbitrário e enganoso, tão caprichoso quanto o favor dos príncipes? A solução proposta pelo artigo situa-se na perspectiva clássica do otimismo das Luzes: o desenvolvimento de um verdadeiro espaço público deve permitir que o povo faça um julgamento mais justo. A liberdade de imprensa, "esclarecendo o povo", vai transformá-lo em um verdadeiro público: "Não devemos mais nos enganar quanto a isso: a popularidade vai mudar de curso: a influência dos aplausos penhorados, a influência dos mercados de rua vai diminuir sem cessar." Belo otimismo, mas evidentemente ilusório, pois o desenvolvimento da imprensa está a serviço tanto dos mecanismos da celebridade quanto dos julgamentos mais distanciados: os leitores de jornais raramente estão imunes aos entusiasmos coletivos. Por outro lado, um segundo mistério, mencionado pelo artigo, permanece sem solução. Se a popularidade não é "nada, absolutamente nada", nem verdadeiro amor da nação, nem estima das pessoas de bem, se é possível obtê-la por quaisquer meios, até mesmo os menos honrosos, por que é tão desejada? Como explicar que ela seja o mais poderoso motor dos governos democráticos? O autor confunde a ordem moral e a ordem política, os méritos do homem de Estado e o poder do homem popular. Concedamos a ele nossa indulgência, pois essa tensão entre o ideal da soberania democrática e a realidade do favor popular não parou, nos últimos dois séculos, de provocar o embaraço dos pensadores políticos. Ela corresponde à ambivalência da noção de "povo" no pensamento político clássico, entre a *plebs* e o *populus*, o povo baixo e o povo como um todo – tensão que o próprio Mirabeau evidenciara quando se tratou de dar um nome à assembleia dos estados gerais –, porém deve-se ainda mais a uma tensão insolúvel entre "a multidão e a nação", que persegue todo o pensamento político do século XIX: "De um lado, a vil populaça entregue às paixões, a multidão inculta, o número ameaçador; de outro, o súdito sensato da soberania, a forma tranquila da vontade geral."[57] Essa oposição não é estritamente social, ela não opõe o povo às elites, mas antes uma realidade sociológica, a de indivíduos desejantes, cheios de preconceitos e de paixões, e um ideal político, aquele do súdito racional da soberania democrática. Essa dificuldade de pensar o povo, e portanto o popular e a popularidade, nos quadros de uma teoria democrática, está, ainda hoje, no centro das reflexões do que denominamos o populismo.

A "popularidade", no entanto, não é construída como uma categoria da teoria política. Ela tornou-se um instrumento da prática midiática e das pesquisas de opinião, nas quais serve para medir a evolução conjuntural da adesão coletiva a uma personalidade (a "curva de popularidade"), mas parece, talvez por essa razão, tida como suspeita. A filosofia e a sociologia políticas preferem a noção de opinião pública, apesar de suas dificuldades bem conhecidas, sem dúvida porque foi construída, desde a origem, como um valor democrático legítimo, e porque não diz respeito somente ao julgamento sobre os atores políticos, e sim ao conjunto das opiniões e julgamentos de uma população. Quando se trata da capacidade de um indivíduo político de suscitar um entusiasmo afetivo por sua pessoa, é então a noção de "carisma" que é invocada. Importada para o vocabulário das ciências sociais por Max Weber, com o intuito de descrever um tipo de autoridade que não se baseia nem na tradição nem nas regras legais e administrativas, o carisma manteve, de sua origem teológica, uma dimensão algo sobrenatural, como uma potência espiritual e mágica, sem explicação, por meio da qual um indivíduo se faz obedecer. Aplicada prioritariamente ao poder dos ditadores ou dos profetas revolucionários, o carisma não é desconhecido em democracia, pois a encarnação do poder implica a existência de líderes, cuja autoridade própria transborda a simples unção do sufrágio ou o prestígio da função.[58] Mas não é anódino que o carisma tenha suplantado a popularidade na reflexão política: o carisma diz respeito ao poder, à autoridade, ele renova a reflexão sobre os grandes homens, aqueles que fazem a história fazendo-se obedecer pelas multidões, impõe-se, de saída, como um objeto sério, eminentemente político. Já a popularidade é mais ambígua, não define uma autoridade, e sim uma notoriedade; não descreve um fascínio subjugado, mas antes um apego fraco, talvez fugaz. Ela é um valor contestado e, sobretudo, uma potência frágil, a meio caminho entre a esfera política e o mundo da cultura, até mesmo do entretenimento. Pode sustentar uma pretensão ao poder, mas não garante de modo algum a obediência. Quantos homens populares foram incapazes de transformar essa celebridade em ação política durável?

PODERES DA CELEBRIDADE

A exemplo da celebridade, o próprio da popularidade, com efeito, é ser efêmera. Tão popular no verão de 1789, Necker deixou a França, apenas um ano mais tarde, na indiferença absoluta, sem ter podido influir de maneira decisiva no curso da Revolução. La Fayette passou pela mesma experiência. Extremamente popular no início da Revolução, desperdiçou esse capital político com escolhas infelizes, incapaz de optar entre o Rei e a Assembleia, até encontrar-se quase unanimemente detestado no verão de 1792, obrigado a fugir para a Áustria, onde lhe aguardavam vários anos de prisão. Ele teria de esperar quarenta anos para reencontrar o favor público, quando de sua viagem aos Estados Unidos, em 1824-1825, e durante a Revolução de 1830.[59]

Já Mirabeau, por sua vez, não teve tempo de conhecer, em vida, as contingências da popularidade política, já que morreu em abril de 1791, no ápice de sua popularidade. Sua morte foi um acontecimento considerável, que oferece um vislumbre precioso das ambiguidades da celebridade política e evoca indefectivelmente exemplos mais recentes. Desde o anúncio de sua doença, no fim de março de 1791, um misto de curiosidade e de preocupação invade a população parisiense. "Uma multidão imensa se reunia todo dia e a toda hora diante de sua porta", conta Madame de Staël, que, entretanto, não pode ser acusada de muita simpatia por ele.[60] Inúmeras vezes por dia, Cabanis e dois outros médicos redigiam e assinavam boletins de saúde do doente, que eram impressos e distribuídos, e depois publicados nos jornais. "Desde o primeiro dia, a doença de Mirabeau tornara-se de interesse público. Na terça-feira à noite, veio gente de todos os lugares para obter notícias dele... Na quarta--feira, vários jornais falavam da perda de que fôramos ameaçados... Sua porta não parou de ser assediada o dia todo por uma sucessão de homens de todos os estados, de todos os partidos, de todas as opiniões. A rua estava plena, já, do povo; e, em todos os lugares públicos, os grupos falavam unicamente dessa doença para a qual se olhava, com razão, como um grande acontecimento. Os boletins renovavam-se várias vezes ao longo do dia, mas não eram suficientes frente à preocupação universal."[61]

O próprio Mirabeau, vítima de crises atrozes de peritonite aguda, não é indiferente à sua popularidade. Pede que lhe abram a janela para

A INVENÇÃO DA CELEBRIDADE

que possa ouvir o "rumor público" que vem da rua. Durante os momentos de descanso, entre duas convulsões, recebe amavelmente suas visitas e solta alguns gracejos, destinados a serem repetidos. "Via-se como objeto da atenção geral, relata Dumont, e não parou de falar e de se conduzir como um grande e nobre ator no teatro nacional."[62] Sempre essa dimensão teatral, espetacular, da qual Talleyrand, então próximo de Mirabeau e fino observador, estava muito consciente: "Ele dramatizou sua morte", dizia ele, em uma formulação que acerta no alvo. Mesmo acontecimentos tão íntimos quanto uma doença e a morte são doravante, para um homem tão célebre quanto Mirabeau, objeto de espetáculo. Tudo o que lhe concerne tornou-se público, tudo é teatralizado. Evidentemente, os últimos momentos de um moribundo são muitas vezes, mais ou menos, matéria para encenação. Mirabeau não é o primeiro a assumir uma pose no momento em que vai morrer. A novidade está em que seu público não é constituído somente por alguns familiares, que vêm registrar piedosamente suas últimas palavras, mas por uma nação inteira, que descobre, nos jornais, a narrativa cotidiana de uma agonia que nada tem de exemplar (não há aí nem formulações históricas nem conversação particular), mas que assume a forma de um verdadeiro folhetim midiático. *Le Patriote français* [*O patriota francês*] dedica longos artigos, todo dia, à morte de Mirabeau e depois a seus funerais, consciente de que "o público tem um forte interesse por tudo o que lhe diz respeito".[63]

Quando do anúncio da morte de Mirabeau, em 2 de abril, a emoção atingiu seu ápice. O departamento de Paris decretou oito dias de luto e mandou suspender os espetáculos teatrais. A Assembleia Constituinte decidiu transformar a igreja Sainte-Geneviève em um "Panteão francês", destinado a acolher os homens ilustres. Cerimônias espontâneas foram também organizadas nos bairros populares da capital. No subúrbio de Saint-Marcel, a assembleia do batalhão Saint-Victor decidiu, em 3 de abril, guardar luto por oito dias. Depois, os operários da seção dos Gobelins organizaram uma vigília fúnebre. Por fim, os operários de Sainte-Geneviève organizaram, por sua vez, uma cerimônia no subsolo da igreja, a fim de mostrar, de acordo com as próprias palavras, que "aqueles da classe mais indigente" desejavam prestar homenagem a "seu benfeitor".[64] As províncias não ficaram atrás.[65] Em Paris, Boze imediatamente apresentou uma subscrição para uma nova gravura de seu retrato de Mirabeau de pé, a fim de "multiplicar em todo o universo a imagem do Grande Homem que acaba de ser retirado à França".

O espetáculo dos funerais marcou a imaginação dos contemporâneos, sobretudo porque nenhuma ordem de procissão fora decidida antecipadamente. A multidão hesitou, portanto, e diferentes cortejos formaram-se livremente, antes de se reunir bastante espontaneamente. O *Journal de Paris* descreve a emoção coletiva: "Nos boulevards, por toda a extensão do caminho, até à igreja Saint-Eustache, a enorme população de Paris parecia toda se precipitar, no chão, nas janelas das casas, nos telhados, nas árvores: nunca antes a morte atraíra tantos espectadores a um tão magnífico e tão lúgubre espetáculo."[66] Ainda aqui, é significativo que o vocabulário de espetáculo venha tão espontaneamente à pena do jornalista. A vida de Mirabeau foi uma representação permanente, sempre sob o signo do excesso e da exuberância. Sua morte não rompe com esse aspecto teatral. Mas a procissão fúnebre tem também um significado político, o das grandes jornadas revolucionárias: o público, por meio do desaparecimento de seu primeiro grande homem, põe-se à prova na condição de público político, na partilha de uma mesma temporalidade e de uma mesma sensibilidade, à vista desse espetáculo trágico e macabro.[67] De uma só vez, a morte de Mirabeau lembra o tempo curto e frágil de uma vida humana, aviva as preocupações quanto ao futuro da Revolução, cuja obra pode parecer ameaçada, e reforça o sentimento de viver, conjuntamente, um momento único da história.

É possível, com efeito, interrogar-se quanto aos sentimentos reais experimentados pelos parisienses, quando do anúncio da morte de Mirabeau e à vista da cerimônia ocorrida. Deve-se dizer, com Michelet, que a "dor foi imensa, universal"[68] e que ocorreram as "pompas fúnebres mais vastas, mais populares que existiram no mundo antes das de Napoleão"? Quais são as fontes de que dispomos? Testemunhos, de jornalistas ou de contemporâneos, que descrevem as manifestações. Ora, sabemos, graças aos exemplos contemporâneos de mortes políticas

A INVENÇÃO DA CELEBRIDADE

altamente midiatizadas, que os comentários que descrevem, no calor da atualidade, a emoção provocada por um acontecimento nem sempre devem ser tomados ao pé da letra, devendo também ser compreendidos como o que são: discursos que buscam, eles próprios, produzir o acontecimento, afiançar sua importância "histórica", e até mesmo fabricar o acontecimento que contam.[69] Tal capacidade das mídias para criar o acontecimento ao descrever, antes mesmo que seja comprovado, o eco popular por ele provocado é hoje percebida como um traço característico da sociedade do espetáculo. Tão impressionante quanto isso é descobrir seus pródromos com a morte de Mirabeau.

Não se deve, aliás, exagerar a leitura crítica desses testemunhos. Tudo indica, antes, a superposição de duas relações com o acontecimento. Uma delas, em grande parte espontânea, é a de uma população ao mesmo tempo curiosa e emocionada, consciente de viver uma nova jornada memorável de uma história imediata fértil em acontecimentos; e a outra é a dos inúmeros jornalistas e publicistas, que utilizam a morte do político mais popular do momento para promover os próprios interesses, vender livros e jornais, afirmar seu papel de intérpretes privilegiados da Revolução. Uns e outros encontram-se na afirmação comum de um sentimento de atualidade, por meio do qual um público toma consciência de assistir a um acontecimento extraordinário que lhe concerne diretamente, e do qual ele é, ao mesmo tempo, ator e espectador. De resto, olhando-se de perto, o que domina, em vários relatos, não é tanto o vocabulário da emoção ou da comunhão, mas antes o da curiosidade e do espetáculo. Se os franceses da primavera de 1791 estavam divididos quanto ao julgamento a se fazer em relação à ação política de Mirabeau, todos, ao menos, concordavam em pensar que seu destino era de extremo interesse. Os parisienses que acompanhavam o cortejo não eram, aliás, os únicos a se preocupar com a morte do homem célebre, como demonstra este artigo de *La Feuille villageoise* [*A folha da aldeia*], um jornal barato que circulava no campo e com frequência era lido coletivamente: "Os habitantes do campo ouviram falar tantas vezes de M. Mirabeau que devem estar curiosos para conhecer os detalhes que dizem respeito aos seus últimos dias; iremos satisfazer uma curiosidade tão justa."[70] A imprensa, ao afirmar essa curiosidade e alimentá-la, desempenhava o papel que era seu desde a explosão do número de jornais, durante o verão de 1789: produzir um comentário ininterrupto dos acontecimentos, oferecer aos leitores o sentimento de partilhar uma mesma relação com o tempo presente, este da atualidade política revolucionária, mesmo para aqueles que não podiam participar de forma direta das jornadas parisienses.[71]

Os trabalhos sobre a morte política apoiam-se, há cerca de meio século, na teoria dos dois corpos do rei, proposta por Ernst Kantorowicz, depois retomada e desenvolvida por Ralph Giesey, segundo a qual os juristas medievais desenvolveram a ficção de um corpo imortal do soberano, distinto de seu corpo físico.[72] Mas Mirabeau não é um soberano, ninguém sonharia em dotá-lo de um corpo eterno. Sua morte não foi, aliás, objeto de um ritual político, no qual se poderia ler uma ideologia constitucional, como no ritual dos funerais reais. Ela abre, antes, um momento de incerteza e de improvisação, em que a Assembleia parece balançar entre as expectativas populares e o próprio interesse. Ela não é tampouco marcada por manifestações exacerbadas de paixão coletiva. Diferentemente da morte de Marat, dois anos depois, a de Mirabeau não provoca nem pavor nem desejo de vingança, mas antes um misto de emoção e de curiosidade diante do espetáculo improvisado que a multidão oferece a si mesma.[73] Michelet – que, no entanto, dramatizou excessivamente a narrativa desses funerais – estava consciente disso. Ao lado das formulações impressionantes sobre os "pressentimentos sinistros" que estimulavam as imaginações sob a luz trêmula das lanternas, ele escreve também: "As ruas, os boulevards, as janelas, os telhados, as árvores estavam carregados de espectadores." Os funerais de Mirabeau são o último ato do espetáculo público que fora sua vida, e do qual o povo é ao mesmo tempo o público e, doravante, o ator principal.

O cortejo fúnebre é sucedido por outras representações, confirmando a porosidade entre política e teatro. Olympe de Gouges promove a encenação de *Mirabeau aux Champs-Élysées* [*Mirabeau em Champs-Élysées*] já a partir de 11 de abril, no teatro dos Italianos; depois, o mesmo teatro representa *L'Ombre de Mirabeau* [*A sombra de Mirabeau*], ao passo que no teatro da rua Feydau os espectadores vão aplaudir *Mirabeau à son lit de mort* [*Mirabeau em seu leito de morte*].[74] A morte do tribuno suscita uma onda de publicações que confirmam que, apesar de sua popularidade, ele não era uma unanimidade. Seus adversários não depõem as armas. Marat acusa-o de ter traído a Revolução e publica, em *L'Ami du peuple*, um artigo violentamente hostil, que convida o povo a se regozijar com a morte de "seu mais temível inimigo".[75] Um panfleto intitulado *Orgie et testament de Mirabeau* [*Orgia e testamento de Mirabeau*] faz circular o rumor de que os abusos libertinos do orador encontram-se na origem de sua morte, em decorrência de uma doença venérea. Um impressor, farejando um bom negócio, reúne um conjunto de textos relativos à morte de Mirabeau – artigos, discursos, panfletos, poemas em sua honra. A originalidade dessa brochura, vendida por 30 soldos, estava em tornar visível o caráter contestado da reputação de Mirabeau, ao publicar também artigos de seus inimigos.[76]

Entre as inúmeras publicações que se seguiram imediatamente à morte de Mirabeau, particularmente duas merecem reter nossa atenção, pois mostram que a popularidade política deste último reunia inúmeros elementos oriundos da cultura da celebridade. A primeira é diretamente ligada à morte de Mirabeau, já que se trata do relato de sua doença, publicado por seu próprio médico, Cabanis. Com apenas 34 anos na época, tendo pela frente um futuro brilhante nos meios médicos e filosóficos do Consulado e do Império, Cabanis encontrara Mirabeau por intermédio de seus amigos do salão de Madame Helvétius. Tornou-se seu amigo e durante sua doença cuidou dele com devoção. Algumas semanas após seu falecimento, publica um *Journal de la maladie et de la mort de Mirabeau* [*Diário da doença e da morte de Mirabeau*], relato preciso e detalhado das semanas fatais. Claramente, Cabanis procura, em primeiro lugar, justificar-se, uma vez que algumas pessoas o acusam de não ter sabido cuidar do grande homem e que outros suspeitam até mesmo de um envenenamento, a ponto de tornar necessária uma imponente cerimônia de autópsia pública.[77] Mas essa dimensão apologética nunca é explícita. O que parece motivá-lo é a vontade de responder à curiosidade do público, de oferecer, de certo modo, uma visão coerente e aprofundada dos boletins que o próprio Cabanis redigia em caráter

PODERES DA CELEBRIDADE

urgente. O resultado é um relato com impressionante precisão, que não poupa aos leitores nenhum detalhe sobre as cólicas de que sofria Mirabeau, mas que oferece também a descrição, dia após dia, quase de hora em hora, dos cuidados que lhe foram prestados. O tom é essencialmente médico, às vezes técnico, mas deixa aflorar a efusão afetiva, como explica Cabanis, que confessa sua "admiração apaixonada" por Mirabeau e a emoção de que é tomado no momento de iniciar o "relato demasiado cruel", "a alma ainda comovida pelas cenas sublimes que acompanharam essa grande catástrofe". Assim, os últimos instantes do homem político, a própria intimidade de sua agonia, são oferecidos ao público através do olhar de uma testemunha privilegiada, médico e ao mesmo tempo amigo, e por isso biógrafo. Reencontra-se aqui o dispositivo do testemunho, cuja grande importância vimos nas novas formas da escrita biográfica dos homens célebres. O que poderia parecer, em outro contexto, uma indecente indiscrição, apresenta-se como uma homenagem prestada pela amizade e justifica-se pelo caráter público de Mirabeau, cuja vida desenrolou-se "no teatro da opinião",[78] cuja própria agonia foi quase inteiramente pública e cuja morte não saberia, por isso, ser um acontecimento privado.

Alguns meses mais tarde, outro livro desencadeou um verdadeiro escândalo. Pierre Manuel, procurador da comuna de Paris, que já se tornara célebre editando arquivos da polícia encontrados na Bastilha, publicou as cartas que Mirabeau, quando de sua prisão no torreão de Vincennes, escrevera a Sophie de Monnier.[79] Essas cartas apaixonadas ofereciam um vislumbre da vida sentimental do tribuno, anterior à sua ação política. Manuel contava, portanto, com a curiosidade do público pela vida privada de Mirabeau e redigira um "Discurso preliminar" particularmente enfático. Pretendendo defender a "reputação de Mirabeau", ele logo entrava em considerações sobre a vida amorosa e sexual do tribuno, que gostava de chamar não por seu sobrenome, mas por seu nome, para enfatizar ainda mais a intimidade que o leitor tinha o direito de esperar de tal leitura. "Quem me revelou esses segredos? Leitor, eu o lastimo se não o adivinhardes, como eu, nas cartas de *Gabriel*." Todo o atrativo da publicação consistia em revelar os segredos mais íntimos daquele que o autor designava também como o "Messias da Revolução". Para dar ao leitor uma ilusão ainda maior de acessar segredos bem escondidos, Manuel publicava o código que os dois amantes haviam utilizado para codificar suas cartas.[80]

A família de Mirabeau tentou em vão opor-se à publicação, fazendo com que os manuscritos e as provas fossem apreendidos, durante a noite, na casa do impressor e na livraria. Este respondeu na justiça, mas também na imprensa, justificando-se por possuir e tornar públicas as "cartas de Gabriel", que procuravam "honrar aquele que devia inaugurar o Panteão francês". Depois, em um discurso no clube do bispado, Manuel reivindicou um ideal de transparência pública ("seria necessário que a casa pública fosse de vidro"), não hesitando em utilizar o princípio revolucionário de *publicidade* a serviço de um empreendimento comercial que buscava explorar a curiosidade do público pela vida íntima de um homem célebre: "Povo, a publicidade e a desconfiança! Eis a salvaguarda de sua liberdade."[81] Em janeiro de 1792, sem aguardar a decisão da justiça, fez o lançamento da coletânea de cartas, que foi um grande sucesso de vendas, mas atraiu as críticas de uma parte da imprensa. Os *Affiches*, por exemplo, censuraram-no por querer aproveitar-se do nome famoso de Mirabeau para alcançar ele próprio uma "celebridade muitas vezes imaginária e sempre frágil".[82]

Entre os funerais espetaculares do grande orador e as revelações mais ou menos escabrosas sobre sua vida amorosa, a distância parece imensa. As divisões historiográficas tradicionais reforçam essa impressão. De um lado, a história política, a das grandes jornadas revolucionárias; do outro, a história cultural e seu interesse pelas obras menores, os panfletos sem valor literário nem político. Mas as forças que tecem a trama das sociedades, mesmo em momentos tão graves quanto as revoluções, nunca são tão unívocas. A popularidade de Mirabeau alimentava-se tanto do ascendente político que ele adquirira na Assembleia quanto da curiosidade fascinada gerada por sua personalidade contestada e sua vida romanesca. Mirabeau era uma vedete, tanto quanto um herói político.

É por isso, sem dúvida, que a entrada para o Panteão, decidida em caráter urgente, foi um fracasso. Ela era uma consequência da enorme

PODERES DA CELEBRIDADE

popularidade de Mirabeau, da emoção provocada por sua morte, da necessidade da Revolução de se autocelebrar, em um momento no qual as dificuldades acumulavam-se. Ela decorria, quase logicamente, do ideal do grande homem, essa forma renovada do herói, que se impusera na segunda metade do século XVIII. Aliás, Voltaire sucedeu a Mirabeau no Panteão. Mas, tomada na emoção do falecimento, a decisão de glorificar o deputado de Aix não deixou ao tempo a possibilidade de um julgamento mais imparcial e desapaixonado. Os contemporâneos arrogaram-se o papel da posteridade, sem imaginar até que ponto o tempo político, em revolução, é rápido. Um ano e meio após a morte de Mirabeau, a descoberta de sua correspondência secreta com o rei foi devastadora. O herói era um traidor! O busto de Mirabeau foi enforcado por *sans-culottes*, na Praça de Grève, enquanto na Convenção foi o próprio Manuel quem pediu, em 24 de dezembro, que se fizesse um ato de acusação contra sua memória. Quase um ano depois, a Convenção decidiu, segundo o princípio de que "não há grande homem sem virtude", mandar retirar o corpo de Mirabeau do Panteão, onde ele devia ser substituído por Marat, morto algumas semanas antes.[83] O tempo curto da celebridade política e da popularidade política não é o tempo longo da glória própria aos grandes homens.

Já em vida a ascendência de Mirabeau irritava os outros deputados, que fizeram de tudo para impedi-lo de ocupar uma posição demasiado preeminente e, em particular, de se tornar ministro. As revelações que se seguiram à sua morte incitaram ainda mais os revolucionários a desconfiar de uma forma excessiva de popularidade pessoal. A desconfiança em relação a uma ambição muito ostensiva, associada ao fantasma do cesarismo e mesmo aos perigos da "idolatria individual", foi um traço dominante da cultura política revolucionária, reavivado no momento do Termidor pela denúncia da "ditadura" robespierriana.[84] O culto dos heróis revolucionários voltou-se preferencialmente para heróis coletivos, como os vencedores da Bastilha ou os suíços de Châteauvieux, ou como os mártires da liberdade (Le Peletier, Marat, Chalier) – portanto, já mortos e, se possível, desconhecidos, como as crianças mártires do ano II, Bara e Viala, cuja heroicização póstuma foi ativamente orquestrada

A INVENÇÃO DA CELEBRIDADE

pelo Comitê de salvação pública. Os próprios chefes revolucionários desconfiavam da celebridade. Robespierre, que não tinha nenhum gosto pela *mise-en-scène* de si mesmo e menos ainda de sua inexistente vida privada, exercia uma ascendência ideológica sem jogar com todos os motores da celebridade; sem, talvez, gozar de uma verdadeira popularidade, embora isso permaneça difícil de medir. Era orgulhoso disso, fazia dessa característica um argumento político, denunciando incansavelmente a busca da "popularidade" como um perigoso instrumento a serviço da ambição pessoal. O verdadeiro revolucionário, do qual ele pensava ser a encarnação, renuncia a ser popular, pois se recusa a lisonjear o povo e a mentir para ele.

Talvez apenas Marat tenha se beneficiado, graças à sua ação de jornalista e à sua imagem de defensor encarniçado dos oprimidos, de uma real popularidade, mais ambivalente ainda do que a de Mirabeau. Sua onipresença no espaço público revolucionário, graças a *L'Ami du peuple*, seu senso agudo do exagero e também sua aparência física haviam feito dele um personagem público imediatamente identificável, que era fácil amar ou detestar. Sua morte foi a ocasião de um caso impressionante de transferência de celebridade. Se ele próprio foi, como se sabe, objeto de um culto heroico orquestrado por David, que se encerrou, no fim, com um semifracasso, Charlotte Corday, perfeita desconhecida, tornou-se célebre de um dia para o outro. Seu ato foi imediatamente descrito e comentado na imprensa; seu retrato, difundido. Ela passou rapidamente da seção política para a de variedades. Seu processo, em setembro de 1793, foi narrado em detalhes nos jornais, e a acusada fascinou o público com sua segurança, sua postura e sua beleza. Seus retratos multiplicaram-se e os mesmos gravadores que haviam representado Marat consagravam-se doravante à sua assassina. Perfeita desconhecida algumas semanas antes, Charlotte Corday alcançava uma verdadeira celebridade, curiosa síntese dos criminosos célebres do Antigo Regime e dos heróis revolucionários.[85]

O presidente é um grande homem

Os revolucionários franceses desconfiaram dos efeitos da celebridade política, manifestando uma grande reticência diante de qualquer personalização do poder. Do outro lado do Atlântico, pelo contrário, a jovem República americana encorajou um verdadeiro culto em torno da pessoa de George Washington. Fala-se de bom grado, hoje em dia, dos "pais fundadores", associando Washington, Jefferson e Franklin, e mesmo Adams e Hamilton, em uma mesma admiração coletiva, mas, como os historiadores mostraram inúmeras vezes, o prestígio do primeiro, no fim do século XVIII, era incomparavelmente maior do que os dos outros atores da guerra de Independência. É tentador ver nisso uma espécie de evidência: nada de mais natural do que o herói dessa guerra ter se tornado o homem mais célebre dos Estados Unidos. Na realidade, a maneira como Washington conseguiu encarnar o combate pela independência e, mais tarde, a sobrevivência dos Estados Unidos permanece bastante misteriosa. Nada o destinava a desempenhar esse papel: um homem mediocremente cultivado, dotado de uma inteligência honesta mas sem excessos, Washington tampouco era um grande estrategista militar. Seus feitos nas armas, durante a Guerra dos Sete Anos contra os franceses e seus aliados indígenas, nunca lhe permitiram obter a posição com a qual sonhava no exército regular britânico. Mesmo durante a guerra de Independência, as principais vitórias praticamente não lhe puderam ser creditadas, para além das operações bem-sucedidas, mas limitadas, de Princeton, no início do conflito. Entretanto, esse personagem respeitável, mas desprovido de carisma ou de gênio, foi objeto, em vida, de um impressionante processo de heroicização.[86] O percurso desse dono de *plantation* da Virgínia, antigo soldado das milícias coloniais, que se tornou, com mais de 40 anos, o ícone da América, e depois, enfim, uma figura mundialmente conhecida permite iluminar uma outra configuração da popularidade política. Washington não tem nada do tribuno teatral à Mirabeau ou de agitador político. Seu extraordinário renome deve-se à sua glória militar, à sua atitude política habilmente desinteressada e, sobretudo, à sua capacidade de encarnar a figura heroica e emblemática

A INVENÇÃO DA CELEBRIDADE

de que a nova nação precisava. No entanto, embora o prestígio político de Washington sempre tenha conservado uma dimensão bastante tradicional, mantendo, por exemplo, uma distinção muito clara entre vida pública e vida privada, ele não pôde escapar totalmente às novas forças da publicidade política. A fama de Washington era uma forma híbrida, que dependia, ao mesmo tempo, da glória e da celebridade, e que ele sempre procurou restringir nos limites da *fame*, um valor cardeal para seus contemporâneos. Esta dizia respeito ao vocabulário da honra, da reputação e da estima pública e, ao mesmo tempo, ao motivo da glória póstuma, dos elogios concedidos aos grandes homens.

Desde a nomeação de Washington como comandante em chefe do exército continental, em 1775, os dirigentes do movimento patriótico articularam uma intensa campanha de publicidade em torno de seu nome e de sua imagem, com a finalidade de dotar a causa dos insurgentes de uma figura emblemática e consensual. Cidades e condados receberam seu nome, seu retrato foi abundantemente difundido em todos os suportes, os jornais narravam com entusiasmo seus mínimos atos, como se se tratasse de façanhas inauditas. Festas eram organizadas em honra de *His Excellency* e todo ano desfiles públicos celebravam seu aniversário. Sinal dos tempos, a imagem foi colocada a serviço dessa campanha. John Hancock, o presidente do Congresso intercontinental, encomendou um quadro, pintado por Charles Willson Peale en 1776, e que foi em seguida incansavelmente reproduzido durante toda a guerra, a ponto de se tornar uma das imagens mais famosas da Revolução americana. Hancock e os outros líderes patriotas haviam tomado consciência, de saída, de que era necessária uma figura que substituísse o rei, para que o combate pela independência pudesse inscrever-se nos quadros tradicionais da lealdade política, marcada por uma forte encarnação do poder. De George III a George Washington, a passagem da monarquia à república revestia-se de uma forma disponível, a da figura paterna e protetora do *father of the country*, como se começava a chamar o comandante em chefe.

Após as batalhas de Trenton e de Princeton, em dezembro de 1776, durante as quais Washington evidenciou sua coragem física, a idealização praticamente não teve mais limites. Se os historiadores são majoritariamente céticos quanto aos méritos propriamente militares, os contemporâneos viam nele um verdadeiro herói, "um dos maiores generais que o mundo jamais conheceu", como escrevia orgulhosamente a *Virginia Gazette* em 1777, em um momento no qual seus atos em serviço permaneciam singularmente modestos.[87] Mais do que seus feitos nas armas, e até mesmo mais ainda do que a vitória final, foi a maneira como ele soube manter de pé um exército, no meio do duro inverno de 1778, o que assegurou duradouramente o prestígio de Washington junto à população das colônias. Enquanto a situação militar parecia desesperadora e o exército continental não era mais que um conjunto patético de sobreviventes malformados, malvestidos e dizimados por doenças – que conseguiram, bem ou mal, bater em retirada até a planície de Valley Forge, no sul da Pensilvânia –, Washington encarnou sem vacilar o espírito de resistência e de organização, a recusa encarniçada de renunciar. Ele foi alguém que nunca duvidou da vitória, nem mesmo no momento em que ela parecia totalmente improvável.[88] Alguns anos mais tarde, quando a vitória da Chesapeake selou a vitória americana, ninguém esquecera os primeiros anos desastrosos. Washington era esse general que desafiara, à frente de soldados não profissionais, mal calçados e mal equipados, a primeira potência mundial e que, ao fim, lhe infringira uma derrota tão retumbante quanto inesperada.

Mais ainda do que sua aura militar, foi seu retorno à vida civil, uma vez assinada a paz, que impressionou os contemporâneos. Para os homens do século XVIII, alimentados pela cultura clássica, mas também pela lembrança da revolução inglesa, o perigo que ameaçava as repúblicas era o poder pessoal do líder militar. Recusando o destino de um César ou de um Cromwell para dar nova vida ao mito de Cincinato, Washington alcançava aos olhos do mundo uma dupla vitória: sobre a natureza humana e sobre a história. Essa decisão era perfeitamente coerente com sua atitude durante a guerra, sempre fiel ao Congresso. Ainda assim, ela foi muito habilmente encenada, sobretudo quando da cerimônia de renúncia, em dezembro de 1783, amplamente divulgada. Essa renúncia ao poder deixou os contemporâneos estupefatos e permitiu a Washington adquirir uma nova dimensão, a do herói desinteressado. O vencedor da guerra tornava-se a encarnação da virtude patriótica, a alquimia perfeita entre a coragem e a moderação.[89]

Sua entrada para a política, quando aceitou, em 1787, participar da Convenção, e depois quando foi eleito primeiro presidente dos Estados Unidos, só fez reforçar essa imagem de um homem tão pronto a sacrificar sua vida privada aos deveres do bem comum, quanto a retornar à sua propriedade de Mount Vernon, uma vez cumprido seu papel militar. Se Washington pôde encarnar a tal ponto a figura do herói republicano, foi porque representava o ponto de equilíbrio perfeito entre os dois valores mais importantes da cultura americana do fim do século XVIII: de um lado, a extrema valorização da devoção ao bem público, alimentada por referências ao republicanismo antigo; de outro, a desconfiança em relação ao poder, ao qual a cultura puritana assim como o etos aristocrático opunham a vida tranquila do fazendeiro em suas terras. A ação política era percebida como um valor superior apenas com a condição de que nunca fosse associada a uma ambição, mas sempre a um sacrifício. "Herói reticente" que sabia encenar habilmente suas aspirações à tranquilidade, Washington identificava-se com essa concepção da virtude política.

Visto da Europa, e em especial da França, o general americano parecia corresponder perfeitamente ao ideal do grande homem forjado pelos escritores do Iluminismo. Desde a guerra, e muito embora sua celebridade tenha sido ofuscada na França pela de Franklin, Washington ganhou admiradores. Em 1778, uma medalha foi cunhada em Paris para homenageá-lo, a pedido, aparentemente, de Voltaire.[90] No entanto, como não havia na época nenhum retrato de Washington na Europa, uma figura fantasista foi gravada na medalha. Este era o estado da circulação transatlântica da celebridade: o nome e as façanhas haviam viajado com mais rapidez do que a imagem. Após a guerra, o renome de Washington desabrochou para além dos meios intelectuais. Em dezembro de 1781, dois meses após a batalha de Yorktown, o *sieur* Duval, um confeiteiro do Palais-Royal, vendia bombons "à Washington".[91] Mais tarde, a publicação das narrativas de testemunhas francesas da guerra de Independência contribuiu para popularizar a figura de Washington.[92]

PODERES DA CELEBRIDADE

Assim, o abade Robin, capelão do exército de Rochambeau, publicou, em 1782, sua *Campagne de l'armée de M. le Comte de Rochambeau* [*Campanha do exército de M. o conde de Rochambeau*], que comportava uma longa descrição entusiasmada de Washington, dotado de todas as qualidades – militares e pessoais. A admiração um pouco ingênua de Robin apoia-se na impressão que lhe deixara o contato direto com o general: "Vi Washington, esse homem, a alma, o sustentáculo de uma das maiores revoluções que já ocorreram. Fixei meu olhar nele com a atenção que é sempre inspirada pela vista dos grandes homens."[93] Mas Robin não oferece apenas um testemunho da grandeza de Washington e de seu encontro com ele, como também descreve o entusiasmo, o culto público e quase idólatra suscitado pelo herói do Novo Mundo: "A visão de Washington é em todos os torrões a de um Deus benfazejo; velhos, mulheres, crianças, todos se lançam com a mesma precipitação quando de sua passagem, felicitam-se por tê-lo visto: nas cidades seguem-no com lanternas; festeja-se sua chegada com iluminações públicas: o americano, esse povo frio, que, mesmo em meio aos tumultos, nunca obedeceu senão aos impulsos da razão metódica, empolgou-se, inflamou-se por ele, e os primeiros cantos que o sentimento lhe ditou foram para celebrar Washington."[94] Os testemunhos ditirâmbicos continuaram a se multiplicar. Desde então, a visita ao grande homem do Novo Mundo torna-se uma etapa fundamental para os europeus que empreendem uma viagem à América. Brissot curva-se a ela durante três dias em Mount Vernon, em 1788, e descreve com admiração a conversão do "célebre general" em "bom fazendeiro", modesto e desinteressado.[95] Durante a Revolução, ele utiliza com frequência esse mito político e patriótico para dar corpo ao tema do cidadão-soldado. Em 1797, Fontanes publica um discurso em que propõe Washington como modelo para os dirigentes da república francesa.

Se Washington beneficiava-se dessa aura, tanto nos Estados Unidos quanto na Europa, isso se explica porque conseguira dar de si mesmo a imagem de um herói modesto, que não aceitara, senão contrariado, sacrificar sua vida privada aos encargos políticos. Do mesmo modo, quando os editores de sua correspondência descobriram, no século XX,

A INVENÇÃO DA CELEBRIDADE

a importância quase maníaca que ele atribuía à sua imagem pública, a ponto de pesar, antes de qualquer decisão, as consequências que ela teria para sua reputação, ficaram no mínimo desconcertados. Tanto amor-próprio não correspondia ao mito do Cincinato moderno. Não foi preciso mais que isso, aos olhos de certos biógrafos empenhados em derrubar a estátua do grande homem de seu pedestal, para que Washington aparecesse a partir de então como um ambicioso sedento de reconhecimento e de glória. O primeiro presidente teria sido *mad for glory*, segundo a expressão de John Ferling, que vê nele um político astucioso, desempenhando a comédia do desinteresse para alcançar da melhor maneira possível os seus fins: o poder.[96]

Se essa leitura tem o mérito de atribuir um lado sombrio a uma figura demasiado unívoca, ela se baseia em uma concepção anacrônica da ambição. Projeta em Washington uma concepção instrumental da popularidade política – que não era a sua. Para ele, o que importava, antes de tudo, era sua reputação, o modo como era percebido e considerado por seus pares. Nisso, ele era um digno representante da elite colonial da Virgínia, desses ricos proprietários de *plantations* que adotaram o modo de vida e os valores da nobreza inglesa. Desde muito cedo, Washington incorporara as regras do decoro que distinguem o gentil-homem e respeitou-as com perfeita tenacidade, ao longo de toda a sua vida. O tom às vezes altivo e sempre distante, o misto de reserva e de cortesia que tanto impressionava seus contemporâneos, era, em primeiro lugar, o resultado de um autoconstrangimento que era ainda mais poderoso na medida em que Washington tivera de lutar para adquirir sua posição social.[97] Tendo compreendido muito cedo a necessidade de assegurar a estima social de seus pares no seio das elites da Virgínia colonial, Washington conhecera também as contingências da reputação militar, que lhe fora contestada durante a Guerra dos Sete Anos, quando fora acusado de mandar executar o oficial francês Jumonville. Depois disso, ele não parou de velar ciosamente por sua preservação.

Com a guerra de Independência, sob o efeito de sua enorme celebridade, a obsessão por sua reputação assumiu dimensões inéditas e um pouco assustadoras. Tendo se tornado uma figura pública, Washington

PODERES DA CELEBRIDADE

não devia mais apenas defender seu estatuto local contra os boatos, mas também controlar cuidadosamente a ideia que faziam dele todos os que conheciam apenas o seu nome. Não parece que tenha procurado, nem mesmo realmente apreciado, as manifestações de adulação que começou a suscitar. Por outro lado, estava profundamente preocupado em preservar sua figura pública e a marca que esperava deixar na história. É exatamente o que designa a palavra *fame*, uma estima pública tão ampla, tão consensual, que parece antecipar a glória póstuma prometida ao grande homem, mas que é também extremamente frágil, porque está à mercê de más decisões e de maus propósitos, de rumores ou de calúnias, de uma batalha perdida ou de uma afirmação infeliz. Daí, sem dúvida, um dos traços mais característicos do caráter público de Washington: a prudência, a contenção, a calma e o controle de si. Ali onde certas figuras históricas tiram partido de seu carisma, de seu furor para o discurso, de sua eloquência, do entusiasmo que os anima, Washington parecia de bom grado "taciturno", respondendo de maneira evasiva quando lhe era impossível conservar o silêncio.[98] Daí, enfim, suas hesitações antes de cada decisão importante: quais serão as consequências para sua reputação? – pergunta, com preocupação, a seus amigos. Mesmo tendo se tornado o herói do Novo Mundo, Washington permanecia moldado pelo *habitus* tradicional da elite, em que o valor social de um indivíduo é medido à escala da estima que os contemporâneos lhe têm.

Para dizê-lo de outro modo: Washington era um homem honrado. A seus olhos, nada era mais importante que ser honrosamente percebido, o que implicava conformar-se aos valores de seu grupo social. Nisso, ele era tudo, menos um revolucionário, e sua relação com a opinião pública era diametralmente oposta àquela de um Mirabeau ou de um Wilkes. O escândalo o horrorizava. Como qualquer homem educado em uma sociedade na qual a honra desempenha um papel eminente, ele sabia perfeitamente que a estima social não é um fenômeno espontâneo, que é dever do gentil-homem portar-se bem, mas que também é controlar, na medida do possível, a imagem que os outros têm dele. Para Washington, isso implicava defender sua reputação militar e promover seu papel histórico como comandante em chefe. Seis meses antes do

A INVENÇÃO DA CELEBRIDADE

fim da guerra, quando o desfecho dos combates permanecia incerto e a despeito das dificuldades financeiras do comando americano, ele fizera contratar, pelo congresso, uma equipe de secretários para copiar toda a sua correspondência militar. Resultaram disso 28 volumes, que foram enviados a Mount Vernon.[99] Alguns meses após seu retorno à vida civil, seu antigo ajudante de ordens, David Humphreys, sugeriu-lhe escrever suas memórias, o que ele recusou, alegando que não tinha talento e, sobretudo, que não queria expor-se à censura de imodéstia.[100] No ano seguinte, Humphreys voltou à carga, propondo-se ele mesmo a escrevê--las. Nesse meio-tempo, tivera uma longa estada em Paris, redigira um poema à glória de Washington e frequentara inúmeros admiradores que o pressionaram a escrever a biografia do grande homem. "Esteja seguro de que os advogados de sua *fame* são muito numerosos na Europa", escrevia ele a Washington para convencê-lo.[101] Este aceitou, sem dúvida exultante por promover sua reputação na Europa, onde seu nome já era então célebre, mas onde pesava ainda a lembrança do papel mal escla-recido, desempenhado durante a Guerra dos Sete Anos.

Por isso, preocupado em não deixar Humphreys com a rédea solta, Washington lhe propôs hospedá-lo em Mount Vernon e colocar à sua disposição seus arquivos, bem como suas lembranças.[102] O acordo era do interesse tanto de um, como do outro. Humphreys teria à sua dis-posição uma rica documentação e seria tratado como um "membro da família"; Washington poderia controlar o avanço do trabalho. De fato, anotou conscienciosamente o manuscrito à medida que este avançava. Entretanto, a biografia projetada jamais veio à luz.[103] Humphreys não era certamente o homem adequado, faltavam-lhe energia e talento. É provável, além disso, que, entre as expectativas do público europeu – que começava a se familiarizar com as novas formas de escrita biográfica e ao qual teria sido necessário oferecer anedotas sobre o caráter e a vida privada do general Washington – e o que este queria tornar público, isto é, o relato de seu comportamento militar durante a guerra de Inde-pendência e, sobretudo, durante a Guerra dos Sete Anos, porém sem se aventurar no domínio mais duvidoso da vida familiar ou afetiva, tenha se revelado uma distância muito grande. Aos olhos de Washington, sua

PODERES DA CELEBRIDADE

fame não tinha muito a ver com a celebridade tal como ela começava a se desenvolver na Europa, alimentada pela publicidade e até mesmo pelo escândalo. Nada lhe teria causado mais horror do que ser colocado no mesmo plano que um ator de sucesso ou um autor na moda. Ele não era tampouco motivado por uma ambição política no sentido moderno do termo: não se tratava de modo algum, nesse período de sua vida, de assegurar sua popularidade. Ela dizia respeito essencialmente à sua reputação militar e à sua honra de gentil-homem. Dirigia-se à opinião esclarecida das pessoas de mérito, assim como a uma posteridade por cujo julgamento desapaixonado ele esperava.

É possível também que o trabalho de Humphreys tenha sido interrompido pela ascensão de Washington à presidência. Este ia descobrir, sobretudo quando de seu segundo mandato, que sua celebridade não o colocava ao abrigo das novas formas da política partidária, tais como estavam sendo desenvolvidas na jovem república. Reeleito presidente de forma unânime, em 1793, Washington continuava extremamente popular, mas o contexto político modificara-se. A divisão entre os federalistas, favoráveis ao fortalecimento do poder federal e à industrialização, e os republicanos-democratas, abertamente francófilos e mais apegados ao ideal de uma América rural, radicalizara-se e transformava-se em confronto. O tratado de paz com a Inglaterra, negociado por John Jay, pôs lenha na fogueira. Os federalistas consideravam que se tratava de um compromisso útil, que permitia aos Estados Unidos não se deixar levar por guerras revolucionárias europeias. Para os democratas, o abandono da aliança com a França, em prol de uma submissão à antiga potência colonial, assemelhava-se a uma retratação. A campanha pela retificação viu a expansão de novas formas de mobilização política, marcando a estrondosa entrada da opinião pública, como força nova, no jogo político: mobilizações de massa, imprensa partidária, petições. Washington, que aceitara assinar o tratado, foi violentamente atacado pela imprensa democrata, em particular por *Aurora*, o jornal do filho de Benjamin Franklin, Franklin Bache.[104]

Em termos desse aumento de poder da opinião pública e das técnicas inéditas da política partidária, a posição de Washington revelava-se

A INVENÇÃO DA CELEBRIDADE

mais complexa do que o previsto. Os inúmeros ataques, às vezes muito violentos, haviam-no inegavelmente magoado e prejudicado sua imagem até então consensual. Foi um homem amargurado que deixou a presidência em 1797, chocado com o novo tom do debate político. No entanto, a despeito dos ataques ruidosos vindos da fatia mais militante dos opositores do tratado, Washington continuava popular. Fora mesmo sua intervenção pública em favor do tratado que invertera a situação. Embora os opositores parecessem majoritários, tanto na opinião pública quanto no Congresso, sua intervenção conferira ao tratado o lastro de toda a autoridade conquistada por Washington desde os anos da guerra de Independência. Essa era ao menos a convicção de Thomas Jefferson, ressentido com a aprovação *in extremis* do tratado no Congresso, em maio de 1796.[105]

Dessa imersão nas águas turvas da política partidária, a imagem pública de Washington não saiu intacta. Sua popularidade provou-se uma arma temível, não tanto no plano da eficácia oratória ou do radicalismo tribunício, como a de Mirabeau ou a de Marat, mas como potência de legitimação. Ela revelou também sua fragilidade. A partir do momento em que Washington encontrou-se associado às posições federalistas, ele deixava de estar ao abrigo das críticas e assumia o risco de ver atenuar-se a aura que envolvia seu nome. Sua decisão de abandonar o poder após dois mandatos não é sem dúvida estranha à sua tomada de consciência quanto a uma popularidade fragilizada. Ela restaurou sua reputação de desinteresse. Retirado em Mount Vernon pela segunda vez, Washington voltou a ser o Cincinato moderno. Dois anos mais tarde, sua morte foi recebida com um luto nacional, cerimônias públicas e sermões nas igrejas. Uma verdadeira "apoteose", marcada pela religiosidade.[106]

Essa unanimidade recuperada não deixava de irritar alguns dos principais atores do período, inclusive entre seus aliados políticos. John Adams, que foi seu vice-presidente e depois seu sucessor, o via com certa acidez. Desde muito cedo, Adams desconfiou dos excessos da admiração coletiva, e até mesmo da "veneração supersticiosa", que cercava Washington. Desde fevereiro de 1777, ele denunciava seus perigos políticos ao Congresso. Na sequência, foi tranquilizado pelo legalismo do general e sua

PODERES DA CELEBRIDADE

grande lealdade ao Congresso, mas não parou de observar seus sucessos políticos com um misto de ciúme e lucidez. Muito mais tarde, após sua própria presidência e a morte de seu predecessor, continuou a se irritar com o culto prestado ao grande homem, que dependia, aos seus olhos, de uma idolatria deslocada, a adoração do "Divus Washington".[107] A abundante correspondência que manteve, nesse período, com seu amigo Benjamin Rush revela o julgamento ambivalente dos dois homens sobre o antigo presidente, cujos méritos não paravam de discutir.

Quando passa a enumerar os talentos reais do primeiro presidente, Adams cita, antes de tudo, uma "bela figura" e acrescenta, com ironia, que a beleza é o primeiro talento, formulação que ele atribui a... Madame du Barry. Eis o mérito do Cincinato moderno rebaixado ao de uma vulgar amante real. A sequência ironiza no mesmo tom: os talentos que Adams reconhece no herói da Independência são a presteza, a riqueza, o dom do silêncio, ou ainda o fato de ser originário da Virgínia. Estamos bem longe da figura heroica do grande homem. Mas, então, se as virtudes de Washington eram tão banais e suas façanhas tão insignificantes, como explicar sua fama? Esta, a se acreditar em Adams, era em essência um fenômeno de opinião, orquestrado por aqueles mesmos que não oculta-vam, privadamente, seu desprezo.[108]

A frequência com a qual reaparece, na correspondência de Adams e Rush, a discussão sobre os méritos reais de Washington e sobre sua imagem pública demonstra sua necessidade de compreender um fe-nômeno coletivo que não para de impressioná-los. Esses homens que participaram diretamente, ao seu lado, da guerra de Independência e do governo da jovem república, que o frequentaram de perto, portanto, ficam estupefatos com os efeitos da notoriedade, que criam em torno de sua figura como um halo de irrealidade, por trás do qual suas verdadeiras qualidades são irreconhecíveis. Hesitam entre a exasperação frente ao que lhes parece ser uma mistificação e a aceitação desiludida de que essa preeminência simbólica, por mais excessiva que fosse, era sem dúvida necessária para reforçar a estabilidade e a unidade de uma jovem nação, pouco segura de sua viabilidade e de seu futuro. Apesar do sentimento de injustiça que sua extrema celebridade, seu monopólio do prestígio

A INVENÇÃO DA CELEBRIDADE

lhes inspiravam, valia mais a pena não assumir o risco de enfraquecer um símbolo que era a melhor garantia da obra comum que realizavam.

Às vezes, Adams deixa-se levar por momentos de irritação e de humor, como quando antecipa, com razão, que a história será ofuscada pela celebridade de Washington, assim como pela de Franklin, e não julgará de modo equitativo o papel de uns e de outros;[109] mais frequentemente, contudo, parece tomar partido dele, com resignação e não sem uma ponta de admiração. Para compreender essas questões, no entanto, ele não desenvolve a tópica da celebridade, tal como esta começava a ser elaborada na Europa, mas a da *fame*. O termo aparece de modo incessante. Em uma passagem reveladora, relata as declarações de William Cobbet: "Jamais houve maior diferença entre dois homens do que entre Washington e Adams a respeito de um ponto, *the desire of fame*. Washington tinha dela uma sede enorme, insaciável; Adams desinteressava-se dela também excessivamente."[110] Não nos enganemos: esse comentário não era, de forma alguma, uma crítica a Washington. Para Adams, não há qualquer dúvida de que a declaração não lhe seja vantajosa, e ele próprio reconhece que esse desinteresse é um de seus maiores defeitos. Uma parcela de coqueteria e de orgulho entra, seguramente, nesse comentário, mas ele nos permite apreciar a que ponto o desejo de *fame* era então considerado um motivo legítimo de ação, uma vontade de se ilustrar por meio de feitos gloriosos e virtuosos, e de obter o respeito e a admiração de seus compatriotas.[111]

Fortemente articulada a uma moral neociceroniana e a uma cultura da honra, a tópica da *fame* que estruturava o imaginário social e político da geração de Adams e Washington supunha, portanto, uma continuidade quase perfeita entre a reputação social, a imagem pública e a glória póstuma. Para esses homens criados nas províncias do grande Império britânico, a cultura republicana enxertara-se no código de honra do gentil-homem inglês, sem deixar espaço para a compreensão das potencialidades novas da celebridade. Isso implicava, para Washington, manter uma forte distinção entre sua ação política, cuja percepção esforçava-se para controlar, e sua vida privada, que devia estar resguardada de qualquer manifestação de curiosidade. Quando Nathaniel Hawthorne escreveu, alguns anos mais tarde: "Alguém jamais viu Washington nu? É inconcebível. Ele não tinha nudez. Imagino que tenha nascido já com roupas, com os cabelos empoados e feito uma digna reverência quando de seu aparecimento no mundo",[112] ele demonstra não apenas a transformação do herói da Independência em monumento histórico, intimidador e distante, mas apreende uma dimensão fundamental da figura pública de Washington, de que seus contemporâneos já estavam fortemente conscientes. Sua notoriedade foi enorme em todo o mundo atlântico, mas segundo o modo clássico do herói, unanimemente adorado por suas virtudes militares e políticas, e não do homem célebre que suscita a curiosidade e a empatia.

Washington velou cuidadosamente para moldar um personagem público sempre distante e senhor de si. É o caso de seus retratos, que permanecem hieráticos e protocolares. Quando posou para o pintor Gilbert Stuart, este, esperando captar um aspecto menos formal do ilustre modelo, pediu-lhe que esquecesse por um instante que era George Washington e que posava para um retrato, não obteve senão uma reação irada. O resultado final, se não carece de dignidade, não convida muito à familiaridade com o primeiro presidente americano. Esse retrato austero e severo está muito longe da imagem benévola de quaker sorridente, da qual Franklin soube aproveitar-se com tanta desenvoltura quando de sua estada parisiense. O que equivale a dizer que é difícil imaginar um Jean Huber americano pintando Washington vestindo seus culotes ao se levantar ou tomando seu café da manhã com toda simplicidade. Entretanto, existia efetivamente uma demanda do público americano, como atesta a abundante correspondência recebida por Washington e vinda de todos os cantos dos Estados Unidos, assim como os inúmeros visitantes desconhecidos que se apresentavam em Mount Vernon, a ponto de ele se queixar às vezes de não ter conseguido jantar a sós com a esposa por várias semanas. Mas, longe de representar, como Rousseau, a comédia do solitário que se subtrai às visitas por medo de que sua amizade decepcione, Washington oferecia imperturbavelmente sua hospitalidade a todos os visitantes, segundo os códigos de civilidade da elite virginiana e através de um ritual ensaiado à perfeição, que lhes dava a impressão de

A INVENÇÃO DA CELEBRIDADE

ter visto o herói da guerra de Independência em seu quadro doméstico, sem ter obtido a menor indicação sobre sua intimidade.

Em contrapartida, Washington recusava com a maior firmeza todos os pedidos de entrevista que abordassem sua vida privada.[113] Esta, a seu ver, não interessava senão a ele e à sua família. Essa vontade de separar estritamente o homem público – o general em chefe e depois o presidente – do homem privado não conheceu quase nenhuma falha. No entanto, alguns de seus admiradores não economizaram esforços para humanizar seu personagem. Assim que ele morreu, vários biógrafos colocaram em circulação anedotas pessoais. O mais importante deles foi Mason Weems, um pastor anglicano que redigiu a primeira biografia do primeiro presidente. Originário de Maryland, Weems tornara-se um autor bastante prolífico nos anos 1790, mas levava também uma carreira de vendedor ambulante, em prol de Mathew Carey, um livreiro irlandês estabelecido em Filadélfia. Desde 1797, Weems propusera-lhe publicar uma coleção barata de vidas de grandes generais da revolução americana, pensada para "impressionar a curiosidade pública" e gerar lucros gordos. Quando da morte do antigo presidente, Weems propôs a Carey uma *Vie de Washington* [*Vida de Washington*], na qual já trabalhava havia seis meses: esperava poder vender o livro por 25 ou 37 centavos, sendo o primeiro a ocupar esse terreno.[114] Finalmente, uma vez que Carey acabou não se convencendo, o livro foi lançado por outro impressor e reeditado quatro vezes ao longo do mesmo ano de 1800. Ele foi objeto de uma nova edição em 1806, desta vez por Carey, que enfim compreendera o potencial comercial do livro e, por fim, de uma edição muito aumentada em 1808. O livro cresceu – conta a partir de então duzentas páginas, contra somente oitenta na edição original – e terá 29 edições entre 1800 e 1825 (ano da morte de Weems) e uma centena até o fim do século.[115] Trata-se de um dos maiores best-sellers da história política americana.

Weems nunca procurou fazer as vezes de historiador. Ele desejava realizar uma jogada editorial, aproveitando-se da curiosidade do público. Se a maior parte do livro consiste em uma narrativa épica, heroica e conveniente da guerra de Independência e da presidência de Washington,

316

seu atrativo reside nos capítulos consagrados à infância e ao caráter do grande homem. Neles se encontram várias anedotas, algumas das quais se tornarão clássicos da cultura popular americana, como aquela da cerejeira que o jovem George reconhece ter derrubado, arriscando-se a desencadear a cólera paterna e demonstrando assim a franqueza inerente ao seu caráter: "*I can't tell a lie, Pa.*" Todavia, o livro mantém-se muito clássico em sua forma. Longe de se alinhar aos novos formatos oriundos da cultura da celebridade, que conhecem sucesso na Europa, retoma o modelo já testado das biografias de homens ilustres. Mesmo as anedotas de infância são concebidas como relatos exemplares, que anunciam as qualidades do herói – sua coragem, sua lealdade e sua franqueza. Muito facilmente interpretáveis, elas não procuram revelar um Washington íntimo, mas ilustrar seu valor. Weems insere até mesmo o relato de um sonho, alegórico e premonitório, que a mãe do futuro presidente teria tido, quando ele tinha 5 anos. Nesse sonho, o garoto consegue, graças à sua calma e ao seu senso de ação, apagar um fogo surgido no teto da casa, antes de propor a construção de um novo, mais satisfatório! Essa dimensão edificante inscreve-se perfeitamente no contexto político e religioso do início do século XIX, que viu a explosão de uma massa de escritos destinados ao público popular e cujo objetivo era forjar um nacionalismo republicano e cristão, fundado na renovação evangélica. A figura de Washington, herói nacional, era uma peça mestra desse discurso patriótico. Weems procurava, portanto, modelar abertamente uma visão piedosa de Washington, transformar esse deísta esclarecido na encarnação do cristão evangélico.[116]

A introdução do livro demonstra as transformações da cultura moral. Nela, Weems coloca em cena a oposição entre o homem público e sua vida privada. Se a glória de Washington já deu a volta ao mundo, popularizada por seus grandes feitos e por hábeis oradores, o homem privado permanece desconhecido. Ora, é preciso julgar da grandeza de um homem examinando a vida privada, ali onde é fiel à verdade de sua natureza, e não a grandeza pública, quando ele está em representação diante de seus contemporâneos. "A vida privada é sempre a vida real", escreve Weems. Entretanto, essa concessão à vida privada permanece

A INVENÇÃO DA CELEBRIDADE

impressionantemente clássica: a vida privada de Washington não desvela nenhum segredo, não revela nenhuma fraqueza secreta, não suscita nenhuma empatia, ela é uma confirmação moral e edificante de sua virtude. A grandeza de Washington é total: ele é o verdadeiro herói americano, pois sua virtude privada é de acordo com sua virtude pública. Ele não suscita o apego afetivo, mas a emulação moral. Explicitamente destinada às crianças, a *Vie de Washington* por Weems não ataca senão de modo aparente o monumento que Washington é. Ela simula humanizá-lo para repolitizá-lo melhor, para fazer dele o herói edificante da nação americana.[117]

É desse modo que podem ser lidas as primeiras linhas do livro, que introduzem o general Bonaparte, pronto para embarcar rumo ao Egito, inquirindo jovens americanos a respeito da saúde de Washington e depois afirmando que o nome dele passará à eternidade, muito mais do que o próprio nome. A curiosidade de Bonaparte é, em primeiro lugar, uma curiosidade de ordem política, voltada para o "fundador de um grande império". A enorme notoriedade de Washington, transportada das bordas do Potomac às margens do Mediterrâneo, foi permitida pelas novas tecnologias da informação, de circulação do nome e da imagem, mas permanece indexada ao paradigma clássico da glória do grande homem. Popularizada por Weems, a figura de Washington é a do herói nacional, que encarna os valores virtuosos e moderados dos Estados Unidos. Sua função simbólica é encarnar a unidade da nação nascente. Seu prestígio é imediatamente construído no modo da transcendência, daí o vocabulário religioso que o acompanha e que tanto irritava Adams. Na condição de pastor, autor também de sermões, Weems estava particularmente bem colocado para popularizar essa imagem edificante do pai fundador dos Estados Unidos.

Não é surpreendente que a menção a Bonaparte apareça de saída na pena de Weems. O paralelo entre os dois homens é frequente entre seus contemporâneos. O próprio Bonaparte esgrimiu a referência, durante o Consulado, antes de se distanciar dela, até retomá-la no *Mémorial de Sainte-Hélène* [Memorial de Santa-Helena].[118] Chateaubriand, por sua vez, utilizou-a, em um capítulo de *Mémoires d'outre-tombe* [Me-

mórias de além-túmulo] que se sucede imediatamente à narrativa da visita a Washington em 1791. Este último não impressiona o visitante. Ele não pertence a essa "raça que ultrapassa a estatura humana. Nada de impressionante associa-se à sua pessoa".[119] Trata-se de um homem silencioso, que age com lentidão, porque não age por sua própria conta, mas pela de seu país ou da liberdade. Daí sua prudência, mas também o caráter duradouro de sua obra. Inversamente, Bonaparte é um ser fora do comum, que impressiona de imediato a imaginação, mas que se preocupa apenas com a própria glória. "Bonaparte não possui qualquer traço desse grave americano: combate estrondosamente em uma terra velha. Quer criar tão somente a própria fama. Encarrega-se tão somente da própria sorte." Consciente de que seu papel histórico será curto, é sempre parte da ação, do jogo, e se deixa levar pela euforia do sucesso: "Apressa-se em gozar e abusar de sua glória, como de uma juventude fugidia." O paralelo, na forma de uma oposição sistemática, é desenvolvido até suas máximas consequências. De um lado, o homem grave, fiel à liberdade, que cria um povo novo e morre como magistrado respeitado. Do outro, o herói impetuoso, que trai a liberdade e morre no exílio, tendo sua obra destruída. A conclusão é quase inteiramente em detrimento de Bonaparte. Ele é um homem do passado, que quis se comparar aos heróis gregos e foi devorado por uma ambição inteiramente pessoal. Sua grandeza é anacrônica. Já a de Washington, pelo contrário, é profundamente moderna, conforme os novos valores das sociedades democráticas, que precisam de homens ordinários para agir em coletivo através deles.

A oposição é sedutora, mas Chateaubriand silencia a respeito do que a fama de Bonaparte reintroduz na cultura política e que falta, justamente, a Washington: uma dimensão afetiva e sentimental. Ele afirma, no capítulo redigido quando "Napoleão tinha acabado de morrer", que sua morte foi recebida com indiferença. Mas, já nos anos que se seguem, a afeição e a nostalgia em relação a ele vão se desenvolver com uma potência sem igual. O próprio Chateaubriand não lhe será totalmente insensível.

Sunset Island

Essa inversão da imagem de Napoleão, nos anos que se seguem imediatamente à sua morte, quando a legenda negra do ogro atenua-se para dar lugar à legenda gloriosa do mártir de Santa-Helena, abre caminho para o mito napoleônico, até seu apogeu na Monarquia de Julho. *Mémorial de Sainte-Hélène*, publicado por Emmanuel de Las Cases em 1822, é ao mesmo tempo um instrumento e um testemunho incomparável dessa reviravolta, a tal ponto foi grande a sua influência.[120] Permite-nos ouvir, por trás dos grandes órgãos da lenda napoleônica, a musiquinha da celebridade, pois, naqueles anos, o bonapartismo foi outra coisa, distinta de uma nostalgia da grandeza ou de um programa político.

Esse enorme e duradouro sucesso de vendas (mais de 800 mil exemplares vendidos ao longo do século) é, na maioria das vezes, apresentado de maneira redutora – como um instrumento de propaganda, como o programa ideológico de um bonapartismo reinventado.[121] Nessa leitura essencialmente política do *Mémorial*, a figura de Emmanuel de Las Cases é quase apagada, como se ele tivesse sido apenas o porta-penas do imperador. É a ideia que fazem do *Mémorial* aqueles que não o leram: uma espécie de testamento político de Napoleão, ditado em Santa-Helena a um partidário obscuro, para influenciar o julgamento dos ingleses, de imediato, e da posteridade, mais a longo prazo. Ora, mergulhando-se novamente nesse livro, descobre-se aí algo completamente diferente: não tanto a voz incontestável de Napoleão, mas a onipresença de Las Cases, sua utilização descomedida da primeira pessoa, sua preocupação em se colocar em cena observando a vida cotidiana do imperador destituído, recolhendo suas confidências e defendendo sua memória. Essa presença de Las Cases como testemunha, ao mesmo tempo personagem e autor, está no cerne do dispositivo narrativo que produz a originalidade do *Mémorial* e que, sem dúvida, contribuiu para fascinar aqueles que o leram.

O leitor moderno, confrontado ao *Mémorial*, fica impressionado com a estrutura polifônica desse texto complexo. As conversas familiares de Las Cases com o imperador são entrecortadas pela narrativa, ditada pelo próprio Napoleão, de suas grandes vitórias.[122] A força evocadora do

PODERES DA CELEBRIDADE

Mémorial deve-se à capacidade do texto de amalgamar dois registros: aquele, classicamente épico, da glória militar e triunfal; e aquele, novo, de um heroísmo do cotidiano, que culmina na resistência encarniçada e quase derrisória que o imperador destituído opõe às humilhações e ofensas das autoridades inglesas. De um lado, portanto, o tom épico, que consolida a imagem gloriosa do líder, que os boletins do Grande Exército haviam espetacularmente construído; de outro, a narrativa paciente por Las Cases de uma luta pelo reconhecimento, minúscula, patética, mas não destituída de certa grandeza, perante a vontade do governador Hudson Lowe de recusar a Napoleão qualquer legitimidade.[123] Pode-se distinguir, nessa dupla tonalidade, o registro da glória heroica e o da celebridade. O primeiro convoca um discurso de elogios; o segundo, uma crônica íntima do cotidiano.

Não é anódino que Las Cases seja um recém-chegado ao círculo de Napoleão. Trata-se de um aliado tardio, que quase não participou da epopeia imperial. Ele é, em primeiro lugar, um aristocrata de Antigo Regime que se tornou homem de letras durante o Império, alguém que não adentrou o primeiro círculo do poder senão nos últimos tempos do regime. Compreende perfeitamente, no momento da abdicação, que seguir Napoleão no exílio é a sua grande chance. É o que lhe dá a oportunidade, até então proibida, de ter acesso à intimidade do grande homem, de realizar essa fantasia do escritor e do cortesão: viver permanentemente na proximidade do grande homem. E é efetivamente porque Napoleão é um herói dos novos tempos, um herói que provoca um desejo de intimidade, que Las Cases se precipita em segui-lo, para surpresa do próprio imperador. Essa experiência de uma intimidade com o soberano que não exerce mais o poder, Las Cases vai encarregar-se de transmiti-la por meio do *Mémorial*.

Para isso, é preciso que ele exiba sua ligação pessoal com Napoleão. Sem dúvida, seu percurso tem um significado político: hostil à Revolução Francesa a ponto de combater no exército dos príncipes, ele não se aliou ao novo regime senão durante o Consulado, após a paz de Amiens. Encarna, assim, a política de reconciliação nacional da qual Napoleão se quer o garantidor, e é precisamente a glória militar deste último, como

A INVENÇÃO DA CELEBRIDADE

vetor da glória nacional, que ele invoca para explicar sua ligação com o imperador: "Enfim, os prodígios de Ulm e o brilho de Austerlitz vieram tirar-me do embaraço; fui vencido pela glória: admirei, reconheci, amei Napoleão, e a partir desse momento tornei-me francês até o fanatismo."[124] Percebe-se, no entanto, o deslocamento sutil que conduz da admiração, registro típico da glória, ao reconhecimento, que depende tanto da legitimidade política quanto da eleição pessoal, e enfim ao amor ("eu amei Napoleão"), afirmação de um laço sentimental, entre afetividade e paixão, difícil de associar às temáticas heroicas tradicionais.

E, de fato, a narrativa cotidiana da vida em Santa-Helena está muito distante do gesto heroico do imperador. Ela transforma o homem privado, Napoleão, em objeto de um espetáculo íntimo: este se revela sob o olhar do companheiro de exílio que compartilha de sua intimidade e não se contenta em admirá-lo, mas o ama. O prefácio redigido em 1822, para a primeira edição do *Mémorial,* insiste novamente nesse deslocamento da admiração ao amor, da glória à intimidade:

> A admiração fez-me segui-lo sem conhecê-lo; o amor tinha-me fixado para sempre perto dele desde que eu o conhecera. O universo está repleto de sua glória, de seus atos, de seus monumentos; mas ninguém conhece as verdadeiras nuances de seu caráter, suas qualidades privadas, as disposições naturais de sua alma: ora, é esse grande vazio que pretendo preencher aqui, e isso com uma vantagem talvez única na história. Eu recolhi, consignei, dia após dia, tudo o que vi de Napoleão, tudo o que eu o ouvi dizer, durante os 18 meses em que estive junto de sua pessoa.[125]

Diferentemente do poeta épico, que canta as façanhas do herói, ou do panegirista, que constrói o elogio do grande homem, e que, tanto um quanto o outro, se apagam diante da narrativa dos grandes feitos, Las Cases, por sua vez, afirma sua presença, a subjetividade de seu olhar e de sua narrativa. A celebridade é um espetáculo, público e íntimo ao mesmo tempo; ela implica, portanto, um espectador. Las Cases aparece assim como o representante do público encantado, encarregado de estar o mais próximo possível da intimidade de Napoleão para anotar seus

PODERES DA CELEBRIDADE

detalhes mais ordinários, entre curiosidade e sentimentalismo, correndo o risco do voyeurismo. Las Cases não encarna, portanto, nem a figura tradicional do cortesão, procurando na proximidade do soberano uma prova de distinção social e curial, nem a figura do autor de elogios, tal como Thomas a fixara com brio na segunda metade do século XVIII.[126] Parece, antes, anunciar a figura moderna do fã, devotado ao homem célebre, guiado ao mesmo tempo pela admiração e pelo amor, pela vontade de testemunhar aspectos privados e cotidianos da vida privada do homem de quem nenhuma fala, nenhum gesto são indiferentes. Nesse sentido, inscreve-se na esteira de Boswell, que transformara profundamente a prática da biografia, como vimos, ao escrever *Vie de Samuel Johnson*. A obra do amigo de Paoli não era, sem dúvida alguma, desconhecida de Las Cases.[127]

Em sua crônica da vida cotidiana em Santa-Helena, Las Cases alterna entre duas posições. A primeira é a do espectador curioso, que registra as menores anedotas, por exemplo quando Napoleão queima-se tomando um banho quente demais; que anota escrupulosamente os detalhes de sua saúde e de sua lenta degradação; que transcreve as conversas. A segunda é a do amigo sentimental e devotado, sempre pronto a se alarmar e a se compadecer. Em abril de 1816, Napoleão confia-lhe uma pena "doméstica". "Essas palavras, seu gesto, sua entonação, cortaram-me a alma; eu me teria precipitado aos seus joelhos, os teria abraçado, se pudesse."[128] Esses ímpetos de sentimentalismo, que não serão insignificantes para o sucesso do *Mémorial* junto às gerações românticas, permitem que o texto jamais recaia no voyeurismo, já que a intimidade de Napoleão, que nos é assim revelada, é percebida através do prisma de um sentimentalismo onipresente, ao qual o leitor encontra-se associado, ao assistir a esse cotidiano como se fosse seu espectador autorizado. O efeito de identificação funciona plenamente, não tanto com Napoleão – quem sonharia em se identificar com Napoleão, com exceção dos loucos que, nos anos 1830, encherão os hospitais parisienses com seu delírio monomaníaco?[129] –, mas com o próprio Las Cases, levado a partilhar da vida do grande homem deposto, a recolher suas confidências, a manter em relação a ele um misto de admiração e de compaixão.

A INVENÇÃO DA CELEBRIDADE

A partir daí, a relação pessoal que se estabelece entre Las Cases e Napoleão torna-se um tema recorrente. Os restos de etiqueta imperial (é sempre Napoleão quem inicia a conversa) dão lugar, progressivamente, a uma confiança pessoal fundada na experiência comum do exílio. Essa encenação da relação íntima e pessoal com o imperador assume, todavia, uma forma empática, como se os sentimentos de Las Cases se tornassem o verdadeiro tema do livro. Após um passeio a sós, no primeiro dia da chegada a Santa-Helena (17 de outubro de 1815), Las Cases comenta: "Eu me encontrava, portanto, sozinho, cara a cara no meio do deserto, quase em familiaridade com aquele que governara o mundo! Com Napoleão, afinal!!! Tudo o que se passava em mim! Tudo o que eu sentia!..."[130]

Essa insistência nas emoções de Las Cases, na associação entre a familiaridade e a grandeza, faz do narrador o intermediário ideal entre o homem célebre e o leitor. Diferentemente da glória, a celebridade provoca uma curiosidade íntima, e até mesmo um apego afetivo e subjetivo. O paradoxo, particularmente evidente no caso de Napoleão, está em que todo leitor imagina ter com ele uma relação singular, familiar, íntima, ao passo que nunca o encontrará e que partilha com milhares de outros leitores as imagens e narrativas que constituem sua figura pública.

Las Cases encarna perfeitamente a realização desse desejo, habitualmente ilusório, de partilhar a vida privada da pessoa célebre. A distância entre ele e Napoleão é, ao mesmo tempo, mantida e abolida, para permitir o apego afetivo. Essa tensão entre o observador e o confidente, entre distância e proximidade, funda a legitimidade de Las Cases para escrever, pois ela lhe dá acesso ao homem privado Napoleão, mantendo ao mesmo tempo a distância que faz deste o objeto da curiosidade pública universal: "Quem hoje no planeta mais do que eu poderia lisonjear-se de conhecer o homem privado no imperador? Quem possuiu os dois meses de solidão no deserto de Briars? Quem gozou desses longos passeios à luz da lua, dessas inúmeras horas passadas ao seu lado? Quem soube, como eu, o instante, o lugar, o tema das conversações? Quem recebeu a lembrança dos encantos da infância, a narrativa dos prazeres da juventude, a amargura das dores modernas? Por isso, acredito conhecer a fundo seu caráter; por isso, posso explicar, atualmente, várias circunstâncias que pareciam, à época, e para muitas pessoas, difíceis de entender."[131] E, entre os traços de caráter nos quais insiste o autor, o principal é a aptidão de Napoleão para granjear uma espécie de fidelidade sentimental que o impede de se separar de seus antigos amigos.

Adiante, Las Cases é ainda mais explícito quanto ao seu empreendimento: "A finalidade a que me proponho neste diário: mostrar o homem a nu, flagrar a natureza."[132] Mostrar o homem célebre na verdade de sua natureza: eis um projeto cujo tom rousseauniano não pode passar despercebido. Era o de *As confissões*, mas Rousseau descobriu seus limites. Se a escrita em primeira pessoa pode ser uma ferramenta para o conhecimento de si, ela não é um bom instrumento de autojustificação: o autor está sempre sob suspeita de insinceridade, e o procedimento presta-se finalmente muito mal a suscitar a compaixão, uma vez que o leitor é, com frequência, frustrado em seu desejo de empatia por perceber que está diante de uma iniciativa demasiado apologética. Foi por isso, como vimos, que Rousseau teve que imaginar outro dispositivo em *Rousseau juge de Jean-Jacques* – uma descrição da vida cotidiana de Jean-Jacques, o homem verdadeiro, por Rousseau. Desdobramento perfeitamente ilusório, já que esse testemunho imaginário não é senão um duplo ficcional do autor. Mas permanece o fato de que Rousseau entendera perfeitamente os limites de uma autojustificação íntima na primeira pessoa e a eficácia do dispositivo implicando um terceiro, uma testemunha sensível e empática, capaz, ao mesmo tempo, de transmitir as justificativas e de testemunhar sua bondade original.

Essa aproximação entre *Mémorial* e a estética moral rousseauniana não é arbitrária. Em sua juventude, Bonaparte foi poderosamente marcado pela leitura de Rousseau. Se, na sequência, mostrou-se muito crítico em relação ao seu pensamento político e aos usos que foram feitos dele durante a Revolução, ao tornar-se Primeiro Cônsul ele fez, não obstante, uma visita a Ermenonville. Sobretudo, em *Mémorial*, Rousseau é citado repetidamente em suas conversas. Napoleão lê e relê *A nova Heloísa*, dissertando sobre "Jean-Jacques", suas obras e sua vida.[133] O próprio Las Cases confessa-se particularmente sensível ao romance: "Essa leitura produziu uma forte

A INVENÇÃO DA CELEBRIDADE

impressão em mim, uma grande melancolia misturada com doçura e pena. Essa produção sempre me prendera muito, ela despertava lembranças felizes, criava tristes arrependimentos."[134] Em uma de suas conversas, Napoleão afirma que não poderia "escrever As confissões à [moda de] Jean-Jacques", pois iriam contradizê-lo imediatamente, ponto por ponto. Dessa perspectiva, Las Cases e Napoleão aprenderam perfeitamente a lição de Rousseau: se a celebridade gera, no público, um desejo de intimidade com a pessoa célebre, esse desejo não convoca tanto à autobiografia, que provoca a contradição, mas ao testemunho. Ele requer o olhar de um terceiro, colocado na posição de espectador curioso e enternecido.

A "celebridade" de Napoleão não é somente um motor do dispositivo textual em Mémorial. É também um tema recorrente, do qual Las Cases propõe uma versão sutilmente despolitizada, ou ao menos desconectada da adesão política ao imperador. A celebridade é apresentada aí como o efeito atordoante de uma notoriedade universal. Napoleão é conhecido no mundo todo; quaisquer que sejam suas opiniões políticas, as pessoas querem saber o que ele faz, o que aconteceu com ele, como se comporta. Uma página impressionante relata uma conversa, em março de 1816, entre as pessoas mais próximas do imperador exilado e que trata justamente da "universal celebridade" de Napoleão.[135] A conversação começa com uma observação provocadora do próprio Napoleão: "Apesar de tudo isso, Paris é tão grande, encerra tanta gente de todo tipo, e algumas tão bizarras, que eu suponho que haja entre elas quem nunca tenha me visto e que possa haver outras que nunca chegaram a ouvir meu nome." Seus interlocutores protestam, assegurando que "não há aldeia na Europa, e talvez no mundo, em que seu nome não tenha sido pronunciado".[136] Em seguida, multiplicam os exemplos, descrevendo situações cada vez mais longínquas e inesperadas nas quais o nome de Napoleão foi efetivamente pronunciado. O primeiro conviva relata que, durante o Consulado, quando estava refugiado nos cumes "totalmente selvagens e de uma altura prodigiosa" do País de Gales, onde cabanas pareciam "pertencer a outro universo" e ter sido preservadas "do ruído das revoluções", um habitante perguntou-lhe imediatamente "o que fazia [o] primeiro cônsul Bonaparte". De acordo com um segundo in-

PODERES DA CELEBRIDADE

terlocutor, que relata uma discussão com oficiais chineses, "lá, o nome d[o] imperador é célebre e associado às grandes ideias de conquista e de revolução". Nas sucessivas edições de *Mémorial*, Las Cases prolongou essa discussão, acrescentando outros testemunhos, fornecidos pelos primeiros leitores do livro, dessa universal celebridade de Napoleão. Uma pessoa relatou-lhe que, após a queda do Império, tendo procurado serviço na Pérsia, e sendo admitida na audiência do soberano, ficara impressionada de ver "o retrato de Napoleão, em cima do próprio trono, acima da cabeça do xá", enquanto uma outra assegurou-lhe que "a ideia do poder de Napoleão era tão popular em toda a Ásia", que, após sua queda, os agentes franceses continuavam a se utilizar de seu nome para obter "benevolência em todas as estradas".

A hipótese, julgada incongruente, de um parisiense que ignorasse o nome do imperador, corresponde assim a uma espécie de escalada que leva até os confins do mundo, das alturas selvagens do País de Gales até a Pérsia e a China, a fama de Napoleão. Esta é identificada, naturalmente, à ideia de poder e de conquista, mas um poder virtual, simbólico, já que ele não exerce nenhuma autoridade efetiva na China ou na Pérsia. Sua celebridade permanece fundada no tema da dominação política – como o demonstra a surpreendente presença do retrato do imperador deposto "em cima do trono do xá", como um talismã do poder –, mas tornou-se um puro signo, um ícone do poder, sem que se possa ler nela uma relação de autoridade ou um esforço de legitimação. Essa evolução da soberania em direção à celebridade é particularmente evidente no último exemplo citado:

> Finalmente, um terceiro escreveu-me que o capitão R. do navio *Le Bordelais*, no curso de sua viagem à costa NO da América, ao fazer escala nas ilhas Sandwich, fora apresentado ao rei, que, durante a audiência, informou-se sobre o rei George III e o imperador Alexandre. Ao pé do trono encontrava-se sentada uma mulher, a favorita do príncipe, que, a cada um dos nomes europeus pronunciados pelo rei, voltava-se para ele com um sorriso de desdém e uma nítida impaciência; mas, não podendo mais aguentar, ela interrompeu o rei, exclamando: "*E Napoleão, como tem passado?*"

A anedota, reescrita no sentido de um desfecho espetacular,[137] exerce uma dupla função. De um lado, estende ainda mais a área de irradiação da celebridade de Napoleão. As próprias fronteiras da civilização são agora ultrapassadas, até as ilhas do Pacífico descobertas por Cook apenas quarenta anos antes, em plena zona de influência inglesa, ainda por cima. De outro lado, é significativa a diferença entre o líder que se informa sobre os dois soberanos mais poderosos do momento e sua favorita que deseja notícias de Napoleão. A celebridade de Napoleão não é mais direta ou prioritariamente política, não se inscreve em um espaço de soberania nem em um horizonte de ação política, ela diz respeito à curiosidade e talvez a um fascínio pelo homem excepcional e singular que os monarcas reinantes não substituíram. A figura da favorita conota essa celebridade de uma dimensão quase erótica; o interesse gerado por Napoleão diz respeito a uma espécie de desejo (demonstrado pela "nítida impaciência" e pelo "não podendo mais aguentar", que são invenções de Las Cases). Ainda que improvável em uma primeira abordagem, é possível ver nessa favorita uma representação implícita, e evidentemente extrema, do leitorado do *Mémorial*, esse público universalmente curioso para saber "como Napoleão tem passado". Aliás, Las Cases não teria feito o trajeto inverso ao do capitão R.: atravessar o oceano, desde uma ilha isolada, para trazer notícias do imperador deposto a um público voraz? Como a favorita anônima, o público postulado pelo *Mémorial* é movido por uma curiosidade impaciente, quase incontrolável, por tudo o que diz respeito a Napoleão. A cena, aliás, impressionou os leitores, já que edições posteriores comportam uma ilustração, que, por um efeito de exotismo, reforça ainda mais esse mito de um renome sem fronteiras. Ele depende menos da glória do grande homem, ou do carisma do líder, do que de uma celebridade sem precedentes: a circulação, em uma escala global, do nome de um contemporâneo e da curiosidade ardente que ele provoca.

Reencontra-se, no final do *Mémorial*, um eco, quase cômico, dessa "universal celebridade" ampliada aos limites do mundo habitado, quando Las Cases, expulso de Santa-Helena pelos ingleses, encontra refúgio provisoriamente na Cidade do Cabo e, depois, no deserto de Tygerberg, "quase nos confins das hordas errantes".[138] Nesses lugares desertos, voluntariamente apresentados como as "extremidades do mundo civilizado", tão exóticos quanto as Ilhas Sandwich, o nome de Napoleão é tão familiar que é dado aos animais. "O galo mais famoso do lugar, o mais vitorioso, chamava-se Napoleão! O corcel mais renomado, Napoleão! O touro mais indomável, Napoleão! Sempre Napoleão!!!" Las Cases divide-se entre o riso e a admiração. Essa proliferação ilimitada do nome do imperador poderia prestar-se ao riso se não fosse, em primeiro lugar, o sinal de uma celebridade: não se trata nem de carisma nem de glória no sentido próprio do termo, pois não é muito glorioso dar seu nome a um galo ou a um touro, mas antes de uma difusão do nome, de um puro fenômeno de notoriedade. Embora o nome esteja associado, metonimicamente, à ideia de vitória e de proeza, ele é em parte desligado de seu referente, desconectado de uma relação imediatamente política, para tornar-se o nome do mais célebre dos homens contemporâneos.

Voltamos ao ponto de partida. Desde o início do *Mémorial*, a celebridade de Napoleão, o fascínio que ele exerce na opinião de seus contemporâneos, foi apresentada como relativamente autônoma das questões de legitimidade política. Quando descobre que será deportado para Santa-Helena, apesar de seu abatimento, Napoleão sobe ao convés do *Bellerophon* para "como de costume, com a mesma cara e do mesmo modo, fitar a multidão faminta por vê-lo".[139] Descrita por Las Cases, a cena não é mais de despedida de um soberano, ela não tem nada, por exemplo, das cenas de adesão que pontuaram o voo da Águia alguns meses antes. No convés do *Bellerophon*, Napoleão olha a multidão que o olha: ele se dá a ver como um espetáculo a um público ávido por contemplá-lo, sem que nada seja dito dos sentimentos políticos dessa multidão "faminta por vê-lo", a não ser esse desejo de ver o rosto de Napoleão.

Insistindo no que depende, no apego coletivo a Napoleão, dos mecanismos da celebridade, não se trata de negar sua dimensão política, mais classicamente militar e heroica. Desnecessário dizer que o prestígio do imperador, tanto em vida quanto após a morte, deve muito às batalhas

A INVENÇÃO DA CELEBRIDADE

ganhas e à ordem restabelecida, à eficácia de sua propaganda e de sua polícia, à sua capacidade de encerrar a Revolução sem traí-la totalmente. Não é menos verdade que o renome de Napoleão se apoia em outra forma de notoriedade e de apego coletivo, que não é mais a da glória e da força, e sim a da celebridade moderna. Longe de se limitar à França, ela se espalhou, aliás, por todo o continente, inclusive para os países que lutavam contra seu imperialismo, mas que se defendiam muito mal do fascínio exercido por sua personalidade, mesmo entre seus inimigos.

Esse olhar para a celebridade de Napoleão permite contar outra história. Não aquela, demasiado clássica, do difícil amálgama entre legitimidade revolucionária e glória militar, entre princípio democrático e prestígio heroico, mas antes a das metamorfoses da legitimidade política, quando os mecanismos da celebridade, após terem se desenvolvido no mundo cultural, ao longo do século XVIII, começaram a penetrar no jogo político. Isso começou antes da Revolução, transformando o estatuto público dos soberanos e oferecendo a novos atores políticos, sobretudo no contexto inglês, uma possibilidade de ação. Incapaz de controlar seus efeitos, Maria Antonieta tornou-se uma vítima deles. Com as revoluções, a *popularidade* torna-se um motor importante da ação política. Nos Estados Unidos, a de Washington, ameaçada pelas novas formas da política partidária, é restabelecida rapidamente, por meio do culto consensual que permite à jovem nação atribuir-se um herói fundador. Na França, ela permanece um princípio desacreditado, do qual todos desconfiam. Nem mesmo Mirabeau consegue fundar nela uma autoridade incontestada.

Bonaparte é, simultaneamente, Mirabeau e Washington. Possui a energia e o gosto pelo risco de um, o senso do Estado do outro. Com ele, a glória não é mais dispensada unicamente pela legitimidade dinástica ou divina do soberano. Não é absorvida pelos rituais da representação política e da aclamação. Ela é também um poder de opinião que permite a um pequeno caporal da Córsega tornar-se o senhor da Europa. É certo que a celebridade não é válida a não ser que seja transmudada em poder, na ação, pelo golpe de Estado de Brumário ou pelas vitórias nos campos de batalha. Ainda estamos longe, com Bonaparte, da democracia

PODERES DA CELEBRIDADE

de opinião contemporânea, supondo-se que esta seja mais do que um slogan. Mas, inversamente, reduzir os fenômenos de opinião à fórmula da aclamação litúrgica, que seria o próprio de qualquer poder, como o fez por exemplo Giorgio Agamben, é assumir o risco de perder de vista a especificidade moderna do poder.[140] Este não está mais atrelado somente à glorificação do soberano, segundo um princípio teológico, mas também articulado a um princípio imanente de escolha dos governantes pelos governados. Está aberta uma brecha teórica, ou ao menos uma tensão difícil de resolver, entre os princípios democráticos da vontade geral e a realidade da competição política. Essa tensão define a ambivalência fundadora do governo representativo, essa figura moderna da democracia, teorizada e aplicada, a partir do fim do século XVIII, nos Estados Unidos, na França e na Inglaterra.[141] A eleição, cujo princípio é democrático e, ao mesmo tempo, elitista, implica a escolha popular, mas também a distância irredutível entre os representantes, muitas vezes escolhidos por sua notoriedade, e os representados. É no cerne dessa tensão que os mecanismos da popularidade, da adesão da maioria a um indivíduo singular, vêm se alojar para transformar profundamente o exercício do poder.

Para compreendê-lo, basta admitir que os mecanismos coletivos da opinião não se reduzem ao princípio político da soberania popular ou ao tribunal da razão evocado pelos filósofos do Iluminismo; eles recobrem também esse fenômeno menos conhecido por meio do qual um público, constituído pela leitura dos mesmos jornais, dos mesmos livros, desenvolve um interesse, às vezes simplesmente curioso, às vezes apaixonado, pela vida dos homens célebres. Os mecanismos da celebridade não são necessariamente políticos, mas não poupam o campo político. Eles transformam progressivamente o exercício do poder e a própria forma de sua encarnação, antes mesmo daquilo que se denomina hoje, e em geral para denunciá-la, a *vedetização* do político. Longe de ser uma deriva lamentável, manchando a nobreza da coisa pública sob a influência perniciosa da sociedade do espetáculo, ela revela que o espaço público democrático e o espaço público midiático estão indissociavelmente ligados.

A INVENÇÃO DA CELEBRIDADE

A partir deste ponto, é chegado o momento de retornar à citação de Madame de Staël sobre a celebridade de Bonaparte, que abre este capítulo. O temor que ela exprime é menos o de uma tirania política do que o de um monopólio da celebridade: uma saturação da curiosidade pública pela figura de Napoleão, que não se contentaria em exercer o poder, mas estenderia sua ascendência a todas as formas de notoriedade. A própria Madame de Staël não era insensível ao apelo da celebridade. Napoleão, que não gostava muito dela e a temia, escarneceria ainda, desde Santa-Helena, de "sua intemperança da celebridade".[142] Situando-se nesse terreno, até então percorrido pelos escritores, artistas e atores, o poder político modifica sua fisionomia, mas também seus laços com a cultura. É difícil imaginar Racine sentindo ciúmes da celebridade de Luís XIV. Por outro lado, Madame de Staël ou Chateaubriand não hesitam em colocar sua notoriedade literária a serviço de ambições políticas e em ver na celebridade de Napoleão um modelo, como se já não houvesse diferença de natureza entre a glória de um imperador e a celebridade de um escritor. E talvez tenham razão, já que o próprio da celebridade, justamente, está em tornar equivalentes notoriedades oriundas de esferas diferentes. Não será nesse sentido que os jornais publicam em nossos dias listas de popularidade em que figuram lado a lado homens de Estado, cantores e artistas, que, aliás, participam dos mesmos programas de televisão e dividem as páginas dos semanários?

A angústia diante de uma ascendência que tornaria "toda a espécie humana anônima", que deixaria o homem célebre – centro das atenções midiáticas – face a face com todos os outros, admiradores, adversários ou curiosos, todos igualmente anônimos, era a reação dos escritores a essa nova ordem de coisas. Ninguém o exprimiu melhor do que Chateaubriand. Após ter combatido o imperador a golpes de panfletos virulentos, ele, por sua vez, se deixa abocanhar pela fama proteiforme de Napoleão, assumindo perfeitamente a atitude do grande homem ao posar diante do retrato do imperador. A tirania exercida por Napoleão não é mais, a seus olhos, uma tirania política, fundada na usurpação do trono dos Bourbons, mas sim aquela que reduz todos os contemporâneos,

PODERES DA CELEBRIDADE

mesmo após sua morte, à mediocridade e à obscuridade. Assim inicia-se o livro XXV de *Mémoires d'outre-tombe*, de Chateaubriand: "Não estará tudo terminado com Napoleão? Deveria falar de outra coisa? Que personagem, fora ele, pode interessar? De quem e do que pode ser questão, depois de um homem desses? [...] Enrubesço, nessa altura, ao pensar que tenho de falar, monótona e futilmente, de uma multidão de ínfimas criaturas, de que faço parte, seres duvidosos e noturnos como fomos de uma cena em que o grande sol desaparecera."[143]

Notas

1. Germaine De Staël, *Considérations sur les principaux événements de la Révolution française*, Paris: Delaunay, 1818, t. II, p. 234.
2. As *Considérations* foram publicadas, após a morte de Madame de Staël, em 1818, pelo duque de Broglie e o barão de Staël. Aparentemente, Madame de Staël redigira-as por volta de 1812.
3. A formulação encontra-se em uma carta a Niethammer, datada de 13 de outubro de 1806, depois da batalha de Iéna (Georg Hegel, *Correspondance*, Paris: Gallimard, t. I, pp. 114-115). Sobre Napoleão como grande homem, "homem histórico", à semelhança de Alexandre e de César, ver Georg Hegel, *Leçons sur la philosophie de l'histoire,* Paris: J. Vrin, 1970, pp. 38-39.
4. R. Morrissey, *Napoléon..., op. cit.*
5. George Rudé, *Wilkes and Liberty: A Social Study of 1763 to 1774*, Oxford: Clarendon Press, 1962; John Brewer, *Party Ideology and Popular Politics at the Accession of George III*, Cambridge: Cambridge University Press, 1981; John Sainsbury, *Wilkes, the Lives of a Libertine*, Aldershot: Ashgate, 2006; Anna Clark, *The Sexual Politics of the British Constitution*, Princeton: Princeton University Press, 2004, pp. 19-52.
6. Simon Burrows et al. (org.), *The Chevalier d'Eon and His Worlds: Gender, Espionnage and Politics in the Eighteenth-Century*, Londres: Continuum, 2010, em particular o artigo de Simon Burrows, "The Chevalier d'Eon, Media Manipulation and the Making of an Eighteenth-Century Celebrity", pp. 13-23. *Ver também* Gary Kates, *Monsieur d'Eon is a Woman. A Tale of Political Intrigue and Sexual Masquerade*, Nova York: Basic Book, 1995.
7. Carta do comissário do Diretório junto ao exército da Itália em Carnot, citada por Luigi Mascilli Migliorini, *Napoléon*, Paris: Perrin, [2002] 2004, p. 500.

A INVENÇÃO DA CELEBRIDADE

8. David A. Bell, *La Première Guerre totale. L'Europe de Napoléon et la naissance de la guerre moderne*, Paris: Champ Vallon, [2007] 2010, pp. 222-231; Annie Jourdan, *Napoléon, héros, imperator, mécène*, Paris: Aubier, 1998, pp. 70-101; Patrice Gueniffey, *Bonaparte*, Paris: Gallimard, 2013, em particular pp. 247-258; Wayne Hanley, *The Genesis of Napolonic Propaganda*, 1796-1799, Nova York, Columbia University Press, 2005, http://www.gutenberg-e.org/haw01/frames/authorframe.html

9. Chantal Thomas, *La Reine scélérate. Marie-Antoinette dans les pamphlets*, Paris: Éd. du Seuil, 1989.

10. Antoine de Baecque, *Le Corps de l'histoire, Métaphores et politique*, Paris: Calmann-Lévy, 1993; Jacques Revel, "Marie-Antoinette dans ses fictions: la mise en scène de la haine" [1995], *Un Parcours critique, Douze essais d'histoire sociale*, Paris: Galaad éditions, 2006, pp. 210-268; Lynn Hunt, *Le Roman familial de la Révolution française*, Paris: Albin Michel, [1992] 1995; Dena Goodman (org.), *Marie-Antoinette. Writings on the Body of a Queen*, Nova York, Routledge, 2003; Robert Darnton, *Le Diable dans un bénitier. L'art de la calomnie en France*, 1650-1800, Paris: Gallimard, 2010, pp. 509-540. [Tradução brasileira: *O diabo na água benta*: ou a arte da calúnia e da difamação de Luís XIV a Napoleão. São Paulo: Companhia das Letras, 2012.]

11. Ver especialmente as *Anecdotes sur Madame la comtesse du Barry* (1775) e a *Vie privée de Louis XV* (1781), grandes sucessos da literatura clandestina.

12. Simon Burrows, *Blackmail, Scandal and Revolution. London's French Libellistes, 1758-1792*, Manchester: Manchester University Press, 2006. *Ver também* Viviane R. Gruder, "The Question of Marie-Antoinette: The Queen and Public Opinion Before the Revolution", *French History*, n. 16-3, 2002, pp. 269-298.

13. *Essai historique sur la vie privée de Marie-Antoinette d'Autriche, reine de France*, Londres, 1789, pp. 4-5.

14. Linda Colley, Britons, *Forging the Nation 1707-1837*, New Haven: Yale University Press, [1992] 2003, pp. 195-236; Ernest A. Smith, *George IV*, New Haven: Yale University Press, 1999; A. Clark, *The Sexual Politics of the British Constitution, op. cit.*

15. Thomas Laqueur, "The Queen Caroline Affair: Politics as Art in the Reign of George IV", *Journal of Modern History*, vol. 54, n. 3, 1982, pp. 417-466; Anna Clark, "Queen Caroline and the Sexual Politics of Popular Culture in London, 1820", *Representations*, n. 31, 1990, pp. 47-68.

16. Carta de Maria Teresa a Mercy d'Argenteau, 2 de julho de 1772, *Correspondance de Marie-Antoinette*, éd. E. Lever, Paris: Tallandier, 2005, p. 113.

17. Jeanne Louise Henriette Campan, *Mémoires sur la vie privée de Marie-Antoinette, reine de France et de Navarre*, Paris: Baudouin, 1822, p. 142.

18. *Ibid.*, p. 228.
19. Gabriel Sénac de Meilhan, *Des principes et des causes de la Révolution en France*, Londres, 1790, pp. 30-31.
20. *Mémoires pour l'instruction du Dauphin*, citadas por Norbert Elias, *La Société de cour*, trad. fr., Paris: Flammarion, 1985, p. 116. [Tradução brasileira: *A sociedade de corte*. Tradução de Pedro Süssekind. Rio de Janeiro: Zahar, 2001.]
21. N. Elias, *La Société de cour*, *op. cit.*
22. Fanny Cosandey, *La Reine de France. Symbole et pouvoir, XVe-XVIIIe siècle*, Paris: Gallimard, 2003.
23. J. L. H. Campan, *Mémoires...*, *op. cit.*, p. 164.
24. *Ibid.*, p. 167.
25. Carta de Maria Teresa a Maria Antonieta, em março de 1775, que lhe recomenda prestar atenção à altura de seu penteado e preocupa-se por vê-la exagerar a moda, em vez de segui-la com moderação. *Correspondance de Marie-Antoinette, 1770-1793*, éd. E. Lever, Paris: Tallandier, 2005, p. 206.
26. Clare Haru Crownton, *Credit, Fashion, Sex. Economies of Regard in Old Regime France*, Durham: Duke University Press, 2013, pp. 246-282.
27. Sobre Thomas, ver Colin Jons, "Pulling Teeth in Eighteenth-Century Paris", *Past and Present*, n. 166, 2000, pp. 100-145.
28. Daniel Roche, *La Culture des apparences. Une histoire du vêtement (XVIIe--XVIIIe siècle)*, Paris: Fayard, 1990. [Tradução brasileira: *A cultura das aparências: uma história da indumentária (séculos XVII-XVIII)*. São Paulo: Senac, 2007.]
29. Carolyn Weber, *Queen of Fashion. What Marie Antoinette Wore to the Revolution*, Nova York: Henry Holt, 2006.
30. *Essai historique...*, *op. cit.*, p. 62.
31. Uma cópia do quadro pertence à National Gallery of Arts de Washington. Ver *Marie-Antoinette*, Paris: Réunion des musées nationaux, 2008, pp. 307-309. Sobre esse episódio, ver Mary Sheriff, "The Portrait of the Queen", in D. Goodman (org.), *Marie-Antoinette...*, *op. cit.*, pp. 45-72.
32. Élisabeth Vigée-Le Brun, *Souvenirs, 1755-1842*, Paris, Honoré Champion, 2008, pp. 168-169, que conta que o retrato foi exposto no teatro do Vaudeville.
33. Carta de 25 de julho de 1791, *Correspondance de Marie-Antoinette, op. cit.*, p. 561.
34. Carta de 9 de setembro de 1791, *ibid.*, p. 605.
35. Mona Ozouf, *Varennes. La mort de la royauté, 21 juin 1791*, Paris: Gallimard, 2010, pp. 72-81 [Tradução brasileira: *Varennes: a morte da realeza, 21 de junho de 1791*. São Paulo: Companhia das Letras, 2009.]; Id., "Barnave pédagogue:

l'éducation d'une reine", *L'Homme régénéré. Essais sur la Révolution française,* Paris: Gallimard, 1989, pp. 93-114.

36. Ver, por exemplo, François Furet, "Mirabeau", *Dictionnaire critique de la Révolution française.* Contudo, deve-se destacar que Furet confere a Mirabeau uma coerência ideológica e uma teoria consequente da monarquia liberal.

37. Georges Guibal, *Mirabeau et la Provence,* Paris, E. Thorin, 1887-1891, t. I., p. 231.

38. Carta do marquês au bailio, 22 de novembro de 1782, *ibid.,* p. 405.

39. *Mémoires secrets,* t. XXVII, p. 99.

40. Dumont, que o encontra na primavera de 1788, escreve que sua "reputação" estava "no mais baixo nível possível" e que o haviam desaconselhado de frequentá-lo.

41. Carta de Chamfort a Mirabeau, 3 de janeiro de 1789, *Mémoires biographiques, littéraires et politiques de Mirabeau,* Paris, Auffray, 1834-1835, t. VII, p. 210.

42. Carta de Mirabeau a Mauvillon, 11 de agosto de 1788, *Lettres du comte de Mirabeau à un de ses amis en Allemagne,* s. l., 1792, p. 372.

43. Carta ao marquês de Mirabeau, 18 de janeiro de 1789, citada por François Quastana, *La Pensée politique de Mirabeau, 1771-1789: "républicanisme classique" et régénération de la monarchie,* Aix-en-Provence: Presses universitaires d'Aix-Marseille, 2007, p. 537.

44. Monique Cubbels, *Les Horizons de la liberté. Naissance de la Révolution en Provence, 1787-1789,* Aix-en-Provence, Édisud, 1987, pp. 64-65.

45. Étienne Dumont, *Souvenirs sur Mirabeau,* éd. J. Bénétruy, Paris: PUF, 1951, p. 58.

46. Timothy Tackett, *Par la volonté du peuple, Comment les députés du peuple sont devenus révolutionnaires,* Paris: Albin Michel, 1997, pp. 124, 221 e 234.

47. É. Dumont, *Souvenirs sur Mirabeau,* op. cit., p. 158.

48. *Ibid.*

49. Paul Friedland, *Political Actors. Representative Bodies and Theatricality in the Age of the French Revolution,* Ithaca: Cornell University Press, 2002, p. 182.

50. É. Dumont, *Souvenirs sur Mirabeau,* op. cit., p. 146.

51. *Le Patriote français,* t. XXXI, 1º de setembro de 1789, p. 3.

52. É. Dumont, *Souvenirs sur Mirabeau,* op. cit., p. 146.

53. Gérard Fabre, *Joseph Boze, portraitiste de l'Ancien Régime à la Restauration, 1745-1826,* Paris: Zomogy, 2004, p. 174.

54. É. Dumont, *Souvenirs sur Mirabeau,* op. cit., p. 148.

55. Jean-François Feraud, *Dictionnaire critique de la langue française,* Marselha: Mossy, 1787-1788. Em inglês, o termo aparece na edição de 1785 do *Dictionary de Johnson,* com os dois sentidos.

PODERES DA CELEBRIDADE

56. "Sur la popularité", *L'Ami des patriotes ou le Défenseur de la Révolution*, n. XI, 1791, p. 295 ss.

57. Pierre Rosanvallon, *Le Peuple introuvable. Histoire de la représentation démocratique en France*, Paris: Gallimard, 1998, p. 19.

58. Jean-Claude Monod, *Qu'est-ce qu'un chef en démocratie? Politiques du charisme*, Paris: Le Seuil, 2012. Sobre o contexto intelectual e político de reflexão sobre os "líderes", no qual se inscreve a teoria weberiana do carisma, ver Yves Cohen, *Le Siècle des chefs. Une histoire transnationale du commandement et de l'autorité, 1890-1940*, Paris, Amsterdã, 2013.

59. Lloyd Kramer, *La Fayette in Two Worlds. Public Cultures and Personal Identities in an Age of Revolution*, Chapel Hill: University of North Carolina Press, 1996; François Weil, "L'hôte de la nation": le voyage de La Fayette aux États--Unis, 1824-1825", in P. Bourdin (org.), *La Fayette entre deux mondes*, Clermond-Ferrand: Presses universitaires Blaise Pascal, 2009, pp. 129-150.

60. Germaine De Stael, *Du caractère de M. Necker et de sa vie privée*, Paris, 1804, p. 76.

61. Pierre Jean Georges Cabanis, *Journal de la maladie et de la mort de Mirabeau*, Paris: Grabit, 1791, reed. Carmela Ferrandes, Bari: Adriatica Éditrice, 1996, p. 119.

62. É. Dumont, *Souvenirs sur Mirabeau, op. cit.*, p. 170. Cabanis, por sua vez, observa: "O doente não para de receber, de dialogar, de escutar o público que cerca seu leito e sua residência."

63. *Le Patriote français, op. cit.*, 6 de abril de 1791.

64. Haïm Burstin, *Une révolution à l'œuvre. Le faubourg Saint-Marcel*, Seyssel, Champ Vallon, 2005, pp. 220-221.

65. Na Córsega, todos os navios hastearam bandeiras a meio pau (*Moniteur*, 29 de maio de 1791), enquanto em Rouen as autoridades municipais e os jacobinos organizaram cerimônias fúnebres (Joseph Clarke, *Commemorating the Dead in Revolutionary France*, Cambridge, Cambridge University Press, 2007, pp. 97-106).

66. *Journal de Paris*, 5 de abril de 1791.

67. Antoine Debaecque, "Mirabeau ou le spectacle d'un cadavre public", *La Gloire et l'Effroi..., op. cit.*, insiste nessa dimensão trágica das pompas fúnebres e no ideal de transparência pública que o anima (pp. 40-43).

68. Jules Michelet, *Histoire de la Révolution française*, Paris: Gallimard, 1976, t. II, p. 558.

69. Ver, em especial, Jacques Julliard (org.), *La Mort du roi. Autour de François Mitterand, essai d'ethnographie comparée*, Paris: Gallimard, 1999.

70. *La Feuille villageoise*, n. 29, 1791.

A INVENÇÃO DA CELEBRIDADE

71. Ver Jeremy Popkin, *La Presse de la Révolution. Journaux et journalistes (1789-1799)*, Paris: Odile Jacob, 2011, que fala de uma "revolução da mídia em 1789" (aumento vertiginoso do número de títulos, tiragens importantes, liberdade de imprensa).

72. Ernst Kantorowicz, *The King's Two Bodies. A Study in Mediaeval Political Theology*, Princeton: Princeton University Press, 1957, trad. fr., 1988; [Tradução brasileira: *Os dois corpos do rei: um estudo de teologia política medieval*, São Paulo: Companhia das Letras, 1988]; Ralph Giesey, *Le Roi ne meurt jamais. Les obsèques royales dans la France de la Renaissance*, Paris: Flammarion, [1960] 1987.

73. Sobre Marat, ver Jean-Claude Bonnet (org.), *La Mort de Marat*, Paris: Flammarion, 1992, e Alain Boureau, *Le Simple corps du roi. L'impossible sacralité des souverains français, XVe-XVIIIe siècle*, Paris: Les Éditions de Paris, 2000, pp. 10-11.

74. *Mémoires biographiques...*, op. cit., t. VIII, p. 511.

75. *L'Ami du peuple*, n. 419, 11 de abril de 1791.

76. *Mirabeau, jugé par ses amis et par ses ennemis*, Paris: Couret, 1791.

77. A. de Baecque, *La Gloire et l'Effroi...*, op. cit., pp. 36-39.

78. P. J. G. Cabanis, *Journal...*, op. cit., p. 137.

79. Sobre Manuel, autor e tema de "vidas privadas", ver R. Darnton, *Le Diable dans le bénitier...*, op. cit., pp. 65-114.

80. Os adversários de Mirabeau jogavam com essa mesma curiosidade por sua vida privada. Republicaram seu romance libertino, *Ma conversion*, na forma já então bem conhecida de uma vida privada, como se se tratasse de uma autobiografia: *Vie privée, libertine et scandaleuse de Feu Honoré-Gabriel-Riquetti, ci-devant Comte de Mirabeau, Député du Tiers-État des Sénéchaussées d'Aix et de Marseille, membre du département de Paris, commandant de bataillon de la milice bourgeoise au district de Grange-Batellière, président du club Jacobite*, etc., Paris, 1791.

81. Os documentos estão reunidos nos *Actes de la commune de Paris pendant la Révolution*, éd. S. Lacroix, Paris, Service des travaux historiques de la ville, 1894-1955, 2ª série, vol. VIII, citações p. 571 e 574.

82. *Ibid.*, p. 576.

83. Finalmente, a transferência será realizada apenas em 21 de setembro de 1794, após o Termidor, portanto. "Foi em um triste dia de outono, nesse trágico ano de 1794, em que a França quase terminara de se autoexterminar, foi então que, tendo matado os vivos, ela pôs-se a matar os mortos, arrancou do coração seu filho mais glorioso." (J. Michelet, *Histoire de la Révolution française, op. cit.*, t. II, p. 562.)

84. Étienne Barry, "Discours sur les dangers de l'idolâtrie individuelle dans une République", *Discours prononcés les jours de décadi dans la section Guillaume Tell*, Paris: Massot, 1794, citado por P. Gueniffey, *Bonaparte, op. cit.*, p. 253; Michel Vovelle, *La Mentalité révolutionnaire. Sociétés et mentalités sous la Révolution française*, Paris: Éditions sociales, 1985, pp. 125-140; Bronislaw Baczko, *Comment sortir de la Terreur, Thermidor et la Révolution*, Paris: Gallimard, 1989.

85. Guillaume Mazeau, *Le Bain de l'histoire. Charlotte Corday et l'attentat contre Marat, 1793-2009*, Seyssel: Champ Vallon, 2009.

86. Barry Schwartz, *George Washington: The Making of an American Symbol*, Ithaca: Cornell University Press, 2007, p. 13.

87. *Ibid.*, p. 162.

88. Joseph Ellis, *His Excellency: George Washington*, Nova York: Random House, 2004, pp. 110-146.

89. B. Schwartz, *George Washington...*, *op. cit.*, p. 136.

90. *London Chronicle*, 16 de abril de 1778.

91. *Mémoires secrets*, t. XIX, p. 244.

92. Gilbert Chinard, *George Washington as the French Knew him*, Princeton: Princeton University Press, 1940.

93. *Nouveau voyage dans l'Amérique septentrionale, en l'année 1781, et Campagne de l'armée de M. le Comte de Rochambeau*, Filadélfia/Paris: Moutard, 1782, p. 61.

94. *Ibid.*, p. 64.

95. Jacques Pierre Brissot, *Nouveau voyage dans les États-Unis de l'Amérique septentrionale, fait en 1788, Paris, Buisson*, 1791, t. II, p. 265. No momento em que Brissot publica-a, em 1791, Washington fora eleito presidente.

96. John Ferling, *The Ascent of George Washington: The Hidden Political Genius of an American Icon*, Nova York: Bloomsbury Press, 2010.

97. Nascido em uma rica família de fazendeiros da Virgínia, Washington era oriundo de um segundo casamento e, à morte de seu pai, quando não contava mais do que 11 anos, herdou apenas uma plantação modesta. Foi a ajuda – e depois a morte – de seu meio-irmão Lawrence, assim como a proteção de lorde Fairfaz que lhe permitiram ascender à elite colonial, herdando a propriedade de Mount Vernon.

98. Carta de John Rush a John Adams, de 22 de abril de 1806, *The Spur of Fame. Dialogues of John Adams and Benjamin Rush, 1805-1813*, D. Adar e J. Schutz (orgs.), Indianápolis: Liberty Fund, 2001, p. 67.

99. J. Ellis, *His excellency...*, *op. cit.*, p. 151.

A INVENÇÃO DA CELEBRIDADE

100. Carta de George Wahington de 15 de janeiro de 1785, *The Papers of George Washington Digital Edition*, Virginia University Press, <rotunda.upress.virginia.edu>.

101. Carta de David Humphreys de 17 de julho de 1785, *ibid.*

102. Carta de George Washington de 25 de julho de 1785, *ibid.*

103. Os trechos redigidos por Humphreys foram publicados apenas em 1991, acompanhados de observações de Washington, por Rosemarie Zagarri, *David Humphreys' Life of general Washington*, Athens/Londres: University of Georgia Press, 1991.

104. Todd Estes, *The Jay Treaty Debate. Public Opinion and the Evolution of Early American Political Culture*, Amherst: University of Massachusetts Press, 2003. Sobre o papel da imprensa: Jeff Pasley, *"The Tyranny of Printers": Newspaper Politics in the Early American Republic*, Charlottesville: University Press of Virginia, 2001.

105. É também o que sobressai dos trabalhos mais recentes dos historiadores. Ver especialmente T. Estes, *The Jay Treaty..., op. cit.*

106. François Furstenberg, *In the Name of the Father: Washington's Legacy, Slavery, and the Making of a Nation*, Nova York: Penguin, 2006.

107. Carta de 25 de fevereiro de 1808, *The Spur of Fame..., op. cit.*, p. 113.

108. "Those who trumpeted Washington in the highest strains at some times spoke of him at others in the strongest terms of contempt. Indeed I know of no character to which so much hypocritical adulation has been offered" (carta de 25 de janeiro de 1806, *ibid.*, p. 49. Adams, aqui, visa especialmente a Alexander Hamilton).

109. Como escreve espirituosamente em 1790, "the history of our revolution will be one continued lie from one end to the other. The essence of the whole will be that Dr. Franklin's electrical rod smote the earth and out sprang General Washington" (citado por B. Schwartz, George Washington..., *op. cit.*, p. 87).

110. Carta de 23 de julho de 1806, *The Spur of Fame..., op. cit.*, p. 65.

111. Douglass Adair, "Fame and the Founding Fathers", *Fame and the Founding Fathers*, Nova York: W. W. Norton, 1974, pp. 3-24.

112. Nathaniel Hawthorne, *Passages from the French and Italian Note Books*, Boston: Osgood and Company, 1876, vol. I, pp. 258-259, passagem redigida em 1858: *"Did anybody ever see Washington nude? It is inconceivable. He had no nakedness, but I imagine that he was born with his clothes on, and his hair powdered, and made a stately bow on his first appearance in the world."*

113. Ver, por exemplo, a carta de Washington a James Craik, de 25 de março de 1784: *"I will frankly declare to you, My dear Doctor, that any memoirs of my life, distinct & unconnected with the general history of the war, would rather*

PODERES DA CELEBRIDADE

hurt my feelings than tickle my pride whilst I lived. I had rather glide gently down the stream of life, leaving it to posterity to think & say what they please of me, than by an act of mine to have vanity or ostentation imputed to me."

114. Carta de 13 de janeiro de 1800, *ibid.*, p. XV.

115. A partir de 1806, o título será: *The Life of George Washington, With curious anecdotes, Equally honourable to Himself and Exemplary To His Young Countrymen.* Para os pormenores da história editorial, remeter à introdução de Marcus Cunliffe, assim como a Christopher Harris, "Mason Locke Weems's 'Life of Washington'. The Making of a Bestseller", Southern Literary Journal, n. 19-2, 1987, pp. 92-101.

116. F. Furstenberg, *In the Name..., op. cit.*

117. O livro compara sucessivamente Washington a todas as figuras heroicas clássicas (Hércules, Aquiles, Alexandre) e mesmo a Júpiter e a Marte. Trata-se certamente de dotar a nação de um herói, no momento em que, na Europa, as nações estão em busca de seus heróis legendários ou históricos. Sobre esse ponto, ver Anne-Marie Thiesse, *Les Créations des identités nationales en Europe, XVIIIe-XXe siècle*, Paris, Éd. du Seuil, 1999. Sobre a busca, nesses mesmos anos, de uma tradição épica americana, ver John P. McWilliams, *The American Epic: Transforming a Genre, 1770-1860*, Cambridge, Cambridge University Press, 2009. No mesmo ano em que Weems, John Blair Linn publica *The Death of Washington. A Poem in Imitation of the Manner of Ossian*, Philadelphie, J. Ormrod.

118. Quando da morte de Washington, Bonaparte organiza uma importante cerimônia pública dirigida por Talleyrand, com um grande discurso de Fontanes. Uma estátua do primeiro presidente americano é colocada na galeria das Tulherias com outras estátuas de grandes homens. Ver Bronislaw Baczko, *Politiques de la Révolution française*, Paris: Gallimard, 2008, pp. 594-618.

119. François René de Chateaubriand, *Mémoires d'outre-tombe*, livro VI, capítulo VIII, éd. J.-P. Clément, Paris: Gallimard, 1997, t. I, pp. 414-418.

120. A história editorial do *Mémorial* é complexa. O manuscrito foi confiscado pelo governador Hudson Lowe, em 1816, e depois devolvido a Emmanuel de Las Cases, em 1821. Este o publica no início de 1823, em uma edição prudentemente autocensurada. A ela se sucederão várias outras edições, das quais as mais importantes são as de 1823-1824 (completada e corrigida), de 1828, de 1830-1831 (novamente completada, dessa vez sem o temor da censura), 1842 (mais triunfalista e bonapartista). Utilizo aqui a de 1831, na edição crítica saída pela Seuil em 1968.

121. Jean Tulard, "Un chef-d'œuvre de propagande", préface à l'édition du *Mémorial*, Paris: Éd. du Seuil, 1968, pp. 7-11; Didier Le Gall, *Napoléon et le mémorial de Sainte-Hélène. Analyse d'un discours*, Paris: Kimé, 2003.

A INVENÇÃO DA CELEBRIDADE

122. O título exato do *Mémorial* é: *Mémorial de Sainte-Hélène ou Journal où se trouve consigné, jour par jour, ce qu'a dit et fait Napoléon durant dix-huit mois* [Memorial de Santa-Helena ou Diário em que se encontra consignado, dia após dia, o que Napoleão disse e fez durante 18 meses].

123. Como o evidenciou muito bem Robert Morrissey em *Napoléon et la gloire...*, *op. cit.*, pp. 171-209.

124. *Mémorial, op. cit.*, p. 195.

125. *Ibid.*, p. 20.

126. J.-C. Bonnet, *Naissance du Panthéon..., op. cit.*

127. A influência direta de Boswell em Las Cases não é explícita no *Mémorial*, mas é possível levantar essa hipótese. A *Vie de Samuel Johnson* saiu em 1791 em Londres, onde alcançou enorme sucesso, e Las Cases viveu na Inglaterra de 1793 a 1802, período em que se converteu em homem de letras e do saber. Ele era apegado à língua inglesa e dava cursos de inglês a Napoleão em Santa-Helena. É, portanto, mais do que provável que conhecesse a *Vie de Johnson*. Quanto a Napoleão, ele não podia ignorar a *Relation de l'Isle de Corse de Boswell*.

128. *Mémorial, op. cit.*, p. 206.

129. Laure Murat, *L'homme qui se prenait pour Napoléon*, Paris: Gallimard, 2011.

130. *Mémorial, op. cit.*, p. 80.

131. *Ibid.*, p. 120.

132. *Ibid.*, p. 206.

133. Em dezembro de 1815, Napoleão e Las Cases leem *A nova Heloísa* juntos e em voz alta ao longo de toda a manhã, e depois novamente à tarde, e o romance é o tema de sua conversa durante o almoço. Isso ocorre, de novo, em junho de 1816. Depois, "Jean-Jacques" é o tema da conversa do imperador em agosto de 1816 (*Mémorial, op. cit.*, pp. 112, 303 e 429): "Ele dissertou longamente e de uma maneira muito interessante sobre Jean-Jacques, seu talento, sua bizarrice, suas depravações privadas" (p. 429).

134. *Ibid.*, p. 112.

135. *Mémorial, op. cit.*, p. 194.

136. *Ibid.*

137. O episódio é narrado de modo menos romanesco no *Journal d'un voyage autour du monde* de Camille Roquefeuille, publicado no mesmo ano da primeira edição do *Mémorial* (Paris: Ponthieu, 1823). O encontro entre Roquefeuille e o chefe Taméaméa ocorreu em 10 de janeiro de 1819. Após as saudações, "ele informou-se em seguida das notícias da Europa e da saúde de diversos potentados. Duas de suas mulheres, que estavam presentes, pareceram tomar parte nos negócios do mundo civilizado, cujos personagens mais marcantes não eram desconhecidos por elas. Uma delas fez várias perguntas sobre Napoleão" (p. 345).

PODERES DA CELEBRIDADE

138. *Mémorial, op. cit.*, p. 635.

139. *Ibid.*, p. 36.

140. Giorgio Agamben, *Le Règne et la Gloire, Homo sacer II*, Paris: Le Seuil, 2008.

141. Bernard Manin, *Principes du gouvernement représentatif*, Paris: Calmann-Lévy, 1995, em particular pp. 171-205.

142. *Mémorial, op. cit.*, p. 419. Madame de Staël reaparece com frequência nas conversas de Napoleão em Santa-Helena. Ele lê seus romances, comenta-os e narra complacentemente algumas anedotas sobre ela, correndo o risco de se repetir: "Nas conversas do dia, o Imperador voltou a Madame de Staël, sobre quem não disse nada de novo." (*Mémorial, op. cit.*, p. 575.)

143. F. R. de Chateaubriand, Mémoires d'outre-tombe, op. cit., t. II, p. 3.

7. Romantismo e celebridade

Em 1808, Napoleão encontrou em Erfurt seu novo aliado, o czar Alexandre I, na presença de vários príncipes europeus. A pedido do imperador, Talma participara da viagem, em companhia de outros atores da Comédie-Française, que ofereceram uma amostra dos fastos do teatro francês. Napoleão não parou por aí e expressou o desejo de encontrar Goethe. A homenagem que prestou ao grande escritor alemão foi percebida como um gesto importante. Ele lhe falou calorosamente de *Werther*, que o tornara célebre aos 25 anos e que Napoleão lera várias vezes. Talma e Goethe estabeleceram relações e reencontraram-se em seguida em Weimar, com o ator encorajando o escritor a se estabelecer em Paris, onde, prometia, suas obras estariam em todas as casas.

Talma, Napoleão, Goethe: o encontro, no coração da Europa, desses três homens célebres – um ator, um homem de Estado e um poeta – é um símbolo poderoso dos novos efeitos da celebridade, na alvorada do século XIX. A proeminência do imperador, nesse contexto, é indubitável. Mas o laço que se estabelece entre essas grandes figuras da vida intelectual, política e cultural não é uma relação tradicional de mecenato. "Sois um homem", teria declarado o imperador a Goethe, à guisa de cumprimento. Formulação um pouco misteriosa que o escritor, anos mais tarde, ainda procurava interpretar, mas que traduz bem a aura pessoal que cinge o homem célebre. Napoleão, recebendo Goethe, é um soberano que honra um poeta, mas também um leitor que satisfaz seu desejo de encontrar o escritor célebre.

Napoleão, Goethe e Talma desaparecerão em uma década, de 1821 a 1832. Eles têm em comum, além de sua enorme celebridade, o fato de encarnar a transição para os mitos românticos do herói demiurgo, do gênio criador e do ator virtuose. O termo "romantismo" foi desgastado

A INVENÇÃO DA CELEBRIDADE

pela história literária e comprometido pelo uso corrente. Permanece, contudo, útil para designar, em linhas gerais, o contexto cultural da primeira metade do século XIX, marcado, em primeiro lugar, pela aceleração do desenvolvimento dos impressos e pelo nascimento de uma indústria cultural. Contrariamente ao que deixava supor uma periodização tradicional, não há verdadeira ruptura ao longo desse período, mas antes um aprofundamento de mutações já iniciadas no século anterior. As tiragens de jornal conhecem uma expansão importante, encorajada pelo desenvolvimento de prensas a vapor, capazes de imprimir vários milhares de páginas por hora, e o livro torna-se um objeto de consumo mais corrente, apropriado pelas novas classes médias. A economia dos espetáculos prossegue sua mutação e alinha-se, na Europa continental, com a situação britânica: a autonomização dos teatros em relação às cortes, a multiplicação dos concertos públicos e dos empreendimentos comerciais, a expansão da publicidade transformam a cultura urbana das metrópoles. O romantismo, como movimento literário, artístico ou musical, é largamente tributário dessa midiatização crescente da vida cultural.[1]

O segundo aspecto é a importância concedida à expressão dos sentimentos, à afirmação da subjetividade na construção das identidades pessoais, à busca de relações pessoais autênticas. Reconhece-se aí a idealização do amor, do sublime, das fortes emoções, mas também uma cultura generalizada da introspecção, à qual o romantismo é, com razão, associado. Essa nova sensibilidade manifesta-se em particular pela promoção do artista, do poeta, onipresente em sua obra. A poesia lírica presta-se bem à publicação das emoções íntimas, impensável uma ou duas gerações antes. A questão não está evidentemente em saber se os sentimentos são sinceros ou verdadeiros, mas em compreender que eles transformam, ao mesmo tempo, a compreensão do "eu" e as formas legítimas de comunicação literária ou musical. Se não se desvela, o escritor coloca-se em cena enquanto gênio sensível e incompreendido, enquanto criador poderoso ou herói melancólico.[2] Essa nova visibilidade do artista é acompanhada por uma afirmação da subjetividade do leitor ou do auditor. A estética nova já não é indexada às regras do classicismo ou às hierarquias sociais do Antigo Regime, mas ao prazer do público. Como resume Stendhal, ainda muito cedo: "O romanticismo é a arte de apresentar aos povos as obras literárias que, no estado atual de seus hábitos e de sua crença, são suscetíveis de lhes agradar o máximo possível."[3]

A despeito de sua aparente contradição, esses dois traços que caracterizam o momento romântico – a midiatização da vida cultural, o ideal de um encontro imediato entre um criador e um público – são complementares. Livreiros hábeis e empresários de teatro peritos nas novas técnicas publicitárias encorajam o encontro entre artistas desejosos de colocar em cena seus "eu" sofredores ou triunfantes e leitores prontos a se entusiasmar ou a se identificar. Muito frequentemente, o artista romântico é ao mesmo tempo um mestre na autopromoção e um grande sentimental. Seu público, aliás, não se deixa de todo enganar. Entretanto, a indústria cultural, que sustenta a eclosão e depois o triunfo do romantismo, é também objeto de seu desprezo, conforme atesta a denúncia recorrente da literatura industrial, da música ruim ou do teatro dos boulevards. A celebridade está presa nessas contradições. Ela se impõe progressivamente como um traço característico da vida literária, artística e musical, mas sofre dessa dualidade entre o ideal romântico de um encontro afetivo, que coloque o artista face a face com seu público, e as realidades mais prosaicas da cultura de massa em gestação. Sequer as formas políticas do fenômeno deixam de ser afetadas por essas mutações: soberanos ou chefes revolucionários, todos devem doravante transigir com os constrangimentos da publicidade.

Byromania

Apenas alguns anos após Erfurt, a irrupção estrondosa de Lord Byron na cena pública foi, inegavelmente, uma etapa importante para a cultura da celebridade. A excepcional celebridade europeia de Byron foi intensamente descrita, comentada, criticada. O momento Byron reencena, com um impacto ainda maior, o episódio rousseauniano.

A INVENÇÃO DA CELEBRIDADE

Georges Gordon era o herdeiro de uma velha família da aristocracia inglesa e de senhores escoceses. Após ter publicado algumas obras satíricas que passaram mais ou menos despercebidas, viajado para a Espanha e a Grécia e, depois, hesitado entre uma carreira política na Câmara dos Lordes, conforme seu estatuto social, e uma carreira poética, mais incerta, ele publicou, em 1812, *Childe Harold*, um longo poema em tom arcaizante que descrevia as aventuras de um cavaleiro melancólico nas margens do Mediterrâneo. Foi um sucesso extraordinário. "O livro estava em todas as casas", testemunha a duquesa de Devonshire, e "o autor era tema de todas as conversas". Ele se torna o poeta da moda, que qualquer um quer ter visto e de que todo mundo fala. Anna Isabella Milbanke, que o encontra nessa época e se casa com ele três anos mais tarde, fica impressionada com o entusiasmo que cerca o jovem. Para descrever seus efeitos, que lhe parecem dizer respeito à histeria coletiva, ela forja o termo "byromania".[4] Nos meses seguintes, o êxito não é desmentido. Os novos poemas de Byron, que retomam o tema do herói romântico e blasé, são novamente um grande sucesso. *Le Corsaire* vende 10 mil exemplares no próprio dia do lançamento, em fevereiro de 1814, número extraordinário para a época.

Mas, já então, o sucesso de Byron não é mais um simples fenômeno literário. É sua pessoa que concentra todos os interesses, que provoca adulação ou reprovação. Sua vida sentimental movimentada e seus costumes malvistos alimentam o escândalo. Suas relações são objeto de amplas conjecturas. Seu casamento naufraga – sua mulher obtém a separação após um ano de vida em comum – e Byron, preso em um turbilhão de boatos maldosos, deixa a Inglaterra em 1816, para nunca mais voltar. A sequência pertence tanto à lenda romântica quanto à história: o lorde melancólico prossegue com suas conquistas amorosas e sua obra poética às margens do lago de Veneza e, depois, de Veneza a Pisa, antes de se aliar aos gregos, em sua luta pela independência, e de encontrar a morte, aos 37 anos, em Missolonghi. Esse desaparecimento inesperado provoca uma onda de choque em toda a Europa. Na Inglaterra, a imprensa, que tanto o vilipendiara, o elogia; adolescentes que não o conheceram clamam seu desespero. No continente, os jovens boêmios guardam luto ostensivo. E embora o poeta tenha morrido de uma febre forte, sem ter realmente combatido, torna-se, para a juventude europeia, uma figura heroica, a de um herói libertador que alia o talento poético e a coragem militar, sendo muitas vezes associado a Napoleão no culto romântico do herói. O byronismo deixa o domínio da celebridade para entrar no universo do mito.[5]

Já em vida do poeta, a celebridade de Byron transborda o reconhecimento propriamente literário de seu talento poético, que desabrocha nos anos 1820-1830, quando, na França e na Alemanha, assim como na Inglaterra, Byron aparece para toda uma geração como a figura mais acabada do poeta romântico. Mas os primeiros sucessos, os dos anos ingleses, dependem antes de uma fusão inédita entre sucesso literário e celebridade escandalosa. Esta, que alimenta rumores e processos, era característica da exposição pública dos personagens demoníacos da boa sociedade inglesa.[6] O sucesso de *Childe Harold* é sucedido pela curiosidade malsã alimentada pelos boatos publicados na imprensa. Suspeita-se de que Byron tenha inúmeras amantes, denuncia-se também sua homossexualidade, bem como sua relação incestuosa com a meia-irmã. O fracasso de seu casamento dá lugar a um processo retumbante. Já em 1821, em *London Magazine* afirmava-se que o interesse por Byron era mais "pessoal" do que "poético".[7]

Esse entrelaçamento dos mecanismos literários e escandalosos da celebridade deriva sua eficácia do fato de que Byron, muito conscientemente, não para de misturar sua vida e sua obra. Todos os seus heróis têm um ar de família (Harold, o Corsário, o Giaur, Manfred, Don Juan): são personagens aventureiros, com forte potencial erótico, profundamente melancólicos e desiludidos, às vezes desesperados, que atuam em ambientes exóticos. Mas o herói byroniano é encarnado na mesma medida pelo próprio Byron, com seu misto de extrema beleza e de deficiência física (um pé torto que o fazia mancar sempre), seu gosto pelos horizontes longínquos e a secreta melancolia que o corrói, sua revolta aberta contra as convenções sociais e a ambiguidade moral que cultiva ostensivamente. Em um mesmo movimento, Byron inventa e encarna o personagem do rebelde idealista e desiludido, que se recusa a se curvar às convenções morais ordinárias, mostrando-se sucessivamente sardônico, sedutor e infeliz. É impossível expressar a que ponto essa figura marcou profundamente a cultura popular, para além de seu enorme impacto no século XIX. Inúmeras vedetes do século XX retomarão traços seus.

Sabiamente, Byron alimenta a dimensão autobiográfica de seus poemas. Já a primeira versão de *Childe Harold* era, muito claramente, uma transposição de suas viagens pelo Mediterrâneo. A ficção medieval não tinha, aliás, praticamente nenhuma profundidade. Nos dois cantos acrescentados em 1816, ele multiplica habilmente as alusões às suas aventuras amorosas. Em *Manfred*, autorizou-se até mesmo uma alusão – muito velada, é verdade – à sua meia-irmã. Vários leitores leem os poemas de Byron na esperança de compreender melhor seus segredos e seus mistérios, suas falhas e seus prestígios, para satisfazer sua curiosidade quanto a um personagem tão célebre e tão fascinante.

A celebridade de Byron não é uma peripécia biográfica estranha à sua obra poética e ao seu lugar na história literária; ela é um elemento essencial destes últimos. Byron não lega somente uma figura do herói romântico, revoltado e melancólico, ou um corpo de poemas que provocará a admiração de uma geração, mas também um modelo de intercâmbio poético entre um leitor curioso até o ponto do voyeurismo e um autor impudico até o risco do exibicionismo. A ficção poética revela-se muito eficaz para alimentar os mecanismos da celebridade, por sua habilidade para conservar uma parcela de ambiguidade. Que Childe Harold, o Corsário, Manfred ou Don Juan sejam duplos de Byron, ninguém duvida; mas qual é, exatamente, a parcela da autobiografia e a da ficção? Byron aproveita-se o máximo possível dessa ambiguidade, que desloca a curiosidade dos leitores, das revelações biográficas – a imprensa encarrega-se delas – para a confissão de sentimentos e estados de alma, portanto para uma relação de mais empatia, mais sentimental, com o autor e seus personagens. Ela alimenta um mistério, uma parcela de segredo, que estimula o esforço de interpretação dos leitores. Encoraja uma "hermenêutica da intimidade", uma leitura que se esforça para atingir um conhecimento íntimo do autor por meio da interpretação de sua obra.[8] Ela é um motor poderoso da *byromania*, pois combina

ROMANTISMO E CELEBRIDADE

estreitamente o sucesso dos poemas, a curiosidade pública em relação ao escritor e o desejo de inúmeros leitores – e leitoras – de ter acesso à intimidade desse autor sensível e atormentado.

Fenômeno cultural complexo, essa celebridade não se assenta, portanto, em um encontro imediato, súbito e apaixonado entre um autor e seu público, como parece indicar a formulação muito famosa de Byron, frequentemente citada: "Certo dia, acordei e descobri que era célebre."[9] Na realidade, essa frase, relatada unicamente por Thomas Moore, em 1830, talvez seja apócrifa e, de todo modo, retrospectiva. Ela alimenta um mito de imediatismo, que os contemporâneos, mas também os historiadores, complacentemente sustentaram. Se a celebridade de Byron estabeleceu-se rapidamente, ela não foi, por outro lado, nem súbita nem espontânea.

John Murray, o editor de Byron, desempenhou um papel muito importante nesse sucesso, pondo em prática métodos sutis de marketing. No momento da primeira publicação de *Childe Harold*, ele fez vários anúncios publicitários nos jornais, mas colocou à venda apenas uma edição relativamente luxuosa e cara, destinada a uma elite bastante restrita.[10] Além disso, o primeiro sucesso do livro foi mediado pelos pares de Byron, esses membros da boa sociedade que o conheciam de nome, quando não de reputação; que partilhavam com ele o gosto pela poesia arcaizante, pelo Grand Tour europeu e por paisagens mediterrânicas; e que podiam encontrá-lo em pessoa nos círculos londrinos. Que a boa sociedade londrina – em que Byron encontra suas primeiras admiradoras incondicionais, como a excêntrica Caroline Lamb, que lhe confessa uma paixão incontrolável e espetacular – seja o primeiro lar da byromania não é evidentemente algo indiferente: é nela que se enraíza o misto de sucesso literário e de celebridade escandalosa, específico do primeiro byronismo. Na sequência, a celebridade de Byron amplia-se na direção da burguesia urbana. A partir de então, sua obra suscita um número considerável de imitações e de paródias, enquanto o personagem do herói byroniano torna-se a referência de toda a nova classe educada.

Esse personagem é também uma figura, tornada familiar pela circulação de diversos retratos, tão amplamente difundidos que John Murray

A INVENÇÃO DA CELEBRIDADE

podia afirmar a Byron: "Seu retrato é gravado e pintado e vendido em cada cidade do reino."[11] Muito preocupado com sua aparência física – a ponto de seguir um regime alimentar e vigiar escrupulosamente seu peso –,[12] Byron procurou controlar sua imagem, mandando gravar retratos que ele próprio encomendara a pintores reputados, que exaltavam uma visão grave e melancólica de sua pessoa. Muito rapidamente, ele teve de se render às evidências, constatando que sua imagem lhe escapara, e que inúmeros retratos, mais ou menos fiéis, se multiplicavam, a fim de responder à demanda do público, fazendo nascer um motivo iconográfico altamente reconhecível: a silhueta de um jovem, geralmente visto de perfil ou três quartos, como nos primeiros retratos, com um longo colarinho branco e impetuosos cabelos pretos.

A celebridade de Byron alcançou rapidamente, e bem antes de sua morte, uma difusão europeia. Aqui, os escritores desempenharam um importante papel transmissor. Goethe admira-o e não para de citá-lo em seus diálogos com Eckermann. Stendhal, que o encontra em Milão em 1816, comporta-se como um adolescente: "Eu estava cheio de timidez e de ternura; se tivesse tido coragem, teria beijado a mão de Lord Byron, derretendo-me em lágrimas."[13] A partir de 1818, o entusiasmo pela figura do poeta desiludido e desesperado estende-se a um público mais vasto, antes mesmo que seus poemas sejam traduzidos, pois os jornais franceses retomam as anedotas da imprensa inglesa, acentuando ainda mais o lado dissoluto de Byron, apresentado como um poeta genial e uma figura maléfica, mas desejável. Madame Rémusat, lendo *Manfred*, escreve ao filho: "Tenho o Lord Byron; ele me seduz. Gostaria de ser jovem e bela, sem vínculos; creio que iria procurar esse homem para tentar trazê-lo de volta à felicidade e à virtude: na verdade, às expensas da minha, creio. Sua alma deve estar repleta de sofrimento, e sabeis como isso sempre me atrai."[14] Para descrever a ascendência de Byron sobre seu público, as metáforas multiplicam-se: ópio, álcool, loucura. Tanto entusiasmo parece desafiar a explicação.

Sem dúvida alguma, Byron acolheu com prazer o prestígio que lhe valiam seu sucesso e sua celebridade. Mas também sofreu seus constrangimentos. Sua decisão de deixar a Inglaterra, em 1816, é motivada pelo desejo de encontrar um pouco de tranquilidade e de escapar da publicidade devoradora que o cerca. Mas sua celebridade o precede. Em sua estada às margens do lago Léman, ele é convidado por Madame de Staël para um "jantar em família" e encontra uma sala cheia de convidados, que o esperam e o encaram sem pudor, como se ele fosse "um animal exótico em um espetáculo de circo" (*some outlandish beast in a raree-show*). Uma mulher, arrebatada por um misto de temor e emoção, desmaia.[15] Esse relato, que figura nas conversas publicadas por Thomas Medwin quando da morte de Byron, demonstra a curiosidade gerada pelo poeta exilado, mas também a difusão de motivos narrativos que ilustram as sujeições da celebridade e que já encontramos em Rousseau e Siddons: o convidado célebre ludibriado por um convite e que se descobre cercado por incontáveis curiosos, a comparação com os animais de circo, o embaraço por ser o centro de todas as atenções. Retomados e comentados, eles transformam-se progressivamente em lugares-comuns.

Um *"beneficium cum cura"*

Como Rousseau antes dele, Byron tornou-se uma figura arquetípica do escritor célebre, cuja notoriedade ultrapassou a tal ponto os limites da reputação literária que acabou fazendo dele, para o bem ou para o mal, um personagem meio real, meio fictício, sobre o qual o imaginário público concentra-se exaustivamente, uma figura pública confrontada aos mecanismos próprios da celebridade. Para todos os escritores da primeira metade do século, esse destino de Byron é obsedante, quer procurem imitá-lo, quer diferenciar-se dele. Chateaubriand, ele mesmo obcecado com a própria imagem pública, não para de se comparar com esse contemporâneo tão famoso, ao seguir seus passos em Veneza, criticando seus gostos, ou ao recordar, com prazer, a carta que o jovem lorde lhe escrevera, quando do lançamento de *Atala*. Pois Chateaubriand tivera também seu *Childe Harold*, esse momento inaugural em que o sucesso captura o escritor ignorado para projetá-lo, sem aviso prévio, no centro das atenções da mídia.

A INVENÇÃO DA CELEBRIDADE

Naquele momento, ele era um desconhecido, a quem a publicação discreta do *Essai sur les révolutions* [*Ensaio sobre as revoluções*], de 1797, em Londres, não tirara do anonimato. A publicação de *Atala*, em 1801, antecedida de uma habilidosa campanha na impressa, por parte de seu amigo Fontanes, alcançou enorme sucesso. As críticas furiosas dos homens de letras mais bem estabelecidos, como o abade Morellet, reforçaram ainda mais o interesse pelo livro. Chateaubriand estava lançado.[16] Ele encarnava uma ruptura tanto estética quanto ideológica: a evocação lírica da beleza das paisagens, uma língua sonora e um desejo de reencantamento espiritual que suscitou um debate violento sobre a importância da religião, sobre a herança do Iluminismo e da Revolução. Mas soube, também, construir com habilidade uma notoriedade que vinha estancar sua sede de reconhecimento após os anos de exílio. Algumas semanas após a publicação de *Atala*, ofereceu um grande jantar em um restaurante e convidou os redatores de todos os jornais parisienses. "Ninguém sabe trabalhar para a própria fama melhor do que ele", observa a esse respeito Mathieu Molé.[17] Alguns anos mais tarde, quando dos Cem Dias, Jaucourt escreverá a Talleyrand, excessivo: "M. de Chateaubriand foi devorado pelo demônio da publicidade."[18] Esse gosto pela celebridade, esse apego excessivo à sua imagem pública, logo se tornará um traço proverbial de sua personalidade. Redigindo seu *Mémoires* quase quarenta anos mais tarde, em um contexto no qual os mecanismos da celebridade tornaram-se mais visíveis do que nunca, ele volta a esse momento inaugural, ao qual consagra um capítulo lúcido, engraçado e melancólico.[19]

Após lembrar a importância da imprensa, necessária para preparar os espíritos e promover o autor antes do lançamento do livro, Chateaubriand insiste no efeito da novidade e da surpresa, na "estranheza da obra", que provoca controvérsia e exalta os espíritos. A celebridade não é o resultado de uma admiração unânime, mas antes de um sucesso um pouco escandaloso, que alimenta debates e querelas, apologias e sarcasmos, que estimula incessantemente a agitação em torno do livro e de seu autor. O vocabulário apropriado é o do "rumor", do "estrondo", da "moda". Longe de ser o termo de uma ascensão regular em direção ao cume do

ROMANTISMO E CELEBRIDADE

prestígio literário, a celebridade apresenta-se como uma "aparição" tão súbita quanto violenta, quase uma invasão.

Essa celebridade tão súbita, assim como em Byron, tem já o sabor de um lugar-comum. Ela assume um valor de revelação, de unção imediata, bem distante das carreiras lentas e cuidadosas dos homens de letras profissionais. Nisso, presta-se perfeitamente bem ao mito romântico do herói impetuoso e à comparação militar: tanto um quanto a outra exigem um pronto triunfo. Mas, outro lado da moeda, ela pode muito bem ser apenas fogo de palha, tão efêmero quanto súbito. Nada a distingue, com segurança, de outros sucessos espetaculares que não duram um dia e parecem incompreensíveis alguns anos mais tarde. Em um texto de 1819, Chateaubriand já exprimia essa suspeita:

> Basta que um autor goze dessa fama que é objeto de todos os seus desejos para que ela lhe pareça tão inútil quanto é, efetivamente, para proporcionar a felicidade da vida. Poderia ela consolá-lo da tranquilidade que lhe tira? Chegará ele mesmo algum dia a saber se essa fama se deve ao espírito de partido, a circunstâncias particulares, ou se se trata de uma verdadeira glória fundada em títulos reais? Tantos livros ruins tiveram uma voga tão prodigiosa! Que preço se pode atribuir a uma celebridade que se partilha muitas vezes com uma multidão de homens medíocres ou desonrados?[20]

Para os escritores românticos, confrontados ao sucesso público de seus escritos, essa distinção entre a celebridade e a glória é um tema recorrente. Quando da morte de Byron, John Clare publica uma vibrante reflexão sobre a "popularidade" dos escritores, fundada na convicção de que esta não é a glória verdadeira, de que o "clamor sonoro dos elogios públicos" (*the trumpeting clamour of public praise*) nem sempre anuncia uma fama eterna.[21] Reconhece-se aí um tema clássico, herança de Cícero e de Petrarca, mas ele assumiu uma forma nova. Pois já não é possível, em 1824, desdenhar totalmente o gosto popular e o julgamento do público. O que Clare tem sob os olhos, ao escrever seu texto, é a enorme celebridade de Byron, um poeta a quem admira profundamente e que é

A INVENÇÃO DA CELEBRIDADE

considerado, já em vida, equiparável a Shakespeare. Será uma exceção à regra geral? Somente o futuro dirá se a celebridade de Byron, rápida e brutal como uma tempestade, poderá encontrar a tranquilidade e a serenidade das glórias duráveis e eternas. Pois a oposição tradicional entre as reputações factícias e efêmeras e a glória póstuma é perturbada por um recém-chegado: o povo (*common people*), que ama a poesia simples e natural. A popularidade dos autores contemporâneos é, portanto, profundamente ambivalente: pode depender de efeitos da moda, de jogos da crítica, dos entusiasmos excessivos do público, mas diz respeito também à *common fame*, que o poeta romântico não saberia desprezar, ainda que ela seja menos desejável do que o elogio unânime da posteridade.

Para aquele que a alcança, a celebridade é inebriante e, ao mesmo tempo, perturbadora; é um reconhecimento e um temor, um primeiro passo em direção à glória, mas também uma armadilha que ameaça prender o autor vaidoso demais. Quando redige, em torno de 1814, o terceiro tomo de suas memórias, Goethe recorda-se do "efeito prodigioso" de seu *Werther*, cujo sucesso fizera dele, aos 25 anos, uma celebridade europeia. Sentira então um grande prazer em ser "admirado como um meteoro literário", mas experimentara a curiosidade inoportuna do público, sem conseguir separar a parcela de satisfação e a de desagrado.

> A maior felicidade ou a maior infelicidade foi que todo mundo queria saber que jovem autor singular era esse que surgira de uma maneira tão inesperada e ousada. Pediam para vê-lo, e até mesmo para lhe falar e, quando estavam longe, para saber alguma coisa sobre ele, que teve assim de experimentar um desvelo excessivo, ora agradável, ora desagradável, mas sempre feito para distraí-lo.[22]

Depois disso, todos os seus esforços serão empregados no sentido de purificar sua celebridade, de conservar somente suas vantagens. Quando de sua viagem à Itália, passa incógnito e, mais tarde, transforma conscienciosamente sua celebridade literária, vagamente escandalosa, em uma fama mais clássica, a de um autor cortesão, conselheiro áulico em Weimar, consagrado já em vida, mas na forma de admiração nacional, não de curiosidade pública. Jamais alcançará pleno êxito nisso, evidentemente, e seus últimos escritos, como suas conversas com Eckermann, fornecem alguns julgamentos agridoces sobre as aflições da celebridade, "quase tão nefasta quanto o descrédito".[23] Apesar de todas as satisfações do amor-próprio oferecidas, ela é um desafio temível para um escritor, obrigado a representar um personagem público, a calar suas opiniões sobre os outros e, sobretudo, a sacrificar sua obra poética à sua vida social: "Se tivesse ficado mais distante da vida pública e de suas questões, se tivesse podido viver mais na solidão, eu teria sido mais feliz e teria também feito muito mais como poeta. [...] Quando se faz algo que agrada ao mundo, ele se empenha em impedir de fazê-lo uma segunda vez."[24]

Chateaubriand diz praticamente a mesma coisa, quando trata da embriaguez da celebridade e de suas falsas aparências. Assim que *Atala* é publicado, ele deixa de ser senhor de si: "Parei de viver de mim mesmo e minha carreira pública começou." Mas esta tem suas contrapartidas: se o sucesso proporciona satisfações ao homem célebre, lhe impõe constrangimentos: "O sucesso me subiu à cabeça: eu ignorava os prazeres do amor-próprio e fiquei inebriado. Amava a glória como a uma mulher, como a um primeiro amor. Entretanto, covarde como era, meu temor igualava minha paixão: convocado, entregava-me contrariado ao combate. Minha selvageria natural e a dúvida que sempre tive a respeito do meu talento tornavam-me humilde em meio aos meus triunfos. Furtava-me ao meu brilho: mantinha-me afastado, procurando apagar a auréola com a qual minha cabeça fora coroada." Não somos obrigados a tomar por verdadeiro esse relato retrospectivo de Chateaubriand sobre sua timidez. Contudo, o conjunto do texto impressiona por sua preocupação em não dissociar esses dois aspectos: o "estúpido entusiasmo da vaidade", que conduz o homem célebre a se deleitar com o rumor público que provoca, e o incômodo engendrado por essa notoriedade súbita, a impressão de não mais se reconhecer, o desejo de escapar aos outros para se reencontrar. Chateaubriand fala da necessidade que sentia, às vezes, de almoçar em um café cuja dona apenas o conhecia de vista, sem saber quem ele era, e onde podia comer ao abrigo dos olhares curiosos. Ali, era reconhecido como um *habitué*, e não como uma celebridade literária. Nem

A INVENÇÃO DA CELEBRIDADE

por isso esquece o sucesso de seu livro, procurando as críticas sobre ele na imprensa – porém, ao menos, sente-se tranquilo ali, graças ao canto dos rouxinóis suspensos em gaiolas que o apazigua. A presença desses pássaros, em uma cena em que o autor procura um meio de escapar ao controle da celebridade, leva a pensar inevitavelmente em uma cena de *As confissões*, em que Jean-Jacques adormecia sob a luz da lua, escutando os rouxinóis. Para o caso de a referência não ser suficientemente transparente, Chateaubriand tomou o cuidado de nomear a dona do café, que se chama... Madame Rousseau!

Algumas linhas adiante, a evocação do autor de *As confissões* torna-se ainda mais explícita quando Chateaubriand evoca, com complacência, os sucessos femininos que sua celebridade lhe vale, quando as "jovens que choram ao ler romances", assim como "a multidão de cristãs" se precipita sobre ele para seduzi-lo.

> J.-J. Rousseau fala das declarações que recebeu quando da publicação da *Nova Heloísa* e das conquistas que lhe foram oferecidas: não sei se teriam subjugado desse modo a mim, mas sei que estava soterrado por uma pilha de bilhetes perfumados; se eles não fossem atualmente bilhetes de avós, eu ficaria embaraçado de contar, com uma modéstia conveniente, como disputavam um bilhete escrito pela minha mão, como pegavam um envelope subscrito por mim e, como, corando, escondiam-no, abaixando a cabeça, sob o véu que cobria uma longa cabeleira.

A celebridade é doravante erotizada. Chateaubriand evoca a sedução recíproca que se estabelece entre o escritor célebre e suas admiradoras com um humor melancólico, permitido pela distância dos anos, mas não sem vaidade. Com um falso pudor, insiste no perigo que representavam os "efebos de 13 ou 14 anos", "as mais perigosas; pois, não sabendo o que querem, nem o que querem de vós, misturam sedutoramente vossa imagem a um mundo de fábulas, de fitas de cabelo e de flores". Perigos reais ou imaginários? Esse mundo de fábulas exprime muito bem o essencial: para o autor, como para suas jovens admiradoras, a celebridade diz respeito à miragem. Ela abre uma brecha na racionalidade das relações sociais.

ROMANTISMO E CELEBRIDADE

A questão da celebridade, dos prazeres que ela proporciona e dos incômodos que provoca não é mais esse fenômeno novo, quase incompreensível, que era ainda em meados do século XVIII, mas uma realidade, doravante bem enraizada, da vida cultural, de que Rousseau aparece como a figura tutelar, o primeiro a tê-la descrito de maneira precisa.[25] De resto, o deslocamento é patente. Ali onde Rousseau vivera a curiosidade do público no modo da alienação, de uma impossibilidade de ser autenticamente si mesmo, Chateaubriand retoma o tema com maior distância e desprendimento. Seu erro, escreve ele, não foi ter desejado ser célebre, mas pretender permanecer o mesmo. Ali residia a vaidade de autor, nessa esperança evidentemente ilusória de que o sucesso não o modificaria, que lhe permitiria viver de maneira simples, sem transformá-lo em personagem público. "Eu acreditara poder saborear *in petto* a satisfação de ser um gênio sublime, sem usar, como hoje, uma barba e um traje extraordinário, continuando a me vestir do mesmo modo que os homens honrados, distinto somente por minha superioridade: esperança inútil! meu orgulho deveria ser punido; a correção veio-me dos personagens políticos que fui obrigado a conhecer: a celebridade é um benefício com encargo de assistência aos fiéis [*beneficium cum cura*]."

"Um benefício com encargo de assistência aos fiéis": formulação formidável, profundamente ambígua. Pode-se ler nela a ironia de Chateaubriand, já que os encargos da celebridade mencionados em seguida por ele são exigências sociais e mundanas, como os jantares na casa de campo de Lucien Bonaparte, aos quais ele não podia se furtar. O *beneficium cum cura* não seria nada além do que o avesso irônico do magistério espiritual do escritor romântico, sobretudo para o autor do *Génie du christianisme* [*O gênio do cristianismo*]? A formulação evoca também o laço particular tecido entre o homem célebre e seu público. A sombra de Rousseau, que paira sobre o texto, prepara essa interpretação. Mais discretamente, a formulação é logo sucedida pela narrativa do encontro com Pauline de Baumont, então doente, e que foi o grande amor de Chateaubriand até sua morte, dois anos depois. "Conheci essa mulher enferma somente quando de sua fuga; ela estava já tocada pela morte e consagrei-me às suas dores." As adolescentes sonhadoras cederam o lugar para outra admiradora, agonizante.

A celebridade não é, para aquele que é seu objeto, um simples atributo, uma projeção de sua imagem pública no mundo, ela o transforma de modo profundo, porque modifica o olhar dos outros, alterando assim irremediavelmente a percepção que ele tem de si próprio e da natureza de suas relações com seus contemporâneos. A força de Chateaubriand, nessa passagem, está em misturar a recordação encantada de sua epifania pública com o olhar mais crítico do velho homem a quem tanto se censurou a obsessão pela fama. Ironicamente, no momento em que conclui *Mémoires*, ele descobre novas sujeições da celebridade, ao ser informado de que o editor a quem vendera os direitos do livro os cedeu, por sua vez, a Émile de Girardin, para que este os publique em folhetim em *La Presse*. Escandalizado, Chateaubriand protesta inutilmente, alegando que "suas cinzas lhe pertencem". Na verdade, a narrativa de sua vida não mais lhe pertence; pressionado por necessidades financeiras, vendeu seus direitos a preço de ouro e a obra de sua vida encontra-se doravante nas mãos dos publicitários.

Mulheres seduzidas e mulheres públicas

Quando evoca as visitas de leitoras enamoradas, Chateaubriand alimenta um lugar-comum, o do poder de sedução associado à celebridade. Dessa erotização das pessoas célebres Byron é, evidentemente, a grande encarnação romântica. Os especialistas insistiram, não sem complacência, nas cartas dessas leitoras, em que a fantasia da passagem ao ato se desenha em filigrana. As cartas de Isabella Harvey, por exemplo, atravessadas por um desejo fremente, parecem ilustrar o domínio de Byron sobre a imaginação feminina: "Dizeis que estou enganada pela minha imaginação, no que diz respeito aos sentimentos que vos tenho. Pouco importa que seja ilusão, uma vez que é mais agradável do que a realidade. Abjuro para sempre da realidade."[26] Guardadas por Byron, essas cartas foram publicadas e comentadas. Algumas são identificáveis; outras, anônimas.

É possível interrogar-se quanto a essa figura da admiradora seduzida, que sonha em encontrar o poeta célebre, ou o músico virtuose, e

ROMANTISMO E CELEBRIDADE

oferecer-se a ele. Não dependeria ela de um clichê fácil, de uma fantasia masculina que se tornou, muito cedo, um lugar-comum? Nos anos 1820, apogeu do sucesso de Byron, os críticos ingleses exploraram quanto puderam o tema de um público feminino histérico, propriamente doente, atravessado por uma epidemia de entusiasmo indistintamente literário e erótico. A seus olhos, essa patologia coletiva era o sinal de uma grave desordem social e moral – essa denúncia foi retomada tanto pelos autores vitorianos, na segunda metade do século, quanto pela crítica universitária, preocupada em diferenciar a obra legítima de Byron dos efeitos superficiais, incompreensíveis e grotescos de sua celebridade.[27] Na verdade, tanto Byron quanto Chateaubriand – e Rousseau antes deles – recebiam inúmeras cartas de leitores. Os arquivos estão distorcidos, pois Byron guardava cuidadosamente as cartas das admiradoras, mais lisonjeiras para seu amor-próprio: "Haverá quem não escreva para agradar as mulheres?", confessava ele.[28] Quanto às leitoras, suas cartas mostram-nas com frequência mais travessas do que apaixonadas. Elas reivindicam uma familiaridade com o autor, que identificam de bom grado a seus personagens, mas exibindo uma distância jovial em relação às suas próprias condutas epistolares. Algumas, sob o véu do anonimato, constroem um jogo simétrico, revelando a Byron elementos da vida privada para em seguida insinuar uma dúvida quanto à autenticidade, exatamente como ele próprio faz em seus livros.[29] Elas o fazem a um ponto tal que, quando afirmam desejar curá-lo de sua melancolia, é provável que haja uma parcela de brincadeira, de desejo de se apropriar dos códigos da ficção e de se divertir com sua ambivalência, como já era o caso das leitoras de Rousseau.

A leitora seduzida pelo escritor célebre a ponto de entrar em contato epistolar com ele torna-se mesmo uma personagem romanesca. Em 1844, enquanto Chateaubriand revisava suas memórias, Balzac publicou no *Journal des Débats* um romance, *Modesta Mignon*, no qual uma jovem da província mantém uma correspondência com um célebre poeta parisiense, Canalis. Reflexão irônica sobre os prestígios da literatura e os efeitos da celebridade, o romance está em consonância com sua época. No ano anterior, as cartas de Bettina von Arnim a Goethe haviam sido traduzidas em francês e Balzac, que escrevera uma resenha sobre elas, dá à sua heroína um patronímico emprestado do *Wilhelm Meister* e uma irmã denominada Bettina – alusões que não poderiam ser mais claras. A publicação das cartas de Bettina havia chamado a atenção para essa prática de se escrever cartas ao escritor célebre, que, desde Rousseau, não se esgotara.[30] Balzac sabia disso perfeitamente, não somente porque ele mesmo recebia cartas de leitores e de leitoras, mas sobretudo porque sua própria relação com Madame Hanska, a quem o romance é dedicado, iniciara-se com uma correspondência.

No romance, o interesse de Modesta Mignon por Canalis desenvolve-se em dois momentos. Uma forte paixão pela literatura de seu tempo, e em particular pelos grandes autores, de Rousseau a Byron e Goethe, conduz a jovem a uma "admiração absoluta pelo gênio". Em sua triste vida provinciana, a literatura oferece o refúgio de um mundo imaginário, do qual pode ser a heroína e que povoa com heróis romanescos. As referências a Byron são insistentes e, quando passeia pelo porto de Le Havre para ver o desembarque de ingleses, Modesta lamenta não descobrir nenhum "Childe Harold perdido".[31] A centelha que vai acender esse desejo romanesco é, por outro lado, um "fútil e tolo acaso": a descoberta de um retrato do poeta.

> Modesta viu na banca de um livreiro o retrato litográfico de um de seus favoritos, de Canalis. Sabeis como são mentirosos esses esboços, fruto de hediondas especulações voltadas contra a pessoa dos homens célebres, como se o rosto deles fosse propriedade pública. Ora, Canalis, desenhado em uma pose bastante byroniana, oferecia à admiração pública seus cabelos ao vento, seu pescoço nu, a fronte desmesurado que todo bardo deve ter. A fronte de Victor Hugo fez com que se raspassem tantos crânios quanto a glória de Napoleão fez com que se matassem marechais em flor.[32]

Balzac introduz no coração de sua narrativa, com uma ironia um pouco insistente, as motivações pouco comerciais que favorecem a proliferação dessas imagens medíocres, cuja ambiguidade está toda em serem vulga-

ROMANTISMO E CELEBRIDADE

res, enquanto suportes publicitários, e, ao mesmo tempo, grandiosas, porque reproduzem os traços reconhecíveis dos verdadeiros gênios: Byron e Hugo não são citados por acaso, nem, evidentemente, Napoleão. Nisto reside a força da celebridade: imagens sem qualidade, e exploração comercial e cínica da notoriedade dos grandes homens suscitam entusiasmos sinceros. Modesta fica seduzida por essa "figura, sublime por necessidade mercantil" e propõe-se a escrever para Canalis. Mas é seu secretário quem lhe responde, usando o nome do poeta, e inicia com ela uma correspondência, que se torna rapidamente amorosa. Essa trama é ocasião para reflexões sobre a celebridade, em especial quando o verdadeiro Canalis, interessado pela fortuna repentina de Modesta, desloca-se até Le Havre e dilapida em alguns dias a aura de sua celebridade. Ali, ele descobre que, se "a curiosidade pública é fortemente estimulada pela Celebridade", esse interesse não dura, é passageiro e não resiste ao encontro efetivo com a própria pessoa: "Parece que a glória, assim como o sol, quente e luminoso à distância, é, se nos aproximamos dele, frio como o cume de um Alpe."[33] Em si mesmo, o gênio não é sedutor, são antes as mediações da celebridade que o revestem de um prestígio ilusório.

O fim do romance oferece a Modesta, enriquecida com o retorno inesperado e triunfal de seu pai, a possibilidade de escolha entre três pretendentes: um aristocrata, representando a elite tradicional, o poeta célebre e, enfim, o secretário, o comportado Ernest de la Brière, que não pode invocar nem sua riqueza nem seu gênio, mas que vence, finalmente, pela sinceridade de seus sentimentos. Epílogo burguês? Sem dúvida, mas a sutileza de Balzac consiste em sugerir que o entusiasmo de Modesta por Canalis não tem nada de uma paixão desvairada provocada por alguns versos e um retrato. Modesta, menos ingênua do que parece, tomara o cuidado de se informar sobre a situação conjugal do poeta. Ela utiliza a celebridade midiática como uma fonte para sonhar, para se subtrair ao mundo decepcionante e baço que a cerca, para não se contentar com leituras passivas, para participar do jogo e controlar, por sua vez, as rédeas da ação. Sua decisão final não é de modo algum impulsiva e espontânea. Sonhando com um idílio com o poeta cujo retrato enfeita

A INVENÇÃO DA CELEBRIDADE

as livrarias, ela cria para si um lugar em um universo midiático que não é o seu, mas, quando se trata de escolher um marido, decide com calma, diverte-se com a concorrência de seus pretendentes e opta pelo mais razoável.

Não se deve desconsiderar, por outro lado, que o motivo da jovem seduzida pelo homem célebre, que se poderia denominar, com certo anacronismo, de motivo da *groupie*, revela a assimetria fundamental do acesso à celebridade. Em Chateaubriand, assim como em Byron, o homem célebre seduz seu público feminino e deve se precaver contra seu entusiasmo excessivo. A mulher célebre, por outro lado, é uma figura desacreditada, ilegítima. Seu potencial de sedução é necessariamente imoral, coloca-a ao lado de prostitutas e cortesãs. Não é anódino que a expressão "mulher pública" tenha por tanto tempo designado prostitutas. Para as mulheres letradas, a exposição pública ameaça todos os valores de honradez e de discrição femininas. Em 1852, Harriet Beecher-Stowe conhece um enorme sucesso com *La Case de l'oncle Tom* [*A cabana do pai Tomás*], best-seller abolicionista, que vendeu, em seu primeiro ano, 300 mil exemplares nos Estados Unidos e 1,5 milhão na Grã-Bretanha. Quando da turnê promocional que seu editor organiza na Inglaterra, acontece com frequência de ela sentar-se na galeria reservada às mulheres, ao abrigo dos olhares, deixando seu pai e seu irmão, na tribuna, falar em seu lugar.[34] Nesse mesmo momento, contudo, os sinais de uma evolução fazem-se sentir. Depois do sucesso de *Jane Eyre*, em 1848, e após ter deixado pairar dúvidas quanto à sua identidade e ao seu sexo, Charlotte Brontë torna-se extremamente popular. Quando de sua morte, em 1855, Elizabeth Gaskell publica uma biografia, em parte romanceada, que fixa duradouramente a imagem legítima da mulher escritora.

Na França, o caso de George Sand é emblemático. Célebre por seus romances, mas também por sua vida pública, suas posições políticas e suas relações tumultuadas, Sand deve suportar uma onda de ataques. No entanto, desde seu primeiro romance, em 1832, ela tomara o cuidado de publicar sob pseudônimo e de escolher um nome masculino, George, que inspirará, por sua vez, uma outra autora, George Eliot.[35] Como muitas outras autoras, ela desejava, também, publicar anonimamente;

ROMANTISMO E CELEBRIDADE

seu editor fez com que buscasse um pseudônimo, por razões comerciais. De fato, apesar do sucesso de *Indiana*, ela consegue, em um primeiro momento, manter certo anonimato. E consegue até mesmo sustentar duradouramente certa dúvida quanto ao seu sexo, ao menos em relação ao público que só a conhece de nome. Em *Histoire de ma vie* [*História da minha vida*], que publica vinte anos mais tarde, então no auge da celebridade, ela reafirma esse desejo de anonimato, sem que seja fácil distinguir entre a modéstia imposta e a sinceridade: "Por gosto, eu não teria escolhido a profissão literária, e ainda menos a celebridade. [...]. Teria desejado viver obscura e como, desde a publicação de *Indiana* até a de *Valentine*, eu conseguira me manter tão bem incógnita a ponto de jornais me concederem sempre o título de Monsieur, gabava-me de que esse pequeno sucesso não mudaria em nada meus hábitos sedentários e uma intimidade composta por pessoas tão desconhecidas quanto eu mesma." Mas, acrescenta, rapidamente desiludiu-se dessa esperança. Ela recebe visitas de curiosos, de pedintes, benevolentes ou malevolentes. "Que pena! Logo logo eu devia suspirar, ali como em todos os lugares, pela tranquilidade, e logo logo correr inutilmente, como Jean-Jacques Rousseau, em busca de uma solidão."[36]

Em *Célébrités du jour* [*Celebridades do momento*], uma coletânea de biografias, Louis Jourdain e Taxile Delord antepõem ao retrato de George Sand, única mulher a figurar no volume, um preâmbulo sobre a celebridade feminina. Como escrever sobre uma mulher célebre, cuja vida é cercada de calúnias e maledicências? O argumento habitual, que alega a celebridade de uma pessoa célebre para justificar o interesse por ela, choca-se aqui com o tema, não menos clássico, do pudor feminino, que tornaria indiscreta qualquer investigação sobre sua vida privada:

> Com que direito o biógrafo penetraria na vida privada de uma mulher, entreteria o público com seus amores ou suas antipatias, suas resistências e suas fraquezas? Mas, dizem, essa mulher tem um talento fora do comum; é artista ou poeta, canta, escreve, pinta, esculpe, e o público tem o desejo legítimo de saber quem ela é, como vive, como ama, como sofre. Que o público tenha esse desejo é algo bem possível.

A INVENÇÃO DA CELEBRIDADE

Mas que vos acheis no direito de satisfazê-lo e, para isso, de escrutinar a existência íntima de uma mulher, de interpretar cada uma de suas falas, de tocar em suas afeições para ridicularizá-las ou desnaturá-las, isso, nós recusamos.[37]

Essa estrutura de gênero da celebridade, cujos constrangimentos pesarão mais fortemente sobre as autoras, persistirá por muito tempo. No fim do século, e ainda durante a Belle Époque, as escritoras estarão sempre divididas entre o desejo de sucesso e de celebridade, de um lado, e os valores de modéstia e de devoção doméstica associados às mulheres, de outro. Como se tornar uma figura pública, sem por isso inscrever-se em uma oposição demasiado frontal com as normas sociais? O exercício é ainda mais difícil, na medida em que qualquer afirmação demasiado visível de modéstia autoral é doravante percebida, pelos críticos, como um desejo secreto de celebridade. Mais de uma autora descobre-se presa na armadilha dessa temível contradição.[38]

Virtuoses

Como no século anterior, o palco permanece o vetor privilegiado, e até mesmo o único legítimo, da celebridade feminina, desde as turnês internacionais da Malibran, a cantora espanhola, por todos os teatros líricos da Europa, até os sucessos de Mademoiselle Mars e de Rachel nos tablados da Comédie-Française. Após seus sucessos em *Fedra*, Rachel conseguiu negociar condições financeiras extremamente favoráveis na Comédie-Française, para grande prejuízo para os outros societários, que tiveram, entretanto, de se curvar perante a celebridade da atriz trágica.[39] Sua morte, em 1858, provocou uma avalanche de elogios, de anedotas e de biografias, uma caça aos autógrafos e às revelações íntimas. O diretor do *Figaro* preparara seu artigo havia várias semanas e aproveitou-se do falecimento para publicar, já no dia seguinte, um número especial "composto de anedotas, de um autógrafo da ilustre atriz trágica e de cinquenta cartas inéditas, das mais picantes e variadas".[40]

ROMANTISMO E CELEBRIDADE

O teatro continuou a ocupar, na vida cultural das metrópoles, o papel central que tinha desde o início do século XVIII, bem como a prover o público de vedetes. Em Paris, enquanto Rachel triunfava nos papéis trágicos, Frédérick Lemaître contracenava com Marie Dorval em comédias e dramas populares, nos teatros de boulevard, e transformava o bandido Robert Macaire em um personagem cômico. O termo "star", importado do inglês, começava a ser utilizado para designar esses atores vedetes. Em Londres, Edmund Kean, vedete incontestável de *Drury Lane*, não atraía a atenção unicamente por suas performances teatrais, mas também pelo personagem público demoníaco que forjara para si mesmo. Verdadeiro filho de peixe, Kean tinha uma extração social totalmente diferente daquela de Byron, mas, como ele, devia sua celebridade à conjunção entre um talento rapidamente reconhecido e uma vida privada movimentada, da qual o público não ignorava nada. Alguns anos após o divórcio retumbante de Byron, ele foi condenado por adultério como consequência de um processo que ocupara a atenção da imprensa britânica por vários meses. A comparação termina por aí. Kean não encarnava o herói romântico e melancólico, mas uma figura histriônica e fantasiosa, sempre pronta a transformar a vida em espetáculo, alimentando com complacência os rumores mais malucos, por conta de seus comportamentos extravagantes: os jornais descreviam suas extravagâncias sexuais e alcoólicas, sustentavam que ele alimentava um leão doméstico com animais vivos e que participava de combates de boxe sem utilizar luvas.[41] Ator shakespeariano e vedete transgressora, Kean marcou seus contemporâneos na Inglaterra, onde um cheiro de escândalo acompanhava-o permanentemente, mas também nos Estados Unidos, que visitou duas vezes, e na França, onde Alexandre Dumas consagrou-lhe uma peça três anos após sua morte.

No fundo, não havia nada de realmente novo nisso. No domínio da celebridade, a verdadeira revolução romântica deve-se menos ao teatro do que à música. No século XVIII, esta tivera suas figuras de compositores, como Haendel, Grétry e Gluck, ou de cantores, como os *castrati* Farinelli e Tenducci. Mas a música permanecia marcada por sua origem religiosa e pelo contexto curial ou aristocrático no qual era, na maioria das vezes,

A INVENÇÃO DA CELEBRIDADE

tocada, de maneira que ela permanecia o privilégio de uma elite cultural restrita. Com efeito, apesar de seu sucesso, nem Gluck nem mesmo Haydn conheceram uma verdadeira celebridade, que ultrapassasse os círculos estreitos dos amadores e dos mecenas. É verdade que o jovem Mozart deixou estupefatos os públicos londrino e parisiense, quando de sua primeira turnê europeia, aos 6 anos. Sua celebridade assentava na figura da criança prodígio, que parecia encarnar as novas teorias sobre o caráter inato do gênio criador.[42] Mas o efeito surpresa e de admiração atenuou-se à medida que Mozart crescia. Se sua reputação musical permaneceu grande entre os amadores, apesar de suas contrariedades em Salzburgo e até seus sucessos tardios em Viena, ele teve de se resignar a não suscitar mais o mesmo entusiasmo. Ficou amargamente decepcionado com a recepção que teve em Paris, em 1778, e queixava-se de ter de tocar em uma relativa indiferença, em meio a atribulados homens da alta sociedade, sem provocar maior reação do que um interesse cortês.[43] Em contrapartida, a primeira metade do século XIX vê o triunfo das grandes vedetes musicais. A multiplicação dos concertos públicos, mais ou menos emancipados do mecenato aristocrático, e a invenção do recital individual modificam as condições sociais da interpretação.[44] A música, sobretudo, mudou de estatuto: tornou-se o modelo de uma arte pura, vetor ideal da sensibilidade. Preparada desde a época de Gluck, essa relação nova com a música atinge seu apogeu nos anos 1830-1850, no momento dos grandes sucessos de Liszt. De Viena a Berlim, de Pest a Paris e de Nápoles a Londres, os concertos atraem grandes públicos, que se entusiasmam com a música nova, com seus autores e com seus intérpretes. "Afogamo-nos em Paris em torrentes de música, quase não há casa em que possamos nos salvar, como em uma arca de Noé, em meio a esse dilúvio sonoro; enfim, a nobre arte musical inunda toda a nossa vida", observa espirituosamente Heinrich Heine, em suas crônicas parisienses.[45]

É o momento, como todos sabem, em que Beethoven torna-se a encarnação do gênio romântico. Ele mesmo, apesar de sua notoriedade, não conheceu, em vida, uma celebridade comparável à de Byron. É preciso abrir mão de reconstruções retrospectivas, que projetam na carreira de

ROMANTISMO E CELEBRIDADE

Beethoven o enorme prestígio associado a seu nome a partir de meados do século. Ele certamente não tinha nada de um artista maldito. Seu percurso, em Viena, foi marcado por brilhantes sucessos. Reconhecido desde muito cedo como um dos grandes compositores de seu tempo, senão o maior, Beethoven beneficiou-se do apoio de figuras importantes da corte imperial, que nutriam grande admiração por ele e garantiam sua segurança financeira. Mas sua crescente reputação permanecia confinada ao meio dos mecenas melomaníacos. Seu talento era contestado por uma parte do público vienense, que achava suas obras difíceis demais, árduas demais, distantes demais das formas suscetíveis de agradar a um público mais amplo. Quanto a Beethoven, ele praticamente não fazia concessões: "Não escrevo para a multidão", exclamou, furioso e despeitado, após o fracasso de sua ópera *Fidélio*. Ele podia permitir-se tal intransigência, dado o apoio indefectível de seus mecenas. Contrariamente à lenda, a carreira de Beethoven desenvolveu-se, majoritariamente, no contexto tradicional da corte imperial e dos salões vienenses.[46]

Foi apenas em 1814 que Beethoven adquiriu tanto uma celebridade internacional quanto uma verdadeira popularidade na Áustria, em razão das obras que compôs para celebrar as derrotas de Napoleão. O concerto de novembro de 1814, por ocasião do Congresso de Viena, assegurou sua reputação de grande compositor patriótico. No entanto, essa celebridade não foi tão duradoura quanto se imagina. As reapresentações do concerto, alguns dias mais tarde, terminaram com um fracasso comercial. Nos anos seguintes, Beethoven perdeu uma parte de seus apoios na corte e isolou-se cada vez mais – em razão de sua surdez, mas também de sua evolução criadora. Mantinha admiradores entusiasmados e recebia encomendas da Inglaterra, da Alemanha e até dos Estados Unidos, mas elas provinham de sociedades de músicos e de amadores. Foi sobretudo em Viena, e em algumas cidades alemãs, que sua morte, em 1827, foi um acontecimento. Em Paris, nessa época, ele ainda era pouco tocado.

O caso de Beethoven permite distinguir os mecanismos da celebridade dos efeitos da reputação, mesmo excepcional, de um artista. Não restam dúvidas de que Beethoven obteve bastante cedo, em meados dos anos 1790, e mais claramente ainda a partir de seu grande período criador

A INVENÇÃO DA CELEBRIDADE

dos anos 1800, o apoio incondicional de uma parte das elites vienenses e de melomaníacos europeus que nutriam profunda admiração por ele. Com o sucesso de 1814, sua reputação ficou mais bem estabelecida, mas assentava-se no estilo heroico e patriótico que fizera seu sucesso e do qual ele procurou, em seguida, distanciar-se. Foi essencialmente após sua morte que se desenvolveu um verdadeiro fascínio por sua obra.[47]

Assim, Beethoven permaneceu, durante toda a sua vida, aquém dos limites da celebridade, menos popular, por exemplo, do que Rossini. Quando Stendhal escreve, em 1824, no ano mesmo da criação da *Nona Sinfonia*: "Desde a morte de Napoleão, ele se mostrou outro, do qual se fala todos os dias em Moscou, assim como em Nápoles; em Londres, assim como em Viena; em Paris, assim como em Calcutá", é de Rossini que se trata, com 32 anos recém-completos e cujos sucessos napolitanos e vienenses, e depois as turnês triunfantes em Paris e em Londres, ocupam a atenção do público, mas também da imprensa, e ao qual Stendhal já dedica uma biografia.[48] Entretanto, a exaltação póstuma do gênio de Beethoven pelos músicos românticos será crescente. Ela contribuirá para estabelecer uma relação nova com a música e os músicos, sobre a qual se funda a extraordinária popularidade de Liszt.

Considerado, no momento de sua morte, como se chegou a dizer, o rosto mais conhecido da Europa,[49] Liszt contribuiu poderosamente para o culto de Beethoven. Tendo se beneficiado de uma celebridade precoce de criança prodígio, desde seus primeiros concertos em Paris, em 1823-1824, torna-se, dez anos mais tarde, a coqueluche do público parisiense, fascinado com as anedotas de sua relação com Marie d'Agoult e com seus escritos provocadores, marcados pelo saint-simonismo, nos quais reclama a elevação social do músico e defende uma música espiritual. Esse pianista querido pela boa sociedade, recebido nos melhores salões do subúrbio de Saint-Germain, não teme denunciar o papel "subalterno" ocupado aí pelos músicos ("será o artista outra coisa mais do que uma distração em um salão?", pergunta ele), de zombar da falta de cultura musical de seus admiradores e de apelar para uma música popular, fraternal, inspirada, universal. "Venha, oh, venha a hora de liberação em que o poeta e o músico não dirão mais "o público", mas "o POVO

ROMANTISMO E CELEBRIDADE

e DEUS"![50] Com habilidade, Liszt consegue ocupar um lugar singular, mas extremamente visível, na vida cultural parisiense, a meio caminho entre a figura tradicional do pianista de salão e aquela, nova, do artista romântico, profeta dos novos tempos.[51]

O auge da celebridade de Liszt é alcançado quando de uma vasta turnê europeia, empreendida a partir de 1838, que conduz o pianista de Viena a Berlim, e depois de Londres a Paris, provocando reações às vezes extremas no público.[52] Tal exposição pública suscita também críticas e zombarias. Em Berlim, em 1842, o fervor que cerca suas apresentações alcança uma intensidade inédita, que fascina os críticos e os jornalistas. As performances de Liszt passam para o segundo plano, pois o que é preciso descrever e compreender são as cenas de entusiasmo coletivo que os concertos provocam. O vocabulário da loucura torna-se um lugar-comum, com cada um buscando compreender essa forma nova de patologia.[53] Caricaturas representam os auditores de Liszt sendo conduzidos diretamente ao asilo, logo à saída do recital. Os liberais querem ver na popularidade do músico as consequências da ausência de liberdade política, como se fosse necessário que as paixões do público berlinense se concentrassem em um objeto. Os conservadores deploram tais transbordamentos, que lhes parecem excessivos e deslocados. Ficam alarmados com as reações do público feminino, como se o entusiasmo pelo virtuose dissesse respeito à excitação sexual. No conjunto, predomina um misto de admiração, de inquietude e de diversão. O eco do sucesso de Liszt é, assim, multiplicado. Não somente os espectadores oferecem a si próprios em espetáculo, mas os comentários provocados por essa reação inédita concentram o interesse do público na celebridade de Liszt. Se o preço de seus concertos reserva seu acesso à burguesia berlinense e à boa sociedade, a curiosidade provocada por sua presença na cidade, por meio dos relatos dos jornais, das conversas nos cafés e da profusão de caricaturas, atinge uma população muito mais ampla: "Fala-se de Liszt nos palácios dos grandes homens como nas casas dos pobres", escreve Gustav Nicolaï em um jornal local.[54]

Como dar conta dessa celebridade? A trajetória de Liszt explica-se, em primeiro lugar, pelas novas condições da vida musical. Embora

A INVENÇÃO DA CELEBRIDADE

permanecendo dependente, nas primeiras décadas de sua carreira, do mecenato aristocrático, ele beneficiou-se da explosão dos concertos públicos e da revolução técnica do piano. Quer interprete as próprias composições ou as de outros, Liszt impõe, a partir de 1835, o modelo do recital individual, em que o músico encontra-se sozinho no palco, diante do público. Mesmo Paganini, o grande virtuose cujos concertos impressionaram-no tanto no início de sua carreira, tocava com uma orquestra. Liszt, por sua vez, inventa o recital solo. Paralelamente, o piano torna-se o instrumento privilegiado da burguesia e impõe-se na educação das jovens de boa família, provocando um interesse maior pelo instrumento e uma curiosidade crescente pelos virtuoses, como Liszt, mas também Sigismund Thalberg ou Henri Herz.[55]

A partir de então, o virtuosismo instrumental ultrapassa o quadro exclusivo da experiência estética e torna-se uma performance, saudada como o é uma façanha esportiva. Esse aspecto culmina nos duelos, como aquele que opõe Liszt a Thalberg no ponto culminante da rivalidade entre os dois homens, alimentada esta por uma sucessão de desafios e de declarações provocadoras. A comparação com os boxeadores, seus duelos e desafios, poderia parecer grosseiramente anacrônica, mas acontece que ela vinha espontaneamente ao espírito dos contemporâneos, em particular na Inglaterra, em que os combates de boxe, desde o fim do século XVIII, haviam se tornado espetáculos populares, assegurando a celebridade de homens como Daniel Mendoza, verdadeiro agente de sua celebridade esportiva.[56] Mesmo quando se emancipa desse tipo de rivalidade, para colocar face a face o artista e seu público, o virtuosismo permanece, antes de tudo, uma performance, que vale tanto pela surpresa que gera quanto pela emoção que provoca. Vai-se ver um homem capaz de realizar proezas físicas e técnicas que pareciam impossíveis. A comparação com Bonaparte era muito frequente e Liszt aparecia, por sua vez, como uma personalidade audaciosa e conquistadora, adotando de bom grado uma postura marcial, exibindo seu gosto pelas façanhas inesperadas.[57] Ele lança desafios para si mesmo, como tocar ao piano o final da *Sinfonia fantástica* de Berlioz, provocando um "delírio indescritível" no público diante dessa improvável utilização do instrumento.[58] Em março de 1837, causa surpresa ao anunciar um recital de piano sozinho, na Opéra, em um domingo. A imprensa não consegue acreditar: "Tocar piano na Opéra! Transportar os sons magros e fracos de um único instrumento para essa sala imensa, para essa sala toda retumbante ainda dos ecos dos *Huguenots*, habituada a todas as emoções dramáticas... e isso... em um domingo, diante de um público inábil e heterogêneo! Que iniciativa vigorosa!"[59]

A menção ao público "inábil e heterogêneo" é decisiva. Para seduzir esse público novo, Liszt não propõe composições originais ou difíceis, mas faz improvisações e toca fantasias de árias de óperas conhecidas. Ao fascínio pela performance acrescenta-se a familiaridade com árias populares. O eco dessas novas práticas é multiplicado pelo uso da publicidade ou, antes, como se dizia no século XIX, do reclame. Liszt é um dos primeiros músicos, após Paganini, a utilizar os serviços de um empresário, Gaetano Belloni, que se encarrega de organizar suas turnês, de promover a inserção de anúncios publicitários e resenhas elogiosas nos jornais, mas também de velar pela publicação de retratos gravados de Liszt.[60] Ele mesmo possui um senso agudo de autopromoção: faz redigir curtas biografias, em alemão e em francês, que aguçam o interesse do público, não hesita em polemizar por meio da imprensa, publica nos jornais cartas que escreve para os amigos e nas quais conta da recepção de seus concertos. Gosta particularmente de manifestar seu temperamento caridoso, organizando concertos para causas humanitárias, por exemplo após as inundações de Pest, e tomando o cuidado de tornar amplamente conhecido seu comportamento desinteressado.

O resultado desse imenso empreendimento musical e publicitário é a existência de uma estranha figura pública, ao mesmo tempo músico sentimental, acalentando o sonho de uma música espiritual; homem de espetáculo, capaz de atrair multidões; e homem do povo, afeiçoado a poses aristocráticas e distintas. Pois Liszt, mais do que qualquer músico de sua época, sabe cultivar uma perfeita ambiguidade, aquela do "virtuose subversivo", hostil às elites e ao mesmo tempo fascinado por seu modelo de distinção, cultivando com seu público uma proximidade sentimental e uma distância um pouco altiva. Mas, desde Rousseau e

Byron, duas referências caras a Liszt, não seria esse um dos motores poderosos da celebridade?

Essa figura do músico sentimental e virtuose, utilizando todos os truques da publicidade, encontra um observador acerbo na figura de Heinrich Heine, escritor alemão estabelecido em Paris, apaixonado pela música, lúcido e voluntariamente sarcástico. Quando do retorno triunfal de Liszt a Paris, em 1844, ele ironiza ao longo de toda uma crônica divertida e cruel o sucesso do "grande agitador", "nosso Franz Liszt", o "doutor em filosofia e em semicolcheias", o "moderno Homero que a Alemanha, a Hungria e a França reclamam como filho de sua terra, ao passo que o cantor da *Ilíada* não era reivindicado senão por sete pequenas cidades de província", ou ainda o "novo Átila, o flagelo de Deus para todos os pianos de Érard". Após essa sucessão de comparações burlescas, ele evoca o "inacreditável *furore*" que eletrizou a sociedade parisiense, o "mundo histérico" das espectadoras e suas "aclamações frenéticas" e, além disso, finge impressionar-se com o fato de o público parisiense, que pensava ser mais *blasé* que o alemão, estar tomado de tal paixão por um pianista: "Coisa bizarra!, pensei eu, esses parisienses que viram Napoleão, o grande Napoleão, contra os quais era preciso travar batalhas e mais batalhas para fazê-los interessar-se por ele e conquistar seus sufrágios, esses mesmos parisienses agora cobrem de aclamações nosso Franz Liszt! E que aclamações! Um verdadeiro frenesi, de que não há exemplos nos anais da loucura!" Ele persiste nessa veia médica, sugerindo que a explicação para tal entusiasmo coletivo pertence "mais à patologia do que à estética". Depois, abandonando essa crítica já convencional, conforma-se com uma explicação mais prosaica: o verdadeiro gênio de Liszt consiste em "organizar seus sucessos ou, antes, em encená-los".

Heine dá, então, livre curso a uma crítica bem-acabada dos mecanismos publicitários da celebridade, que não poupa nada, nem mesmo a reputação filantrópica que de bom grado Liszt se atribui. Segundo Heine, os sucessos do pianista seriam, aliás, factícios, autoalimentados por novas estratégias comerciais: trata-se do papel do empresário Belloni, "intendente geral de sua celebridade", que manda, ele próprio, comprar os louros, os buquês de flores, "poemas de louvor e outros custos de ovação". Percebe-se que a

ROMANTISMO E CELEBRIDADE

celebridade entrou na era da suspeita. Não se trata mais apenas de criticar o entusiasmo excessivo do público, mas de colocar em dúvida a própria realidade desses espetáculos triunfais: e se tudo não passar de fraudes e de poeira nos olhos?[61] Nesse ponto, Heine, que não tem nada a invejar aos detratores atuais da sociedade do espetáculo e do *star-system*, amplia sua questão, para destilar uma crítica geral da celebridade adquirida pelos virtuoses e que se trata menos de denunciar do que de reduzir às suas proporções adequadas: "Não examinemos muito de perto as homenagens recebidas pelos célebres virtuoses. Pois, no fim das contas, o dia de sua vã celebridade é extremamente curto"; ou, ainda, de uma forma mais imagética e inesperada: "A fama efêmera dos virtuoses evapora-se miseravelmente, sem deixar traços nem eco, como o relincho de um camelo que atravessa as areias do deserto."[62]

O próprio Liszt não era insensível aos limites da "estéril celebridade" e de seus "gozos egoístas", que fustigara em um artigo publicado quando da morte de Paganini, para lhe opor a arte verdadeira.[63] Talvez quisesse evitar a triste sorte que Heine lhe prometia – a do antigo virtuose que volta a ser anônimo –, rebaixando a lembrança de sua celebridade desvanecida. O mais certo é que ele estava, havia muito tempo, dividido entre a embriaguez do sucesso e o desejo de produzir uma obra autêntica. Em 1847, no apogeu de sua notoriedade, decidiu encerrar sua carreira de concertista virtuose, aceitar uma colocação em Weimar e consagrar-se à composição. Essa escolha, acompanhada por um vibrante retorno à fé católica, faz pensar que as declarações de Liszt, quando afirmava desprezar a celebridade, eram mais sinceras do que se poderia crer. Quase dez anos antes, ele já escrevia, quando de uma turnê triunfante pela Itália:

> Então, confesso, muitas vezes senti pena dos mesquinhos triunfos da vaidade satisfeita; então, protestei amargamente contra as emoções vivas com as quais via serem acolhidas obras sem consciência e sem alcance; então, chorei sobre o que outros chamavam de meus sucessos, quando estava claro para mim que a multidão acorria ao artista para lhe pedir uma diversão passageira e não um ensino de nobres intuições. Então, senti-me igualmente magoado, recusando-me a reconhecer juízes tão frívolos, tanto em seus louvores quanto em suas críticas.[64]

A INVENÇÃO DA CELEBRIDADE

Contra uma leitura desconfiada, que não vê em tais afirmações senão uma coqueteria de vedete, por que não lhe conceder um pouco de crédito e reconhecer que Liszt, como Rousseau, Byron ou Siddons, mantinha com sua própria celebridade uma relação no mínimo complexa e ambivalente? A celebridade não é uma forma inteiramente legítima de reconhecimento, pois o entusiasmo imediato do público rompe o equilíbrio com o reconhecimento pelos pares. Ela é impura, pois é por demais devedora de um modelo comercial, dos expedientes da publicidade e dos subterfúgios do que não se denominava ainda de marketing cultural. De tudo isso, o virtuose é a encarnação. Surgido no século XVIII, o personagem pertence ao mundo do espetáculo tanto quanto ao da arte; seduz por suas performances, mais que por suas criações; abdica de seu projeto artístico, que implica uma lenta maturação, em nome da satisfação imediata do público, que espera ser, ao mesmo tempo, impressionado pela proeza e confirmado em seus gostos. Coloca-se em cena e torna-se ele mesmo o objeto do espetáculo, fazendo-se o construtor de seu próprio personagem público.[65] Exulta ao ver seu amor-próprio lisonjeado, mas pode se manter lúcido diante da vaidade do sucesso, pois conhece, mais que ninguém, os artifícios do reclame, em que a celebridade não é senão um argumento publicitário. Em sua veia mais irônica, Liszt zomba dos concertos medíocres dados por "músicos comuns e sem graça que, a despeito dos duzentos cartazes, verdes, amarelos, vermelhos ou azuis, proclamando incansavelmente sua celebridade por todos os cantos de Paris, são, no entanto, condenados a permanecer para todo o sempre anônimos".[66] Desde muito cedo em sua carreira, demonstra uma desconfiança em relação às formas do sucesso público, do qual, contudo, se beneficiará nos anos seguintes. Sua relação com a música depende, assim, de uma sensibilidade fendida entre o desejo de reconhecimento imediato, que alimenta o gosto pelo sucesso, e a intuição de uma autonomia dos mundos artísticos, nos quais o verdadeiro reconhecimento implica manter a distância as exigências do público.

Da celebridade na América

A carreira europeia de Liszt revela que a geografia da celebridade modificou-se. Seus sucessos, longe de se limitarem a Paris ou a Viena, levaram-no a Zagreb e a Pest, a Berlim e a Londres. No entanto, Liszt não deixou a Europa. Por outro lado, outros virtuoses atravessaram o Atlântico, como o pianista francês Henri Herz, a dançarina austríaca Fanny Elssler, cuja turnê americana foi um grande sucesso em 1840-1842, ou ainda o violinista norueguês Ole Bull, que Heine chamava de "La Fayette do *Puff*", porque julgava que, "em matéria de reclames, [ele] é o herói dos dois mundos".[67]

É, com efeito, na virada dos anos 1830-1840 que começam a se desenvolverem, nos Estados Unidos, as primeiras manifestações da cultura da celebridade, destinada a assumir o lugar preponderante e conhecido na cultura popular americana do século XX. Como na Europa, é inicialmente no domínio literário que o rápido crescimento urbano, a multiplicação dos impressos e as novas técnicas comerciais fazem sentir seus efeitos. O escritor Nathaniel Parker Willis encarna bem esse desenvolvimento. Um pouco esquecido hoje em dia, ele foi uma figura muito importante da vida cultural americana de meados do século. Tornou-se conhecido, ainda muito jovem, pela narrativa de sua viagem à Europa, pela publicação de histórias muito vivas e engraçadas sobre a vida das pessoas eminentes da alta sociedade nova-iorquina. Escritor e jornalista, tornou-se o autor mais célebre e o mais bem pago de sua época, dirigiu ele mesmo inúmeros jornais, lançando em particular o *Home Journal* em 1846, no qual dava o tom da vida cultural da Costa Leste. Ao mesmo tempo autor célebre, editor – apoiou incansavelmente a carreira de Edgar Allan Poe – e árbitro das elegâncias, ele ilustra as mutações sociais e culturais que acompanharam o crescimento urbano de Nova York, cuja população passou de 240 mil habitantes a 1,2 milhão em trinta anos (1830-1860). Willis tornou-se um personagem muito conhecido, mas extremamente controverso, objeto de frequentes chacotas por seu caráter efeminado e afetado. Como escrevia um jornalista, "nenhum homem viveu mais frequentemente sob os olhos do público, nos últimos vinte anos, que Willis e não há escritor americano que tenha recebido mais aplausos de seus amigos e mais críticas de seus inimigos".[68]

Willis foi também testemunha da profunda transformação dos espetáculos públicos, cujo desenvolvimento comercial foi muito mais rápido do que na Europa. Diferentemente do Velho Mundo, e não tendo os Estados Unidos tradição de espetáculos de corte e de mecenato aristocrático, a economia moderna do espetáculo pôde desabrochar aí quase sem freios, sob o impulso de empresários audaciosos, em particular o impressionante Phineas Taylor Barnum. Ele ficou famoso por seu gigantesco circo ambulante – modestamente denominado *The Greatest Show on Earth* –, seus espetáculos de monstros humanos e sua coleção de objetos reunidos no Barnum American Museum, que fizeram dele uma figura fundamental da cultura popular americana, a encarnação do promotor de espetáculos ambicioso, astuto e sedutor. Começara sua carreira com espetáculos menos fulgurantes, exibindo especialmente Joice Helth, uma velha negra que alegava ser a antiga ama de George Washington e ter 160 anos. Depois, foi a vez de Tom Pouce, uma criança anã de que ele fez uma verdadeira vedete, no início dos anos 1840.

Os espetáculos de curiosidades humanas, sobretudo raciais, não eram exatamente uma novidade. Em 1796, os habitantes de Filadélfia já haviam podido observar uma "grande curiosidade", um homem negro que se tornara quase inteiramente branco, exibido todo dia, em uma taberna, por meio xelim. Henri Moss tornou-se por algum tempo uma celebridade de estatuto muito ambivalente, estimulando o interesse tanto da multidão dos curiosos quanto dos eruditos e filósofos.[69] No entanto, Barnum conferiu a esses espetáculos uma dimensão inédita, adaptada às novas formas midiáticas e espetaculares, e inaugurou a época dos *freak shows*.[70] Mas ele próprio mostrava-se desejoso de respeitabilidade. Convertendo-se em empresário, organizou turnês americanas para as celebridades europeias, para as quais conferiu uma dimensão quase industrial à arte do *puff*, que consistia em fazer publicar na imprensa elogios ditirâmbicos de um artista, a fim de estimular a curiosidade do público.[71]

Seu golpe de mestre foi levar aos Estados Unidos a cantora de ópera sueca Jenny Lind, então muito popular na Inglaterra e em todo o norte da Europa. Aos 29 anos, ela decidia renunciar à ópera em troca de uma turnê de recitais americanos, que ia durar dois anos e revelar-se triunfal. Sua chegada a Nova York e depois a Boston, em setembro de 1850, foi saudada com entusiasmo pela imprensa. Em 2 de setembro de 1850, o *New York Tribune* relata que 30 mil a 40 mil nova-iorquinos invadiram os cais para ver o barco que levava a cantora, o que acabou deixando diversas pessoas feridas.[72] As multidões precipitam-se a seus concertos, os jornais publicam sem parar artigos sobre a cantora e sobre o frenesi que se apoderou do público – o que o *Independant* de Boston descreve como uma *lindmania* – quando da estada da cantora na cidade.

Essa turnê triunfal do "rouxinol sueco" marca a entrada dos Estados Unidos na cultura da celebridade. Barnum é seu grande organizador, ele aprimora, nessa ocasião, métodos publicitários agressivos, como a venda por leilão de lugares para os concertos, que encoraja o aumento dos lances e dos preços, ao mesmo tempo que assegura ao espetáculo uma publicidade antecipada. Lind não é mais apenas uma cantora, ela se torna um produto. Barnum deve rentabilizar as somas consideráveis que investiu para sua turnê. Ele não hesita em colocar em cena a personagem pública de Jenny Lind como o ideal da jovem virtuosa e merecedora, pobre, puritana e filantropa, que devia seu sucesso ao trabalho duro – verdadeira encarnação, em suma, dos valores americanos. Várias biografias de Lind são publicadas no ano de sua chegada aos Estados Unidos, uma delas redigida pelo próprio Willis, e todos os jornais retomam seus traços mais marcantes, incluindo aqueles que são completamente inventados. A curiosidade pela pessoa de Lind é tão grande que às vezes seu talento vocal passa para o segundo plano.[73] Barnum chegará a alegar, bem mais tarde, que seu sucesso não devia nada à sua voz e tudo à publicidade que ele orquestrara. Essas declarações, escritas após uma ruptura do acordo entre eles, são sem dúvida excessivas, mas demonstram uma consciência aguda dos mecanismos autônomos da celebridade.

O aspecto mais impressionante do sucesso americano de Lind, que por ora os historiadores já evidenciaram muito bem, é a produção de uma personagem pública, encarnação da simplicidade, da autenticidade e do desinteresse. Entretanto, Lind não era uma jovem inocente, cuja imagem teria sido manipulada por Barnum. Ela era uma artista sensata, que não hesitou em recolocar em causa seus acordos com o empreendedor, quando o julgou proveitoso. A construção da personagem pública do "rouxinol sueco", com toda a sua simplicidade e modéstia, era uma obra coletiva da qual participou ativamente, ao lado de Barnum e de inúmeros jornalistas, que entoaram com entusiasmo os hinos à glória da cantora. É verdade que alguns jornalistas acabaram sendo alertados pelo contraste tão flagrante entre a enorme máquina promocional, a onda de artigos de imprensa que acompanharam cada deslocamento de Lind, a profusão de mercadorias com seu nome e o elogio constante de sua simplicidade e de sua naturalidade, que conduzia alguns de seus admiradores a alegar que ela cantava por puro instinto natural, por prazer, sem preocupar-se com o público. "É preciso muito artifício para parecer tão desprovida de artifício", observou ironicamente um crítico, mas a voz dos céticos permaneceu discreta e foi encoberta pelo entusiasmo coletivo.

Ao final, Jenny Lind terá feito quase cem concertos em dois anos, atravessando os Estados Unidos de norte a sul, de Boston a Nova Orleans, fazendo até mesmo um recital em Cuba, antes de voltar a Nova York, onde alcançou um novo sucesso. O êxito dessa turnê pode ser medido, em primeiro lugar, em termos comerciais, com Lind e Barnum tendo embolsado, cada um, quase 200 mil dólares.[74] Mas é muito mais do que isso: é o sinal de uma transformação cultural. Em todos os lugares, ruas, praças e teatros são batizados com seu nome – até em São Francisco, onde o Jenny Lind Theatre é aberto em 1850, em cima de um *saloon*.[75] Os inúmeros artigos de imprensa que acompanham essa longa turnê demonstram o eco produzido pela estada de Lind, mas também o desejo do público americano de se mostrar à altura das narrativas que circulavam sobre as manifestações de entusiasmo das multidões europeias. Para Willis, assim como para tantos outros, o sucesso de Lind atestava o nível cultural alcançado pelos Estados Unidos e a emergência de classes médias capazes de apreciar a cultura europeia. Uma vez mais, os efeitos rápidos e espetaculares da celebridade acarretavam uma onda de comentários, que se indagavam quanto à natureza do fenômeno e ao seu significado.

ROMANTISMO E CELEBRIDADE

Qual era o público de Lind? Os contemporâneos, e Barnum em primeiro lugar, insistiram quanto ao caráter heterogêneo, igualitário, desse público, no qual o povo teria dividido espaço com as elites. Na realidade, os preços das entradas afastavam os operários e os trabalhadores do mundo rural, e tudo leva a crer que uma parte das elites abastadas da boa sociedade de Nova York ou de Filadélfia manteve-se a distância de um fenômeno que lhes parecia insuficientemente diferenciado. Por outro lado, as classes médias urbanas, então em plena expansão, entusiasmaram-se. Ainda que a música de ópera estivesse em vias de se tornar uma diversão reservada à elite, Lind oferecia-lhes as grandes árias do repertório, de Bellini a Rossini, e terminava suas apresentações com algumas canções populares americanas, como "Home, sweet home". Tal como a imprensa a apresentava, ela encarnava maravilhosamente bem o ideal feminino da burguesia: modéstia, naturalidade, filantropia. Sua celebridade, no entanto, superou amplamente o público de seus concertos, por meio da publicidade que se fazia dela. No Bowery, um dos bairros operários de Nova York, encontravam-se produtos baratos vendidos com o nome de Lind, assim como se encontravam produtos de luxo associados à cantora nas butiques dos bairros chiques. A celebridade de Lind superava, portanto, as divisões sociais da sociedade americana. Sem ser tão universal quanto alegava Barnum, ela correspondia à emergência de uma cultura comercial, distinta tanto das referências diferenciadas das elites quanto da cultura popular tradicional, produzida, principalmente, para as camadas médias, mas suscetível de ter repercussões mais vastas graças ao eco midiático das vedetes, que lhe dava suporte.

O sucesso da *lindmania* permite também a Barnum alcançar maior respeitabilidade cultural. Ele abandonou o terreno das diversões duvidosas para se tornar um personagem importante da vida cultural, a ponto de a *Putnam's Magazine* propor que fosse nomeado diretor da ópera de Nova York.[76] Cinco anos mais tarde, ele publicou sua autobiografia, da qual fez sete versões diferentes até 1889, de acordo com seus sucessos e sua crescente notoriedade.[77]

A INVENÇÃO DA CELEBRIDADE

Popularidade democrática e soberania vulgar

Nos Estados Unidos, assim como na Europa, o segundo terço do século XIX foi, portanto, marcado pelo desabrochar de uma nova relação com a publicidade. As novas estratégias de reclame e de *puffing*, que não se chamava ainda marketing, jogavam habilmente com o ideal de sinceridade e de autenticidade ao qual aderiam as novas classes urbanas educadas. O encontro entre esses novos públicos e o imaginário romântico moldado pelos escritores e músicos traduziu-se em um reforço dos mecanismos da celebridade, sob as aparências, afinal bastante próximas, do poeta atormentado, da atriz de sucesso e do músico virtuose. Nesse contexto, as transformações políticas, que vimos esboçar-se quando das revoluções do fim do século XVIII, só podiam se acelerar. A competição eleitoral democrática, assim como o exercício mais tradicional da soberania deviam doravante contar com os efeitos da popularidade. Mesmo a luta revolucionária, como o mostrará o caso emblemático de Garibaldi, não escapava a isso.

As revoluções haviam levantado com insistência a questão da popularidade, essa variante política da celebridade. Na França, os republicanos de 1848 fizeram uma dupla e pungente experiência quando da eleição presidencial de 1848. O penoso fracasso de Lamartine provava que a celebridade literária não se traduzia espontaneamente em votos. Um dos mais famosos poetas românticos, herói da revolução de fevereiro, não conseguira transformar sua celebridade em popularidade, convencer seus compatriotas de que tinha a alma de um líder. Ao contrário, o triunfo de Luís Napoleão Bonaparte indicava aos republicanos que, mesmo herdada, a celebridade de um nome era um poderoso vetor de adesão popular. Sem dúvida, as circunstâncias propriamente políticas nas quais soçobraram as esperanças da primavera, após a repressão de junho, desempenharam um papel importante, bem como a especificidade do voto rural. Não é menos verdade, por outro lado, que o triunfo do sobrinho do imperador devia muito à potência de um "nome conhecido", contra o qual Jules Grévy alertara seus colegas quando dos debates constitucionais do outono.[78] O antigo detento do forte de Ham enfatizara menos um

ROMANTISMO E CELEBRIDADE

programa, perfeitamente vago, aliás, do que sua notoriedade pessoal, mesmo ambivalente, e o prestígio associado ao seu nome. Sua celebridade era alimentada pela circulação de imagens da lenda napoleônica.[79] A popularidade, esse motor essencial do voto, que assentava em uma curiosa alquimia entre os eleitores e um político, distinguia-se, portanto, da celebridade dos escritores e dos virtuoses pelo desejo propriamente político de que era a emanação – o reconhecimento de um líder, apto a governar –, ao mesmo tempo que lhe tomava emprestado seu principal motor: um misto de curiosidade e de empatia, voltado para um personagem público. Essa adesão coletiva a um indivíduo singular, mais do que a um conteúdo político coerente, acarretava uma personalização do combate político, para o qual os republicanos não estavam preparados.

O sucesso de Luís Napoleão foi lido, muitas vezes, em uma perspectiva estritamente francesa, aquela do bonapartismo, figura idiossincrática da política francesa. Mas essa personalização da vida política em torno de um personagem célebre, popular e autoritário encontrava eco em outro lugar, sobretudo do outro lado do Atlântico. Nos Estados Unidos, a eleição de Andrew Jackson, vinte anos antes, modificara nesse sentido os contornos da política. Antigo general em chefe quando da guerra contra os ingleses, em 1812, e durante as guerras indígenas, Jackson era adulado por seus soldados, que o haviam afetuosamente apelidado de "Old Hickery", apelido que lhe foi desde então associado, para muito além do círculo dos antigos combatentes. Sua vitória em Nova Orleans, em 1815, fizera dele o novo herói militar dos Estados Unidos. Sua eleição à presidência, em 1828, foi muito personalizada. Seus partidários defendiam-no com entusiasmo, ao passo que seus adversários não hesitavam em atacar sua personalidade autoritária, seus acessos de cólera, sua educação superficial, antigas histórias de duelo, datadas de um quarto de século, e até o passado de sua mulher. Embora protestasse contra esse atentado à vida privada, Jackson não hesitou em colocar em cena sua vida familiar, rompendo com a tradição de discrição tão cara à geração dos pais fundadores.

A popularidade de Jackson derivava de seus sucessos populares, mas também das reivindicações democráticas que carregava – aquelas de

A INVENÇÃO DA CELEBRIDADE

maior abertura da vida política, de uma afirmação mais forte da soberania popular. Se era o novo herói militar dos Estados Unidos, ele era também o porta-voz do Sul e do Oeste contra as elites políticas da Nova Inglaterra, encarnadas por John Quincy Adams, o presidente em fim de mandato, filho de John Adams. Os historiadores recolocaram em causa, hoje, a ideia de que sua presidência tenha sido o ponto de partida de uma "democracia jacksoniana" e insistem em sua prática autoritária do poder, seu apoio constante ao sistema escravista e sua política de espoliação dos indígenas.[80] Não é menos verdade que Jackson, por mais contestado que tenha sido, encarnava, para seus contemporâneos, o modelo de uma personalidade poderosa, que mantinha uma ligação forte, direta, quase afetiva, com aqueles a quem ele chamava de povo e aos quais se encomendava. Após o fracasso de 1824, quando Jackson obtivera a maioria dos votos populares, mas não o dos grandes eleitores, e fora descartado em prol de Adams pelo voto do Congresso, a eleição de 1828 foi muito disputada e, às vezes, virulenta. Pela primeira vez, os Estados Unidos votavam sob o regime do sufrágio universal. Reuniões públicas foram realizadas em todo o território, acompanhadas de iniciativas de arrecadação de doações. A imprensa desempenhou um papel importante, com os jornais mais difundidos, como o *United States Telegraph*, oferecendo-lhe um apoio decisivo. Inúmeros retratos de Jackson foram publicados, mas também violentas caricaturas. Uma delas apresentava o rosto já então muito conhecido do general formado pelos cadáveres de todos os homens que ele era acusado de ter matado.

Esses ataques não desgastaram sua popularidade. A cerimônia de investidura, em 4 de março de 1829, foi aberta ao público, quando antes era reservada ao Congresso. Dezenas de milhares de pessoas haviam acorrido a Washington, vindas de todos os lugares dos Estados Unidos, para ver o general fazer seu juramento. Após a cerimônia, a Casa Branca foi tomada de assalto por uma multidão de partidários entusiastas, que quase sufocou o novo presidente e cujos estragos deixaram a elite política consternada.[81] Não se saberia imaginar melhor símbolo do que essa intrusão – literal – do povo, no coração do poder. Mas não fora o povo que tomara de assalto o bufê da Casa Branca. Eram antes todos

ROMANTISMO E CELEBRIDADE

aqueles, militantes convictos ou passantes curiosos, que haviam desejado assistir à cerimônia, estar presente nesse acontecimento público, ver o novo presidente.

Seria absurdo reduzir o sucesso de Jackson à sua celebridade. Ele tinha, por trás de si, uma forte coalizão política. Mas os germes já presentes quando do segundo mandato presidencial de Washington desenvolveram-se por ocasião dessa eleição: a política americana tornava-se mais polarizada, mais partidária e também mais popular. Como estamos lembrados, John Adams observava com um misto de despeito, admiração e ironia a popularidade de Washington, esse general vitorioso que conseguira encarnar a jovem república. Vinte anos mais tarde, o vasto saber e as competências reconhecidas de seu próprio filho, fino letrado e grande diplomata, não lhe serviram de nada diante da popularidade de Andrew Jackson, o vencedor de Nova Orleans. Quando este último deixou a Casa Branca, em 1837, a fisionomia da política americana modificara-se, marcada por um reforço conjunto da presidência, do bipartidarismo e da legitimidade popular.

No mesmo momento, do outro lado do Atlântico, a antiga potência colonial concluía sua evolução em direção a uma monarquia constitucional, na qual o soberano exercia apenas um poder menor, mas encarnava a unidade nacional. Vitória, que ascendia então ao trono, soube acomodar-se perfeitamente bem ao seu papel político simbólico, mobilizando todas as formas modernas da publicidade política. Retém-se dela, mais frequentemente, a imagem de uma viúva austera e hierática, que se tornou Imperatriz das Índias em 1876, perfeita encarnação da sociedade imperial inglesa no auge de sua potência econômica e de seu conservadorismo moral. Mas, em 1837, a jovem soberana tinha apenas 18 anos, e a primeira parte de seu reinado foi a de uma rainha sedutora e acessível, preocupada em ocupar o espaço público. Segundo a expressão do historiador John Plunkett, ela foi a primeira "monarca midiática".[82]

A força de Vitória esteve em ampliar, graças à sua visibilidade, o apoio popular à monarquia constitucional. Enquanto a representação parlamentar permanecia fundada em um princípio censitário bastante estrito, a despeito dos progressos do *Reform Act* de 1832, a rainha simbolizou outra forma de representação política da nação. Desde muito cedo, ela multiplica as visitas, as obras de caridade, as revistas militares. Essas manifestações públicas, intensamente midiatizadas, valeram-lhe uma popularidade real. Longe de permanecer confinada em Buckingham ou em Windsor, desloca-se ao coração das Midlands industriais, na Escócia, à maior parte das grandes cidades, e aonde quer que possa reafirmar o laço privilegiado entre a monarquia e o povo britânico. Após seu casamento com o príncipe Albert, em 1838, sua independência política e sua sexualidade declarada tornam-se traços essenciais de sua imagem pública. A rainha está sempre visível, oferece-se em espetáculo, e os jornais comentam suas atividades. Em 1843, o *Times* regozija-se com o fato de que as visitas de Vitória "cimentam a união entre a coroa e o povo por uma confiança recíproca", enquanto os novos semanários baratos, como *News of the World*, descrevem longamente cada uma de suas visitas, colocando em cena a benevolência maternal da rainha.[83] A recepção entusiasmada da população londrina quando da Exposição Universal de 1851, oportunamente repercutida pela imprensa, contrasta com o destino menos glorioso da monarquia francesa, derrubada três anos antes.

Desde a ascensão de Vitória ao trono, sua imagem foi intensamente reproduzida. Existiam várias dezenas de retratos oficiais, mas, muito rapidamente, a demanda foi tal que cada impressor mandava gravar retratos mais ou menos fiéis para satisfazer o público. No início dos anos 1840, as imagens da rainha representavam 70% das vendas de alguns impressores.[84] Elas eram encontradas por todos os preços e em todos os formatos, a maioria delas distanciando-se das formas do retrato de aparato para insistir na beleza da rainha. Os "livros de beleza", um conjunto de publicações que estavam na moda nos anos 1830, haviam se apoderado da figura da rainha para fazer dela um símbolo de feminilidade e de sedução. Essas imagens, de ótima qualidade, mas caras, eram destinadas preferencialmente às elites, que as ofereciam como presentes. Outras, mais grosseiras e baratas, retomavam, acentuando-a às vezes no limite do bom gosto, a erotização implícita da rainha.

Para além dessas gravuras, a difusão da imagem real foi muito fortemente acelerada pelo desenvolvimento da imprensa ilustrada, que coincidiu com precisão com os primeiros anos de seu reinado. A partir do início dos anos 1840, os jornais ilustrados multiplicaram-se, segundo o modelo do *Illustrated London News* e do *Punch*, fundados em 1841 e 1842. Dedicados a um tratamento clássico da informação, como o primeiro, ou satírico, como o segundo, eles comportavam ilustrações gravadas. A soberana ocupava um lugar considerável nelas, às vezes monopolizando o conjunto do espaço ilustrado. Sua vida pública era longamente descrita, mas também sua vida pessoal e familiar. Sua figura já não era da ordem do retrato real, mas da imagem midiática, difundida nos quatro cantos do país. Ainda que a monarquia continuasse a produzir retratos oficiais da soberana, a imagem da rainha emancipara-se do controle político. Ela não era mais uma projeção da soberania, como os retratos reais do Antigo Regime, e sim um vasto conjunto de representações figuradas, indo da imagem da moda à caricatura, da reportagem de imprensa à estampa barata. Cada mídia a apreendia segundo suas convenções próprias e o público podia apropriar-se dela. Cada um de seus súditos podia moldar sua própria representação da rainha, a partir das diferentes imagens às quais tinha acesso facilmente. A própria natureza da visibilidade política transformara-se com isso. Diferentemente dos soberanos do Antigo Regime, visíveis apenas no quadro da corte, ou quando dos rituais monárquicos, e cuja efígie, eficazmente controlada, não tinha senão uma circulação restrita, Vitória inaugura uma era em que as imagens dos dirigentes são amplamente difundidas, graças a inúmeras mídias, entre os governados.[85] A imagem do poder encarnado torna-se ao mesmo tempo mais banal, já que é um objeto de consumo barato, e mais poderosa, suscetível de influenciar profundamente os sentimentos de adesão ou de rejeição.

Essa forte presença da jovem rainha no espaço público, em especial por meio de sua visibilidade midiática, provocou importantes reações do público. O apego a Vitória não era somente uma marca de lealdade monárquica ou patriótica. Podia ser provocado pela beleza da rainha, convertida em encarnação da sedução feminina, ou mesmo por um sim-

A INVENÇÃO DA CELEBRIDADE

ples efeito de moda e de imitação. Assumia às vezes a forma de um desejo de intimidade, e até mesmo de uma fantasia amorosa. Antes do casamento de Vitória, inúmeros "amantes da rainha" (*Queen's lovers*), como a imprensa os denominava, enfiaram na cabeça a determinação de obter sua mão, tais como Ned Hayward, que inundava o Palácio de Buckingham de pedidos de casamento e conseguiu parar a carruagem real para entregar-lhe sua declaração; Tom Flowers, que teve a audácia de penetrar no camarote da rainha na ópera; ou ainda Edward Jones, que chegou a se introduzir clandestinamente em Buckingham e viver ali por várias semanas. Esses apaixonados pela rainha, e ainda outros, eram presos, e reincidiam assim que eram liberados. Suas extravagâncias geravam o sarcasmo dos satiristas, mas também a inquietação de alguns observadores, perplexos diante do feitio irracional da afeição popular pela rainha.[86] Esse fascínio coletivo exercido por Vitória, não somente como soberana, mas também como pessoa, encontrou sua tradução ficcional em um dos grandes sucessos populares do momento, *Les Mystères de Londres* [*Os mistérios de Londres*], adaptação inglesa dos *Mystères de Paris* [*Mistérios de Paris*], publicados em folhetim na imprensa. A crítica do luxo da boa sociedade confinava com uma representação idealizada e melodramática da vida doméstica de Vitória e do príncipe Albert, espionados por um dos protagonistas do romance, Henry Holford.

A extrema visibilidade pública de Vitória exercia uma função política. Ela conferia um toque mais popular e afetivo à representação política, ao lado do modelo simultaneamente mais clássico e mais elitista da vida parlamentar. Mas tinha um avesso, pois aproximava a notoriedade da rainha daquela das atrizes. Os satiristas não hesitavam em representar a vida de Vitória como um teatro permanente e ela mesma como uma marionete agitada diante do olhar de um público satisfeito, mas iludido. Uma vez mais, os discursos jornalísticos, ficcionais e satíricos visavam a descrever e qualificar um fenômeno novo, difícil de interpretar, mas sobre o qual cada um sentia muito bem que estava transformando o exercício da soberania monárquica, para além de qualquer transformação institucional.

ROMANTISMO E CELEBRIDADE

Entre os comentários gerados por essa afeição descontrolada do público por Vitória, os mais interessantes, porque os mais reflexivos, são os da poetisa Elizabeth Barrett-Browning. Ela comparava de maneira explícita a situação da rainha com os "inconvenientes da celebridade". As exigências do público, às vezes excessivas, não eram a seus olhos senão uma "taxa de amor" (*love-tax*), o preço a ser pago por toda pessoa pública, tanto pelos escritores célebres quanto pela rainha. Assim como os escritores não deveriam se queixar de que o interesse suscitado por suas obras se desloque para sua vida privada, a rainha devia assumir sua popularidade e quitar a taxa do amor, conformando-se às exigências da publicidade e às expectativas de seus admiradores.[87] Barrett-Browning designava essa celebridade da rainha pela expressão *vulgar sovereignty*. Surgida no meio de uma frase, em uma carta privada, essa formulação é de uma grande acuidade. Ela captura perfeitamente bem a transformação da legitimidade sob os efeitos conjugados das mutações midiáticas da visibilidade e dos ideais democráticos. Pode-se traduzir *vulgar*, em inglês, por popular, assim como por vulgar, e essa ambivalência é fundamental. O povo que aplaude Vitória, que lê na imprensa o relato de suas visitas, que se apaixona por sua vida doméstica ou que compra as imagens representando-a como rainha da beleza – esse povo não é uma figura ideal do corpo político. É um público, com tudo o que isso implica de reações às vezes excessivas, às vezes ingênuas, que podem parecer deslocadas ao olhar da dignidade tradicional da monarquia, mas que são as marcas de apego suscitadas pelas novas formas da celebridade política. Figura pública – rainha e, ao mesmo tempo, mulher célebre –, Vitória pode apenas se submeter às exigências da publicidade, que são o equivalente, nos tempos modernos, do cerimonial de outrora.

Nesta altura, é difícil não pensar novamente em Maria Antonieta, que, meio século antes – em condições completamente diferentes, é verdade –, fora, também, uma jovem rainha bela e admirada, mas que não soubera ir ao encontro de seus súditos e consumira sua celebridade no narcisismo, em vez de transformá-la em popularidade. Vitória encarna, sem saber, o sonho de Mirabeau e Barnave, o de uma soberana constitucional que aceita ser popular, proporcionando a parcela de afeição sensível e de emoção de que o liberalismo político é desprovido. A comparação entre Maria Antonieta e Lady Di deixa de ser tão absurda, uma vez que Vitória é a referência que faltava.

Com Garibaldi, vemo-nos diante de um terceiro caso exemplar: não mais o candidato jogando com sua popularidade diante dos eleitores, nem a rainha aceitando os compromissos da "soberania vulgar" para fortalecer ainda mais a popularidade nacional da monarquia, mas uma grande figura midiática internacional, capaz de conferir às aspirações revolucionárias dos nacionalistas italianos um rosto perfeitamente identificável, aureolado com o prestígio de suas façanhas romanescas e de seu alardeado idealismo. De certo modo, o primeiro ícone revolucionário mundial.

Às vésperas da revolução romana de 1848, Garibaldi já era uma figura pública, internacionalmente conhecida. As façanhas de sua "legião italiana" a serviço do Uruguai, na guerra contra a Argentina, haviam tido um grande eco na Itália e nas inúmeras comunidades de emigrados italianos ao redor do mundo, mas também, muito além deles, junto a todos aqueles que se interessavam pela atualidade internacional. Giuseppe Mazzini e seus amigos, que acreditavam no papel dos impressos e da propaganda política, haviam contribuído em muito para forjar a imagem de Garibaldi como herói nacional, encarnação das virtudes italianas, simbiose de coragem física e de generosidade moral. Com sua participação na revolução de 1848, essa imagem foi amplamente difundida. Um conjunto de retratos publicados na imprensa italiana, e depois na *L'Illustration* em Paris, e no *The Illustrated London News*, popularizou a figura do combatente: longos cabelos esvoaçantes, espessa barba negra, boné, túnica vermelha bufante e justa no busto.[88] Essa silhueta exótica e pitoresca ia se tornar, ao longo de ao menos vinte anos, um ícone político familiar. No auge da Revolução, *The Illustrated London News*, cuja tiragem era então superior a 60 mil exemplares, chegou a enviar a Roma seu próprio desenhista, encarregado de reproduzir as cenas mais impressionantes da revolução romana e, em particular, novos retratos de Garibaldi.[89] A morte de sua mulher Anita, quando da retirada através da Itália central, conferiu ao personagem um toque de romantismo trágico. Vários quadros e gravuras representavam o herói carregando nos braços sua mulher moribunda.

Com a expedição dos Mille, a liberação da Sicília e do reino das Duas Sicílias, a celebridade de Garibaldi assumiu proporções inauditas. Na imprensa italiana e internacional, a cobertura da guerra estava concentrada em sua pessoa. As narrativas biográficas multiplicaram-se, misturando despreocupadamente fatos comprovados e a ficção pura, transformando sua vida em folhetim, em diversão popular.[90] Desde 1850, Giovanni Battista Cuneo, próximo de Mazzini e companheiro de armas de Garibaldi, publicara uma biografia que serviu, em seguida, de modelo geral. O próprio Garibaldi publicara sua autobiografia nos Estados Unidos, em 1859, e em seguida ela foi traduzida em várias línguas europeias. Na França, foi Alexandre Dumas quem se encarregou de fazê-lo, reescrevendo a seu bel-prazer algumas passagens, atenuando assim os limites entre popularidade revolucionária e celebridade literária. Dumas, que já fizera o elogio de Garibaldi em 1850, deslocou-se em pessoa até a Sicília em 1860, garantindo uma espécie de reportagem de guerra ao lado dos camisas vermelhas, identificando seu chefe ao Conde de Monte Cristo.[91] Esse engajamento de um dos escritores mais célebres da época só podia contribuir para que a operação repercutisse na França. É verossímil que Garibaldi estivesse bem consciente disso. Não há qualquer dúvida quanto a seu senso de publicidade e, mesmo no auge das operações militares, ele reservava sempre a melhor recepção aos jornalistas.

Apesar do sucesso de seu personagem pitoresco, apesar do entusiasmo suscitado pelo gesto heroico dos camisas vermelhas, liberando o sul da Itália, Garibaldi permaneceu uma figura controversa. Os conservadores eram-lhe hostis. Por muito tempo, o público europeu não soube se devia ver nele um soldado, um bandoleiro, um revolucionário perigoso ou um patriota italiano. Os historiadores insistiram muito na heroicização de que ele foi objeto e que deu à causa nacionalista um sabor popular. Podem-se multiplicar as citações dos elogios inflamados que lhe são dirigidos, nessa época, na França e na Inglaterra, mas também nos Estados Unidos, na Suíça e na Alemanha, nos Países Baixos. *Le Siècle* entusiasma-se: "Garibaldi! Que homem! Que prestígio! Ele tem a

A INVENÇÃO DA CELEBRIDADE

faculdade de animar todos os que o veem, que o seguem, todos os que se aproximam dele. Seu nome está em todas as bocas, em todos os corações. Ele está presente em todos os lugares e na casa de todos. O rico, assim como o camponês, tem seu retrato, gravado ou litogravado, em sua sala de estar ou em seu casebre. Uns e outros ficam felizes de ver de perto o herói do momento, cujos olhos vivos e penetrantes parecem parados em um ponto fixo."[92] Esse ponto fixo é o da vitória, da Itália livre, essa pátria que ele ama e defende. Mas, para os meios conservadores e católicos, Garibaldi situa-se em algum lugar entre o perigoso revolucionário e o bandoleiro. O que impressiona é, portanto, a plasticidade de sua figura pública. Se a construção de sua celebridade é objeto de grande atenção política, inclusive da parte do próprio Garibaldi, sempre pronto a receber os jornalistas, ela adquire rapidamente uma lógica própria, independente da propaganda, e que não demonstra necessariamente uma verdadeira popularidade. O entusiasmo pelo personagem de Garibaldi não é sempre o sinal de uma adesão política a seus combates, o que explica, sem dúvida, por um lado, seus fracassos após 1860, muito embora ele encontre-se no auge de sua celebridade.

Recolhido em sua ilha de Caprera, o herói dos camisas vermelhas encena sua retirada do combate político e militar e retoma o papel do novo Cincinato, que já fizera tanto pela fama de Washington. Mas os tempos mudaram e Caprera é, ao mesmo tempo, o lugar do recolhimento privado e um espaço intensamente submetido ao olhar público. *The Illustrated London News* despacha para lá o desenhista Frank Vizitelli, que oferece aos leitores uma reportagem gráfica feita ao vivo e os faz admirar as imagens edificantes de Garibaldi pescando à noite ou alimentando seu cachorro. A exploração política do recolhimento privado passa pela publicidade do íntimo.[93]

Uma das manifestações mais espetaculares da celebridade internacional de Garibaldi ocorreu quando de sua visita a Londres, em 1864. Um século antes, em 1768, Pascal Paoli fora recebido em Londres com empolgação e curiosidade, graças à publicidade que lhe valera a campanha de apoio organizada por Boswell.[94] Mas a chegada do revolucionário italiano provocou, segundo disseram tanto as testemunhas quanto os jornais, um entusiasmo sem paralelos. Uma multidão de 500 mil pessoas precipitou-se para recebê-lo, com os espectadores bloqueando as ruas, amontoando-se nas janelas, invadindo os parapeitos e os telhados na esperança de vê-lo. A carruagem do duque de Sutherland, na qual se encontrava Garibaldi, permaneceu parada por várias horas, sem poder avançar, a tal ponto a multidão era densa. Ao longo das duas semanas seguintes, o herói da expedição dos Mille fez algumas aparições públicas, em especial na ópera, e inúmeras visitas, tanto a seus amigos refugiados (Mazzini, Herzen) quanto aos representantes da elite sociopolítica inglesa, de Gladstone ao príncipe de Gales, enquanto Londres era invadida por biografias, canções, retratos e estatuetas com sua efígie. Um entusiasmo tão grande impressionou os contemporâneos. Parecia um prodígio que um revolucionário italiano fosse aclamado por 500 mil londrinos no momento de uma manifestação espontânea, na ausência de qualquer iniciativa por parte dos poderes públicos. Os conservadores preocuparam-se com isso, os radicais regozijaram-se, mas todos se espantaram.

Havia um grande número de operários na multidão que aclamava Garibaldi. Mas não atribuamos muito rapidamente um significado político a esse entusiasmo. Os londrinos haviam festejado com o mesmo fervor, alguns anos antes, a rainha Vitória, quando da Exposição Universal. Aliás, o interesse provocado por Garibaldi não se reduzia aos militantes socialistas ou aos mais antipapistas dos protestantes. Não somente as camadas médias, atraídas pela leitura dos jornais, queriam ver o herói de Caprera, mas também a boa sociedade londrina entusiasmou-se com o personagem, carreada pelo duque de Sutherland e algumas outras grandes famílias, que haviam de certo modo "perdido a cabeça" ("*out of their mind*"), segundo a expressão de lorde Granville, o presidente da Câmara dos Lordes.[95] No momento de sua partida, várias *ladies* escreveram-lhe cartas apaixonadas. Esse arrebatamento feminino divertiu os jornais, que viam nele uma das razões do entusiasmo gerado pelo belo guerrilheiro italiano, com suas camisas vermelhas e sua virilidade expressiva. Quando visitou a ópera, segundo o *Scotman*, a empolgação do público feminino era abertamente erótica.[96]

A INVENÇÃO DA CELEBRIDADE

Muitas vezes, o entusiasmo internacional provocado por Garibaldi ao longo de sua existência aventureira é interpretado em termos de "culto do herói", e mesmo de "mito". Mas esse vocabulário é impreciso, mais sugestivo do que descritivo e, sem dúvida, impróprio. Deveria estar claro, a esta altura, que existe outra maneira de dar conta da extrema difusão de uma figura, que foi tão fortemente contestada quanto apaixonadamente defendida. Se Garibaldi era, para uma minoria de revolucionários, um modelo político a se imitar, ele era também uma celebridade, cujas façanhas, decepções e vida movimentada chamavam permanentemente a atenção de um vasto público europeu. Dessa celebridade, o caráter teatral e espetacular de sua ação, bem como a sedução exercida por seu personagem tão singular eram motores essenciais. Ainda aqui, assim como no caso, todavia bem diferente de Jackson e de Vitória, revela-se o caráter fundamentalmente heterogêneo da popularidade, que tem tanto de adesão política, suscetível de se traduzir em ação (voto, lealdade, luta armada), quanto de simpatia ou de curiosidade, e até mesmo de um interesse mais nebuloso, associado preferencialmente ao poder de fascínio exercido sobre o público pela visibilidade midiática e a multiplicidade das narrativas.

As celebridades do momento

A celebridade individualiza. O sucesso dos virtuoses o demonstra: o público já não vem escutar uma orquestra sinfônica ou uma ópera, mas um pianista sozinho no palco ou o recital de uma diva. Pode-se dizer o mesmo de um escritor célebre assediado por seus leitores e suas leitoras ou de um herói popular aclamado pela multidão. A assimetria daí resultante é flagrante, mas talvez seja ilusória. Pois é possível inverter a perspectiva. Cada leitor, cada espectador têm sempre diante de si várias pessoas célebres, que formam, a seus olhos, um conjunto de individualidades, cujo ponto em comum é a notoriedade. Essa dimensão coletiva é expressa perfeitamente pela expressão moderna, tão paradoxal, em inglês, *people*, utilizada hoje na França para designar as pessoas célebres.

ROMANTISMO E CELEBRIDADE

Os *people* não são o povo, mas são numerosos e constituem, se não um grupo social ou uma elite, ao menos a encarnação plural do momento. Sua existência, seu aparecimento e seu desaparecimento ritmam o tempo midiático, o da atualidade, de um presente infinitamente renovado. Ao lado do desejo de intimidade a distância que liga um grupo restrito de fãs a uma vedete particular, a curiosidade do público diz respeito quase indistintamente a um conjunto de figuras célebres. O termo "celebridade", para designar um indivíduo e não mais uma condição, foi utilizado, em primeiro lugar, no plural. O dicionário de Émile Littré, que ainda apresenta esse uso como um neologismo, propõe como exemplo: "as celebridades de nosso tempo." A expressão insiste, ao mesmo tempo, na pluralidade das celebridades e em sua capacidade para ritmar, por sua renovação, a passagem do tempo. Partilhar uma curiosidade comum por um conjunto de figuras públicas, particularmente em evidência, é uma das formas assumidas pelo sentimento de ser de seu tempo, um dos motores da contemporaneidade vivida.

Encontra-se também, na imprensa da época, a expressão "celebridades do momento", que insiste ainda mais no caráter por vezes fugaz da atualidade das pessoas célebres. Esse é o título que Louis Jourdain e Taxile Delord, dois jornalistas republicanos, deram à coletânea de retratos e de biografias que publicam em 1860 e na qual figuram Garibaldi ao lado de Abd el-Kader, mas também alguns soberanos europeus, ou ainda George Sand, Lamartine, Delacroix e Rossini.[97] Uma vez mais, os dispositivos editoriais da celebridade colocam no mesmo plano homens políticos e artistas, cujo ponto em comum está em suscitar a curiosidade pública. Essas expressões – "celebridades contemporâneas", "celebridades do momento" – mostram muito bem que esses personagens, entretanto tão individualizados, são percebidos como um conjunto, de contornos bastante vagos. Os mecanismos midiáticos da celebridade não produzem somente o apego afetivo à figura particular, eles alimentam também uma curiosidade coletiva de baixa ou média intensidade. Interessar-se pela vida das "celebridades do momento", às vezes de modo distraído, às vezes com maior empolgação, é partilhar um tempo comum, ser um contemporâneo, deixar sua curiosidade ser apanhada pelo ritmo da atualidade, que é cadenciado tanto pelo casamento de uma atriz quanto pelo desencadear de uma guerra, tanto pelos rumores de escândalo quanto pelos debates parlamentares.

Esse mesmo princípio encontra-se nas biografias coletivas de contemporâneos, então em voga. No século precedente os dicionários biográficos não continham senão pessoas mortas, ao passo que a Revolução deu livre curso a publicações satíricas, como *Almanach de nos grands hommes* [*Almanaque de nossos grandes homens*] de Rivarol, que se divertia com a celebridade, segundo ele, injustificada de escritores medíocres, ou *Dictionnaire des girouettes* [*Dicionário dos cataventos*], zombando dos políticos que se aliavam aos mais diferentes regimes.[98] Na primeira metade do século XIX, as biografias coletivas multiplicam-se para responder à "extrema voracidade" com a qual o público lê o que diz respeito aos "contemporâneos".[99] Essas coletâneas geram uma feroz concorrência editorial: *Biographie nouvelle des contemporains* [*Nova biografia dos contemporâneos*] pretende elaborar a lista dos homens célebres que, desde a Revolução, "granjearam celebridade por seus escritos, suas ações, suas virtudes ou seus crimes". Mais tarde, Gustave Vaporeau faz sucesso com seu *Dictionnaire universel des contemporains* [*Dicionário universal dos contemporâneos*], publicado para satisfazer, diz ele, a "legítima curiosidade" do público. Ao lado dessas obras mais consistentes, outras se contentam em surfar na onda satírica, tal como *Le Rivarol de 1842, ou Dictionnaire satirique des célébrités contemporaines* [*O Rivarol de 1842, ou Dicionário satírico das celebridades contemporâneas*].[100]

Do mesmo modo, os retratos das celebridades são frequentemente reunidos em volume, na forma de uma galeria de pessoas célebres, iluminando assim a pluralidade dos usos sociais da celebridade. Longe de servir unicamente de suporte para uma relação afetiva fantasiada – como no caso emblemático, mas fictício, de Modeste Mignon –, eles são, com muito mais frequência, o alimento de uma curiosidade; permitem ter sob os olhos um conjunto de rostos que constituem, no sentido próprio do termo, um *imaginário* coletivo. Aqueles que perscrutam os rostos das celebridades procuram menos penetrar seus segredos do que se

ROMANTISMO E CELEBRIDADE

sentir parte de um público, apropriando-se desse museu imaginário de figuras públicas.

O gosto pelas caricaturas inscreve-se nessa relação coletiva com as celebridades. Se, durante a Monarquia de Julho, os leitores de jornais gostavam tanto das caricaturas, é porque elas permitiam manter uma relação lúdica com um conjunto de personagens, políticos, literários, artísticos, cujos rostos eram conhecidos. A caricatura, além de jogar com uma relação distanciada com as celebridades, se baseia no princípio de uma imagem anterior, que se supõe conhecida, e de uma deformação mínima. Uma vez mais, o caso de Byron é impressionante. A reprodução maciça e a contrafação dos primeiros retratos familiarizam o público com o motivo, mais ou menos fiel, de um jovem vestindo um longo colarinho branco e uma abundante cabeleira preta. Essa imagem provoca inúmeras derivações, sobretudo na forma de caricaturas ou de imagens ocultas, um jogo que estava na moda na época, no qual o rosto de Byron é dissimulado no meio de uma paisagem, nas folhas de uma árvore ou nas nuvens.[101] O retrato não é mais o suporte de uma projeção subjetiva, mas o signo, isto sim, de uma cultura visual partilhada, na qual um motivo é imediatamente associado a um contemporâneo.

Com as coletâneas de caricaturas, dá-se um passo a mais. Cada figura é altamente singularizada e, ao mesmo tempo, integrada a um repertório de motivos, perpetuamente renovado, no seio do qual ela adquire sentido. No início do Segundo Império, Félix Nadar foi o mestre incontestado dessas galerias de caricaturas, reunindo todas as celebridades do momento. No *Journal pour rire* [*Jornal para rir*], ele publicava sua "lanterna mágica", na qual desfilavam autores, músicos, artistas, todas as "ilustrações" do mundo cultural, segundo um termo utilizado com frequência nesse período. Em cada prancha figuravam várias personalidades, acompanhadas de um comentário biográfico. As figuras das celebridades eram mostradas como um espetáculo popular, semelhante aos panoramas e outros dioramas, que faziam então a alegria dos parisienses.[102] Eram tanto individualizadas quanto apresentadas coletivamente, já que era sua associação, em uma mesma temporalidade da atenção pública, o que as tornava atraentes.

A INVENÇÃO DA CELEBRIDADE

Fortalecido por esses sucessos, Nadar lançou, em 1852, o projeto que ia torná-lo, ele próprio, célebre: o do Panteão Nadar, quatro grandes litografias reunindo as oitocentas personalidades culturais mais conhecidas (escritores, músicos, jornalistas, artistas...), "oitocentos retratos de corpo inteiro de todas as nossas celebridades",[103] segundo os termos de um prospecto. No fim das contas, somente a prancha dos escritores e dos jornalistas viu o dia, mas ela constituía uma verdadeira façanha gráfica, já que Nadar reunira em uma mesma página 250 personalidades, enfileiradas em seu caminho para a posteridade. O Panteão Nadar foi anunciado nos jornais, gabado por todos os publicistas, promovido por uma ativa campanha de encartes publicitários e anúncios mirabolantes, e mesmo oferecido como presente para os leitores do *Figaro*. A obra era luxuosa e onerosa demais para ser um sucesso comercial, mas foi um sucesso de crítica. Diferentemente do Panteão da montanha Sainte-Geneviève, o Panteão Nadar era expressamente um hino ao presente, às "ilustrações" do século XIX, desenhadas por um contemporâneo e que tinham muito bem o mesmo valor dos grandes homens do passado. A reunião das celebridades do momento, mesmo com a aparência deformada que Nadar lhes emprestava, redundava em narcisismo coletivo.

Nos anos seguintes, apesar do desenvolvimento da fotografia, as caricaturas continuaram fazendo sucesso. Nadar publicou, na série das "Binettes contemporaines" ["Caras contemporâneas"], um conjunto de biografias paródicas enfeitadas com retratos tirados do Panteão Nadar, e depois colaborou com o *Journal amusant* [*Jornal divertido*], de Philippon, na série dos "Contemporains de Nadar" ("Contemporâneos de Nadar"). Cada fascículo do jornal comportava um retrato de página inteira na capa, seguido de uma biografia, muitas vezes redigida com a ajuda dos próprios modelos, no interior do jornal. Pela primeira vez, retratos de página inteira de celebridades ocupavam a primeira página de um jornal.

ROMANTISMO E CELEBRIDADE

Em direção a uma nova era da celebridade

Com as caras contemporâneas de Nadar exibindo-se na primeira página, assim como com a visibilidade midiática de Garibaldi ou a turnê de Jenny Lind nos Estados Unidos, alcançamos um limiar, que corresponde mais ou menos aos anos 1850-1860. Identificamos todos os temas da celebridade, mas eles estão acentuados e parecem anunciar uma nova era, na qual a existência de figuras públicas que atraem a atenção do público não é mais percebida como uma novidade intrigante ou chocante, e sim como um traço característico das sociedades modernas. Toda periodização comporta, sem dúvida, algo de arbitrário, visto que as transformações são, nesse âmbito como em outros, lentas, irregulares, incompletas. Garibaldi, em muitos aspectos, é o arquétipo do herói romântico, e sua celebridade mundial faz eco às de Washington e de Napoleão e mesmo à de Byron, cujo combate pela liberdade grega marcou tanto a geração romântica. Não obstante, a intensa cobertura jornalística da guerra de 1860, o aparecimento das fotografias, o papel do telégrafo na transmissão das notícias são, todos eles, signos das transformações que fazem a Europa ocidental e os Estados Unidos entrarem em uma nova era da comunicação de massa e vão conferir uma nova expansão aos mecanismos da celebridade.

A imprensa, antes de tudo, acelera sua metamorfose. A presença de ilustrações permitira já nos anos 1840 uma melhor difusão das imagens das celebridades. Na segunda metade do século, as tiragens têm um aumento vertiginoso, em razão da alfabetização maciça das populações, da difusão por estrada de ferro e do aparecimento de novas tecnologias, em particular a rotativa em cilindros, inventada na Inglaterra nos anos 1850 e introduzida na França em 1867. A revolução do jornal deve-se também às novas práticas comerciais do capitalismo editorial. Caso seja necessário um símbolo dessa entrada da imprensa na era da cultura de massas, *Le Petit Journal* [*O Jornalzinho*] de Moïse Millaud oferece um ponto de referência cômodo. Fundado em 1863, é vendido número a número, por um soldo (cinco centavos), o que rompe com o custo mais oneroso dos jornais da primeira metade do século, mas também com a

A INVENÇÃO DA CELEBRIDADE

prática da assinatura. Jornal não político, da atualidade recreativa, sua vendagem alcança muito rapidamente a ordem de 250 mil exemplares por dia e, depois, de um milhão em 1891. Ele privilegia a atualidade imediata, os *faits divers* e a vida das pessoas célebres, capazes de congregar o maior público possível. O modelo é imitado, e depois suplantado, por *Le Petit Parisien* [*O pequeno parisiense*] (1876), *Le Matin* [*A manhã*] (1883) e *Journal* [*Jornal*] (1892).

Em 1914, os jornais diários franceses – parisienses e provinciais – vendem, no total, 5,5 milhões de exemplares por dia.[104] Tornaram-se um objeto de consumo corrente, e mesmo popular, que modifica profundamente a relação com a atualidade, apresentada de um modo mais espetacular, mais emocional. A política tem menos espaço neles, ao contrário da crônica de Paris, que atrai os leitores. Ao lado dos *faits divers*, a vida das celebridades alimenta o sucesso de seções como os "Échos de Paris" do *Figaro*: "Eles erigiram a indiscrição em arte e são lidos para poder ficar por dentro da crônica escandalosa", dizia-se na época.[105] Nos Estados Unidos, onde uma verdadeira imprensa de massa em escala nacional desenvolve-se no último terço do século, segundo o modelo do *New York Herald*, fundado em 1835, mas que conhece então um crescimento exponencial, os jornais consagram um lugar cada vez mais importante à vida das celebridades. Nos anos 1890, novas formas jornalísticas aparecem, dedicadas a tornar pública a vida das pessoas célebres, dando aos leitores a sensação de compartilhar de sua intimidade: reportagens, entrevistas, indiscrições.[106]

Desde então, mais nada parece escapar à publicidade. Madame de Girardin, que lançara com sucesso uma das primeiras colunas desse tipo, ainda em 1836, podia simular seu deslumbramento com o potencial moralizador de uma visibilidade tão grande: "O público será o juiz terrestre que teremos sempre diante dos olhos, assim como as almas piedosas têm sempre diante de seu olhar o juiz sagrado que deve condená-las ou absolvê-las: sim, para as almas sem crença, a publicidade substituirá a confissão."[107] O ideal da publicidade, herdado do Iluminismo, era ampliado para a vida das pessoas célebres, na forma de uma garantia de moralidade. Seus sucessores, na segunda metade do século, tiveram dificuldade de se mostrar tão líricos diante da multiplicação das indiscrições e dos escândalos, mas a crônica jornalística da vida das celebridades permanece marcada por uma tensão mais ou menos explícita, entre o desejo de alimentar a curiosidade do público – e de estimular, assim, as vendas – e a afirmação de um papel de censor moral. Madame de Girardin acrescentava uma segunda justificativa, na qual a publicidade da vida privada aparece como um constrangimento inerente ao estatuto das pessoas célebres: "Ó mistério! cada qual sonha com a celebridade, e todo mundo teme a publicidade. Expliquem essa inconsequência; no entanto, uma é irmã da outra, é necessário, mais cedo ou mais tarde, que elas se encontrem, quer se queira quer não; e é justamente porque elas são inseparáveis que será necessário acostumar-se com sua aliança e compreender que é tolo se alarmar, já que ela ameaça a não ser aqueles a quem pode lisonjear. Porque, enfim, só se conta ao público aquilo que lhe interessa."

Foi nesse contexto que Gabriel Tarde desenvolveu sua teoria do público, insistindo na importância da leitura dos jornais e nos efeitos de imitação a distância, muitas vezes inconscientes, que constituem um público. Para Tarde, que reagia aos discursos muito negativos de sua época sobre o tempo das "multidões", um público era a forma coletiva característica das sociedades modernas, regidas pela imitação-moda, mais do que pela imitação-costume, isto é, pela influência dos contemporâneos, no tempo curto da atualidade, mais do que pela autoridade do passado, no tempo longo da tradição. Ou, para dizê-lo em seus próprios termos, pelo "hábito cada dia mais geral de tomar exemplos no presente, em torno de si, em lugar de tomá-los exclusivamente atrás de si, no passado".[108] Um público não é nem uma instância de discussão crítica nem uma multidão irracional, mas um coletivo constituído pelo fluxo de desejos e de crenças, alimentado ele mesmo pelo poder próprio das mídias. Ele é, ao mesmo tempo, uma "comunidade puramente espiritual", no sentido de que só existe pela influência que cada um exerce, a distância, sobre os outros, e uma "clientela comercial", na qual o desejo de cada um se alimenta do desejo de outro.[109] Essa elaboração teórica, que percorre toda a obra de Tarde, não se inscreve somente na história das ciências sociais, ela é

A INVENÇÃO DA CELEBRIDADE

também uma das manifestações da reflexão dos contemporâneos sobre as formas novas da modernidade midiática, cujos efeitos começavam a se tornar tão visíveis na virada do século. Situa-se no momento preciso em que as ciências sociais, na virada do século XX, assumem o lugar da literatura e da filosofia na tarefa de pensar a complexidade do mundo e reorganizam assim, na ordem do saber, o conhecimento da vida dos homens em sociedade.[110]

O desenvolvimento da fotografia foi um exato contemporâneo da expansão da imprensa de massa. O daguerreótipo, inventado em 1839, produzia apenas um único exemplar. Mas, com a invenção do calótipo e, mais tarde, de outros tipos de negativo, a fotografia entra na era da reprodução e da difusão. O impacto da fotografia na imagem das celebridades esteve ligado, em primeiro lugar, ao sucesso do retrato "cartão de visita" (8 x 9 cm), inventado por André Disdéri em Paris, em 1854, e cuja voga ganhou toda a Europa, assim como os Estados Unidos, a partir de 1860. Seu princípio residia na produção barata de fotografias tiradas em uma prancha de oito imagens e comercializadas por unidade em um cartãozinho de papelão. O entusiasmo pelo cartão de visita foi geral. Em Paris, desde o fim dos anos 1850, as pessoas precipitavam-se aos ateliês de fotografia nos boulevards – o de Disdéri, no Boulevard des Italiens, mas também o de Pierre Petit ou ainda o de Nadar, que abandonou progressivamente a caricatura em prol da fotografia. Em Londres, em Viena, em São Petersburgo, em Nova York e na Filadélfia, os estúdios de fotografia tornaram-se lugares na moda – lugares de espetáculo e, ao mesmo tempo, de sociabilidade.

A fotografia "cartão de visita" foi colocada imediatamente a serviço da reprodução maciça da imagem das celebridades. Estas serviam de chamariz para os estúdios fotográficos, que as expunham nas vitrines, mas eram também um produto comercial, impresso e reproduzido maciçamente. Os soberanos e as personalidades políticas foram os primeiros afetados. Disdéri colocou à venda clichês de Napoleão III; John Mayall publicou, já em 1860, seu *Royal Album*, uma coletânea de fotografias da rainha Vitória e do príncipe Albert, que conheceu um sucesso tão grande que ele não conseguiu atender à demanda e foi rapidamente ul-

ROMANTISMO E CELEBRIDADE

trapassado por um fluxo de contrafações.[111] Gustave Le Gray, um dos primeiros fotógrafos parisienses, fez a viagem a Palermo com Dumas, quando da expedição dos Mille, para fotografar Garibaldi.[112]

Todas as vedetes da época, escritores, atores, artistas, chegaram, em muitos casos, a vender dezenas de milhares de exemplares de suas fotografias "cartão de visita".

Por seu formato, essas fotografias prestavam-se à serialização. Alguns editores reuniam-nas, propondo a *Galerie des hommes du jour* [*Galeria dos homens do momento*], composição de fotografias de Pierre Petit, ou a *Galerie contemporaine* [*Galeria contemporânea*], uma publicação semanal que oferecia em cada número um retrato fotográfico e uma biografia.[113]

As fotografias vendidas por unidade eram colecionadas, muitas vezes, em álbuns para folhear, como aquele que diverte Maxime e Renée, os personagens de *La Curée* (1872): "Maxime trazia também as fotografias dessas senhoras. Ele tinha retratos de atrizes em todos os seus bolsos e até mesmo em sua cigarreira. Às vezes, livrava-se delas, colocava essas senhoras no álbum que andava por cima dos móveis da sala e que já continha os retratos das amigas de Renée. Havia ali também fotografias de homens, M. M. de Rozan, Simpson, de Chibray, de Mussy, assim como de atores, escritores, deputados, as quais tinham vindo, não se sabe como, engrossar a coleção. Mundo singularmente heterogêneo, imagem da barafunda de ideias e de personagens que atravessavam a vida de Renée e de Maxime." As atrizes célebres e os escritores conviviam com concubinas, políticos, mas também amigos: as figuras públicas tornam-se, assim, familiares, pertencem à vida dos heróis – de um modo, todavia, menor: um interesse difuso, recorrente e de baixa intensidade. É o tédio o que leva a folhear o álbum: "Quando chovia, quando se entediavam, esse álbum era um grande tema de conversa. A jovem abria-o, bocejando, talvez pela centésima vez. Depois despertava-se a curiosidade e o jovem vinha apoiar-se atrás dela."[114] Ambos punham-se a examinar o detalhe das figuras, por exemplo os cabelos de uma "celebridade magra, ruiva, que chamavam de Lagostim" e a se imaginar passando a noite com este ou aquele dos personagens representados, do arcebispo de Paris às atri-

A INVENÇÃO DA CELEBRIDADE

zes que estavam na moda. Ao lado desse uso, próprio da alta sociedade ou burguês, dos álbuns, existia também um consumo mais popular das fotografias de celebridades, favorecido pela multiplicação maciça de contrafações baratas. Na Inglaterra, três milhões a quatro milhões de fotografias de Vitória teriam sido vendidas entre 1860 e 1862.

Desde a sua invenção, a fotografia assumiu uma dimensão industrial. Em 1868, Paris já contava com 365 estúdios fotográficos.[115] A fotografia "cartão de visita" é um objeto paradoxal: difunde muito amplamente a imagem das celebridades, mas também torna mais fácil o acesso ao retrato para uma parte da burguesia urbana, que se precipita aos estúdios de fotografia. A imagem das celebridades é, ao mesmo tempo, multiplicada e banalizada, o que gera, desde muito cedo, críticas violentas, que atacam tanto a fotografia como forma de representação vulgar da realidade, rival indigna da arte, quanto o gosto pelos retratos, signos da vacuidade do público e do desejo de visibilidade das pessoas célebres. Já em 1859, Baudelaire investe contra os retratos em "Le public moderne et la photographie" ["O público moderno e a fotografia"]. Oito anos mais tarde, Barbey d'Aurevilly é ainda mais mordaz contra a "vaidosa penúria de um século barato e de meia-tigela". Ele denuncia, em uma formulação ácida, a "celebridade da vitrine", esse desejo de se expor, de ter seu retrato visível no espaço público: "Glória inteligente e charmosa da fotografia. Ter a celebridade da vitrine, fazer ler com frequência um nome grosseiro abaixo de uma figura grosseira, grosseiramente reproduzida por meio de um processo grosseiro, que achado! Delícias do amor-próprio fora de lugar."[116]

Essa profusão de imagens conferia um novo contorno à cultura visual da celebridade. A primeira decisão de jurisprudência, considerada hoje estando na origem do direito das pessoas sobre sua imagem, foi proferida em 1858, para proibir a publicação de uma fotografia de Rachel em seu leito de morte.[117] Para toda uma geração de escritores, o desenvolvimento da fotografia cria uma linha divisória, entre aqueles que se apoderam dessa ferramenta para multiplicar suas imagens e fazer delas um argumento de visibilidade, como Hugo e Dumas, e aqueles, pelo contrário, que se rebelam. Hugo sabe jogar habilmente com as novas técnicas a fim de permanecer visível em Paris, apesar do exílio. Algumas fotografias, como a de Nadar e depois a de Carjat, impõem no espaço público uma representação imediatamente reconhecível do grande escritor – o rosto cansado enquadrado por uma barba cerrada e cabelos brancos. Incansavelmente reproduzidas, em todas as formas de suporte, elas desempenharão um papel importante na enorme popularidade de Hugo nos últimos anos de sua vida, quando, tendo retornado do exílio, ele encarna o triunfo da república.[118] Pelo contrário, Dickens, que, no início dos anos 1860, era o inglês mais fotografado depois da família real, esforçou-se, em vão, para controlar sua imagem.[119]

Gustave Flaubert proclama uma recusa visceral da fotografia, na qual se mesclam uma crítica de princípio dessa nova técnica, próxima da de Baudelaire, e uma recusa em permitir que difundam sua imagem, o que não é muito surpreendente em um autor que fez do apagamento da figura autoral uma chave de sua estética romanesca. Um jornalista descreve do seguinte modo as consequências dessa atitude: "Os jornalistas não conhecem sua figura. Ele acha que basta entregar seus escritos ao público e sempre manteve sua pessoa bem longe das popularidades, desdenhando a publicidade ruidosa das folhas mais difundidas, os reclames oficiosos e as exibições de fotografias nas vitrines dos comerciantes de tabaco, ao lado de um criminoso famoso, de um príncipe qualquer e de uma moça célebre."[120] Depois de ter por muito tempo se recusado a se deixar fotografar ("quanto a mim, jamais consentirei que façam meu retrato fotográfico", escrevia ele orgulhosamente a Louise Collet), Flaubert acabou por ceder, mas não ofereceu sua fotografia senão aos mais próximos, rejeitando autorizar sua publicação ("minhas feições não estão no comércio"). Aos leitores que lhe reclamam um retrato, ele recusa sem concessões. "Cada um tem seu capricho. O meu é recusar-me a qualquer imagem de minha pessoa", escreve, em 1877, a um admirador.[121]

Fiel ao modelo flaubertiano, Guy de Maupassant recusará por muito tempo, por sua vez, ser fotografado. "Impus a mim mesmo uma lei absoluta, que consiste em nunca permitir que publiquem meu retrato, toda vez que eu puder impedi-lo. As exceções não ocorreram senão de surpresa. Nossas obras pertencem ao público, mas não nossas figuras."[122] Formu-

A INVENÇÃO DA CELEBRIDADE

lação sugestiva, que não teria sido impugnada por Mercier, um século mais cedo, e que soa como um combate antiquado, mas que alguns raros autores, no século XX, recolocarão na moda. Depois de ter finalmente aceitado, Maupassant se arrependerá diante da difusão rápida de seu retrato e, em 1880, ameaçará processar o editor Charpentier, antes de se resignar finalmente à disseminação de sua imagem fotográfica. Mas a própria ideia de uma imagem fotográfica retorna para assombrar sua obra, especialmente *Le Horla* [*O Horla*], provocando ansiedade diante de uma dispersão de toda unidade biográfica e de toda consciência de si.

A invenção da fotografia tem um impacto considerável no longo prazo, pois permitirá a reprodução em larga escala do rosto de pessoas célebres, proporcionando uma impressão de forte veracidade. Ela transforma a imagem das celebridades, garantindo a fidelidade entre as imagens de um indivíduo e seu modelo, ao passo que a profusão dos desenhos gravados conduzira, nos anos anteriores, à multiplicação de imagens por vezes absolutamente infiéis. Entretanto, não se devem exagerar os efeitos imediatos da invenção da fotografia, pois a reprodução maciça foi, por muito tempo, difícil. Apenas em 1891, por exemplo, os jornais publicaram as primeiras ilustrações diretamente impressas a partir de fotografias. E, até a Primeira Guerra Mundial, o desenho continuou a ocupar um lugar não negligenciável entre as ilustrações da imprensa.[123] Será preciso esperar o entreguerras para que a fotografia invada a imprensa, graças à técnica do offset. Do mesmo modo, o aparecimento de inúmeras fotografias de Garibaldi, a partir dos anos 1860, contribuiu para fixar a imagem do herói de Caprera, mas não modificou fundamentalmente o regime visual de sua celebridade, já fixado na década anterior pelos inúmeros retratos e as reportagens gráficas publicadas nos jornais ilustrados.[124] O exemplo de Nadar é significativo: ele não passou bruscamente do desenho à fotografia, mas continuou a comercializar seus retratos gravados e, mesmo tendo se tornado um fotógrafo célebre, não parou de trabalhar na atualização de seu *Panthéon*.[125]

Essa visibilidade das celebridades está a partir de então a serviço de campanhas publicitárias. Angelo Mariani, inventor de um famoso "vinho coca", publica, a partir de 1891, álbuns de "Figuras contemporâneas", nos quais cada retrato é acompanhado de algumas linhas promocionais, redigidas pela vedete, em favor do vinho que Mariani comercializa com sucesso. Esses *Albums Mariani* [*Álbuns Mariani*] conhecem uma enorme popularidade e são mesmo adaptados na forma de cartões-postais baratos.[126] Eles retomaram o modelo das coleções de retratos e de biografias das celebridades contemporâneas, mas dentro de uma ótica decididamente comercial. Artistas, políticos, escritores, todos louvam os méritos do vinho Mariani. A imagem das pessoas célebres serve para fazer vender – e elas próprias tiram proveito disso, em termos de notoriedade crescente, de uma caixa de vinho e, ao que parece, de uma retribuição financeira.

O advento da imprensa de massa, o sucesso da fotografia e as novas estratégias publicitárias são apenas os aspectos mais salientes de um conjunto de transformações sociais e culturais, ao qual é preciso acrescentar a expansão das formas mais modernas do reclame, mas também a multiplicação dos espetáculos urbanos. Eles alimentam um fascínio coletivo pelo novo modo de vida das elites e uma consciência compartilhada dos prestígios da "vida moderna". O Museu Grévin, que abre suas portas em Paris em 1882, é, ao mesmo tempo, uma casa de espetáculos extremamente popular; uma espécie de jornal realista, em que os *faits divers* do momento são representados na forma de sainetes de cera, e enfim um lugar fundamental da cultura da celebridade. A principal atração do museu, sua primeira sala, era dedicada às figuras mais eminentes do momento. Intitulada, originalmente, "toda a Paris na casa de Grévin", ela foi rapidamente rebatizada: "Salões das celebridades parisienses."[127] Nela, os visitantes podiam passear entre as personagens mais célebres do momento, como se estivessem em suas casas. Espetáculos como os oferecidos pelo Museu Grévin tinham em comum com a imprensa ou a fotografia o fato de propor uma representação fortemente midiatizada e, ao mesmo tempo, muito realista das celebridades. Buscava-se o efeito de real: podiam-se tocar as personagens, assim como se podiam observar, nas fotografias, os detalhes do rosto, enquanto permaneciam distantes e inacessíveis.

A INVENÇÃO DA CELEBRIDADE

Sarah Bernhardt encarna perfeitamente essa crescente visibilidade das vedetes na segunda metade do século XIX. Desde o fim dos anos 1860, ela conhece um sucesso importante, em um momento no qual o teatro francês, grande diversão popular, torna-se também um produto de consumo cultural largamente exportado, em toda a Europa e também na América.[128] Quando das turnês da Comédie-Française em Londres, nos anos 1870, é Sarah Bernhardt que o público vem aplaudir, enquanto suas excentricidades e seu desejo de liberdade alimentam as manchetes da imprensa. Em 1880, ela rompe com a Comédie-Française e inicia uma turnê nos Estados Unidos, que se revela triunfal. Trinta anos após Jenny Lind, a atriz trágica francesa provoca um entusiasmo que perdurará muito tempo depois de seu retorno à França e que a fará retornar diversas vezes à América. Ela encarna um novo modelo feminino, mesclando repertório clássico, sentimentalismo romântico, charme parisiense, exuberância e erotismo. Aos olhos da sociedade americana do fim do século XIX, a do *Gilded Age*, da expansão econômica e da sociedade do entretenimento, Sarah Bernhardt é o símbolo de uma nova época cheia de promessas.[129]

Apesar de seus sucessos internacionais, que a levam a fazer várias turnês internacionais, da Austrália à América do Sul, Sarah Bernhardt é também uma celebridade patriótica. Ela procura encarnar a França, alardeando decididos, e pouco originais, sentimentos antialemães, desde o início de sua carreira, em plena guerra de 1870 e, mais tarde, na escolha de seus papéis favoritos (*La Fille de Roland, L'Aiglon*). No exterior, seu enorme sucesso é ligado ao fato de ela encarnar a cultura e o teatro franceses.[130] Ela triunfa tanto nos papéis clássicos, *Fedra* ou *Andrômaca*, quanto nas peças populares, como *Fédora* de Victorien Sardou, escrita especialmente para ela.

Os sucessos de Sarah Bernhardt não provocam somente a admiração das multidões, mas também uma onda de críticas, caricaturas e zombarias. Maupassant – alérgico, como vimos, às dinâmicas da celebridade – investe com virulência contra a atriz e o entusiasmo de seu público, quando de sua chegada ao Havre, em 1881, após sua turnê americana.

ROMANTISMO E CELEBRIDADE

Em sua crônica do *Gaulois*, ele denuncia os excessos da autopromoção, do reclame e do espetáculo – todas maneiras profundamente teatrais e inautênticas de criar uma figura pública, o que ele resume com o termo de "cabotinismo":

> Realmente, realmente, é o cúmulo e é preciso que tenhamos perdido o senso do grotesco e a faculdade do riso, para não ter pateado de alegria desde que os jornais nos trouxeram os detalhes fantásticos do desembarque de Sarah Bernhardt. "Hip, hip, Hurra!", como se gritava no píer do Havre; nunca o cabotinismo, esse vício francês, nunca o entusiasmo fora de lugar, a estupidez particular das multidões, a exultação ingênua dos burgueses crédulos ofereceram ao mundo uma amostra de ridículo dessas. [...]. A estupefação vos captura. E elas estavam comovidas, essas pessoas, verdadeiramente comovidas: e mulheres choravam lágrimas verdadeiras.[131]

A crônica é engraçada, mas é exclusivamente uma peça de acusação. A ironia não favorece a análise, contenta-se em opor ao bom senso perdido o misto de "entusiasmo tolo", de reclame e de cabotinismo que constitui a cultura da celebridade. "O cabotinismo é rei", deplora Maupassant, denunciando indistintamente o sentimentalismo crédulo do público, a falta de autenticidade das vedetes e os interesses comerciais da imprensa. Associando, em seu desdém, a "estupidez das multidões" e os "burgueses crédulos", Maupassant resgata uma posição artista, herdada de Flaubert e de Baudelaire, mas revela também que a crítica, doravante, ultrapassa aquela das superstições populares ou do dinheiro burguês: ela diz respeito, antes de tudo, à cultura comum, da qual o escritor se retira para melhor assestar seu desprezo. Essa cultura comum não é nem erudita nem popular, ela é o próprio da cultura de massa produzida pelas mídias e pela indústria cultural. Seus consumidores formam um público, esse mesmo público que Baudelaire comparava a um cachorro, "a quem nunca se devem apresentar perfumes delicados, que o exasperam, mas sim lixo cuidadosamente escolhido".[132]

Tomemos cuidado, entretanto, para não conceder à popularidade de Sarah Bernhardt, assim como à sátira mordaz do cabotinismo universal e do mau gosto do público, o caráter de uma novidade radical. Nem as turnês americanas de vedetes europeias, nem o entusiasmo das multidões, nem a multiplicação das imagens são fenômenos novos: Jenny Lind, Byron, Liszt já os haviam experimentado na primeira metade do século. E, antes deles, Garrick, Rousseau ou Talma haviam sido recebidos por públicos curiosos e entusiasmados, mesmo que os mecanismos da celebridade ainda fossem balbuciantes. A ironia de Maupassant, que nos parece tão moderna, com sua denúncia da construção publicitária das celebridades, não acrescenta nada à análise que fazia Heine, quarenta anos antes, da *lisztomania*. Em certos aspectos, Maupassant representa um recuo em relação a Samuel Johnson ou Louis Sébastien Mercier, sem falar de Rousseau, cujas análises mais sutis iluminavam as relações intensamente ambivalentes que as pessoas célebres mantêm com seu público. Nesse domínio, as rupturas nunca são francas e radicais e as periodizações são sempre imprecisas. O essencial está em não datar com precisão uma virada, mas sim em constatar que em aproximadamente cem anos, desde meados do século XVIII, mecanismos sociais e culturais fizeram emergir uma cultura da celebridade, que é um conjunto de práticas e, ao mesmo tempo, uma série de discursos, de lugares-comuns, de argumentos. A partir dos anos 1860, essa cultura assume uma nova dimensão, estimulada por aquilo que se convencionou chamar de cultura de massa. A entrada nessa segunda era da celebridade será efetiva no início do século XX e seu símbolo será, sem dúvida alguma, o cinema.

Notas

1. Alain Vaillant, "Pour une histoire globale du romantisme", *Dictionnaire du romantisme*, Paris: CNRS éditions, 2012.
2. José-Luis Diaz, *L'Écrivain imaginaire. Scénographies auctoriales à l'époque romantique*, Paris: Honoré Champion, 2007.

ROMANTISMO E CELEBRIDADE

3. Stendhal, *Racine et Shakespeare*, Paris: Honoré Champion, [1825] 2006, p. XXV, citado in A. Vaillant, "Pour une histoire globale", art. cit. [Tradução brasileira: *Racine e Shakespeare*. São Paulo: EDUSP, 2008.]

4. Frances Wilson (org.), *Byromania. Portraits of the Artist in Nineteenth and Twentieth-Century Culture*, Basingstoke/Londres: Palgrave Macmillan, 1999, p. 3.

5. Hervé Mazurel, *Vertiges de la guerre. Byron, les philhellènes et le mirage grec*, Paris: Les Belles Lettres, 2013, pp. 460-469.

6. Anna Clark, *Scandal. The Sexual Constitution of the British Politics*, Princeton: Princeton University Press, 2004.

7. F. Wilson (org.), *Byromania...*, *op. cit.*, p. 10.

8. Tom Mole, *Byron's Romantic Celebrity. Industrial Culture and the Hermeneutics of Intimacy*, Basingstoke: Palgrave MacMillan, 2007.

9. Thomas Moore, "Notice of the Life of Lord Byron", in *Letters and Journal of Lord Byron*, Londres, J. Murray, 1833, p. 258: "I awoke one morning, and found myself famous."

10. Nicholas Mason, "Building Brand Byron: Early Nineteenth-Century and the Marketing of Childe Harold's Pilgrimage", *Modern Language Quaterly*, n. 63, 2002, pp. 411-441.

11. T. Mole, *Byron...*, *op. cit.*, p. 81; Annette Peach, "The Portraits of Byron", *Walpole Society*, n. 62, 2000.

12. T. Mole, *Byron...*, *op. cit.*, pp. 74-75.

13. Citado por Edmond Estève, *Byron et le romantisme français. Essai sur la fortune et l'influence de l'œuvre de Byron en France de 1812 à 1850*, Paris: Boivin, 1929, p. 57.

14. Carta de Madame de Rémusat a seu filho, 11 de novembro de 1819, citado por E. Estève, *Byron...*, *op. cit.*, p. 66.

15. *Conversations of Lord Byron: noted during a residence with his Lordship at Pisa, in the years 1821 et 1822, by Thomas Medwin*, Londres: New Burlington Street, 1824, p. 11.

16. Para uma narrativa detalhada da preparação e do sucesso do livro, ver Jean-Claude Berchet, *Chateaubriand*, Paris: Gallimard, 2012, cujo capítulo IX intitula-se, oportunamente: "A Star is Born" (pp. 309-349). No ano seguinte, sua celebridade cresceu ainda mais com o triunfo popular do *Génie du christianisme* [*Gênio do cristianismo*].

17. Mathieu Molé, *Souvenirs de jeunesse*, Paris: Mercure de France, 2005, p. 156. Segundo Molé, mesmo as paixões de Chateaubriand têm como objetivo fazer falar de si: "Não procurando no amor senão o barulho e a fama do sucesso,

A INVENÇÃO DA CELEBRIDADE

ele desafia todas as conveniências para que se saiba que é objeto de uma grande paixão. O sucesso é o ídolo ao qual tudo é sacrificado" (p. 164).

18. J.-C. Berchet, *Chateaubriand, op. cit.*, p. 566.

19. F. R. de Chateaubriand, *Mémoires d'outre-tombe*, livro XIII, capítulo VI. Esse capítulo, redigido em 1837, foi revisto em 1846. Todas as citações a seguir são oriundas dele.

20. F. R. de Chateaubriand, "Sur les Annales littéraires ou De la littérature avant et après la Restauration" [1819], in *Mélanges politiques et littéraires*, Paris: Firmin-Didot, 1846, pp. 493-501, citação p. 499.

21. John Clare, "Popularity and authorship", *The European Magazine*, n. I-3, novembro de 1825, pp. 300-303, editado por John Birtwhistle, <www.johnclare. info/ birtwhistle.htm>.

22. Johann Wolfgang Von Goethe, *Poésie et Vérité*, Paris: Aubier, 1941, p. 377 e 380.

23. Segundo as declarações feitas em Stroganov e citadas por Marie-Anne Lescouret, *Goethe. La fatalité poétique*, Paris: Flammarion, 1998, p. 374.

24. *Conversations de Goethe avec Eckermann*, Paris: Gallimard, 1988, p. 92.

25. Quando, em 1842, uma admiradora de Eugène Sue redige o relato de sua "visita" ao célebre escritor, ela menciona simbolicamente uma estátua do "filósofo de Genebra". Ver J. Lyon-Caen, *La Lecture et la Vie..., op. cit.*, p. 91, que oferece outros exemplos dessa referência a Rousseau.

26. Carta de 3 de abril de 1823, em George Paston e Peter Quenell (orgs.), "To Lord Byron". *Feminine Profiles Based upon Unpublished Letters, 1807-1824*, Londres: J. Murray, 1939, pp. 263-264.

27. Ghislaine McDayter, *Byromania and the Birth of Celebrity Culture*, Albany: State University of New York Press, 2009.

28. *Conversations of Lord Byron..., op. cit.*, p. 206.

29. Corin Throsby, "Flirting with Fame: Byron's Anonymous Female Fans", *Byron Journal*, n. 32, 2004, pp. 115-12ɔ.

30. J. Lyon-Caen, *La Lecture et la Vie..., op. cit.*

31. Honoré de Balzac, *Modeste Mignon*, Paris: Gallimard, [1844] 1982, p. 83. [Tradução brasileira: *Modesta Mignon*, in *A comédia humana*, volume I, org. de Paulo Rónai, São Paulo: Globo, 1954.]

32. *Ibid.*, pp. 86-87.

33. *Ibid.*, p. 255.

34. Brenda R. Weber, *Women and Literary Celebrity in the Nineteenth-Century: The Transatlantic Production of Fame and Gender*, Farnham, Ashgate, 2012, p. 3.

ROMANTISMO E CELEBRIDADE

35. Martine Reid, Signer Sand. *L'œuvre et le nom*, Paris: Belin, 2003. Sobre a importância do anonimato e dos pseudônimos masculinos no século XIX, ver Christine Planté, *La Petite Soeur de Balzac. Essai sur la femme auteur*, Paris: Éd. du Seuil, 1989, pp. 30-35.

36. George Sand, *Histoire de ma vie*, Paris: Gallimard, 1971, t. II, pp. 182-183.

37. Louis Jourdain e Taxile Delord, *Les Célébrités du jour, 1860-1861*, Paris: Aux bureaux du journal Le Siècle, 1860, p. 307.

38. Rachel Meschel, "A Belle Epoque Media Storm: Gender, Celebrity and the Marcelle Tinayre Affair", *French Historical Studies*, n. 35-1, 2012, pp. 93-121.

39. *Rachel, une vie pour le théâtre, 1821-1858*, Paris: Musée d'Art et d'Histoire du Judaïsme, 2004; Anne Martin-Fugier, *Comédienne. De Mlle Mars à Sarah Bernhardt*, Paris: Le Seuil, 2001.

40. Marie-Hélène Girard, "Tombeau de Rachel", in Olivier Bara e Marie-Ève Thérenty (orgs.), "Presse et scène au XIXe siècle", *Médias 19*, <www.medias19.org/index.php?id=2988>.

41. Jeffrey Kahan, *The Cult of Kean*, Aldershot: Ashgate, 2006.

42. D. McMahon, *Divine Fury...*, *op. cit.*, p. 92.

43. Carta de Mozart ao seu pai, 1º de maio de 1778, in Wolfgang Amadeus Mozart, *Correspondance*, Paris: Flammarion, 1986-1999, t. II, p. 301. Ver A. Lilti, *Le Monde des salons...*, *op. cit.*, pp. 257-258.

44. William Weber, *Music and the Middle Class. The Social Structure of Concert Life in London*, Paris e Viena, Londres: Croom Helm, 1975.

45. Henrich Heine, "Lettres sur la scène française", 20 de abril de 1841, reeditadas em *Mais qu'est-ce que la musique? Chroniques*, éd. Rémy Stricker, Arles: Actes Sud, 1997, pp. 68-69.

46. Tia Denora, *Beethoven et la construction du génie: Musique et société à Vienne, 1792-1803*, Paris: Fayard, 1998. Ver também os comentários de P.-M. Menger, "Comment analyser la grandeur artistique: Beethoven et son génie", *Le Travail créateur...*, *op. cit.*, pp. 367-427.

47. Esteban Buch, *La Neuvième de Beethoven. Une histoire politique*, Paris: Gallimard, 1999, pp. 131-180.

48. Stendhal, *Vie de Rossini*, Paris, 1824, p. V [Tradução brasileira: *A vida de Rossini*. São Paulo: Companhia das Letras, 1995.]. Sobre a celebridade de Rossini em Paris em 1824, ver Benjamin Walton, *Rossini in Restoration Paris. The Sound of Modern Life*, Cambridge: Cambridge University Press, 2007.

49. Nas palavras do crítico de música Eduard Hanslick, citado por Dana Gooley, "From the Top. Liszt's Aristocratic Airs", in Edward Berenson e Eva Giloi (orgs.),

A INVENÇÃO DA CELEBRIDADE

Constructing *Charisma. Celebrity, Fame and Power in Nineteenth-Century Europe*, Nova York, Berghahn Books, 2010, pp. 69-85.

50. Franz Liszt, "De la situation des artistes et de leur condition dans la société" [1835], *L'Artiste et la Société*, Paris: Flammarion, 1993, pp. 54 e 48.

51. Bruno Moysan, *Liszt. Virtuose subversif*, Lyon: Symétrie, 2009.

52. Alan Walker, *Franz Liszt*, trad. fr., Paris: Fayard, 1989.

53. Dana Gooley, *The Virtuoso Liszt*, Cambridge: Cambridge University Press, 2004, pp. 156-200.

54. *Ibid.*, p. 221.

55. Laure Schnapper, *Henri Herz, magnat du piano. La vie musicale en France au XIXe siècle (1815-1870)*, Paris: Éd. de l'EHESS, 2011.

56. Tendo se tornado célebre graças às suas lutas de boxe, no fim dos anos 1780, Mendoza dominava a arte de provocar seus adversários, de anunciar antecipadamente as lutas, e fez com que o boxe saísse da clandestinidade, abrindo-o ao mundo da publicidade. Ele tentou capitalizar sua celebridade, oferecendo espetáculos nos teatros, fundando uma academia de boxe para *gentlemen* e fazendo publicar um tratado em sua glória, *The Art of Boxing*. Peter Briggs, "Daniel Mendoza and Sporting Celebrity", in T. Mole, *Romanticism and Celebrity Culture..., op. cit.*, pp. 103-119.

57. D. Golley, *The Virtuoso Liszt, op. cit.*, pp. 78-116.

58. A expressão é de Théophile Gautier, citado por B. Moysan, *Liszt..., op. cit.*, p. 245.

59. Legouvé, "Concert de Liszt à l'Opéra", citado *ibid.*, p. 246.

60. William Weber, "From the Self Managing Musician to the Independent Concert Agent", in W. Weber (org.), *The Musician as Entrepreneur, 1700-1914. Managers, Charlatans and Idealists*, Bloomington: Indiana University Press, 2004, pp. 105-129; James Deaville, "Publishing Paraphrases and Creating Collectors", in Christopher Gibbs e Dana Gooley (orgs.), *Franz Liszt and his World*, Princeton: Princeton University Press, 2006, pp. 255-290.

61. Heine já desenvolvera esse tema, de modo mais geral, mas tendo Liszt em mente, em uma carta anterior, em que culpa a "incansável indústria" com a qual os virtuoses "especulam quanto à nossa credulidade", ajudados pela imprensa. Ele mencionava o caso de um virtuose que dava concertos de sucesso em prol de uma velha igreja gótica em ruínas, de uma viúva, de um "professor de primário, sexagenário, que acabara de perder sua única vaca" etc., ao mesmo tempo que deixava o próprio pai na miséria (H. Heine, *Mais qu'est-ce que la musique?..., op. cit.*, 20 de março de 1844, p. 104).

62. Carta de 25 de abril de 1844, *ibid.*, pp. 127-133.

63. F. Liszt, "Sur la mort de Paganini", *L'Artiste et la Société..., op. cit.*, p. 258.

ROMANTISMO E CELEBRIDADE

64. Franz Liszt, "Lettre d'un bachelier ès arts", *Gazette musicale*, 1838, republicado em *L'Artiste et la Société..., op. cit.*, p. 127.

65. Paul Metzner, *Crescendo of the Virtuoso. Spectacle, Skill and Self-Promotion in Paris during the Age of Revolution*, Los Angeles: University of California Press, 1998.

66. F. Liszt, De la situation des artistes, 5e article, *L'Artiste et la Société..., op. cit.*, p. 42.

67. H. Heine, carta de 25 de abril de 1844, *ibid.*, p. 135. Após uma série de concertos em toda a Europa, Ole Bull viaja várias vezes aos Estados Unidos e alcança grandes sucessos, a ponto de tentar fundar ali, em 1852, uma colônia norueguesa. Sobre o sucesso de Fanny Elssler, ver Lawrence Levine, *Culture d'en haut, culture d'en bas. L'émergence des hiérarchies culturelles aux États-Unis*, Paris, La Découverte, [1988] 2010, pp. 118-119.

68. "No man has lived more constantly in the public eye for the last twenty years than Willis, and there is no American writer who received more applause from his friends and more censure from his enemies", citado por Thomas N. Baker, *Sentiment and Celebrity. Nathaniel Parker Willis and the Trials of Literary Fame*, Nova York: Oxford University Press, 1999.

69. Karian Akemi Yokota, *Unbecoming British: How Revolutionary America Became a Postcolonial Nation*, Oxford: Oxford University Press, 2011.

70. Robert Bogdan, Freak Show. Presenting Human Oddities for Amusement and Profit, Chicago: Chicago University Press, 1995.

71. Adams Bluford, *E Pluribus Barnum: The Great Showman and the Making of U.S. Popular Culture*, Minneapolis: University of Minnesota Press, 1997.

72. Citado por Sherry Lee Linkon, "Reading Lind Mania: Print Culture and the Construction of Nineteenth-Century Audience", *Book History*, n. 1, 1998, pp. 94-106.

73. Charles Rosenberg, *The Life of Jenny Lind*, 1850; Nathaniel P. Willis, *Memoranda of the Life of Jenny Lind*, 1850.

74. *P. T. Barnum presents Jenny Lind: The American Tour of the Swedish Nightingale*, Baton Rouge: Louisiana State University, 1980.

75. L. Levine, *Culture d'en haut, culture d'en bas..., op. cit.*, p. 31.

76. *Ibid.*, p. 111.

77. James W. Cook, "Mass Marketing and Cultural History: The Case of P. T. Barbum", *American Quaterly*, n. 51-1, 1999, pp. 175-186.

78. Quentin Deluermoz, *Le Crépuscule des révolutions, 1848-1871*, Paris: Le Seuil, 2012, p. 62.

79. S. Hazareesingh, *La Légende de Napoléon..., op. cit.*; Bernard Ménager, *Les Napoléons du peuple*, Paris: Aubier, 1988.

A INVENÇÃO DA CELEBRIDADE

80. Daniel Walker Howe, *What Hath God Wrought. The Transformation of America, 1815-1848*, Nova York, Oxford University Press, 2007, pp. 328-345.

81. Lynn Hudson Parsons, *The Birth of Modern Politics. Andrew Jackson, John Quincy Adams, and the Election of 1828*, Nova York: Oxford University Press, 2009, ver especialmente pp. XI-XV para o relato da cerimônia de investidura, e pp. 135-136 para o papel da imprensa.

82. John Plunkett, *Queen Victoria. First Media Monarch*, Oxford: Oxford University Press, 2003.

83. *Ibid.*, pp. 36-37.

84. *Ibid.*, p. 72.

85. J. B. Thompson, *The Media and Modernity...*, *op. cit.*

86. J. Plunkett, *Queen Victoria*, *op. cit.*, pp. 133-134.

87. Elizabeth Barrett-Browning, *Letters to Mary Russel Mitford*, Waco, The Browning Institute and Wellesley College, 1983, citado *ibid.*, p. 124.

88. Lucy Riall, *Garibaldi: Invention of a Hero*, New Haven: Yale University Press, 2007, pp. 95-96.

89. *Garibaldi, arte et storia*, Roma: Museo centrale di Risorgimento, 1982.

90. L. Riall, *Garibaldi...*, *op. cit.*, pp. 198-206.

91. Os artigos de Dumas foram publicados em seu próprio jornal, *Le Monte Cristo*, e reeditados em livro: Alexandre Dumas, *Les Garibaldiens*, Paris: Michel Lévy frères, 1861; Id., *Viva Garibaldi! Une odyssée en 1860*, éd. C. Schopp, Paris: Fayard, 2002. Ver o prefácio à edição italiana: Gilles PÉCOUT, "Una crociera nel Mediterrano con Garibaldi", in *Viva Garibaldi* !, Turim: Einaudi, 2004, pp. VII-XXXI.

92. *Le Siècle*, 2 de junho de 1859, n. 8.819, p. 1, http://gallica.bnf.fr.

93. L. Riall, *Garibaldi...*, *op. cit.*, pp. 198-206.

94. J. Foladare, *Boswell's Paoli...*, *op. cit.*, p. 77.

95. Em uma carta a Vitória, de 21 de abril de 1864, citada por Derek Beales, "Garibaldi in England. The Politics of Italian Enthusiasm", in John A. Davis e Paul Ginsborg (orgs.), *Society and Politics in the Age of the Risorgimento*, Cambridge: Cambridge University Press, 1991, pp. 184-216, citação p. 187.

96. *The Scotsman* escreve: "Women, more or less in full dress, flew upon him, seized his hands, touched his beard, his poncho, his trousers, any part of him that they could reach..." (citado por D. Beales, "Garibaldi...", art. cit., p. 187).

97. L. Jourdain e T. Delord, *Les Célébrités du jour...*, *op. cit.*

98. Jean-Luc Chapey, *Ordres et désordres biographiques. Dictionnaires, listes de noms, réputation, des Lumières à Wikipédia*, Seyssel: Champ Vallon, 2013.

99. *Biographie des hommes vivants*, Paris: Michaud, 1816, "avertissement", p. I.

ROMANTISMO E CELEBRIDADE

100. A. V. Arnaud, A. Jay, E. Jouy, J. Norvins, *Biographie nouvelle des contemporains ou dictionnaire raisonné de tous les hommes qui, depuis la Révolution française, ont acquis de la célébrité par leurs actions, leurs écrits, leurs erreurs ou leurs crimes*, Paris: Librairie historique, 1820-1825; Gustave Vaporeau, *Dictionnaire universel des contemporains*, Paris: Hachette, 1861; *Le Rivarol de 1842, ou Dictionnaire satirique des célébrités contemporaines*, Paris, Au bureau du "feuilleton mensuel", 1842. Sobre esses textos, ver Loïc Chotard, "Les biographies contemporaines au XIXe siècle", *Approches du XIXe siècle*, Paris: Presses universitaires de Paris-Sorbonne, 2000; Id., "Les grands hommes du jour", *Romantisme*, n. 28-100, 1998, pp. 105-114, e, para o contexto de concorrência editorial sobre o "mercado dos contemporâneos", J.-L. Chappey, *Ordres et désordres biographiques...*, *op. cit.*, p. 268.

101. T. Mole, *Byron...*, *op. cit.*, pp. 89-97.

102. Walter Benjamin, *Paris, capitale du XIXe siècle. Le livre des passages*, Paris: Éd. du Cerf, 1989; Jonathan Crary, *Techniques of the Observer: On Vision and Modernity in the Nineteenth-Century*, Cambridge, MIT Press, 1992; Vanessa Schwartz, *Spectacular Realities: Early Mass Culture in Fin-de-Siecle Paris*, Berkeley: University of California Press, 1998.

103. Adeline Wrona, "Des panthéons à vendre: le portrait d'hommes de lettres, entre réclame et biographie", *Romantisme*, n. 1, 2012, pp. 37-50, aqui p. 38.

104. *Histoire générale de la presse française*, t. II, 1815-1871, Paris, PUF, 1972; Dominique Kalifa, *La Culture de masse en France*, vol. I, 1860-1930, Paris, La Découverte, 2001, pp. 9-11; Judith Lyon-Caen, "Lecteurs et lectures: les usages de la presse au XIXe siècle", in Dominique Kalifa et al. (org.), *La Civilisation du journal. Histoire culturelle et littéraire de la presse française au XIXe siècle*, Paris: Nouveau Monde éditions, 2011, pp. 23-60.

105. *Ibid.*, p. 286.

106. Charles L. Ponce de Leon, *Self-Exposure: Human-Interest Journalism and the Emergence of Celebrity in America, 1890-1940*, Chapel Hill: University of North Carolina Press, 2002. Ver também Michael Schudson, *Discovering the News: A Social History of American Newspapers*, Nova York: Basic Books, 1978. Sobre o desenvolvimento na França da entrevista [*interview*], nesses mesmos anos do fim do século: Marie-Ève Thérenty, *La Littérature au quotidien. Poétiques journalistiques au XIXe siècle*, Paris: Le Seuil, 2007, pp. 330-352.

107. Carta de 12 de abril de 1837, Madame de Girardin, *Lettres parisiennes du vicomte de Launay*, éd. A.-M. Fugier, Paris: Mercure de France, 1986, pp. 133-134.

A INVENÇÃO DA CELEBRIDADE

108. Gabriel Tarde, *Les Lois de l'imitation*, prefácio de Bruno Karsenti, Paris: Kimé, [1890] 1993.

109. G. Tarde, *L'Opinion et la Foule...*, *op. cit.*, p. 31 e 42. O texto essencial, "Le public et la foule", foi publicado pela primeira vez em 1898.

110. Bruno Karsenti, *D'une philosophie à l'autre. Les sciences sociales et la politique des modernes*, Paris: Gallimard, 2013.

111. J. Plunkett, *Victoria...*, *op. cit.*

112. L. Riall, *Garibaldi...*, *op. cit.*, p. 253.

113. "Portraits en tout genre, l'Atelier de photographie", in Michel Frizot (org.), *Nouvelle histoire de la photographie*, Bordas, 1995, pp. 103-130. Sobre a Galerie contemporaine, ver A. Wroma, "Des Panthéons à vendre...", art. cit.

114. Émile Zola, *La Curée*, in *Les Rougon-Macquart*, t. I, Paris: Gallimard, 1960, pp. 427-428.

115. Elisabeth Anne McCauley, *Industrial Madness. Commercial Photography in Paris, 1848-1871*, New Haven: Yale University Press, 1994.

116. Jules Barbey D'Aurevilly, "Le portrait photographique", *Le Nain jaune*, 3 de janeiro de 1867.

117. A decisão foi dada em 16 de julho de 1858 pelo tribunal do Sena (P. Kayser, *La Renommée en droit privé*, *op. cit.*, p. 68).

118. Pierre Georgel (org.), *La gloire de Victor Hugo*, Paris: Éd. de la RMN, 1985.

119. Joss Marsh, "The Rise of Celebrity Culture", in Sally Ledger e Holly Furneaux (orgs.), *Charles Dickens in Context*, Cambridge: Cambridge University Press, 2011, pp. 98-108.

120. "Gustave Flaubert", *La République des Lettres*, 23 de outubro de 1876, citado por Yvan Leclerc, "Portraits de Flaubert et de Maupassant en photophobes", *Romantisme*, n. 105, 1999, pp. 97-106.

121. Y. Leclerc, "Portraits de Flaubert et de Maupassant...", art. cit., p. 103.

122. Bilhete manuscrito assinado, BM Rouen, citado *ibid.*, p. 105.

123. Anne-Claude Ambroise-Rendu, "Du dessin de presse à la photographie (1878-1914): histoire d'une mutation technique et culturelle", *Revue d'histoire moderne et contemporaine*, n. 39-1, 1992, pp. 6-28.

124. Wladimiro Setinelli, *Garibaldi: l'album fotografico*, Florença: Alinari, 1982.

125. Loïc Chotard, *Nadar. Caricatures et photographies*, Paris: Paris-musée, pp. 105-109.

126. A. Wrona, "Panthéons à vendre...", art. cit., p. 50.

127. V. Schwartz, *Spectacular Realities...*, *op. cit.*, pp. 92-99.

128. Christophe Charle, *Théâtres en capitales. Naissance de la société du spectacle à Paris, Berlin, Londres et Vienne, 1860-1914*, Paris: Albin Michel, 2008.

ROMANTISMO E CELEBRIDADE

129. Jackson Lears, *Rebirth of a Nation. The Making of Modern America*, Nova York: Harper Collins, 2009, p. 251.

130. Kenneth E. Silver, "Celebrity, Patriotism and Sarah Bernhardt", in E. Berenson e E. Giloi (orgs.), *Constructing Charisma..., op. cit.*, pp. 145-154.

131. Guy de Maupassant, "Enthousiasme et cabotinagem", *Le Gaulois*, 19 de maio de 1881, republicado em *Chroniques*, Paris: Le Livre de Poche, 2008, pp. 392-397.

132. Charles Baudelaire, "Le chien et le flacon", *Petits poèmes en prose, Œuvres complètes*, Paris: Robert Laffont, 1980, p. 166.

Conclusão

O século XX nasceu com o cinema, que se revelou uma formidável diversão popular, mas também uma usina de sonhos. Certamente, já se disse tudo o que havia para se dizer sobre a capacidade da indústria cinematográfica de consagrar novas celebridades, intensamente presentes, embora efêmeras: as *estrelas*. Sarah Bernhardt encarna a transição da celebridade dos palcos para a tela, gravando vários filmes a partir de 1900, incluindo uma reportagem sobre sua vida cotidiana em Belle-Isle. Já no entreguerras, aparece uma nova geração de atores e de atrizes que não passaram pelo teatro e que conhecerão o apogeu do *star-system*: Mary Pickford, a "namoradinha da América", mas também Douglas Fairbanks, Lilian Gish, Charlie Chaplin, Rudolph Valentino ou Greta Garbo. A morte de Valentino, em 1926, provoca uma tempestade midiática e um alvoroço coletivo: segundo os jornais da época, mais de 100 mil pessoas reuniram-se diante da clínica e várias mulheres levaram o desespero a ponto de cometer suicídio. Como compreender tais fenômenos coletivos aparentemente irracionais? Evocando a magia provocada pelo rosto de Garbo, Roland Barthes fala "desse momento do cinema no qual a captura do rosto humano deixava as multidões na maior perturbação, no qual as pessoas perdiam-se literalmente em uma imagem humana como em uma poção mágica".[1] É tentador insistir na especificidade do cinema, nos planos fechados que tornam o rosto tão presente e produzem, como nunca antes, uma impressão de intimidade, ao passo que a estrela permanece distante, inacessível. Vários autores, a partir de Edgar Morin, escolheram imaginar que o cinema inventara as formas modernas da celebridade, oferecendo aos espectadores novas divindades, forjando toda uma mitologia. Mas não é nada disso. Se o cinema pôde, de saída, provocar um entusiasmo tão grande pelas vedetes, não foi em razão do caráter inédito do espetáculo fílmico, mas sim porque ele era herdeiro de um século e meio de gestação da cultura da celebridade.

A INVENÇÃO DA CELEBRIDADE

O cinema não foi somente um provedor de *estrelas*. Muitos filmes, dos quais algumas obras-primas, fizeram da celebridade um tema. Diversão popular, o cinema é também uma forma de expressão artística, e nesse sentido particularmente reflexiva: de *Feux de la rampe* [*Luzes da ribalta*] a *Sunset Boulevard* [*Crepúsculo dos deuses*], de *La Dolce Vita* [*A doce vida*] a *Celebrity* [*Celebridade*], grandes cineastas colocaram em cena o universo impiedoso das vedetes e as vertigens da celebridade. Quem não se lembra do olhar de Norma Desmond, convencida de que as câmeras dos jornalistas que assistem à sua prisão são as do estúdio, encarregadas de captar seu retorno às telas? Ou da vadiagem noturna de Sylvia, feliz por escapar por alguns instantes dos *paparazzi* romanos? À guisa de epílogo, gostaria de me deter em um desses filmes, menos conhecido talvez do que os anteriores: *Un homme dans la foule (A face in the crowd)* [*Um rosto na multidão*], filmado por Elia Kazan em 1957, um ano após o sucesso de *Sur les quais* [*Sindicato de ladrões*], no próprio ano da publicação do texto de Barthes sobre Garbo.

O filme conta a história de um vagabundo do Arkansas, Larry "Lonesome" Rhodes, descoberto pela produtora de uma rádio local, então em busca de um desconhecido. A apresentação de Rhodes é um franco sucesso e marca o início de uma ascensão espetacular: após terem-lhe confiado um programa de rádio, impõe-se na televisão, inicialmente em Memphis e depois em uma emissora nacional, e torna-se um dos apresentadores mais populares do país, acumulando riqueza e celebridade. Seu sucesso é rápido, inesperado, inebriante. Em algumas semanas, ele é arrancado à miséria e à errância, para ser lançado no firmamento da sociedade nova-iorquina. Seu *show* semanal é acompanhado por milhões de telespectadores, seu rosto é exibido em plano fechado na capa das revistas, os publicitários competem por seus serviços. Essa ascensão espetacular, como em toda boa narrativa hollywoodiana, é logo seguida de uma queda não menos rápida: tornando-se megalomaníaco, colérico e paranoico, Rhodes isola-se, refugia-se na grandiloquência e no cinismo, e depois desmorona, quando a jovem que lançara sua carreira revela ao público sua verdadeira personalidade. O fim do filme, patético, mostra Rhodes derrotado, sozinho e infeliz, fugindo dos símbolos de seu sucesso.

CONCLUSÃO

Para além dessa narrativa clássica – de ascensão e queda –, o filme descreve com acuidade os mecanismos e as questões da celebridade na sociedade de consumo dos Estados Unidos dos anos 1950, transformada pela importância das novas mídias audiovisuais, o rádio e a televisão. As questões comerciais são onipresentes. Rhodes grava spots publicitários e sua celebridade está, desde o início, a serviço dos anunciantes. Kazan documentou-se para o filme, encontrando publicitários de Madison Avenue e divertindo-se com a filmagem das falsas sequências comerciais que aparecem no filme.[2] Mistura assim, habilmente, as duas dimensões da publicidade: o reclame, essa comunicação dotada de intenção comercial, e a maneira como um indivíduo anônimo, um "rosto na multidão", segundo o título original, torna-se uma figura pública, conhecida por todos. Um dos motores do sucesso de Rhodes é sua maneira de zombar dos produtos cuja promoção deve assegurar, com essa liberdade de tom aparentemente iconoclasta garantindo a notoriedade das marcas e, finalmente, o aumento das vendas. Desse modo, torna-se difícil dizer se a celebridade de Rhodes como apresentador é instrumentalizada pelos anunciantes ou se ela beneficia-se dessa exposição.

Se o público dos programas é constituído por consumidores, ele é composto também por eleitores. *Um rosto na multidão* é o filme mais abertamente político de Kazan. Na segunda parte, Rhodes torna-se conselheiro de um senador que deseja lançar-se candidato à presidência e ao qual ele recomenda, com uma franqueza brutal, que forje um personagem midiático, para tornar-se popular. Ao senador que menciona o "respeito" que se deve à política, ele responde que as pessoas ordinárias compram cervejas porque gostam delas, não porque as respeitam. Essa maneira de reduzir a política à satisfação imediata do consumidor visa seguramente a evidenciar a vulgaridade de Rhodes, mas diz respeito também a um devir publicitário da democracia, que a expansão do marketing político só fez confirmar. Ela corresponde ao sentimento de poder que invade o apresentador vedete, convencido de que conseguirá obter o que quiser de seu público e desejoso de transformar sua celebridade catódica em popularidade política, a ponto de sonhar ele próprio com uma carreira eleitoral. O filme demonstra uma surda perturbação diante das transformações da política, menos ameaçada pelas figuras clássicas do cesarismo do que por uma nova forma de populismo, o marketing, que reduz o homem político ao estatuto de produto comercial, em nome do gosto simples das pessoas ordinárias, e confere às vedetes publicitárias um poder inaudito de manipulação da opinião pública. O que assegura o sucesso de Rhodes é justamente o fato de ele reivindicar sua identidade de homem simples, que fala como o povo e dirige-se a ele, portador de uma forma de "sabedoria popular", como o proclama a abertura de um programa, filmada em plano fechado.

Será seu sucesso a metáfora de uma nova era da democracia, cujos pródromos começavam a se fazer sentir nos Estados Unidos no fim dos anos 1950? Antecipava Kazan o sucesso de um Ronald Reagan, ex-ator que coloca sua notoriedade e suas habilidades televisivas a serviço de uma mensagem política conservadora, organizada em torno da simplicidade popular? O filme explora explicitamente a ameaça de um controle das opiniões por um demagogo popular. Rhodes repete: "Eu sou uma força", a ponto de inquietar os mais próximos, que terminarão por traí-lo em nome da moral pública. A celebridade não somente é ilegítima no domínio cultural; ela torna-se perigosa, pois faz pairar o risco de uma força indevida, exercida no espaço político. Essa crítica política dos efeitos da celebridade e dos perigos da democracia midiática é o horizonte ideológico mais explícito do filme.

A inquietação de Kazan, em 1957, respondia à influência crescente das novas mídias audiovisuais, à aparente confusão entre as questões comerciais, culturais e políticas através do reino da publicidade. Um discurso crítico começava a tomar forma, denunciando os efeitos desestruturadores dessas mídias, sua capacidade de criar do nada vedetes factícias e de oferecê-las em espetáculo a um público passivo e alienado. Na década que se seguiu, essa crítica encontrou algumas de suas formulações mais contundentes, com Daniel Boorstin (1961) e Guy Debord (1967), ao passo que Andy Warhol enunciava em 1968 sua famosa profecia sobre os 15 minutos de fama prometidos a cada um.[3] Aliás, é nesse contexto que se inscreve a nostalgia pela idade de ouro hollywoodiana, tão visível em Barthes, bem como em Morin (1957), mas também pelo

CONCLUSÃO

espaço público burguês, desenvolvida por Habermas em 1962. É dessa efervescência crítica que somos herdeiros, é ela que reproduzimos quando nos impressionamos com os abusos dos *reality shows* ou com as novas celebridades surgidas na internet. A maioria dos riscos com os quais nos ameaçam regularmente (a "vedetização" da política, a influência da publicidade, o sucesso rápido e efêmero de pseudocelebridades) já era fortemente denunciada há meio século.

Essa crítica, entretanto, permanecia frequentemente ambígua, conforme demonstra o filme de Kazan. Quem era preciso culpar? As vedetes ambiciosas demais? A mídia? O próprio público? Rhodes é, no fim das contas, mais patético do que verdadeiramente ambicioso. Enquanto acredita manipular a opinião, é ele próprio manipulado pelo "General", um plutocrata que o convocou para lançar a campanha do senador do mesmo modo como se lança uma marca. Rhodes é apenas o instrumento, adaptado às novas mídias, do controle do poder político pelas elites tradicionais. Sua força é um *trompe-l'œil*, pois sua visibilidade não lhe oferece senão um poder artificial e efêmero. Sua celebridade está a serviço dos outros: managers, produtores, industriais, chefões da imprensa, jornalistas. Estes o substituem tão rapidamente quanto o haviam acolhido.[4] Mesmo que Kazan tenha tomado o cuidado de tornar Rhodes pouco simpático, o filme sugere, em filigrana, que ele é, em primeiro lugar, vítima de uma profunda desestabilização psicológica. Sua celebridade apresenta-lhe uma imagem hipertrofiada de si mesmo, ao mesmo tempo que o impele a singularizar ao extremo a sedução que exerce, a ponto de esquecer que seu sucesso é o resultado de um trabalho coletivo. E isso de tal modo que, como inúmeras figuras públicas, Rhodes é confrontado a um público enorme e curioso, que mantém com ele uma relação de intimidade a distância; e, ao mesmo tempo, ao enfraquecimento dos laços sociais e afetivos com os mais próximos. Ele encarna não tanto o demagogo que influencia seu público, como termina por se convencer, quanto o joguete desse público, que se enamora dele, mas pode mudar de foco de um dia para o outro e passar a outro humorista, outra estrela, deixando-o vencido e desesperado, despojado de um prestígio que não era senão uma miragem. Da maneira como mostra o filme, Rhodes é

A INVENÇÃO DA CELEBRIDADE

o vendedor da própria imagem, mas é também, por conseguinte, um produto de consumo, com data de vencimento e rapidamente vencido.

Essa hesitação da crítica está presente na maioria dos discursos atuais sobre as derivas da sociedade midiática. Ela explica-se pela complexidade dos mecanismos da celebridade, que põem em causa alguns dos valores essenciais das sociedades modernas: o desejo de ascensão social, a legitimidade do público e de seus vereditos, o papel da mídia na organização de um espaço público democrático. Ora, como vimos ao longo de todo este livro, essas questões não apareceram nos anos 1950. Elas assumiram uma forma nova, sem dúvida mais radical, mais concentrada, por conta da capacidade presumida das mídias audiovisuais de vender ao público vedetes fabricadas a partir de suas iniciativas. Mas, se a intensidade e a ordenação dos argumentos puderam variar, as questões essenciais foram identificadas já desde a segunda metade do século XVIII. A capacidade da imprensa de promover figuras públicas à celebridade por vezes efêmera, a exposição da vida privada, a curiosidade ora superficial, ora excessiva do público, o nivelamento dos valores culturais, os perigos da popularidade política e da soberania vulgar: todos os elementos de uma crítica da celebridade foram estabelecidos progressivamente, entre 1750 e 1850.

Escrevendo este livro, meu objetivo não foi contar, em si mesmas, as vidas de pessoas célebres no século XVIII, nem mesmo escrever uma história da celebridade, mas mostrar que fenômenos que nos habituamos a considerar resultado de revoluções tecnológicas e culturais recentes, e até mesmo sintomas desagradáveis de nossa vacuidade pós-moderna, encontram suas raízes, na verdade, no coração da modernidade, dois séculos antes da invenção da televisão. E mostrar, além disso, que eles foram abundantemente comentados, discutidos, ponderados. Os conceitos de que dispomos, como o de público, são, eles próprios, uma herança desses debates, ainda que as ciências sociais tenham se apropriado, desde então, deles. Não há razão para deplorá-lo; o próprio do historiador, ao renunciar ao privilégio de uma distância factícia ou a uma linguagem artificial, está em trabalhar com palavras que carregam em si mesmas os traços da história que ele estuda. Dessa deficiência ele está autorizado a fazer uma força, a tirar um excedente reflexivo. Esforcei-me, ao longo

CONCLUSÃO

de todo este livro, para respeitar rigorosamente duas exigências distintas: construir a celebridade como uma ferramenta analítica, suscetível de designar e de qualificar algumas formas de notoriedade; apreender o modo como o próprio termo e os fenômenos que ele designa foram pensados pelos contemporâneos, por meio de ensaios morais, crônicas jornalísticas, máximas, memórias e textos tão inclassificáveis e tão impressionantes quanto *Rousseau, juge de Jean-Jacques.*

Desde a época de Rousseau e de Garrick, ou mesmo de Liszt e Bernhardt, até nossos dias, muitas coisas, evidentemente, mudaram. A pesquisa genealógica que desenvolvi não conduz a negar essas transformações, a negligenciar as mutações introduzidas pelo cinema, pela televisão e pela cultura de massa. Mas permite nuançar os efeitos de ruptura que lhe são, com demasiada generosidade, atribuídos. Ao longo de todo o livro, tentamos traçar paralelos com nossa situação atual – e que são menos anacrônicos do que parecem. Ao denunciar os constrangimentos da celebridade, não estariam Rousseau e Sarah Siddons se utilizando de argumentos muito parecidos com aqueles das vedetes de hoje em dia, que se queixam das indiscrições de seus admiradores e das ameaças à sua vida privada? Os jornais que denunciavam essas queixas como uma retórica fácil demais e alegavam o caráter público da vida das pessoas conhecidas, para poder desvelar sua vida privada, não seriam uma antecipação da imprensa sensacionalista? A multidão que acolheu Jenny Lind em Nova York ou Sarah Bernhardt em Le Havre seria tão diferente daquela que festeja Madonna ou George Clooney? Os moralistas escandalizados, em nossos dias, com os efeitos dessa curiosidade excessiva e deslocada diriam algo realmente tão diferente do que diziam Mercier, Chamfort ou Johnson? A crítica do *star-system*, que, no século XX, acompanhou o sucesso das vedetes de cinema ou do show business, não estaria já preparada quando Maupassant denunciava o cabotinismo universal ou quando Heine zombava do público de Liszt? Durante um longo período de cem anos, a partir de meados do século XVIII, os mecanismos da celebridade impuseram-se progressivamente, à medida que se desenvolvia a cultura das metrópoles, com seus espetáculos, seus jornais, suas imagens, seus novos métodos comerciais. Eles suscitaram uma verdadeira tópica, um conjunto de lugares-comuns, de figuras, de exemplos, que permitiram pensar sua novidade.

Esse deslocamento cronológico não é o único resultado da pesquisa. Na verdade, todo o seu interesse está em permitir iluminar aquilo que, de outro modo, permaneceria invisível para nós, ocultado pela evidência de nossas certezas contemporâneas. Ela revela, especialmente, a ambivalência estrutural da celebridade como valor. A um só tempo desejável e temível, valorizada e contestada, a celebridade não se tornou a forma de grandeza característica das sociedades modernas, midiáticas e democráticas, como a glória fora aquela das sociedades aristocráticas. E, contudo, ela tinha seus trunfos: fundamentalmente democrática, já que qualquer um pode pretender a ela; perfeitamente adaptada ao individualismo moderno, já que fomenta a empatia por uma personalidade singular mais do que por um tipo social; fundada inteiramente no sufrágio do maior número – não tinha ela todos os títulos para se impor como o princípio moderno do prestígio social? É verdade que alguns consideram que ela tenha se convertido nisso, que a visibilidade é doravante o novo capital que uma elite internacional, a das pessoas célebres, acumula. Mas a verdade é que a celebridade como valor foi sempre considerada suspeita e objeto de frequentes ataques. Doravante, conhece-se de cor a acusação: efêmera, arbitrária, provocando reações excessivas e irracionais, a celebridade é acusada, indistintamente, de produzir falsos ídolos, de participar da mercantilização da cultura, de alimentar o voyeurismo do público e de desvirtuar o debate democrático.

Talvez consista nisto o próprio de todo valor moderno: ser necessariamente contestado, suscitar a adesão somente por meio de uma distância irônica. Mas, no caso da celebridade, há algo a mais. Porque se autonomiza em relação aos critérios de avaliação específicos a cada esfera de atividade, a celebridade parece ilegítima aos olhos de cada uma delas. O escritor que aparece na televisão toda semana, o filósofo que é reconhecido por suas camisas imaculadas, o homem de Estado que expõe sua vida amorosa aos olhos do público parecem transgredir, em maior ou menor medida, as normas próprias que regem a vida literária, o mundo intelectual ou a ação política. Ora, a visibilidade midiática

CONCLUSÃO

quase nunca foi pensada, e menos ainda defendida, como um valor próprio, como uma grandeza estimável, que implica um talento específico e, frequentemente, sacrifícios consideráveis. São tantos os candidatos e tão poucos os eleitos, se pensarmos bem.

Longe de se impor de modo evidente como o bem moderno por excelência, a celebridade continua, portanto, a gerar as mesmas desconfianças, as mesmas críticas, que aquelas que marcaram, como o vimos, o primeiro século de sua existência. Ela encontrou especialmente a resistência obsessiva do ideal de autenticidade, em parte oriundo de um ideal cristão antigo e em parte uma invenção moderna, uma reação, justamente, às novas formas de midiatização. A ideia, tão fortemente defendida por Rousseau, de que existe um verdadeiro *eu*, irredutível às imagens de si veiculadas no espaço público e ao qual convém ser fiel, conheceu uma sobrevivência poderosa, seja sob a forma das diversas correntes neorromânticas, seja sob formas mais sutis que, embora reconhecendo a impossível disjunção entre o eu e o mundo, procuram salvar uma moral fundada no esquivamento da injunção publicitária.[5] A celebridade, percebida como um desregramento social ligado à hipertrofia midiática moderna, é denunciada na medida do fascínio que exerce.

Os equívocos da celebridade, fonte de prestígio e objeto de críticas, são inseparáveis daqueles que moldam as representações do público. Em sua configuração moderna – enquanto um conjunto de indivíduos reunidos pelo fato de lerem os mesmos livros, de partilharem as mesmas emoções e os mesmos interesses –, o público é uma autoridade investida de uma legitimidade para julgar, mas também uma instância pouco prestigiosa, por vezes acusada de todos os males. No domínio da cultura, a economia muito específica dos bens simbólicos mantém o público, com frequência, em uma condição de relativo descrédito aos olhos dos críticos e dos pares, e mais geralmente das elites.[6] Seus gostos e seus julgamentos são percebidos como medíocres, influenciados demais pelas mídias e pelos publicitários. O sucesso público e comercial é, ao mesmo tempo, buscado e desdenhado, almejado, muitas vezes, por aqueles mesmos que professam seu desdém por ele. No domínio político, o público não coincide completamente com a comunidade política, como demonstra

A INVENÇÃO DA CELEBRIDADE

o estatuto tão complexo da opinião pública, desacreditada por sua passividade e por sua capacidade de ser manipulada, ou por suas paixões excessivas e sem amanhã, mas que é tão difícil não levar em conta em um regime democrático. As críticas dirigidas ao público, tanto pelas teorias da cultura de massa quanto pelos discursos ordinários, visam ora aos seu caráter massivo, ora aos seu caráter passivo e, com frequência, aos dois. No primeiro caso, são denunciados os efeitos de imitação, o papel das emoções e o nivelamento dos gostos. O ideal subjacente, no qual se funda essa crítica, é o indivíduo autônomo, liberal ou romântico, cujos julgamentos, mesmo quando informados por intercâmbios e discussões, manifestam, no fim das contas, a afirmação de uma singularidade, um uso pessoal da razão e uma subjetividade autêntica. No segundo caso, o público é percebido como uma massa indistinta de consumidores submetidos passivamente aos poderosos dispositivos publicitários da indústria cultural e da mídia.

Pelo contrário, é possível considerar que esse caráter massivo do público é a garantia da socialização das opiniões e dos julgamentos e que as práticas de consumo cultural estão sempre abertas a uma atividade interpretativa, desembocando por vezes em formas singularmente produtivas.[7] Por mais massivos e insignificantes que possam parecer alguns traços do *star-system* aos olhos dos atores da cultura legítima, eles são com frequência, para os fãs, fontes importantes, que os ajudam a moldar a própria consciência de si mesmos em um quadro coletivo: permitem-lhes desenvolver, conjuntamente, uma relação privilegiada, embora midiatizada, com uma figura pública prestigiosa, e o senso de pertencimento a um público. Os leitores que acompanham com voracidade, na imprensa ou na internet, a vida de suas celebridades preferidas, assistem a seus filmes, escutam suas músicas e acompanham seus jogos, não são mais ingênuos nem mais alienados do que os da *Nova Heloísa*, que escreviam a Rousseau cartas entusiasmadas, ou que aqueles que, sem tê-lo lido, precipitavam-se no meio de seu caminho para ver Jean-Jacques. Para as vedetes – para quem a exposição pública é um fator de prestígio, ao mesmo tempo que se revela por vezes um fardo –, assim como para o público, cuja curiosidade pode permanecer superficial ou adquirir um

CONCLUSÃO

significado cultural mais profundo, os mecanismos da celebridade são fundamentalmente ambivalentes.

O direito é um excelente revelador dessas contradições irresolúveis que organizam nossa compreensão da celebridade. Quando se trata de pessoas célebres, a jurisprudência é muito hesitante no que concerne ao direito à imagem e à proteção da vida privada. Recorde-se que, quando da morte de Rachel, em 1858, os juízes haviam rejeitado a publicação de uma fotografia da atriz em seu leito de morte. Essa decisão, muitas considerada estando na origem da proteção da vida privada, estipulava que "ninguém pode, sem o consentimento formal da família, reproduzir e tornar públicas as feições de uma pessoa em seu leito de morte, qualquer que tenha sido a celebridade dessa pessoa e a maior ou menor parcela de publicidade que se tenha ligado aos atos de sua vida". Mas a posteridade dessa decisão permaneceu aleatória e sua generalização, difícil. Nem a proteção da vida privada, quando ela diz respeito a pessoas públicas, nem o direito à imagem, no sentido jurídico do direito comercial sobre as representações de si, foram verdadeiramente estabilizados. Em razão de uma fraca formalização legal, os dois domínios são objeto de uma jurisprudência indecisa. A noção de "fama", a única disponível no direito francês para pensar os efeitos da celebridade, é fragilizada por sua "ambivalência infeliz", segundo os termos de um jurista.[8] Se os juízes reconhecem um "direito de escapar à curiosidade coletiva", eles lhe opõem frequentemente o princípio contrário da "legítima informação do público".[9]

Nos Estados Unidos, ser uma figura pública (*public figure*) implica a perda de seu direito à imagem. A publicação de um retrato de uma pessoa pública não exige, portanto, autorização. Na França, várias decisões vão nesse sentido, justificando a exceção ao direito de imagem pelo fato de que "tais personagens não somente aceitam, mas também procuram a publicidade", conforme declarou um juiz, já em 1965, em um caso envolvendo Brigitte Bardot. Posição reafirmada recentemente, por exemplo, a propósito de Eric Cantona: "Uma personalidade pública consente tacitamente, pelo exercício público de sua atividade, que sejam feitos clichês dela em lugares públicos." Nota-se, evidentemente,

A INVENÇÃO DA CELEBRIDADE

que a restrição ao direito de imagem é aqui limitada às imagens feitas em "lugares públicos" e não se opõe, estritamente, ao respeito da vida privada. Por conseguinte, as dificuldades são enormes. Como delimitar precisamente um lugar público, uma atividade pública? A partir de que grau de exposição midiática alguém é considerado uma "personalidade pública"? O que significa com exatidão exercer "publicamente" sua atividade? O essencial, aqui, ainda mais do que a vontade de conciliar o interesse do público e a vida privada das vedetes, reside no pressuposto subentendido nessa jurisprudência: as pessoas célebres buscaram a notoriedade, elas devem, portanto, aceitar todas as "sujeições da celebridade". A visibilidade midiática é, ao mesmo tempo, um prejuízo, quando imposta a um indivíduo sem o seu consentimento, e um estatuto privilegiado, que impõe, em troca, constrangimentos, em particular o de submeter-se à curiosidade do público.

Alguns anos após o lançamento de *Un homme dans la foule* [*Um rosto na multidão*], bem no âmago desses Trinta Gloriosos em que se intensificavam o domínio da mídia e sua crítica, Georges Brassens entoava os versos irônicos de "Trompettes de la renommée" ["Trombetas da fama"]:

> *Des gens de bon conseil ont su me faire comprendre*
> *Qu'à l'homme de la rue, j'avais des comptes à rendre*
> *Et que sous peine de choir dans un oubli complet*
> *J'devais mettre au grand jour tous mes petits secrets.*
> *Trompettes de la renommée, vous êtes bien mal embouchées.*[10]

Vociferando contra as sujeições da fama, tão contrárias ao seu temperamento, ironizando desse modo a curiosidade do público e dos jornalistas, Brassens resgatava talentosamente um tema muito antigo, o do trovador modesto, aficionado mais da tranquilidade do que da glória. Mas denunciava, sobretudo, o que lhe parecia ser um fenômeno novo: a curiosidade das "gazetas", o exibicionismo generalizado das "mulheres célebres" e das "estrelas", o interesse voraz do público pela vida sexual das vedetes, as exigências excessivas da "causa publicitária". Como se

CONCLUSÃO

sabe doravante, todos esses elementos e a crítica que os acompanha haviam aparecido dois séculos antes, nas grandes metrópoles do Iluminismo, e se desenvolvido ao longo de todo o século XIX. A celebridade tem uma história, uma história bem mais longa e bem mais complexa do que supõem os discursos convencionais sobre a sociedade do espetáculo ou o voyeurismo contemporâneo.

Notas

1. Roland Barthes, "Le visage de Garbo", *Mythologies* [1957], in *Œuvres complètes*, éd. E. Marty, Paris: Éd. du Seuil, 1994, t. I, p. 604. [Tradução brasileira: *Mitologias*. São Paulo: Difel, 1978.]
2. *Kazan par Kazan, entretiens avec Michel Ciment*, Paris: Ramsay, 1985.
3. A formulação original ("In the future, everyone will be world-famous for 15 minutes") aparece em 1968, em um catálogo de exposição, mas talvez tenha sido pronunciada em 1966. Em seguida, Andy Warhol modificou-a repetidas vezes. Annette Michelson (org.), *Andy Warhol*, Cambridge: MIT Press, 2002.
4. Em uma das últimas cenas, vemos o agente de Rhodes lançar a carreira de uma nova vedete.
5. Um exemplo recente: Pierre Zaoui, *La Discrétion ou l'art de disparaître*, Paris: Autrement, 2013.
6. Pierre Bourdieu, "L'économie des biens symboliques", *Raisons pratiques*, Paris: Éd. du Seuil, 1994. [Tradução brasileira: "A economia dos bens simbólicos". In: _____. *Razões práticas*: sobre a teoria da ação. Tradução de Mariza Corrêa. Campinas, SP: Papirus, 1996. pp. 157-199.]
7. Michel de Certeau, *L'Invention du quotidien, Les arts de faire* I, Paris: Union générale d'éditions, 1980. [Tradução brasileira: *A invenção do cotidiano. 1. Artes de fazer*. Petrópolis, RJ: Vozes, 1994.].
8. David Lefranc, *La Renommée en droit privé*, Paris: LGDJ, 2003, p. 98.
9. *Ibid.*, p. 80.
10. Georges Brassens, "Trompettes de la renommée", Philips, 1962. "Pessoas de bom senso souberam me mostrar/ Que ao homem da rua eu tinha contas a prestar/ E para que eu não recaia em total esquecimento/ Que meus pequenos segredos se lancem ao vento/ As Trombetas da fama estão bem mal embocadas."

Agradecimentos

É um grande prazer apresentar este livro ao público brasileiro e de língua portuguesa. Agradeço muito a Andrea Daher, que tornou possível e supervisionou esta publicação, a Raquel Campos, que fez a tradução, e à editora Civilização Brasileira, que a acolheu.

Apresentei diversos esboços deste trabalho sobre a celebridade, ao longo da preparação do livro, em vários seminários ou colóquios. Tive a oportunidade de ser recebido na universidade de Cornell, em Johns Hopkins, em Berkeley, em Stanford, em Bordeaux III, em Cambridge, na Maison Française d'Oxford, na universidade de Pequim, em Grenoble, em Créteil, em Genebra, em Montreal e em vários seminários na École des Hautes Études en Sciences Sociales (EHESS), em Paris. Agradeço àqueles que tornaram esses encontros possíveis, bem como a todos os seus participantes. Devo também muito aos participantes de meu próprio seminário, na École Normal e Supérieure (ENS), e depois na EHESS, que pacientemente acompanharam a construção dos principais capítulos deste livro. Devo reconhecer que eles tiveram de suportar os incômodos frequentes causados por uma obra em andamento e, por vezes, me trouxeram de volta à razão.

Entre os muitos colegas a quem tenho o prazer de expressar minha gratidão, faço questão de citar Romain Bertrand, Florent Brayard, Caroline Callard, Roger Chartier, Yves Citton, Dan Edelstein, Darrin McMahon, Robert Darnton, Pierre-Antoine Fabre, Carla Hesse, Colin James, Steve Kaplan, Bruno Karsenti, Cyril Lemieux, Tony La Vopa, Renaud Morieux, Rahul Markovits, Robert Morrissey, Ourida Mostefai, Nicolas Offenstadt, Michel Porret, Daniel Roche, Mélanie Traversier, Anne Simonin. Alguns chegaram a levar a abnegação, ou a amizade, ao ponto de relerem alguns capítulos do livro, e por vezes até mesmo todos, integralmente, e assim permitiram evitar muitos erros: Étienne Anheim, David Bell, Barbara Carnevali, Charlotte Guichard, Jacques Revel, Silvia Sebastiani, Valérie Theis e Stéphane Van Damme. Que eles se considerem calorosamente agradecidos por isso.

Créditos do caderno de imagens

p. 1: Élisabeth-Louise Vigée-Le Brun. Timken Collection, National Gallery of Art. (após 1783). *Marie-Antoinette*. Disponível em <https://www.nga.gov/collection/art-object-page.46065.html>. Cortesia da National Gallery of Art, Washington.

p. 2: David Martin, a partir da pintura de Allan Ramsay. Paul Mellon Fund, National Gallery of Art. (1766). *Jean-Jacques Rousseau*. Disponível em <http://www.nga.gov/purl/collection/artobject.html/119649>. Cortesia da National Gallery of Art, Washington.

p. 3: Jean-François Janinet, a partir da pintura de Joseph Siffred Duplessis. Gift of Mrs. W. Murray Crane, National Gallery of Art. (1789). *Benjamin Franklin*. Disponível em <https://www.nga.gov/collection/art-object--page.43339.html >. Cortesia da National Gallery of Art, Washington.

p. 4: © Getty Images Brazil/Hulton Archive – RM Editorial Images.

Índice onomástico

Abdel-Kader, 396
Abington, Frances, 53, 95
Adams, John Quincy, 384
Adams, John, 312, 384-385
Agamben, Giorgio, 331
Agoult, Marie d', 370
Alembert, Jean Le Rond d', 98, 190, 201, 204, 210, 232, 236
Alexandre I, imperador da Rússia, 345
Alexandre o Grande, rei da Macedônia, 11, 245
Alfieri, Vittorio, 170, 187
Angiviller, Charles Claude Flahaut de La Billarderie, conde de, 99
Arnim, Bettina von, 362
Arnould, Sophie, 99-100, 115
Artois (Charles de Bourbon), conde de, 265, 271-272, 274
Aubrey, John, 91, 118
Aude, Joseph, 130-131
Audinot, Nicolas, 48
Aulo Gélio, 166

Bachaumont, Louis Petit de, 113
Bache, Franklin, 311
Bacon, Francis, 169
Balzac, Honoré de, 361-363
Bara, Joseph, 301
Barbey d'Aurevilly, Jules, 404
Barbier, Edmond-Jean-François, 124
Bardot, Brigitte, 431
Barnave, Antoine, 280, 389, 391
Barnum, Phineas Taylor, 378-381

Barrett-Browning, Elizabeth, 389
Barry, Elizabeth, 49
Barthes, Roland, 421-422, 425
Baudelaire, Charles, 404-405, 409
Baumont, Pauline de, 359
Beaumarchais, Pierre-Augustin Caron de, 98, 104, 172-173
Beaumont, Christophe de, 209
Beaunoir (Alexandre Robineau), 49
Beauval, 76
Beecher-Stowe, Harriet, 364
Beethoven, Ludwig von, 368-370
Beigbeder, Frédéric, 13
Bellini, Vincenzo, 381
Belloni, Gaetano, 373-374
Benoist, Antoine, 101
Bergasse, Nicolas, 98-99
Bernardin de Saint-Pierre, Henri, 74, 217
Bernardoni, Madame, 199
Bernhardt, Sarah, 408-410, 421, 427
Bernoulli, Johann, 91
Bertin, Rose, 275-277
Beurtez-Dalancourt, 76
Boécio, 166
Boilly, Louis-Léopold, 100
Bonaparte, Lucien, 259, 359
Bonaparte, Luís Napoleão, 382
Bonaparte, Napoleão, 67, 69, 259-262, 318-319, 325-326, 330, 332, 359, 372, 382
Boorstin, Daniel, 12, 424
Bossuet, Jacques-Bénigne, 98
Boswell, James, 120-123, 323, 392

A INVENÇÃO DA CELEBRIDADE

Boufflers, Marie-Charlotte, condessa de, 200-201, 218

Boze, Joseph, 288, 295

Bracas, Louis Paul, marquês de, 55

Brassens, Georges, 432

Braudy, Leo, 11

Brissot, Jacques Pierre, 288, 307

Broglie, Madame de, 220

Brontë, Charlotte, 364

Buffon, Georges Louis Leclerc, conde de, 98, 100, 130-132

Bull, Ole, 377

Burke, Edmund, 63, 287

Burney, Charles, 32, 58

Byron (George Gordon), Lord, 25, 347-353, 355-356, 360-364, 367-368, 374, 376, 397, 399, 410

Cabanis, Pierre Jean Georges, 293, 298-299

Caffieri, Jean-Jacques, 99, 104

Cagliostro, Giuseppe Balsamo, conde de, 98, 100, 133

Calonne, Charles Alexandre de, 283

Campan, Jeanne Louise Henriette, 268, 275

Cantona, Eric, 431

Caraman, conde de, 284, 285

Carey, Mathew, 316

Carjat, Étienne, 405

Cartouche, Louis-Dominique, 123-126

Casanova, Giacomo, 59

Catarina II, imperatriz da Rússia, 35, 131

Cavendish, Georgiana, duquesa de Devonshire, 95

César, Júlio, 148, 260, 305, 424

Chalier, Joseph, 301

Chamfort, Nicolas, 170-173, 224, 247, 283, 427

Chaplin, Charlie, 421

Charles II, rei da Inglaterra, 53, 91

Charmois, M. de, 75

Charpentier, Georges, 406

Chateaubriand, François René de, 318-319, 332-333, 353-355, 357-361, 364

Chénier, Marie-Joseph, 66

Chenonceaux, Louise Alexandrine Julie Dupin de, 189, 237

Chevrier, François Antoine, 168

Choiseul, duquesa de, 212

Cícero, Marco Túlio, 149, 151, 355

Clairon (Claira Josèphe Lévis), Hyppolyte, 49-50, 115

Clare, John, 355

Clive, Kitty, 53

Clooney, George, 427

Cobain, Kurt, 248

Cobbet, William, 314

Collet, Louise, 405

Condé, Louis Joseph de Bourbon, príncipe de, 171

Conti, Louis François de Bourbon, príncipe de, 219

Cook, James, 98, 328

Cooper, Samuel, 91

Coppola, Francis Ford, 9

Coppola, Sofia, 9-11

Corday, Charlotte, 302

Corneille, Pierre, 68, 90

Court, Antoine, 183

Crébillon, 166

Cromwell, Oliver, 305

Croÿ, duque de, 186

Cruikshank, George, 107

Cuneo, Giovanni Battista, 391

Curie, Marie, 15

Curtius, Philippe, 101, 103

Czartoryska, Izabela Dorota, princesa, 192

ÍNDICE ONOMÁSTICO

Darnton, Robert, 195-196, 435

Dazincourt (Joseph Jean Baptiste Albouy), 102

Debord, Guy, 46, 246, 424

Defoe, Daniel, 126

Delacroix, Eugène, 395

Deleyre, Alexandre, 189

Delhorme, 76

Delord, Taxile, 365, 395

Denis (Marie-Louise Mignot), Madame, 33

Derby, Laetitia, 95

Diana, princesa (Lady Di), 9, 196, 390

Dickens, Charles, 405

Diderot, Denis, 87, 102, 120, 150, 154, 168, 182, 190, 232, 243

Diógenes, 244-245

Diógenes, Laércio, 244-245

Disdéri, André, 402

Dorval, Marie, 367

Dorvigny (Louis-François Archambault), 49

Dreux-Brézé, Henri Evrard, marquês de, 281

Du Barry, Jeanne Bécu, condessa, 266, 279, 313

Du Deffand, Marie de Vichy-Chamrond, 37, 185, 212

Du Guesclin, Bertrand, 152-153

Duchesne, 239

Ducis, Jean-François, 37, 68

Duclos, Charles Pinot, 154-161, 165-166, 168, 170-171, 230, 247

Dufresnoy, Adélaïde Gillette, 168

Dumas, Alexandre, 367, 391, 403, 404

Dumont, Étienne, 288-289, 294

Dumont, François, 105

Dupin de Francueil, Louis-Claude, 182, 206

Duplessis, Joseph Siffrein, 104-105

Duthé, Rosalie, 98

Eckermann, Johann Peter, 352, 357

Egmont, Madame de, 226

Elias, Norbert, 270

Eliot, George, 364

Elssler, Fanny, 377

Éon, Charles de Beaumont, cavaleiro d', 98, 261

Epaminondas, 148

Epiteto, 244

Erasmo, 153

Esnault, Jacques, 97-98, 105

Fairbanks, Douglas, 421

Falconet, Étienne, 150

Farinelli (Carlo Broschi), 56-58, 367

Féraud, Jean-François, 289

Ferling, John, 308

Filipe V, rei da Espanha, 57

Fisher, Edward, 96

Fisher, Kitty, 109

Flaubert, Gustave, 405, 409

Flaxman, John, 102

Flowers, Tom, 388

Fontanes, Pierre Louis de, 307, 354

Foote, Samuel, 109

Foucault, Michel, 229, 244

Franklin, Benjamin, 29, 99-107, 303, 306, 311, 314, 315

Frederico II, rei da Prússia, 33

Fréron, Élie, 199, 212

Friedland, Paul, 287

Furetière, Antoine, 166

Garbo, Greta, 421-422

Garibaldi, Anita, 391

Garibaldi, Giuseppe, 382, 390-395, 399, 403, 406

Garrick, David, 49, 51, 53, 62-63, 74, 87, 95-96, 109, 184, 411, 427

A INVENÇÃO DA CELEBRIDADE

Gaskell, Elizabeth, 364
Gaulle, Charles de, 15
Gay, John, 53
Genlis, condessa de, 187
Geoffroy, Julien Louis, 75
George III, 201, 205, 267, 304, 327
Georges IV, rei da Inglaterra, 54
Giesey, Ralph, 297
Gillray, James, 107-108
Girardin, Delphine de, 401
Girardin, Émile de, 360
Girardin, René Louis, marquês de, 218
Gish, Lilian, 421
Gladstone, William Ewart, 393
Gluck, Christoph Willibald, 100, 272, 274, 367-368
Goethe, Johann Wolfgang von, 68, 119, 345, 352, 356, 362
Goldsmith, Oliver, 32, 95
Gouges, Olympe de, 297
Graffigny, Françoise de, 182
Graham, James, 107
Grétry, André Ernest Modeste, 367
Gréville, Charles, 107
Grévy, Jules, 382
Grimm, Friedrich-Melchior, 185, 212
Guimard, Marie-Madeleine, 52
Gwyn, Nell, 53

Habermas, Jürgen, 18-19, 21, 128-129, 425
Haendel, Georg Friedrich, 53, 367
Hamilton, Alexander, 303
Hamilton, Emma, 107-108
Hamilton, William, 62
Hancock, John, 304
Hanska, Evelyne, 362
Harvey, Isabella, 360
Hawthorne, Nathaniel, 314

Haydn, Joseph, 368
Hayward, Ned, 388
Hazlitt, William, 63-66, 149
Hegel, Georg Wilhelm Friedrich, 89, 259-260
Heine, Heinrich, 368, 374-375, 377, 411, 427
Helth, Joice, 378
Helvétius, Claude Adrien, 155, 208, 298
Henriquez, Benoît Louis, 99
Hérault de Séchelles, Marie-Jean, 131-132
Herz, Henri, 372, 377, 394
Herzen, Alexandre, 393
Hobbes, Thomas, 91, 149
Hogarth, William, 107
Holbach, Paul Henri Tiry, barão de, 155, 201-202, 204, 208
Houdon, Jean-Antoine, 99-101, 104
Huber, Jean, 34-36, 108-109, 315
Hugo, Victor, 362-363, 404
Humboldt, Alexander, 68
Hume, David, 184, 199-205, 214, 240-243
Humphreys, David, 310-311

Jackson, Andrew, 383-385, 394
Jackson, Michael, 196
Jaucourt, François, 354
Jay, John, 311
Jefferson, Thomas, 100, 303, 312
Johnson, Samuel, 53, 63, 95, 109, 120-123, 160-165, 169-170, 247, 323, 411, 427
Jones, Edward, 388
José II, imperador da Áustria, 98
Jourdain, Louis, 365, 395
Jove, Paul, 150
Jumonville, Joseph, senhor de, 308

ÍNDICE ONOMÁSTICO

Kafka, Franz, 246
Kant, Immanuel, 20, 89
Kantorowicz, Ernst, 297
Kazan, Elia, 422-425
Kean, Edmund, 367
Keith, Georges, 33
Kemble, John, 69
Kepel, Augustus, 98
Kidd, William, 116
Kingson, duquesa de, 109
Kirchberger, Niklaus Anton, 189
Kornmann, Guillaume, 99

La Bruyère, Jean de, 101, 166, 269
La Fayette, Gilbert du Motier, marquês de, 100, 262, 289, 293, 377
La Font de Saint-Yenne, Étienne, 93
La Harpe, Jean-Baptiste, 186
La Motte, Jeanne de Valois, condessa de, 279
La Roche, Pierre de, 194
La Rodde de Saint-Haon, Thérèse, condessa de, 216
La Tour, Madame de, 198-200, 202, 240-241
La Tour, Maurice Quentin de, 239
Laborde, Jean-Benjamin de, 52
Lafitau, Joseph François, 154
Lagache, 76
Lalliaud, 239
Lamartine, Alphonse de, 382, 395
Lamb, Caroline, 351
Las Cases, Emmanuel de, 320-329
Lauragais, duque de, 100
Laurès, Antoine de, 117
Lauzun, Arnaud Louis de Gontaut, duque de, 275
Lawrence, Thomas, 62
Le Beau, Pierre Adrien, 105
Le Cointe, Jean-Louis, 194

Le Gay, Nicole, 279
Le Gray, Gustave, 403
Le Peletier de Saint-Fargease, Louis Michel, 301
Le Ray de Chaumont, Joseph Donatien, 104
Lécluse, Louis, 48
Legrand, Marc-Antoine, 124-125
Leibniz, Gottfried Wilhelm, 91
Lekain (Henri-Louis Cain), 49, 115
Lemaître, Frédérick, 367
Lemoyne, Jean-Baptiste, 99
Léonard, 148, 275
Lespinasse, Julie de, 168
Leszczyńska, Marie, rainha da França, 271
Leszczyński, Stanislas I, 182, 190
Levasseur, Thérèse, 186
Ligne, Charles Joseph, príncipe de, 186, 212
Lind, Jenny, 26, 378, 379, 380, 381, 399, 408, 410, 427
Linguet, Simon Nicolas Henri, 40, 98, 101, 115, 283
Liszt, Franz, 24, 368, 370-377, 410, 427
Lowe, Hudson, 321
Luís I de Wittelsbach, rei da Baviera, 150
Luís XIV, rei da França, 10-11, 31, 90, 101, 108, 269-271, 332
Luís XV, rei da França, 265, 268, 271, 277, 279
Luís XVI, rei da França, 11, 99, 271, 278, 280
Luxembourg, Charles-François de Montmorency, duque de, 218
Luxembourg, Marie-Angélique de Neufville-Villeroy, duquesa de, 200-201, 222-223

Madonna (Madonna Louise Ciccone), 427
Malibran, Maria, 366
Mandrin, Louis, 126

Manuel, Pierre, 299-301
Marat, Jean-Paul, 297-298, 301-302, 312
Marchand, Jean-Henri, 32
Maria Antonieta, rainha da França, 9-11, 25, 56, 100, 105, 263-268, 271, 272-280, 281, 330, 390
Maria de Médicis, rainha da França, 277
Maria Teresa, imperatriz da Áustria, 267, 271, 275
Mariani, Angelo, 406, 407
Marin, François, 33
Marivaux, Pierre Carlet de Chambalin de, 166
Marmontel, Jean-François, 145-147, 151, 153, 171
Marron, Marie-Anne Carrelet, Madame de, 117
Mars (Anne Boutet), Mademoiselle, 366
Martel, Thomas de, 91
Maupassant, Guy de, 405-406, 408-410, 427
Maupeou, René Nicolas de, 115
Mayall, John, 403
Mayeur de Saint-Paul, 123
Mazzini, Giuseppe, 390-392, 394
Medwin, Thomas, 353
Mendoza, Daniel, 372
Ménétra, Jacques Louis, 187
Mercier, Louis Sébastien, 30, 38-40, 97, 101, 173-175, 192, 406, 410, 427
Mesmer, Franz, 98, 101
Métastase, Pierre, 102
Mettra, Louis François, 187
Michelet, Jules, 281, 295, 297
Mignard, Pierre, 90
Milbanke, Anna Isabella, 348
Milhous, Judith, 50
Millaud, Moïse, 399
Milton, John, 103

Mirabeau, Honoré Gabriel Riqueti, conde de, 25, 66, 100, 262-263, 281-289, 291, 293-303, 309, 312, 330, 389
Molé, Mathieu, 286, 354
Molière (Jean-Baptiste Poquelin), 90, 98
Monnier, Sophie de, 299
Monroe, Marilyn, 247
Montaigne, Michel de, 98
Montesquieu, Charles-Louis de Secondat, barão de, 155
Montgolfier, Étienne de, 98
Montmorin, Armand Marc de, 284
Moore, Thomas, 351
Morellet, André, 354
Morin, Edgar, 13, 421, 424
Moss, Henri, 378
Mouffle d'Angerville, Barthélémy François Joseph, 113
Mozart, Wolfgang Amadeus, 61, 368
Müller-Deym, 102
Murat, Joachim, 259
Murray, John, 351

Nadar, Félix, 397-399, 402, 405-406
Necker, Jacques, 98-99, 101, 115, 131, 283, 289, 293
Nelson, Horace, Lord, 108
Neufchâteau, François de, 37
Newton, Isaac, 91, 103, 150
Nicolaï, Gustav, 371
Nicolet, Jean-Baptiste, 48-49, 101, 186
Nini, Jean-Baptiste, 105-106

O'Brien, Nelly, 95
Orléans, Louis-Philippe, duque de, 99, 380, 383, 385
Ostervald, Jean-Frédéric, 198
Ouvrard, 77

ÍNDICE ONOMÁSTICO

Paganini, Niccolo, 372-373, 375
Pajou, Augustin, 99
Palissot, Charles, 116, 168
Panckoucke, Charles Joseph, 192-193, 197, 200
Paoli, Pascal, 122, 323, 392
Peale, Charles Wilson, 304
Pelé (Edson Arantes do Nascimento), 15
Pellison, Paul, 269
Perrault, Charles, 150
Petit, Pierre, 402-403
Petrarca, Francesco, 31, 149-151, 355
Philippon, Charles, 398
Phlipon, Manon, 194, 200
Picasso, Pablo, 15
Pickford, Mary, 421
Pidansat de Mairobert, Mathieu, 113
Pigalle, Jean-Baptiste, 37, 99
Plunkett, John, 385
Plutarco, 149
Poe, Edgar Allan, 377
Pompadour, marquesa de, 156
Pope, Alexander, 164
Pouce, Tom, 378
Poussin, Nicolas, 147
Préville (Pierre Louis Dubus), 102
Priestley, Joseph, 103
Proust, Marcel, 15

Rabelais, François, 90
Rachel (Élisabeth Rachel Félix), Mademoiselle, 366-367, 404, 431
Racine, Jean, 68, 332
Rameau, Jean-Philippe, 102, 182
Ramponneau, Jean, 276
Ramsay, Allan, 239-241, 243-244
Rancé, Armand Jean Le Bouthillier, abade de, 92
Ranson, Jean, 195, 197-198, 200, 235

Rapilly, Michel, 97-98, 105
Raucourt (Françoise Raucerotte), Mademoiselle, 55, 115, 276
Raynal, Guillaume Thomas, 182, 236
Reagan, Ronald, 424
Rehberg, Friedrich, 108
Rémusat, Claire Élisabeth de Vergennes, Madame de, 352
Rey, Marc Michel, 210
Reynolds, Joshua, 53, 62-63, 94-96, 108-110
Richardson, Samuel, 119-120
Rigaud, Hyacinthe, 90, 92
Rivarol, Antoine de, 396
Robert d'Anjou, rei de Nápoles, 31
Robespierre, Maximillien de, 262, 302
Robin, abade, 306
Robinson, Mary, 53-54, 181
Rochambeau, conde de, 306
Roguin, Daniel, 211
Rohan, Louis, príncipe de, 115, 279
Rojek, Chris, 13
Roman, abade, 172
Romilly, Jean, 198
Romney, George, 108
Rossini, Gioacchino, 370, 381, 395
Rousseau, Jean-Baptiste, 236
Rousseau, Jean-Jacques, 23-24, 46, 99, 154, 165, 171, 181-189, 190, 191, 195-200, 202-204, 206-207, 209, 210, 211, 213, 221-222, 226-227, 229, 230-246, 315, 325-326, 353, 358, 365, 359, 361-362, 365, 373-376, 410, 427
Rousseau, Pierre, 236
Rush, Benjamin, 313

Sade, marquês de, 283
Saint-Germain, conde de, 217, 233
Saint-Hubertin, Antoinette de, 98

Saint-Marcel, Jean-Paul-André des Razins, marquês de, 294
Saint-Simon, Claude Henri de Rouvroy, conde de, 92, 370
Sand, George, 364-365, 395
Sardou, Victorien, 408
Savage, Richard, 120
Sénac de Meilhan, Gabriel, 268-269
Shakespeare, William, 68, 103, 355
Shelburne, William Petty, lord, 53
Sheppard, Jack, 125-126
Siddons, Sarah, 49, 52, 62-66, 71, 74, 77-79, 103, 247, 353, 376, 427
Sieyès, Emmanuel Joseph, 259
Smith, Laetitia Derby, Mrs, 95-96
Smollett, Thomas, 58
Sorbière, Samuel, 91
Soubise, Charles de Rohan, príncipe de, 52
Staël, Germaine Necker, baronesa de, 68, 259-260, 262, 289, 293, 332, 353
Stendhal (Henri Beyle), 68, 260, 347, 352, 370
Sterne, Laurence, 94-95
Stuart, Gilbert, 315
Sutherland, George Granville, duque de, 393
Swift, Jonathan, 164

Taconet, Toussaint Gaspard, 49
Talleyrand, Charles Maurice de, 294, 354
Talma, François-Joseph, 66-71, 74-77, 87, 345, 411
Talmont, princesa de, 222
Tarde, Gabriel, 20, 117, 401
Tenducci, Giusto Fernandino, 58-62, 71, 367
Thalberg, Sigismund, 372
Théveneau de Morande, Charles, 127
Thiébault, Paul Charles, 192

Thomas, Antoine Léonard, 149
Thomas, Jean, 276, 323
Tollot, Jean-Baptiste, 188-189
Toussaint, François Vincent, 154
Tronchin, Jean Robert, 34, 209
Trumeau, Henri Auguste, 127
Tussaud, Marie Grosholtz, Madame, 101

Valentino, Rudolph, 421
Vallée, Charles, 98
Van Gogh, Vincent, 15
Van Loo, Jean-Baptiste, 243
Vaporeau, Gustave, 396
Varignon, Pierre, 91
Vasari, Giorgio, 153
Vestris, Augustin, 50-51
Viala, Joseph Agricol, 301
Vigée-Le Brun, Élisabeth, 277-278
Villette, Charles, Marquês de, 29-30
Vitória, rainha da Inglaterra, 385-390, 393-394, 404
Vizitelli, Frank, 392
Volange, Maurice, 38, 41, 48-49, 55
Voltaire (François-Marie Arouet), 25, 29-41, 68, 70, 98-103, 108, 114, 117, 121, 146-147, 151, 154, 171-174, 183, 190, 198, 200, 208-209, 216, 245, 273, 301, 306

Walpole, Horace, 51, 53, 109
Warhol, Andy, 424
Washington, George, 25, 98, 100, 102, 262-263, 303-319, 330, 378, 384-385, 392, 399
Weber, Max, 292
Wedgwood, Josiah, 102-103
Weems, Mason, 316-318
Wild, Jonathan, 125
Wilkes, John, 261, 309
Willis, Nathaniel Parker, 377-380

O texto deste livro foi composto em Sabon,
desenho tipográfico de Jan Tschichold de 1964
baseado nos estudos de Claude Garamond e
Jacques Sabon no século XVI, em corpo 11/15,5.
Para títulos e destaques, foi utilizada a tipografia
Frutiger, desenhada por Adrian Frutiger em 1975.

A impressão se deu sobre papel off-white
pelo Sistema Cameron da Divisão Gráfica
da Distribuidora Record.